JN101288

図表で明快！

擬律判断
ここが境界

―実務刑法・特別法―

第2版

岡本 貴幸
Okamoto Takayuki

東京法令出版

第2版の発行にあたって

　本書を発行してから4年が経過し、その間、法令改正等を踏まえ補正を繰り返して本書の内容が常に最新であるように努めてきましたが、令和5年の性犯罪を中心とする刑法改正や特別法の制定は大規模なものであり、同改正を契機に今日までの新判例を多く加えるとともに同判例に基づく境界事例をも加え、第2版を発行しました。

　第2版においても、初版のコンセプトを踏襲し、法改正部分や新判例の解説部分についても図表を多く用い、短時間で効率的に構成要件の内容や新判例・境界事例のポイントなどが理解できるように工夫しました。現場の実務に携わる警察官等の皆さんは犯罪の多様化・複雑化・国際化などの情勢を反映し多忙であると思います。本書が、短時間で効率的に法改正部分等を含めた刑事法令を一通り理解するツール、そして、より深い理解や検討の橋渡し役になれば幸いです。

　最後に、本書の企画・立案から今日まで本書のアップツーデートに携わっていただいた東京法令出版企画編集部の坂下英二さんをはじめ、第2版の刊行に当たり、様々な有益なアドバイスをしていただいた野呂瀬裕行さん、若月みささんにここに深く感謝申し上げます。

　　令和6年2月

　　　　　　　　　　　　　　　　　　　　　　　　岡本　貴幸

はしがき

　事件が発生したとき、「おそらくA罪だと思うけど、果たしてそれでいいだろうか？」とか「A罪にもなりそうだし、B罪にもなりそうだけど、どっちにしたらいいだろう？」などと迷うことが多々あろうかと思います（場面を変えれば、試験などで問題を見たときにも同様のことがあろうかと思いますし、逆に、出題者はここを狙っているとも言えます。）。

　本書は、このような迷いを解決するため、擬律判断、特に構成要件間の境界事例における擬律判断を容易にできるように編んだものです。そして、本書では、この擬律判断をできるだけ短時間で効率的に行えるように、

① 図表を可能な限り入れて視覚的な理解ができるようにする
② 刑法だけでなく、特別法との比較の視点を入れて、実務でよく適用されるものの逐条解説などの専門書を見ないとよく分からない特別法を含め、幅広く互換性のある理解ができるようにする

よう、工夫しました。

　このような目的で本書を編みましたが、具体的な使い方や特徴は以下のとおりです。

1　構成要件の理解と境界事例の擬律判断【第1編】

　刑法や実務でよく適用される特別法を中心に、各構成要件を図表形式でポイントを解説しています。まずはこの解説を読んで、各構成要件を理解していただきたいと思います。さらに、実務や昇任試験などの観点からよく問題となる境界事例を精選し、境界事例の解説をしています。

　境界事例の解説に当たっては、境界のポイントが理解しやすいように、まずは境界が明確な事例からグレーの事例の解説をするように順番を工夫しています。

2　所持を中心とした適用可能性のある罪名の整理【第2編】

　実務上、職務質問などから禁制品などの所持が発覚し、これを端緒としてさらに他の事件が発覚することがあり、事件の幅広い検挙に役立っています。そこで、様々な禁制品などの所持とこれから派生する罪について、

刑法だけでなく特別法も含めて解説し、様々な罪の検挙可能性の参考となるよう工夫しています。

実際にある禁制品などが発見されたら、他にどのような罪の可能性があるかなどを想定しながら読んでいただきたいと思います。

3 刑事法全般にまたがる事項の理解【第3編】

本書では、刑法と特別法にまたがって解説していることから、刑事法全般にまたがる事項（いわゆる刑法総論に該当する事項）のうち、実務上よく問題となる事項や昇任試験などでよく出題される事項を精選し、これにも可能な限り図表を採り入れて、抽象的になりがちな刑事法全般にまたがる事項を理解しやすいよう工夫しました。

なお、上述のとおり、第3編は刑法総論に関する重要な事項をまとめたものであり、本書における、いわば「基礎編」との位置付けですので、基礎から理解したい、基礎を学び直したいという読者の皆さんには、第3編から先に読んでいただくことをお勧めします。

以上のように、本書は短時間で効率的に構成要件の内容や境界事例のポイントなどが理解できるように工夫していますが、さらに、より深い理解や考察をされる方は、本書で紹介している専門書などを読んでいただきたいと思います。その意味で、本書が、警察官などの実務家や法科大学院などの学生の皆さんの実務や学習の橋渡し役になることを願ってやみません。

最後に、本書の企画・立案をしていただいた坂下英二さんをはじめ、進まぬ執筆を激励していただくとともに貴重なアドバイスをしていただいた東京法令出版企画編集部の皆様方、元学習院大学事務担当でイラストのアドバイスをいただいた芹澤奈津美さんに深く感謝申し上げます。

令和元年5月

岡本　貴幸

目　　次

第1編　構成要件と境界事例に基づく擬律判断

第1章　財産を害する罪

第2章　生命又は身体を害する罪

第４章　自由、平穏又は秘密を害する罪

第５章　名誉又は信用を害する罪

第8章 外国人関係

第9章 電磁的記録、インターネット、サイバー関係

第10章　軽 犯 罪 法

第 2 編　所持禁制品とその根拠

第3編　刑事法全般に関わる事項

法文内の略語表

本書中、法文の枠内に**ゴシック・*斜字体***で記載した略語の意味は、下表のとおりである。

略　　語	内　　容
未遂	未遂罪の適用の有無（○は適用あり、×は適用なし）
予備	予備罪の適用の有無（○は適用あり、×は適用なし）
緊逮	緊急逮捕が可能な罪名か否か（○は可能、×は不可能）
テロ準	組織的犯罪処罰法6条の2（テロリズム集団その他の組織的犯罪集団による実行準備行為を伴う重大犯罪遂行の計画）の適用の有無（○は適用あり、×は適用なし）
裁判員	裁判員裁判対象事件の該当性（○は該当、×は該当しない）
親告罪	親告罪の該当性（○は該当、×は該当しない）

（注）「拘禁刑」の創設について

　刑法等の一部を改正する法律（令和4年法律第67号）により**拘禁刑が創設**され、**令和7年6月1日に施行**される。本書「第2版」における条文の表記は、発行時における官報原文のままとしているため、懲役・禁錮の記載と拘禁刑の表記が混在している点に留意されたい。

法令名略称表（五十音順）

本書では、法令名につき、下表のとおり略称を用いて表記した。

略　　称	法　令　名
医薬品等に関する法律	医薬品、医療機器等の品質、有効性及び安全性の確保等に関する法律
火炎びん処罰法	火炎びんの使用等の処罰に関する法律
刑訴法	刑事訴訟法
出管法	出入国管理及び難民認定法
出資法	出資の受入れ、預り金及び金利等の取締りに関する法律
（児童買春の項目）児童買春法 **（児童ポルノの項目）児童ポルノ法**	児童買春、児童ポルノに係る行為等の規制及び処罰並びに児童の保護等に関する法律
自動車運転処罰法	自動車の運転により人を死傷させる行為等の処罰に関する法律
銃刀法	銃砲刀剣類所持等取締法
ストーカー規制法	ストーカー行為等の規制等に関する法律
性的姿態撮影等処罰法	性的な姿態を撮影する行為等の処罰及び押収物に記録された性的な姿態の影像に係る電磁的記録の消去等に関する法律
組織犯罪処罰法	組織的な犯罪の処罰及び犯罪収益の規制等に関する法律
出会い系サイト規制法	インターネット異性紹介事業を利用して児童を誘引する行為の規制等に関する法律
盗犯等防止法	盗犯等ノ防止及処分ニ関スル法律
特殊開錠用具禁止法	特殊開錠用具の所持の禁止等に関する法律
動物愛護法	動物の愛護及び管理に関する法律
風適法	風俗営業等の規制及び業務の適正化等に関する法律
不正アクセス禁止法	不正アクセス行為の禁止等に関する法律
法	刑法
補助金適正化法	補助金等に係る予算の執行の適正化に関する法律
暴処法	暴力行為等処罰ニ関スル法律
暴対法	暴力団員による不当な行為の防止等に関する法律
リベンジポルノ防止法	私事性的画像記録の提供等による被害の防止に関する法律

基本的な法令用語

　本書では法令を掲載しているが、中には法令用語を理解していないと正確に意味内容を把握できないものもある。まず、参考として基本的な法令用語を解説する。

1　「又は」と「若しくは」

　いずれも、「～のいずれか」という**選択的な接続詞**であるが、以下の使い分けがある。

(1)　選択の関係が一段階のみの場合

　「又は」を使う。

【例】

　赤　又は　黒　　　　　　　　⇒赤か黒のいずれかを選択

　赤、　黄、　青　又は　黒　⇒赤、黄、青、黒のいずれかを選択

(2)　選択の関係が二段階以上の場合

　最も大きな選択関係に「又は」を使い、それより小さい選択関係には全て「若しくは」を使う。

【例】

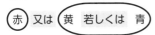

　　⇒大きな選択関係にある赤か黄・青を選択し（仮に赤を選択しなかった場合）、
　　　次に小さな選択関係にある黄か青を選択する。

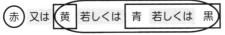

　　⇒大きな選択関係にある赤か黄・青・黒を選択し（仮に赤を選択しなかった場合）、
　　　次に小さな選択関係にある黄か青・黒を選択し（仮に黄を選択しなかった場合）、
　　　最も小さな選択関係にある青か黒を選択する。

2　「及び」と「並びに」

　いずれも、「～のいずれも」という**併合的な接続詞**であるが、以下の使い分けがある。

(1) 併合の関係が一種類のみの場合

「及び」を使う。

【例】

赤 及び 黒 ⇒赤と黒のいずれもの意味

赤、黄、青 及び 黒 ⇒赤、黄、青、黒のいずれもの意味

(2) 併合の関係が二種類以上の場合

最も小さな併合関係に「及び」を使い、それより大きな併合関係には全て「並びに」を使う。

【例】

⇒小さな併合関係である①赤い車と②黄色い車、③赤い自転車と④黄色い自転車が並列し、これを大きな併合関係でまとめている（合計4）。

3 「みなす」と「推定する」

ある事柄を、本来的に異なる別の事柄と法令上同一のものとして扱うことをいうが、「みなす」は反証があっても覆らないが、「推定する」は反証があれば修正することをいう。

【例】

電気は財物とみなす（法245条）	⇒	電気を財物として取り扱い、電気は財物でないとの反証を許さない
電気は財物と推定する（仮想の規定）	⇒	電気を財物として取り扱うものの、電気は財物でないとの反証が成功すれば、電気は財物とは取り扱われなくなる

4 「以上」と「以下」

一定の数量を基準として、その基準となる数値を含む場合をいう。

【例】

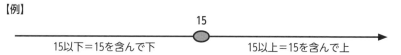

5 「超える」と「未満」

一定の数量を基準として、その基準となる数値を含まない場合をいう。

【例】

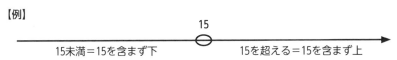

15

15未満＝15を含まず下　　　　15を超える＝15を含まず上

6 「経過する日」と「経過した日」

「経過する日」とは、応当する日が経過する（＝応当する日に入る）ぎりぎりの日、つまり、応当する日の午前０時までをいい、「経過した日」とは、「経過する日」の翌日、つまり、応当する日が経過した（＝応当する日に入った）日をいう。「経過する日」は応当日の前日、「経過した日」は応当日の当日と理解するとよい。

【例】

４月10日から起算して１か月を経過する日、経過した日

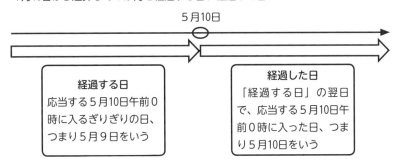

５月10日

経過する日
応当する５月10日午前０時に入るぎりぎりの日、つまり５月９日をいう

経過した日
「経過する日」の翌日で、応当する５月10日午前０時に入った日、つまり５月10日をいう

第1編　構成要件と境界事例に基づく擬律判断

第1章 財産を害する罪

1 財産を害する主要な罪の概説

【窃盗と強盗】
相手方の占有を侵害する点で共通するが、**強盗**は、相手方の反抗を抑圧するに足りる暴行・脅迫を手段とする

窃 盗

強 盗

【窃盗と横領】
窃盗の客体は、他人の占有する他人の所有する財物であるが、**横領**の客体は、自己の占有する他人の所有する財物である

【窃盗と詐欺】
相手方の占有を侵害する点で共通するが、**窃盗**は、財物占有者の意思に反して行われるのに対し、**詐欺**は、財物占有者を欺き、錯誤に陥らせ、その意思に基づく形で行われる

【詐欺と横領】
詐欺の客体は、他人の占有する他人の所有する財物などであるが、**横領**の客体は、自己の占有する他人の所有する財物である

詐 欺

横 領

② 窃 盗

■ **法第235条（窃盗）**

　他人の財物を窃取した者は、窃盗の罪とし、10年以下の懲役又は50万円以下の罰金に処する。

未遂〇、予備×、緊逮〇、テロ準〇、裁判員×、親告罪×（親族間の場合〇）

犯行の主体	特に制限はなく、誰でも行える。
犯行の対象	他人の占有する財物である。 ◎財　物 　・財物と有体性 　　財物 ⇒ ・**有体物**（＝形のあるもの）は該当 　　・有体物でなくとも、**物理的に管理可能なもの**（＝物理的に支配できるもの）は該当 　　【〇該当するもの】 　　　・電気（法245条）、火力、水力、空気の圧力、人工冷気 　　・しかし、物理的に管理できず、**事務的に管理可能なものは該当しない** 　　【●該当しないもの】 　　　・債権、人の労働力（＝「財産上の利益」であり、財物ではない） ・情報それ自体は有体物ではないが、**情報が他の媒体**（紙、マイクロフィルムなど）**に化体**されている場合、情報と媒体を一体とみて、財物に該当するとされている。 　【〇該当するもの】 　　・大学入試の問題用紙（東京高判昭56.8.25）、新薬の情報（東京地判昭59.6.15）

・財物と価値

財　物

↓

価値が必要

〜価値とは？〜
・**金銭的経済的価値**
・**主観的感情的価値**（個人が受け取ったラ ブレターなど）を含む
・悪用されないという意味での**消極的価値** （使用済みの収入印紙（最決昭30.8.9） などを含む）

・無価値物は財物に該当しないが、**価値が零細な物**が財物に該当する か否かは判断が分かれる。
　【〇該当するもの】
　　・時価合計160円相当の焼魚等（東京高判昭60.10.14）、時価合計15円 60銭相当の菜種苗約60本（名古屋高金沢支判昭33.3.4）、代金700 円の商品に関する代金支払いが判明するレシート1枚（東京高判昭 36.7.4）
　【●該当しないもの】
　　・ちり紙13枚（東京高判昭45.4.6）、競馬のはずれ馬券（札幌簡判 昭51.12.6）、特急列車の発着時刻と英文の覚え書きらしいもの6 行が記載されたメモ紙1枚（大阪高判昭43.3.4）
・**不動産**は窃盗の対象とならず、不動産侵奪の対象となる（ただし、 土地から掘り出した土砂は、動産となっており、これを持ち去る行 為は窃盗となる）（条解刑法（第3版）712頁）。
・**森林**内の松茸などの産物を持ち去る行為は、窃盗ではなく、森林法 違反（森林窃盗）となる（森林法197条、3年以下の懲役又は30万 円以下の罰金）。

◎他人の占有

窃盗における「占有」

人が物を実力的に**支配する**関係（最判昭32. 11.8）

・物を握持することが典型例であるが、それ以外にも、物に対す る**「事実上の支配」**があれば、刑法で保護する必要が高く、窃 盗における**「占有」**が認められる
・刑法で保護する必要がある**「事実上の支配」**とは、**物を客観的 に支配している場合**（＝持ち主の自宅内にある物など）**はもち ろん、物の支配を取り戻そうと思えばいつでも取り戻せる状態**

も含む

　　そして、この物の支配をいつでも取り戻せる状態に該当するか否かは、**支配の事実や占有の意思**（＝物の支配をいつでも取り戻すためには、例えば、物を占有していた場所を覚えていることが前提となる）の観点から判断される
　　☞窃盗と占有離脱物横領の項目で詳しく（8頁）。

・「**他人**」とは犯人以外の者をいう。他人が占有する財物が対象であり、自己が占有する財物を自己のために費消等することは横領となる。
・共同占有している財物を自己の単独占有にする行為は、共同占有者である他人の占有を侵害しており、窃盗に該当する（最判昭25.6.6）。

行為（実行の着手）	◎窃　取

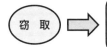 財物の占有者の意思に反して、その占有を侵害し、目的物を自己又は第三者の占有に移すこと（大判大4.3.18）

・他人の飼養する鳥をかごから逃がす行為は、鳥に対する他人の占有を侵害しているが、自己又は第三者の占有に移転しておらず、器物損壊には該当するものの、窃盗には該当しない。
・情を知らない集荷業者を利用して、財物を運び出させるような間接正犯の形態もある（12歳の養女を利用した場合として、最決昭58.9.21など）。
・「窃取」の**実行行為に着手**したか否かは、窃盗に予備罪がないことから、可罰性の判断上、重要である。
　　☞窃盗の実行の着手の項目で詳しく（15頁）。

結果（既遂）	◎占有取得

 財物の他人の占有を排除して、自己又は第三者の占有に移したこと

・犯人が目的物を自由に処分することができる安全な位置に置くことまでは必要でなく（大判大12.7.3）、犯人が警戒網を離脱することも必要でない（最判昭23.12.4）。
・占有取得の認定は、財物の種類や行為の状況によって様々な場合がある。
　　☞窃盗の既遂時期の項目で詳しく（22頁）。

不法領得の意思	条文にはないが、判例上認められた要件である。
	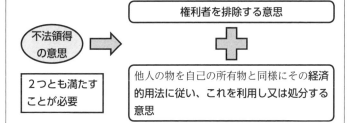
	・権利者を排除する意思があるか否かは、財物の一時使用の場合に窃盗に該当するか否かを判断する上で重要である。 ☞一時使用行為の項目で詳しく（32頁）。 ・その経済的用法に従い、利用処分する意思があるか否かは、窃盗と毀棄隠匿とを区別するために重要である。 ☞毀棄隠匿の項目で詳しく（26頁）。
故　意 （故意＝犯意）	・他人の財物を窃取することの認識・認容をいう。 ・財物の占有者の意思に反して、その占有を侵害し、自己又は第三者の占有に移すことについての認識・認容が必要。 ・不法領得の意思とは別の要件である。 ・目的物を遺失物と誤認していた場合には窃盗の犯意を欠き、遺失物横領の限度でしか認められない（東京高判昭35.7.15）。 ・目的物を自己の所有物と誤認していたが、他人が占有していることを認識・認容していれば、窃盗の故意に欠けるところはない。
親族間の犯罪に関する特例 （親族相盗例）	犯人と、目的物の占有者及び所有者との間に以下の親族関係が認められる場合、刑の必要的免除や親告罪となる（法244条）。 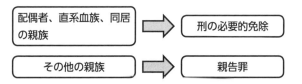 ・「親族」とは、配偶者、6親等内の血族（＝血縁のある者）、3親等内の姻族（＝配偶者の血族）（民法725条） ・目的物の占有者と所有者が異なる場合、犯人との親族関係はいずれとの間にも必要（夫が、妻が第三者から借りてきた物を窃取した場合、親族間の犯罪に関する特例の適用はない。）（最決平6.7.19） ・「配偶者」に内縁の妻は含まれない（最決平18.8.30）。 ・「直系血族」に養親子関係も含まれる（条解刑法（第3版）755頁）。

【参　考】　親族図

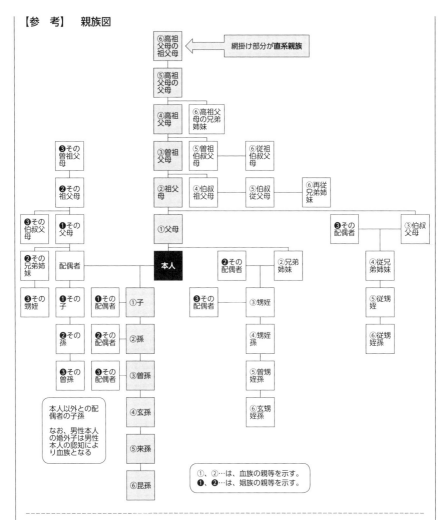

【具体例】　被疑者が祖父の部屋から腕時計を勝手に持ち出し窃取したが、同腕時計は祖父が知人から借りて預かっていたものであった場合、親族間の犯罪に関する特例の適用により刑の免除となるか（被疑者と祖父とは直系血族となり刑の免除が問題となる。）。

　　親族間の犯罪に関する特例は、「法は家庭に入らない」という国家の刑罰よりも親族間の規律に委ねるという考えに基づくものであるが、本件の場合、被疑者と、腕時計の占有者である祖父との間には親族関係があるが、腕時計の所有者である知人との間には親族関係がなく、**親族関係のない（家庭外の）第三者である知人を巻き込んでいる**ことから、親族間の犯罪に関する特例の

適用はない。
　なお、親族関係の有無は、窃盗の故意の内容となっていないことから（故意の内容は、他人の財物の窃取で足り、親族関係は無関係）、被疑者が腕時計の所有者が祖父であると誤信していても窃盗の故意には影響しない。

1　置き忘れた物の取得〜窃盗と占有離脱物横領（遺失物横領）

▶▶▷ アプローチ

　職務質問などで、他人の免許証などが入った財布を持っている者を発見した場合、通常は他人から財布を盗んで入手した可能性が高く、窃盗の成立を前提にすることが多い。
　しかし、その者が、財布の入手経路につき、ベンチ上の忘れ物を拾ってきたなどと供述し、実際に財布の持ち主が置き忘れた物であることが判明したような特殊な場合、他人の占有が失われていたものを入手したとして、窃盗ではなく占有離脱物横領（遺失物横領）になる余地が生じ、この区別が問題となる。

⑴　モデルケース

①　甲は、行列に並んでバスを待っていた際、足下近くにバッグを置いたが、行列が進むにつれてバッグを忘れ、その約5分後、バッグとの距離が約20m離れた時に気付き、すぐに置き忘れた場所を見たもののバッグはなく、その間、Aが同バッグを持ち去った。Aの罪責は何か。
②　甲は、開店中の百貨店の6階のベンチにバッグを置いたが、買い忘れた商品を買うため、バッグに気付かず、そのまま地下の食料品売場に移動した。甲は、その約10分後に気付き、すぐに6階に戻ったものの、その間、Aが同バッグを持ち去った。Aの罪責は何か。

ア　結　論

　①において、Aは窃盗の罪責を負う。
　②において、Aは占有離脱物横領の罪責を負う。

イ 境界のポイント

	窃 盗	占有離脱物横領
犯行の主体	特に制限はなく、誰でも行える。	
犯行の対象	◎他人の占有する財物 ここが境界！ 行為時に、他人の占有があるか否かが分かれ目！	◎他人の占有を離れた他人の財物（例示として、遺失物、漂流物） ・「遺失物」とは、占有者の意思に基づかずに占有を離れ、いまだ誰の占有にも属しないものをいう。 ・「漂流物」とは、占有者の意思に基づかずに占有を離れ、いまだ誰の占有にも属しないもので、水面又は水中に存在するものをいう。 ・無主物（誰の所有にも属しないもの）は対象外（大阪高判昭30.6.27）。
行 為	◎窃 取 　財物の占有者の意思に反して、その占有を侵害し、目的物を自己又は第三者の占有に移すことをいい（大判大4.3.18）、占有を自己に移す点において、占有離脱物横領と共通している。	◎横 領 　不法領得の意思をもって、占有を離れた他人のものを自己の事実上の支配内におくことをいう（大判大6.9.17）。
結 果	◎占有取得⇒いずれも共通	
不法領得の意思	いずれも共通	
故 意	他人の占有する財物を窃取することの認識・認容が必要 ☞窃盗の項目で詳しく（6頁）。	他人の占有物を占有離脱物と誤認して自己の占有物とした場合には、錯誤により（法38条2項）、占有離脱物横領が成立する（東京高判昭35.7.15）。
親族間の犯罪に関する特例	行為者と占有者及び所有者との間に親族関係があれば適用される。 ☞窃盗の項目で詳しく（6頁）。	行為者と所有者との間に親族関係があれば適用される。

ウ 解 説

　通常、バッグの持ち主は、貴重品の入ったバッグを落としたりすることはあ

まりなく、落としたとしても短時間で気付くことが多い。したがって、他人の
バッグを持ち歩いている者がいれば、その者は、バッグの持ち主の占有を奪っ
て取得した、つまり、窃盗となることが多い。しかし、今回のモデルケースの
ような事情が判明した場合、バッグに持ち主の占有が認められるか否かが微妙
となり、窃盗ではなく占有離脱物横領が成立する余地がある。

　**窃盗ではなく占有離脱物横領が成立する場合の判断の分かれ目は、犯人が他
人の財物を入手した際、その財物に他人の占有が認められるか否か**である。

　ここで、他人の「占有」は、物を握持するだけではなく、物に対する**「事実
上の支配」**、つまり、**持ち主が物を客観的に**（＝目に見える形で）**支配してい
るだけでなく**（例えば、持ち主の自宅内にある物）など、**持ち主が物の支配を
取り戻そうと思えばいつでも取り戻せる状態**も含むものである。

　そして、持ち主が、物の支配を取り戻そうと思えばいつでも取り戻せる状態
に該当するか否かは、持ち主の物に対する**支配の事実や占有の意思**（例えば、
持ち主が物の占有していた場所を明確に覚えているなど）の観点から判断され
る。具体的には、**支配の事実**の観点からは、持ち主が財物を置き忘れてから気
付くまでの**時間的、場所的な近接性**などが重要な要素となり、**占有の意思**の観
点からは、持ち主が物の存在していた（＝占有していた）**場所をどれくらい認
識**していたかなどを検討することとなる。

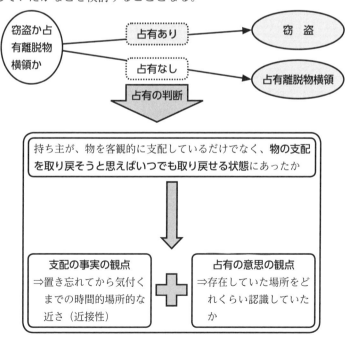

エ モデルケースの理由・解答

①において、甲は、バッグを失念しているものの、失念の時間は約5分、置き忘れた場所と気付いた場所とは約20m離れており、甲は、気付いた時点で失念した場所にすぐに戻って取り戻せることができる時間的場所的関係にあった**（＝支配の事実の観点）**。実際に、甲は、置き忘れたことに気付くと、その場所をすぐに認識することができ、すぐに戻ることができたのであるから**（＝占有の意思の観点）**、物の支配を取り戻そうと思えばいつでも取り戻せる状態にあったといえる。

したがって、バッグの占有はいまだ甲にあり、Aは、甲の占有する財物を、その意思に反して取得していることから、窃盗の罪責を負う（最判昭32.11.8）。

②において、甲は、バッグを失念し、失念の時間は約10分程度であるが、置き忘れた場所と気付いた場所とは、それぞれデパートの地下と6階であり、甲は、気付いた時点で失念した場所にすぐに戻って取り戻せることができる時間的場所的関係にあったとはいえず**（＝支配の事実の観点）**、甲は、バッグの支配を取り戻そうと思えばいつでも取り戻せる状態にあったとはいえない。

したがって、バッグの占有は甲から離れ、開店中の不特定多数の公衆が出入りする中に存在する遺失物と認められ、Aは、遺失物である甲の財物を持ち去って自己の物としていることから、占有離脱物横領の罪責を負う（東京高判平3.4.1）。

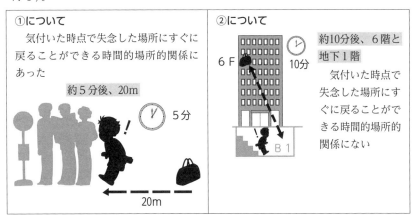

①について
　気付いた時点で失念した場所にすぐに戻ることができる時間的場所的関係にあった

約5分後、20m

5分

20m

②について

約10分後、6階と地下1階

6F　10分

気付いた時点で失念した場所にすぐに戻ることができる時間的場所的関係にない

B1

⚠️**要注意**　モデルケースの事案において、バッグがその場に置きっ放しのまま閉店し、店員が、閉店中の百貨店において、バッグを持ち去った場合、閉店中の百貨店内は、公衆が自由に立ち入ることができず、**百貨店の排他的支配が客観的に及んでいる（＝バッグを客観的に支配）**ことか

ら、そもそも、百貨店の店長にバッグの占有が認められ、占有離脱物横領ではなく窃盗となる。

(2) 境界型の事例における判断

┌─────────●*Case 1*　置き忘れた場所を明確に認識していた●─────────┐

　　　　　　　場合

　甲は、公園のベンチにバッグを置き忘れたが、それから約2分後、約200m離れた駅改札口まで来た際、バッグを置き忘れたことに気付き、すぐに公園のベンチに戻ったものの、その間、Aが同バッグを持ち去った。Aが同バッグを持ち去ったのは、甲がベンチを離れて約27m歩いたところであった。Aの罪責は何か。

【結論】　Aは、窃盗の罪責を負う（最決平16.8.25）。

【理由】　バッグの占有は、以下のとおり甲にあり、Aは、甲の占有するバッグをその意思に反して取得しているため。

支配の状態	支配の事実及び占有の意思	結　論
バッグの支配を取り戻そうと思えば、いつでも取り戻せる状態にあったか？	・失念の時間は約2分、置き忘れた場所と気付いた場所とは約200m離れている。 ・特に、Aがバッグを持ち去った実行時には、甲は、場所的に約27mの距離の場所にいた（以上、支配の事実の観点）。 ・甲は、バッグを置き忘れたことに気付くと、すぐに置き忘れた場所に戻っている（占有の意思の観点）。	バッグの支配を取り戻そうと思えば、いつでも取り戻せる状態にあった。

┌─────────●*Case 2*　置き忘れた場所を完全に失念した場合●─────────┐

　甲は、酩酊して、自転車を自宅から約2m離れた路上に置いたが、それから数時間後、Aが同自転車を持ち去った。甲は、酩酊していたため、自転車を放置した場所を思い出すことができなかった。Aの罪責は何か。

【結論】　Aは、占有離脱物横領の罪責を負う（東京高判昭36.8.8）。

【理由】　自転車の占有は、以下のとおり甲から離れており、Aは、甲の占有を離れ、誰の占有にも属していない自転車を取得しているため。

支配の状態	支配の事実及び占有の意思	結　論
自転車の支配	・自宅から約2m離れている場所に放置し、場所的な	自転車の支配

を取り戻そうと思えば、いつでも取り戻せる状態にあったか？	近接性はあるが、失念した時間は数時間と長い（支配の事実の観点）。 ・甲は、酩酊のため、自転車の放置場所を思い出せなくなっており、取り戻すための前提がなくなっている（占有の意思の観点）。	を取り戻そうと思えば、いつでも取り戻せる状態になかった。

 ●*Case 3*　**置き忘れた場所は明確に認識しているが、**●
　　　　　　　　　　気付くまで時間を要した場合

　甲は、夕食を取るため、駅構内のバス待合室にバッグを置いたまま、そこから約200m離れた駅構内の食堂に行ったが、約35分後、バッグを置き忘れたことに気付き、バス待合室に戻ったが、その間、Aが同バッグを持ち去った。Aの罪責は何か。

【結論】　Aは、窃盗の罪責を負う場合がある（名古屋高判昭52.5.10参照）。

【理由】　以下のとおり、いまだ、バッグの占有が甲に認められる余地がある。

支配の状態	支配の事実及び占有の意思	結　論
バッグの支配を取り戻そうと思えば、いつでも取り戻せる状態にあったか？	・失念の時間は約35分、同じ駅構内とはいえ、区画の異なる場所に移動している（支配の事実の観点）。 ・甲は、バッグを置き忘れたことに気付くと、すぐに置き忘れた場所に戻っている（占有の意思の観点）。	①甲がバッグを置き忘れたところをAが見ていて、すぐにバッグを取った場合、②駅構内が閑散としていて、甲とA以外には人の出入りがないような場所であった場合などには、バッグの支配を取り戻そうと思えば、いつでも取り戻せる状態にあったと評価できる余地がある。

●*Case 4*　海中に落とした物 ●

　甲は、海中に高級腕時計を落とした。甲は、Aに対し、落とした位置を指示して、その探索を依頼したところ、Aは、その場所付近から高級腕時計を発見したものの、甲には見つけたことを報告せず、そのまま自分の物とした。Aの罪責は何か。

【結論】　Aは、窃盗の罪責を負う（最決昭32.1.24）。

【理由】　以下のとおり、高級腕時計の占有が甲に認められる。

支配の状態	支配の事実及び占有の意思	結　論
腕時計の支配を取り戻そうと思えば、いつでも取り戻せる状態にあったか？	・海中では、他の者の出入りがおよそ考えられない（＝そうであれば、落としてから気付くまで時間的場所的に離れていても、取り戻そうと思えばいつでも取り戻せる傾向が強くなる。）。 ・本件においては、甲は、Aに対し、落下場所の大体の位置を指示し、その場所付近から腕時計が発見されている（支配の事実の観点）。 ・甲は、腕時計を落とした大体の位置を認識していた（占有の意思の観点）。	腕時計の支配を取り戻そうと思えば、いつでも取り戻せる状態にあった。

 ●*Case 5*　セルフレジに置き忘れた財布の持ち去り ●

　甲は、スーパーマーケットで買い物をし、そのセルフレジで精算をして店を出たが、セルフレジの台に財布を置き忘れた。甲が店を出てから約1時間後、Aは、買い物をして同セルフレジに来たところ、台の上に置かれた財布を見て，とっさに自分の物にしようと考え、財布を自分のエコバッグ内に入れ、買い物の精算をして店を出た。Aの罪責は何か。

　なお、セルフレジのスペースはカウンターやパーテーションによって他のスペースと区切られており、備品の補充やセルフレジを利用する客の補助を行うために店員がセルフレジスペースに配置されていた。

【結論】　Aは、**窃盗**の罪責を負う（東京高判令4.7.12）。

【理由】　甲は、不特定多数の客が自由に出入りできる場所であるスーパーマーケットのセルフレジに財布を置き忘れ、その状態が約1時間続いていたことから、**財布に対する甲の占有を認めることは困難**である。そこで、セル

フレジの台に置き忘れられた財布に対するスーパーマーケットの店長の占有を認めることができるか問題となる。

　この点、不特定多数の客がセルフレジを自由に利用でき、他の出入り自由な場所と隔絶された構造になっていないことから、店舗側の支配が及んでいないと考える余地もある。

　しかし、本件の場合、セルフレジのスペースは、カウンターやパーテーションによって他のスペースと区切られている上、店員1名が配置されてセルフレジの備品の補充や利用する客の補助を行っており、**店舗側の支配、つまり、店長の支配の事実を認めることができる。**

　また、セルフレジを含めたレジスペースは、代金の決済や顧客及び店舗側の金銭管理という店側にとって重要な機能を営む場所であることを考慮すると、レジに所在することが通常想定される物品については、店舗側に強い関心があり、その物品を管理する意思もあると考えるのが相当であるところ、顧客の財布は、レジで使用されることが当然に予定されている物品であり、店舗側としても、そこに置き忘れられる可能性を想定し得る物品といえ、**店舗側に、財布に対する管理意思の発生、つまり、占有の意思が認められる**（前記東京高判令4.7.12）。

　よって、本件財布に対する店長の占有を認めることができる。

2　盗もうと思ったら発見された場合〜窃盗の実行の着手

▶▶▶ **アプローチ**

　警察官が、夜中、住人の通報を受け、住人宅を訪れたところ、見知らぬ男が住人宅にいたので住人が取り押さえたが、住人の話では、何も盗まれていないという。そこで、警察官は、住居侵入で男を現行犯逮捕したが、考えられる罪名はそれだけであろうか。

　通常、見知らぬ男が他人の住居に夜中に忍び込む目的の代表例は窃盗目的であり、何も盗まれた物はなくとも窃盗未遂の可能性は十分にある。ここでは、窃盗未遂が成立する場合を検討していく。

⑴　モデルケース

①　Aは、深夜、金品を窃取する目的で、甲宅の施錠されていない風呂場の窓から中に忍び込み、懐中電灯で廊下を歩いていたところ、甲に見つかり、何も取らずにそのまま逃走した。Aの罪責は何か。

② Aは、深夜、金品を窃取する目的で、甲宅の敷地内にある土蔵の窓から土蔵内に忍び込み、懐中電灯で中を照らしたところ、駆け付けた甲に見つかり、何も取らずにそのまま逃走した。Aの罪責は何か。

ア 結 論

　①において、Aは住居侵入のみの罪責を負う。

　②において、Aは建造物侵入のほか窃盗未遂の罪責を負う（牽連犯）。

イ 境界のポイント

実行の着手の判断基準 ここが境界！ 総合考慮し、占有侵害の具体的危険性発生がポイント	他人の財物の**占有を侵害する具体的危険が発生**する行為を行った時点で実行の着手が認められる（条解刑法（第3版）724頁、刑法講義各論（新版第3版）207頁、最判昭23.4.17参照）。
	⇩
	対象となる財物の大きさなどの**形状**、犯行**日時**、犯行**場所**の状況、犯行の具体的**態様**などの諸般の状況を総合して判断する（条解刑法（第3版）724頁）。
	⇩
	 財物が小さいなど持ち運びやすい形状であれば、占有侵害の危険性が高くなる
	 深夜など人がいない時間帯であれば、持ち出しやすくなり、占有侵害の危険性が高くなる
	 財物しかない場所であれば、持ち出しやすくなり、財物を探さなければならない場所であれば、持ち出しにくくなる
	 機械的に財物を取得できるような装置を仕掛けたときには、占有侵害の危険性が高くなる（メダルを取得するため、パチスロ機のメダル投入口に操作用の器具を設置した場合、東京地判平3.9.17）
	⚠**要注意** 総合的に判断するので、全部の要素を満たす必要はない（例えば、形状が極めて小さい物であれば、白昼の人がいる店内であっても、これをポケットに入れたら、占有を侵害す

	る具体的危険が発生したといえる。）。
侵入盗	【一般住宅】 ・**物色行為**があった段階で実行の着手あり（最判昭23.4.17）。 【土蔵や金庫室】 ・**侵入行為に着手**した段階で実行の着手あり（名古屋高判昭25.11.14など）。
車上ねらい	・窓ガラスの破壊など自動車内への**侵入行為に着手**した段階で実行の着手あり（東京高判昭45.9.8）。
す　り	・衣服のポケットやカバンの中に手を差し入れた場合はもちろん、ポケットからのぞいていた現金をすり取るため、ポケットに手を差し伸べ、**外側に触れた段階**で実行の着手あり（最決昭29.5.6）。 ・一般的に、すりが、金品がポケット内にあるのを確かめるためポケットの外側から触れる「**当たり行為**」のみでは、実行の着手は認められない。 　しかし、すりが、当たり行為をして金品の存在を確認できた場合は、そのままポケット内に手を入れる意思を有する場合などは、「当たり行為」をした時点で実行の着手を認めることも可能であろう（条解刑法（第3版）725頁）。

ウ　解　説

　窃盗の未遂罪は処罰されるが、予備にとどまる場合は処罰されないことから、窃盗の実行の着手が認められるか否かは重要である。

　実行の着手とは、犯罪の実行行為に着手することであるが、そもそも、犯罪の実行行為とは、犯罪の結果を発生させる具体的危険性のある行為をいうから、犯罪の実行の着手は、犯罪の結果を発生させる具体的危険性のある行為を開始することをいう。これを窃盗の実行の着手に当てはめれば、他人の財物の**占有を侵害（＝犯罪の結果）する具体的危険が発生**する行為を行った時点で実行の着手が認められることとなる。

　ただし、窃盗の実行の着手といっても、様々な場面があることから、その判断に当たっては、対象となる財物の大きさなどの**形状**、犯行**日時**、犯行**場所**の状況、犯行の具体的**態様**などの諸般の状況を総合して判断することとなる。

～具体的危険とは？～

　教科書を読むと「具体的危険」という用語がよく出てくる。「**具体的危険**」とは、結果の発生する可能性が相当高い状況をいい、これに対し、単に結果の発生する可能性がある状況を「**抽象的危険**」という。

　例えば、消費期限が切れて一定期間放置していた食品を食べることは腹痛

を起こす可能性があるが（＝抽象的危険）、さらに、消費期限が切れて一定期間放置し、所々カビが発生していた食品を食べることは腹痛を起こす可能性が相当高い（＝具体的危険）といえる。

エ　モデルケースの理由・解答

　①において、窃盗の実行の着手は、他人の財物の占有を侵害する（＝犯罪の結果）具体的危険が発生する行為を行った時点で認められるが、Aは、深夜（＝**日時**）、甲宅内に忍び込んでいるものの、住居内は様々な区画に分かれ、様々な財物が混在している**場所**である上、懐中電灯で廊下を歩き、窃取する財物を探していた途中で発見されている**態様**にとどまっている。すなわち、財物の占有を侵害する具体的危険性が発生したといえる個々の財物に対する**物色行為に至っておらず**、窃盗の実行の着手は認められない。したがって、Aは住居侵入のみの罪責を負う（東京高判昭34.1.31）。

　②において、Aは、深夜（＝**日時**）、甲宅の敷地内にある土蔵内に忍び込み、懐中電灯で中を照らしていたところを発見されているが、通常、土蔵は財物の倉庫であって、中には財物しかないことが多く（＝**場所**）、①とは異なり、物色行為に至らずとも、土蔵内に侵入する**態様**自体、財物の占有を侵害する具体的危険性が発生したといえ、Aが土蔵内に**侵入する行為を開始**した時点で窃盗の実行の着手が認められる。したがって、Aは建造物侵入のほか窃盗未遂の罪責を負う（両者は牽連犯となる。）（名古屋高判昭25.11.14）。

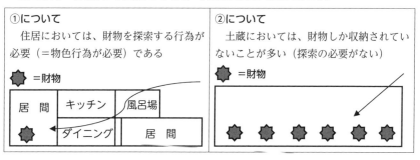

①について
　住居においては、財物を探索する行為が必要（＝物色行為が必要）である

🟊＝財物

| 居　間 | キッチン | 風呂場 |
| 🟊 | ダイニング | 居　間 |

②について
　土蔵においては、財物しか収納されていないことが多い（探索の必要がない）

🟊＝財物

🟊　🟊　🟊　🟊　🟊　🟊

(2) 境界型の事例における判断 より深く

●*Case 1* 現金自動預払機を利用した残高照会● 行為

Aは、拾ったキャッシュカードを利用して、現金自動預払機から現金を引き出すこととした。Aは、現金を引き出す前提として、どのくらいの残高があるか確かめるため、残高照会をすることとし、キャッシュカードを甲銀行の現金自動預払機に挿入した（残高照会の後、引き続き、画面操作のみで引出し可能な方式である。）。しかし、甲銀行に事故届が提出されていたため、キャッシュカードは回収され、残高照会することはできなかった。Aの罪責は何か。

【結論】 Aは、占有離脱物横領のほか窃盗未遂の罪責を負う（名古屋高判平13.9.17、両者は併合罪）。

【理由】 残高照会行為と現金引出行為（＝窃取行為）は一体のものであり、**残高照会行為に着手**すれば、窃盗の実行の着手に該当する。

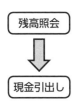

①　残高照会をした理由は、現金引出しをするためでしかなかった
②　残高照会から現金引出しにすぐに移行できるシステムである
⇩
残高照会行為が、現金引出しに至る具体的危険性のある行為＝実行の着手あり

⚠**要注意** この結論は、現金自動預払機が、残高照会修了後、一度、キャッシュカードが排出され、再度、キャッシュカードを挿入して、現金引出操作が必要な場合であっても変わらない（前記名古屋高裁判決）。

●*Case 2* 深夜の電気店内の侵入●

Aは、深夜、電気店内に忍び込み、中を懐中電灯で照らしたところ、電気器具類が積まれていることが分かったが、なるべく現金を取りたいと思って、中を歩いていたところ、店主に発見された。Aの罪責は何か。

【結論】 Aは、建造物侵入のほか窃盗未遂の罪責を負う（最決昭40.3.9、両者は牽連犯）。

【理由】 Aは、具体的な物色行為に及んでいないものの、以下の事情に照らせば、

電気器具類が積まれていることが分かったが、**現金を取りたいと思い、歩き出した段階**で、窃盗の実行の着手が認められる。

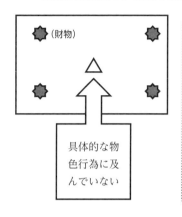

・深夜（＝日時）
・店内であり、主に商品が多く陳列されている**場所**
・電気器具類が積まれているのを確認しており、広い意味で現金を含めた財物に対する物色行為ともいえる行為に及んでいる（＝**態様**）

⇓

具体的な物色行為に及んでいないが、侵入の上、現金を取りたいと歩き出した段階で実行の着手あり

（図左）具体的な物色行為に及んでいない

(3) 最新判例の動向（最決令4.2.14）

ア　結　論

　　組織的なキャッシュカードのすり替え窃盗の実行役が、**被害者宅まで約140メートルの路上に赴いた時点**で、警察官が後をつけていることに気付いて被害者宅に赴くことを断念した事案において、**同時点における窃盗の実行の着手を認めた。**

イ　事案の概要

○　警察官を装う者（指示役）が、被害者宛に電話した内容（以下「本件うそ」という。）

・あなたが詐欺の被害に遭っている可能性があります。
・被害額を返金します。それにはキャッシュカードが必要です。
・金融庁の職員が、あなたの家に向かっています。
・これ以上の被害が出ないように口座を凍結します。
・金融庁の職員が封筒を準備していますので、その封筒の中にキャッシュカードを入れてください。
・金融庁の職員が、その場でキャッシュカードを確認します。
・その場で確認したら、すぐにキャッシュカードはお返ししますので、3日間は自宅で保管してください。封筒に入れたキャッシュカードは、3日間は使わないでください。

○　金融庁職員を装う者（実行役・被告人）が行う予定の行為

被害者に用意させたキャッシュカードを空の封筒に入れて封をした上、割

印をするための印鑑が必要である旨言って、被害者にこれを取りに行かせ、被害者が離れた隙にキャッシュカード入りの封筒と、あらかじめ用意していたポイントカードを入れた封筒とをすり替え、キャッシュカード入りの封筒を持ち去って窃取する。

○　被告人の行為

指示役の指示に基づき、待機場所から被害者宅へ向かったが、被害者宅まで約140メートルの路上まで赴いた時点で、警察官が後をつけていることに気付き犯行を断念した。

ウ　判　旨

本件犯行計画上はすり替えの隙を生じさせることが必要であり、**本件うそはその前提となる。そして、本件うそには、被告人が被害者宅を訪問し、虚偽の説明や指示を行うことに直接つながるとともに、被害者に被告人の説明や指示に疑問を抱かせることなく、すり替えの隙を生じさせる状況を作り出すようなうそが含まれている。**このような本件うそが述べられ、金融庁職員を装いすり替えによってキャッシュカードを窃取する予定の被告人が被害者宅付近路上まで赴いた時点では、**被害者が、間もなく被害者宅を訪問しようとしていた被告人の説明や指示に従うなどしてキャッシュカード入りの封筒から注意をそらし、その隙に被告人がキャッシュカード入りの封筒と偽封筒とをすり替えてキャッシュカードの占有を侵害するに至る危険性が明らかに認められる。**

このような事実関係の下においては、被告人が被害者に対して印鑑を取りに行かせるなどしてキャッシュカード入りの封筒から注意をそらすための行為をしていないとしても、本件うそが述べられ、被告人が被害者宅付近路上まで赴いた時点で窃盗罪の実行の着手が既にあったと認められる。

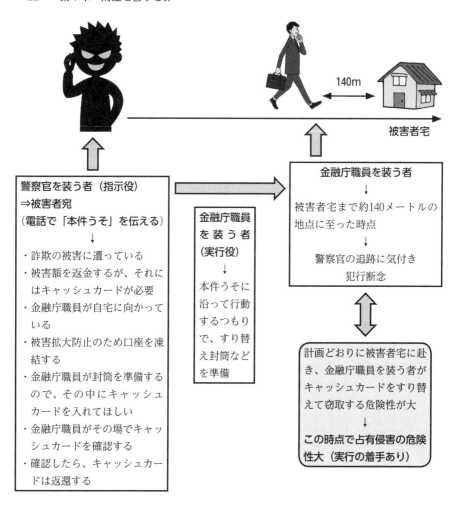

3　持ち逃げができなかった場合〜窃盗の既遂時期

▶▶▶ **アプローチ**

　警察官が、夜中の警戒中、資材置き場などで資材を車に積んでいる不審者を見つけるといった場面は珍しくない。この場合、不審者は、窃盗の未遂にとどまるのか既遂が成立するのか。現行犯逮捕する場合、どの罪名を告知するべきか即座の判断が求められる。

　具体的な事例を通して既遂と未遂の区別の感覚を磨いていただきたい。

(1) モデルケース

> ① Aは、深夜、甲の管理する工場内（周囲には金網が設置、警備員などはいない）に忍び込み、中にあった資材約20kgを台車に乗せ、搬出のため、台車を工場の出入口に移動させたところ、偶然、工場内に残っていた工員に発見された。Aの罪責は何か。
> ② Aは、深夜、甲の管理する工場内（周囲には金網が設置）に忍び込み、中にあった資材約20kgを台車に乗せ、搬出のため、台車を工場の出入口に移動させたところ、常駐していた守衛の警備員に発見された。Aの罪責は何か。

ア 結 論

①において、Aは建造物侵入のほか、窃盗既遂の罪責を負う（両者は牽連犯）。

②において、Aは建造物侵入のほか、窃盗未遂の罪責を負う（両者は牽連犯）。

イ 境界のポイント

既遂時期の判断基準	目的物を自己又は第三者の占有に移した時点で既遂となる（最判昭23.10.23）。

⇓

対象となる財物の大きさなどの**形状**、被害者の占有の状態（**支配力の強弱**）、犯行場所の状態（**公開性の程度**）、犯行の具体的**態様**などの諸般の状況を総合して判断する（条解刑法（第3版）726頁など。）

ここが境界！

形状が小型の財物と大型の財物で整理することがポイント

⇓

【形状が小型の財物】

・小型の財物の場合、犯人が、ポケットやカバンの中に入れるなどすれば、自己等の支配内に入れたといえ、既遂となる（条解刑法（第3版）726頁）。

【〇該当するもの】

・店内にあった靴下を懐中に入れた場合（大判大12.4.9）

・店内にあった服地1巻をオーバーの下に入れ、その上から服地を抱えて、数歩歩き出した場合（東京高判昭29.5.11）

・スーパーマーケットで、買い物かごに商品を入れて、レジで支払いをせずにそのまま外に持ち出した場合（東京高判平4.10.28）

　⇒同じ万引きでも隠匿した場合としない場合とで異なる。

・他人の浴室内で指輪を発見し、一時、他者が発見できない隙間に隠匿した場合（大判大12.7.3）

・深夜、周りを柵で囲まれ、警備員がいる工事現場内において、自動販売機のコインホルダー（縦約18㎝、横約8㎝）を取り出した場合（東京高判平5.2.25）

・不正にパチスロ機のメダルを取得する目的で、身体に体感器を装着し、

その使用により、メダルを排出させた場合（東京地判平3.9.17、この場合、正当に遊技して排出したメダルと混在する場合、全てのメダルについて窃盗既遂が成立する。）

【形状が大型の財物】

・支配力の強弱、公開性の程度、態様などを総合考慮する（大阪高判昭29.5.4など）。

犯行場所に警備員が常駐しているなど、被害者の支配力が高い場合は、犯行場所から対象物を搬出しないと、占有を移転したとはいえない

犯行場所の周囲に、門、壁、出入口に施錠がなされているなど、人の自由な出入りを妨げる事情がある場合は、犯行場所から対象物を搬出しないと、占有を移転したとはいえない

財物の運搬に車両を使用する場合は、車両に積み込んだ時点で、占有を移転したといえる場合が多い

【○該当するもの】

・倉庫からシャツ5梱包を取り出し、共犯者が待機していたトラックの荷台に入れて、他の物の中に隠匿した場合（最判昭28.10.22）
・深夜、出入りが自由な駐車場内で、駐車中の自動車からタイヤ4本を外し、そのうち2本を抱えて出入口の方に向かった場合（東京高判昭63.4.21）

ウ 解 説

　窃盗は、他人の財物の占有を侵害して、自己又は第三者の占有に移転する犯罪であることから、その既遂時期は、財物の占有を自己又は第三者に移転した時点である。

　ただし、窃盗の既遂時期といっても、様々な場面があることから、その判断に当たっては、対象となる財物の大きさなどの**形状**、被害者の占有の状態（**支配力の強弱**）、犯行場所の状態（**公開性の程度**）、犯行の具体的**態様**などの諸般の状況を総合して判断することとなる。

エ モデルケースの理由・解答

　①において、窃盗の既遂時期は、財物の占有を自己又は第三者に移転した時点であるところ、Aは、約20kgの資材を台車に乗せ、いまだ、金網で囲まれた

工場の敷地内を出ていないが、深夜に、警備員などの看守者がいない状況で、資材を台車に載せて工場の出入口まで運び出せば、**いつでも敷地外に搬出できる状況**に至っており、資材に対する占有はＡに移転したといえる。

したがって、Ａは建造物侵入のほか窃盗既遂の罪責を負う（福岡高判昭28.10.31、両者は牽連犯）。

②において、Ａは、約20kgの資材を台車に乗せ、いまだ、金網で囲まれた工場の敷地内を出ておらず、しかも、工場には常駐の守衛の警備員がいることから、資材を台車に載せて工場の出入口に至っても、**敷地外に搬出することは困難**であり、いまだ、資材に対する占有はＡに移転していない[※]。

したがって、Ａは建造物侵入のほか、窃盗未遂の罪責を負うにとどまる（大阪高判昭29.5.4、両者は牽連犯）。

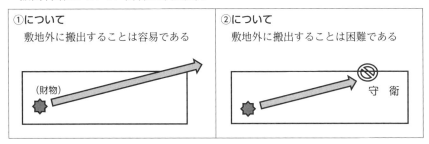

①について	②について
敷地外に搬出することは容易である	敷地外に搬出することは困難である

(※)　なお、工具を装い、資材の上に布をかぶせて隠すなどした場合は、敷地外に搬出することができ得る＝資材に対する占有はＡに移転し得るといえよう。

　　　26頁のCase 2も参照されたい。

(2)　境界型の事例における判断　より深く

────●*Case 1*　敷地内にあった20kgのケーブルの窃取 ●────

　Ａは、深夜、甲宅の敷地内に忍び込み、周囲を建物と板塀で囲まれた敷地内の土蔵軒下に置かれた約20kgのケーブルの輪を見つけ、これを周囲に気付かれないようにしながら約２ｍ引きずったところ、家人に見つかった。Ａの罪責は何か。

【結論】　Ａは、住居侵入のほか窃盗未遂の罪責を負うにとどまる（名古屋高金沢支判昭28.2.28、両者は牽連犯）。

【理由】　Ａは、周囲を建物と板塀で囲まれ、家人もいる敷地内で、約20kgの容易に隠匿できないケーブルの輪を引きずって搬出しようとしていたのであって、いまだ、ケーブルの占有は、甲からＡに移転したとはいえず、窃盗は既遂に達していない。

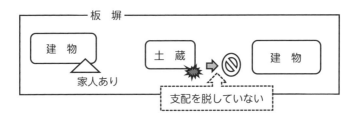

● *Case 2* 基地内でトレーラーに積載して窃取 ●

Aは、深夜、基地内に忍び込み、その集積場にあったフィルム9箱をトレーラーに積み込み、他の物の中に隠匿して屋外集積場まで移動させたところ、警戒していた警備員に見つかった。Aの罪責は何か。

【結論】 　Aは、建造物侵入のほか窃盗既遂の罪責を負う（東京高判昭29.7.29、両者は牽連犯）。

【理由】 　Aは、警戒が厳重な基地内において、重量のあるフィルムを持ち出そうとし、実際に基地の外に出ていないものの、**運搬が容易なトレーラー内に**容易に**見つかりにくいように隠匿**していることから、いつでも、基地の外に搬出できる状態に至っているといえ、窃盗は既遂に達している。

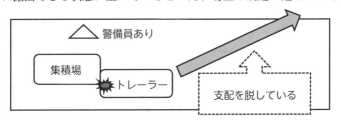

4　盗んだ物を積極的に使う目的のない場合
～窃盗と器物損壊・毀棄隠匿

▶▶▶ アプローチ

　窃盗犯人は、通常、盗んだ物を使用・利用するために盗むものであるが、例えば、いわゆるストーカーが、かつて交際していた女性に対する嫌がらせ目的で、女性の物を持ち出し、そのまま保管するような場合や、刑務所に入るために、物を使用・利用するつもりはないのに持ち去る場合など、持ち去った物を積極的に使う目的のない場合は決して珍しくない。

　このような特殊な場合、窃盗が成立するのだろうか。

(1) モデルケース

① Aは、甲警察官から職務質問を受けたため、その場から逃走したところ、エンジンのかかっていたバイクを見つけたことから、職務質問を避ける目的で、バイクに乗り、約1km先の公園にバイクを乗り捨てて逃走した。Aの罪責は何か。

② Aは、乙会社に勤務していたが、乙会社に解雇されたことを逆恨みし、乙会社の看板を壊すことにより乙会社に対して嫌がらせをする目的で、乙会社の看板を外して持ち去り、約1km先の公園において、その看板を叩き割って逃走した。Aの罪責は何か。

ア 結 論

①において、Aは窃盗の罪責を負う。

②において、Aは器物損壊の罪責を負う。

イ 境界のポイント

	窃 盗	器物損壊
犯行の主体	特に制限はなく、誰でも行える。	
犯行の対象	◎他人の占有する財物	◎他人の占有する財物 ・公用文書、使用文書、建造物・艦船以外の物をいう（それぞれ、法258条〜260条に処罰規定あり）。 ・「財物」には動物も入る。 ・犯人の所有物であっても、①差押えを受けた物、②物権を負担した物（抵当権など）、③賃貸した物は、対象となる（法262条）。
行 為	◎窃 取 　財物の占有者の意思に反して、その占有を侵害し、目的物を自己又は第三者の占有に移すことをいう（大判大4.3.18）。	◎損 壊 　物の効用を害することをいい、物理的に破壊するなどして効用を害するほか、事実上や感情上、使用できなくさせて効用を害することも含まれる（大谷・刑法講義各論（新版第3版）347頁）。 【○該当するもの】 　・他人の食器に放尿する行為（大

		判明42. 4. 16) ・歌碑にペンキなどを塗り付ける 　行為（札幌高判昭50. 6. 10) ・輸送小荷物に取り付けられてい 　た荷札を剥ぎ取り、持ち去った 　行為（最判昭32. 4. 4) 　⇒他人の財物を持ち去る行為も 　　「損壊」に該当し、「窃取」と 　　行為は共通する。 ◎**傷　害** 　動物を殺傷することをいう（刑 法講義各論（新版第3版）348頁）。 ☞器物損壊の項目で詳しく（116 頁）。
不法領得の意思	「権利者を排除し、他人の物を 自己の所有物と同様にその経済的 用法に従い、これを利用又は処 分する意思」が必要（最判昭26. 7. 13)	不要 ここが 境界！ 行為時に、不法 領得の意思があ るか否かが分か れ目！
故　意	他人の財物を窃取することの認 識・認容が必要 ☞窃盗の項目で詳しく（6頁）。	他人の財物を損 壊（持ち去って効 用を害するなど)、 傷害することの認識・認容が必要
親族間の犯罪に 関する特例	あり	なし
親告罪	◎**非親告罪**	◎**親告罪** 　原則として所有者が告訴権者で あるが、担保物権者、差押債権者、 仮処分債権者、**賃借権者**も含まれ る（条解刑法（第3版）839頁)。

ウ　解　説

　他人の所有する物を勝手に持ち去る行為は、窃盗の「窃取」に該当するほか、持ち去って物を使用できなくさせている点で、事実上、効用を害していることから、器物損壊の「損壊」にも該当することとなる。そこで、他人の所有する物を勝手に持ち去った場合、窃盗と器物損壊のいずれが成立するかが問題となる。

　この点、窃盗は、不法領得の意思が必要となるが、器物損壊は、不法領得の

意思が不要であり、不法領得の意思が判断の分かれ目となる。より具体的には、不法領得の意思は、「権利者を排除し、他人の物を自己の所有物と同様にその経済的用法に従い、これを利用し又は処分する意思」であるが、窃盗も器物損壊も権利者を排除する点では変わらないことから、**判断の分かれ目は、持ち去った物を経済的用法に従って利用、処分する意思があるか否か**ということとなる。

　さらに、経済的用法に従って利用、処分する意思は、経済的に利益を受ける意思はもちろん、**その物の用途にかなった使用をする意思**や、**財物から生じる何らかの効用を受ける意思**で足りる（最判昭33.4.17）。そのため、毀棄隠匿の意思以外であれば、おおむねこの要件に該当することとなろう。

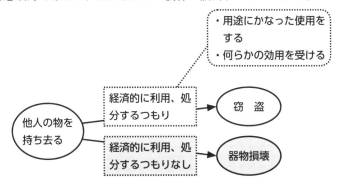

エ　モデルケースの理由・解答

　①において、Aは、甲警察官からの職務質問を避ける目的で、バイクに乗って逃走しているところ、バイクの経済的な利用方法はエンジンをかけて乗車することであるが、Aは、実際にバイクのエンジンをかけて乗車して公園まで移動していることから、**バイクを経済的に利用する意思**、つまり、不法領得の意思を有しており、窃盗の罪責を負う（最判昭26.7.13）。

　②において、Aは、乙会社に解雇されたことを逆恨みし、乙会社に対して嫌がらせをする目的で、乙会社の看板を外して持ち去っているところ、Aは嫌がらせのため破壊目的で看板を持ち出し、実際にこれを利用することなく破壊していることから、**看板を利用する意思は全くなく、何らの効用を受けておらず、**不法領得の意思を欠いており、窃盗ではなく器物損壊の罪責を負う（最判昭32.4.4）。

⑵　境界型の事例における判断

────●*Case 1*　脅迫目的での包丁の持ち去り●────

　Aは、営業中の甲金物店で商品を見ていた際、かねてから仲の悪かった甲を脅し、脅し終わったら証拠隠滅のため捨てようと思いつき、店員のすきを見て、店内にあった包丁1本を持ち去ったが、脅す前に職務質問を受け、脅すに至らなかった。Aの罪責は何か（銃砲刀剣類所持等取締法違反は除く。）。

【結論】　Aは、窃盗の罪責を負う（大津地判昭35.9.22）。

【理由】　Aは、脅し道具として使った後、捨てる目的で包丁を持ち去っている。包丁の一般的な経済的用法は調理器具としての用途であるが、**包丁は用法上の凶器**にもなる物で、その意味では、Aは、包丁の用法上の効用を受けており、不法領得の意思に欠けるところはなく、Aは、窃盗の罪責を負う。

脅迫に使用することにより、その効用を受ける＝経済的用法に従い利用、処分

────●*Case 2*　担保目的での機械の持ち去り●────

　Aは、債務者である甲が貸金の返済をしないことから、甲が貸金を弁済すれば返却し、弁済しなければそのまま売却する目的で、甲の不在中に甲が営む工場内に立ち入り、甲の使用する機械類を無断で持ち出した。Aの罪責は何か。

【結論】　Aは、建造物侵入と窃盗の罪責を負う（大阪高判昭35.7.29、両者は牽連犯）。

【理由】　Aは、貸金の担保とする目的で機械類を持ち出している。機械類の一般的な経済的用法は、工場での商品製造などである。しかし、機械類自体には価値があることから、機械類自体を担保とし、返済がなされなければ機械類を売却して返済に充当することが十分可能である。

　　　　　したがって、機械類自体を担保とすることは、**機械類自体の持つ価値を利用し、その効用を受けている**ことにほかならず、不法領得の意思に欠け

るところはないため、Aは、建造物侵入のほか窃盗の罪責を負う。

更に境界！ ● *Case 3* 刑務所に入る目的での物の持ち去り ●

Aは、生活に行きづまり、物を持ち去り、すぐに自首して有罪となり、刑務所に入る目的で、公園にいた甲の隙を見て、甲の音楽テープを持ち去り、100m離れた派出所に持っていって自首した。Aの罪責は何か。

【結論】　Aは、窃盗の罪責を負わない（広島地判昭50.6.24）。

【理由】　Aは、罪を犯して有罪となり、刑務所に入る目的で、音楽テープを持ち去っている。音楽テープの一般的な経済的用法は、音楽視聴である。しかし、Aは、音楽テープを持ち去った後は、自首するまで単にこれを派出所に持っていくだけの目的であったほか、刑務所に入る目的は、Aが刑事裁判を受け、有罪判決を受けて実現するものであり、**音楽テープの効用によって実現するものとは言い難い**。

したがって、経済的な用法に従って利用、処分する意思に欠け、不法領得の意思に欠けることから、Aは、窃盗の罪責を負わない（本件では、権利者を排除する意思も認め難いであろう。）。ただし、音楽テープを持ち去ってから自首せずにどこかに捨てた場合や、自首するまで迷い、長期間を要した場合には、音楽テープの効用を喪失させている（＝使用できなくさせている）ことから、Aには、器物損壊罪が成立し得る（刑法講義各論（新版第3版）195～196頁）。

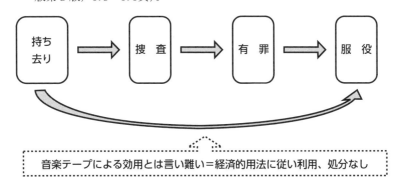

持ち去り ⇒ 捜査 ⇒ 有罪 ⇒ 服役

音楽テープによる効用とは言い難い＝経済的用法に従い利用、処分なし

5　後で返還するつもりで持ち去った場合〜一時使用行為

▶▶▶ **アプローチ**

　職務質問の際、防犯登録から他人の自転車に乗っている者を発見する場合があるが、よくある言い訳として、「後で返すつもりで乗っていたもので盗んだものではない。」というものがある。

　ほとんどの場合、そのまま乗り捨てる場合が多く、窃盗の成立に問題はない場合が多いが、まれに元の場所に戻すつもりが本当にあるとき、窃盗は成立するのであろうか。

⑴　**モデルケース**

① 　Aは、駅から甲宅に赴く際、タクシーを使うのが惜しくなり、午後2時頃、使用後は元に戻すつもりで、隣の駐輪場に止めてあった乙所有の自転車に乗って甲宅に赴いた。Aは、午後6時頃、所用を終え、その自転車に乗って駐輪場に行き、乙に気付かれないうちに、元の場所にその自転車を戻した。Aの罪責は何か。

② 　Aは、駅から甲宅に赴く際、タクシーを使うのが惜しくなり、午後2時頃、使用後は元に戻すつもりで、鍵がエンジンキーにかかったままの乙所有の自動車に乗って甲宅に赴いた。Aは、午後6時頃、所用を終え、乙に気付かれないうちに、その自動車に乗って元の場所に戻り、自動車を戻した。Aの罪責は何か。

　ア　結　論

　　　①において、Aは窃盗の罪責を負わない。

　　　②において、Aは窃盗の罪責を負う。

イ　境界のポイント

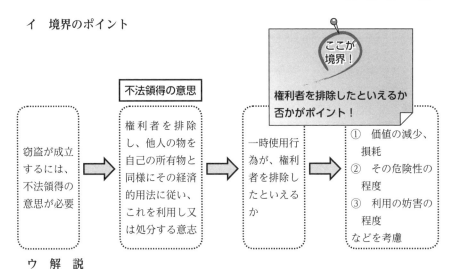

ウ　解　説

　　窃盗の罪責を負うには、**不法領得の意思**、すなわち、「権利者を排除し、他人の物を自己の所有物と同様にその経済的用法に従い、これを利用し又は処分する意思」が必要であるが（最判昭26．7．13）、他人の物を利用し、利用後は元に戻す意思で物を持ち去って利用するような**一時使用行為**においては、**権利者を排除する意思**が認められるかが問題となる。

　　権利者を排除する意思が認められるか否かに当たっては、**利用により価値の減少や損耗**が生じ、又は、**その危険性が大きい**場合には、権利者でなければできない利用である点で権利者を排除する意思が認められるし、**利用の妨害の程度が大きければ**、権利者を排除する意思が認められる。

エ　モデルケースの理由・解答

　　①において、Aは、自転車を利用後は元に戻すつもりで乗り去り、実際に元の場所に戻している上、その時間は約4時間にすぎないことから、自転車自体の**価値の減少や損耗は認められず、その危険性も小さい**。また、乙の自転車の利用の妨害も生じていないことから、Aには、権利者を排除する意思、つまり、不法領得の意思が認められず、Aは、窃盗の罪責を負わない（京都地判昭51．12．17）。

　　②において、Aは、自動車を利用後は元に戻すつもりで乗り去り、実際に元の場所に戻している上、その時間は約4時間にすぎないこと、乙の自動車の利用の妨害も生じていないものの、**自動車の使用はガソリンの損耗を伴うほか、事故による損傷の危険性も認められ**、①とは異なり、Aには、権利者を排除する意思、つまり、不法領得の意思が認められ、Aは、窃盗の罪責を負う（最決

昭55.10.30、高松高判昭61.7.9）。

> ～自転車と自動車の比較～
>
> 　自転車の場合は、一時使用にとどまる場合には、価値の減少や損耗が生じる危険性が低いことから、不法領得の意思が否定される範囲が広い（条解刑法（第3版）719頁）。

(2) 境界型の事例における判断

> ●*Case 1*　機密情報の印字された紙の一時的な●
> 　　　　　　持ち去り
>
> 　Aは、甲社に勤務しているが、ライバル会社の乙社の丙から、甲社の機密情報を高く買うと言われてその気になり、甲社の製造部長の不在時に同部長の机から甲社の機密情報が記載された紙を持ち出すと、近くのコンビニエンスストアでコピーを取り、元の紙は元の机の中に戻し、コピーを丙に渡した。甲が紙を持ち出した時間は約20分、距離は約300mであった。Aの罪責は何か。

【結論】　Aは、窃盗の罪責を負う（東京地判昭59.6.15など）。

【理由】　Aは、機密情報が印字された紙を元に戻す意思で持ち去り、実際に、持ち出した時間や距離も短時間にとどまっているほか、紙自体の物理的な同一性に欠けるところはなく、権利者を排除する意思が欠けるようにも思える。しかし、**機密情報はこれが外部に漏れないことにより価値が維持されるのであり、外部に漏れれば価値が著しく低減**する。機密情報が化体した紙の価値も同様である。

　　　　したがって、一時的であっても機密情報の記載された紙を持ち出すAの行為は、権利者を排除する意思が認められ、不法領得の意思が認められるから、Aは窃盗の罪責を負う。

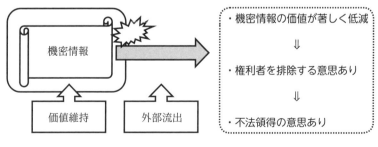

●*Case 2*　ストライキで自動車を一時的に使用●
　　　　する場合

　Aは、甲社に勤務しているが、ストライキに当たり、会社に賃上げを要求する示威活動をするため、甲社に無断で、甲社の工場から本社まで甲社の自動車を運転し、終了後は、甲社の工場の元の場所に戻した。その際、Aは、甲社の自動車を使用することを甲社に通告していた。Aの罪責は何か。

【結論】　Aは、窃盗の罪責を負わない（大阪高判昭50.10.17）。

【理由】　Aは、使用後は元に戻す意思で自動車を一時使用しているが、自動車の一時使用については、ガソリンの損耗を伴うほか、事故による損傷の危険性も高いことから、権利者を排除する意思があり、不法領得の意思を肯定できるようにも思える。しかし、本件においては、Aと甲社は、被用者と使用者という**特殊な関係**があるほか、Aは**その関係の枠内**であるストライキ活動の一環として持ち出していること、甲社にもその**使用を通告**していた事情を考慮すると、権利者である甲社を排除する意思は認められず、不法領得の意思を認めるのは困難である。

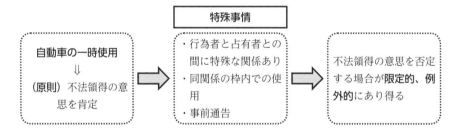

6　一定の窃盗前科を有する者の窃盗〜窃盗と常習累犯窃盗

▶▶▶▶ アプローチ
　窃盗犯人を検挙したが、多数の類似の窃盗の前科を有していることが判明した。確かに、調べていくと、手口は慣れているほか、すり減ったドライバーなどの使いこなしていると思われる窃盗道具らしき物も持っている。
　このような場合、常習累犯窃盗に該当するのか。常習累犯窃盗は、成立に必要な前科の要件（形式的要件）があるほか、窃盗の習癖に基づく犯行という要件（実質的要件）も必要とされており、しっかり理解する必要がある。

⑴　モデルケース

　Aは、いずれの事案においても、平成30年９月１日現在、窃盗にて３回服役した前科を有している。次の①及び②の事案において、Aの罪責は何か。
①　Aは、平成30年９月１日、甲スーパーマーケット店内において、食料品10点を万引きして窃取した。Aの窃盗の前科は、いずれもコンビニエンスストア店内における食料品の万引きであった。
②　Aは、平成30年９月１日、甲スーパーマーケット店内において、食料品10点を万引きして窃取した。Aの窃盗の前科のうち２つは、いずれも夜間に他人宅に工具を使用して忍び込み、現金を窃取するもの、残りはコンビニエンスストア内での万引きであった。

ア　結　論

　　①、②において、Aは常習累犯窃盗（盗犯等防止法３条）の罪責を負う（広島高判平10.3.19など）。

イ　境界のポイント

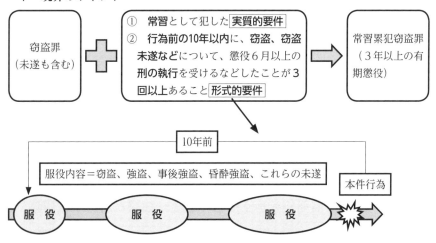

【形式的要件】

行為前の10年以内	窃盗行為などが開始される前の10年以内 ⇒行為開始日は除かれ、行為開始の前日から10年遡った日以後の意味である。 ⇒行為開始日が、平成30年９月１日の場合は、平成20年９月１日以後の意味である。
窃盗、窃盗未遂など	・前科の内容として、幇助犯や教唆犯も含まれる（最判昭43.3.29）。

	・前科の内容として規定されている窃盗、強盗、事後強盗、昏酔強盗のほか、**常習累犯窃盗**、強盗致死傷も含まれる（名古屋高判平8.11.13など）。
刑の執行を受け、又は、刑の免除を得た	・「刑の執行を受け」とは、10年以内の3回の刑のうち**最初の刑の執行終了日**が10年内であれば足り、その執行開始日が10年以内である必要はない（東京高判昭57.3.23）。 ・最初の刑につき10年以前に**仮釈放**となり、10年以内に仮釈放期間を満了した場合にも、10年以内に刑の執行を受けたことになる（東京地判昭63.10.7）。 ・懲役刑の**執行猶予**の判決を受けて、執行猶予期間を経過した場合や執行猶予期間中である場合には、刑の執行を受けたことにならず、執行の免除を受けたことにもならない。
3回以上	少年時の前科も回数に含まれる（東京高判昭51.10.5）。

【実質的要件】

常習として犯したこと 	・反復して窃盗罪などを犯す**習癖**を有することをいう。 ⇩判断基準は？ ・行為者の前科・前歴の内容、**動機、手口や態様、犯行回数、性格**などを総合的に考慮する（捜査実務全書②財産犯罪236頁）。 ⚠**要注意**　判例の傾向は、手口や態様の類似性を重視するもの、反復して窃盗などを行う習癖があれば足り、手口や態様の類似性を不要とするもの、中間的なものなどに分かれている。

ウ　解　説

　　窃盗を犯した者が、常習累犯窃盗所定の前科を有している場合、さらに、**実質的要件**を満たせば、常習累犯窃盗が成立する。

　　常習累犯窃盗の実質的要件の該当性を判断する上では、前科の内容と本件犯行との間に**手口や態様の類似性**がある場合には、容易に肯定することができるが、手口や態様に類似性がない場合にも、**動機、犯行回数、犯行に及ぶ生活状況**などを考慮し、窃盗の習癖に基づく犯行と認められれば、実質的要件が認められることとなる。

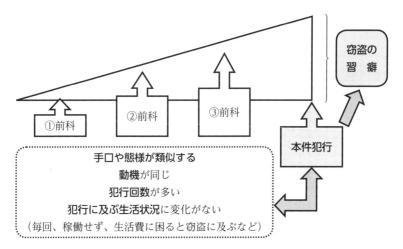

エ　モデルケースの理由・解答

　①において、Aの前科の内容と本件犯行は、店内における食料品の万引きという点で、**手口や態様が共通**している上、食料品を万引きする場合、その動機は、食欲を満たすものや生活費を浮かすというものが多く、前科と本件の犯行の動機も共通していることが多く、本件犯行は窃盗を犯す習癖に基づくものと認められ、Aは、常習累犯窃盗の罪責を負う。

　②において、Aの前科の内容と本件犯行は、2つの前科において、現金の侵入盗であるのに対し、本件犯行は店舗内での食料品の万引きであり、その手口や態様において異なるようにも思える。しかし、生活に困窮し、また、欲しい物があれば躊躇せずに何らかの窃盗に及ぶなど、**安易に窃盗に及ぶ動機など**が認められれば、本件犯行は窃盗を犯す習癖に基づくものといえる。さらに、Aの前科の中に店舗内での食料品の万引きがあり、手口や態様も全く異なるとはいえないことにも照らせば、本件犯行は窃盗を犯す習癖に基づくものと認められ、Aは、常習累犯窃盗の罪責を負う。

(2)　境界型の事例における判断　より深く

更に境界！

━━━●*Case*　前科と本件犯行との間の手口、態様が●━━━
　　　　　全く異なるケース

　Aは、平成30年９月１日、野宿していた公園にビデオカメラが設置されていたことから、換金目的で窃取した。Aは、この犯行に至る10年の間に窃盗の服役前科５犯を有しているが、そのうち３つは他人の家に侵入しての窃盗であり、残りの２つは万引きであった。いずれの前科も、野宿生活の上、生活に困って犯行に及んだものであった。また、Aは、社会にいるときは、ほとんど稼働することもなく、また、更生保護法人に入所して稼働を勧められても長続きせず、更生保護法人を勝手に出て、野宿生活に及んでいた。Aの罪責は何か。

【結論】　Aは、常習累犯窃盗（盗犯等防止法３条）の罪責を負う（東京高判平10.
　　　　　10. 12など）。

【理由】　Aの前科の内容と本件犯行の手口、態様はいずれも異なるものである。
　　　　　しかし、前科の時も本件犯行の時も、Aは、野宿生活の上、生活に困った
　　　　　時には、物を窃取して生活するという点で、**安易に窃盗に及ぶ動機**が認め
　　　　　られる。さらに、Aは、窃盗の服役前科５犯を有し、**窃盗に及ぶ回数も多**
　　　　　い上、稼働して生活費を得る生活を送る意欲がなく、**安易に窃盗に及んで**
　　　　　生活費を得る生活状況に慣れている状況に照らせば、Aの本件犯行は、窃
　　　　　盗を犯す習癖に基づくものと認められ、Aは、常習累犯窃盗の罪責を負う。

～実質的要件（窃盗の習癖）の判断において留意すべき点～

　判例は、前科の内容と本件犯行の手口・態様が異なっていても、動機、犯行回数、生活状況などを分析して、窃盗の習癖を肯定する傾向にある。
　しかし、中には、野宿生活を送っていた者でも、その間、窃盗に及んだ形跡がなく、突発的に本件の窃盗に及んだ場合に、窃盗の習癖を否定した例もあることから（広島高裁岡山支判昭30. ２. １など）、動機、犯行回数、生活状況などを丹念に検討する必要がある。

～常習累犯窃盗罪の量刑の実情～

　窃盗罪等を常習的に犯し、服役が重なり、新たな窃盗等の行為時から遡って10年以内に3回以上窃盗罪等で服役すると常習累犯窃盗罪が適用される。

しかし、その後も常習的に窃盗罪等を犯すと一般的にしばらくは常習累犯窃盗罪が適用されるものの、常習累犯窃盗罪の刑は通常の窃盗罪よりも重いことから、やがて、窃盗等の行為時から遡って10年以内に3回以上の服役の要件を満たさなくなり、通常の窃盗罪が適用されることとなる。

　法令上の限界であるが、窃盗の常習性にさほどの変化がないことから、窃盗罪を適用するとしても実務上は犯した窃盗等の内容を踏まえ、これまでの常習性等を考慮し、量刑で調整することとなる。

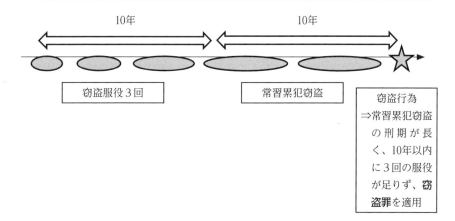

③ 強 盗

■ **法第236条（強盗）**

1 暴行又は脅迫を用いて他人の財物を強取した者は、強盗の罪とし、5年以上の有期懲役に処する（㊟有期懲役の上限は原則として20年：法12条1項）。

2 前項の方法により、財産上不法の利益を得、又は他人にこれを得させた者も、同項と同様とする。

未遂○、予備○、緊逮○、テロ準○、裁判員×、親告罪×（親族間の場合×）

犯行の主体	特に制限はなく、誰でも行える。
犯行の対象	◎**他人の占有する財物（1項）** 窃盗と同じ ☞窃盗の項目を参照（3頁） ◎**財産上の利益（2項）** 財産上の利益 ⇨ **財物以外の全ての財産上の利益をいう** 【○該当するもの】 ・債務の免除、履行期の延期、債務負担の約束、財産的価値のある役務の提供（条解刑法（第3版）738頁） ・条文上は、「財産上不法の利益」であるが、「不法な」利益を得る意味ではなく、「**不法に**」財産上の利益を得る意味である。 ・暗証番号を聞き出す行為→預貯金の払戻しを受ける地位が財産上の利益となる（東京高判平21.11.16）。
行為（実行の着手）	◎**暴行又は脅迫（共通）** 暴行・脅迫 ⇨ ① **財物奪取の手段として行うことが必要**（大判大3.6.24） ・**財物奪取以外の意思**で暴行中、相手方の落とした財布から現金を抜き取った場合、この暴行は、強盗罪の「暴行」には該当せず、暴行罪と窃盗罪が成立する（大判昭8.7.17）。 ・**財物奪取以外の意思**で暴行中、相手方が抵抗できなくなっているの

を見て、**金品を奪う気持ちが生じ**、「金はどこにある」などと言って現金を奪った場合、財物を奪う手段として、反抗を抑圧されている者に対して脅迫していることから、強盗罪が成立する（東京高判昭48. 3 . 26）。

・同様に、当初は**不同意性交等や不同意わいせつの目的**で相手方に暴行・脅迫し、相手方が抵抗できなくなっている状態に接し、**その状態を利用して金品を奪う気持ちが生じ**、さらに、金品を要求するなどの脅迫をした場合、不同意性交等や不同意わいせつのほか、強盗罪が成立する（最判昭24.12.24、大阪高判昭61.10. 7 など）。

② 相手方の反抗を抑圧する（＝抵抗できなくさせる）程度に強い暴行・脅迫（最判昭24. 2 . 8 ）
この程度に至らない場合は、恐喝となる
☞恐喝の項目を参照（90頁）

〜反抗を抑圧する程度に強い暴行・脅迫の判断基準〜
社会通念上一般に相手方の反抗を抑圧するに足りる程度か否かを客観的に判断する（最判昭23.11.18）

〜具体的な判断材料は？〜
・犯行の**時刻**、場所その他の**周囲の状況**
・**凶器**使用の有無、凶器の形状性質、凶器の用い方などの**犯行の手段・方法**
・犯人、相手方の**性別、年齢、体力**など
を総合的に考慮する（仙台高判昭40. 2 .19）

犯行の時刻、場所その他の周囲の状況	**深夜、人通りの少ない場所、閉鎖空間など**であれば、**助けを求めることが困難**となり、抵抗できなくさせる事情となる
凶器使用の有無、凶器の形状性質、凶器の用い方などの犯行の手段・方法	**凶器を使用する場合、その殺傷能力から、反抗を抑圧させる事情となる**また、**凶器を使用しなくとも、複数人による強度の殴打などを加える方法など**であれば、抵抗できなくさせる事情となる

犯人、相手方の性別、年齢、体力など	男女、老若年、格闘技等のスポーツ経験者などの個人の属性は、抵抗できなくさせる事情となる

【○該当するもの】
・深夜、人通りのない道路上で、複数の者で被害者1人を取り囲んで、こもごも殴る蹴るなどした（東京高判昭32.3.7）
・午後11時頃、路上で不意に女性に抱き付き、頭突きをして路上に転倒させる（最判昭24.5.19）
・スタンガンを顔面に突き付けながら放電させる（大阪高判平8.3.7）
・靴ベラを突きつけたが、先端がとがっていて、刃物を突き付けられたと認識できる状況にあるとき（東京高判昭41.9.12）

【●該当しないもの】
・夜間、高速度で進行中の自動車に拳の大きさくらいの石を投げつけた場合（東京高判昭30.4.9）
　⇒一瞬、驚かせる程度の方法にとどまっている
・2人で被害者1人に対し、蹴り上げるなどして転倒させ、頭髪をつかみ、顔面を数回殴打したが、被害者は通行人に助けを求めていた場合（東京高判昭33.10.28）
　⇒通行人にたびたび救助を求めることができた場所であること、その周囲の状況から否定された

・暴行・脅迫は、**客観的に相手方の反抗を抑圧するに足りる程度のものであることが必要**である。

例　外

・相手方が非常に臆病な性格であることを知りつつ、相手方の顔面を2回殴打し、現金を奪った場合、客観的には暴行の程度が弱く、顔面を2回殴打する行為は、客観的には反抗を抑圧するに足りる暴行とはいい難い。
　　しかし、**相手方が非常に臆病であることを知りつつ、暴行・脅迫を加え、実際にその反抗を抑圧した場合**は、全体を通してみれば、反抗を抑圧するに足りる暴行・脅迫を加えたことと変わらず、**強盗罪における「暴行・脅迫」に該当する**（条解刑法（第3版）734頁）。
・強盗罪における「暴行・脅迫」は、相手方の反抗を抑圧するに足りる程度のものであれば足り、現に、暴行・脅迫によって相手方が**反抗を抑圧されたことは必要でない**（最判昭23.11.18）。
・金品を奪うために相手方を殺害する行為は、相手方の反抗を抑圧す

	る最たる行為であり、強盗罪における「暴行」に該当する。
	・**実行の着手時期**は、財物を強取する目的、又は財産上不法の利益を取得する目的で、相手方の反抗を抑圧するに足りる程度の**暴行・脅迫を開始した時**である（条解刑法（第3版）739頁）。
結果（既遂）	◎他人の財物を強取（1項） 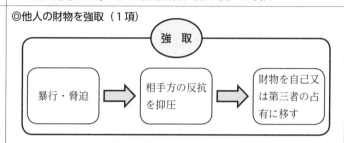 ・強取といえるためには、暴行・脅迫による反抗抑圧と財物奪取との間に**因果関係**が必要となる。 例　外 ・相手方が気丈な者であったため反抗を抑圧されなかった場合 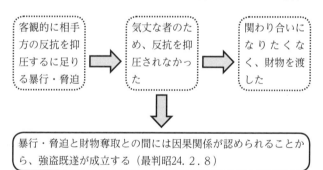 ・**既遂時期**は、財物に対する**相手方の占有を排除**して、**財物を行為者又は第三者の占有に移した時**である（最判昭24.6.14）。
	◎財産上不法の利益を得、又は他人にこれを得させる（2項） ・財産上の利益の取得につき、相手方の処分行為は不要 　⇒タクシーの運転手に暴行・脅迫を加え、その支払いを免れた場合、運転者が運賃の請求を断念する旨の意思表示がなくとも、強盗利得罪（2項）が成立する（大判昭6.5.8）。 ・**既遂時期**は、暴行・脅迫を手段として、**財産上不法の利益を得たと認められる状態に達した時**である（条解刑法（第3版）739頁）。 【具体的には？】 ・無銭飲食後、店外に出て、店主に暴行を加えて、事実上飲食代金の支払請求ができない状態にさせた場合（札幌高判昭32.6.25）

不法領得の意思	窃盗と同じく、条文にはないが、判例上認められた要件である。 ☞窃盗の不法領得の意思の項目を参照（6頁）
故　意	・暴行・脅迫を加えて相手方の反抗を抑圧し、その財物を奪取し、又は財産上不法の利益を取得することの認識・認容が必要 ・奪取した財物の中に、行為者が目的としなかった財物が含まれていても故意に欠けるところはない（大判大2.10.21）。
親族間の犯罪に関する特例	強盗罪には適用がない。

1　ひったくり～強盗と窃盗

▶▶▶ アプローチ

　いわゆるひったくりの認知件数は、徐々に下がりつつあるものの、手っ取り早く金品を奪う手段として依然として相当数発生している。ひったくりは、相手方の背後から近づき、相手方の不意をついて金品を奪うものであるから、多かれ少なかれ、相手方に対する接触を伴うものである。その接触の程度や具体的な状況によっては、窃盗にとどまらず、強盗に該当する場合もある。

　さらに、強盗に該当し、相手方がけがをした場合には、強盗致傷として裁判員裁判対象事件となることから、その擬律に十分習熟する必要がある。

(1)　モデルケース

① 　Aは、深夜、甲の背後から小走りで近づき、追い抜きざまに甲が肘に掛けていたバッグを引っ張ったが、甲が離さず路上に転倒したため、さらに、Aは、甲をバッグもろとも数mにわたって引っ張り続け、バッグを取ってその場から逃走した。Aの罪責は何か。

② 　Aは、深夜、甲の背後から自動車で近づき、追い抜きざまに甲が肘にかけていたバッグのひもをつかんで引っ張ったが、甲が離さなかったため、Aは、ひもをつかんだまま自動車を走らせ、甲を引きずったまま路上に転倒させ、道路脇の電柱に衝突させるなどし、バッグを取ってその場から逃走した。Aの罪責は何か。

ア　結　論

　　①において、Aは強盗罪（1項）の罪責を負う（名古屋高判昭42.4.20）。

　　②において、Aは強盗罪（1項）の罪責を負う（最決昭45.12.22）。

イ　境界のポイント

　ひったくりは、「ひったくる」の意味のとおり、多かれ少なかれ、相手方に対する接触を伴うことから、相手方の財物を奪った場合、**窃盗か強盗かが問題となる**。窃盗と強盗は、相手方の意思に反して財物の占有を相手方から自己又は第三者に移す点で共通しているが、その行為は以下のような違いがある。

窃　盗	強　盗
窃取＝財物の占有者の意思に反して、その占有を侵害し、目的物を自己又は第三者の占有に移すこと。	強取＝相手方の反抗を抑圧するに足りる暴行・脅迫を手段として、財物の占有を侵害し、目的物を自己又は第三者の占有に移すこと。

ここが境界！

ひったくりの状況が、相手方の反抗を抑圧するに足りる暴行に至っているかがポイント

ウ　解　説

　強盗と窃盗の違いは、相手方の反抗を抑圧するに足りる暴行・脅迫を加えるか否かにあることから、各ひったくりの状況が、相手方の反抗を抑圧するに足りる暴行・脅迫に至っているかを具体的に検討することとなる。

　ここでひったくりの具体的な方法を検討すると、㋐相手方の隙をついて、追い抜きざま又はすれ違いざまに、持っていたバッグなどを引っ張って金品を奪うケースと、さらに、㋑相手方が金品を奪われないように抵抗したため、金品を奪うためにさらにバッグなどを引っ張り続けるなどの暴行を加えるケースがある。

　㋐のケースでは、相手方に対し、一定の接触はあるが、相手方の反抗を抑圧する（＝抵抗できない状態にさせる）程度の暴行を加えたとはいえないことが多く、窃盗にとどまることとなる（例外的にCase 2（48頁）を参照）。

　他方、㋑のケースでは、さらに金品を奪うための暴行などが加えられていることから、相手方の反抗を抑圧する程度の暴行などを加えたと評価する場合が多く、検討を要する。モデルケース①、②は、この㋑のケースである。

エ　モデルケースの理由・解答

①において、Aは、深夜、甲の背後から小走りで近づき、追い抜きざまに甲が肘に掛けていたバッグを引っ張った（ここまでは窃盗にとどまる。）。しかし、Aは、甲が離さず路上に転倒したため、さらに、Aは、**抵抗できずにされるがままの甲をバッグもろとも数mにわたって引っ張り続け**、最終的にバッグを離させてそのバッグを取ってその場から逃走している。つまり、Aは、甲の反抗を抑圧するに足りる暴行を加えて、甲の反抗を抑圧してバッグを奪っていることから、強盗罪（1項）が成立する。

②においても、Aは、深夜、甲の背後から自動車で近づき、追い抜きざまに甲が肘にかけていたバッグのひもをつかんで引っ張った（ここまでは窃盗にとどまる。）。しかし、甲が離さなかったため、Aは、ひもをつかんだまま自動車を走らせて甲を路上に転倒させ、**抵抗できずにされるがままの甲を引きずり、道路脇の電柱に衝突させる**などし、最終的にバッグを離させてそのバッグを奪っていることから、強盗罪（1項）が成立する。

②は①と比較し、自動車でAを引きずっており、暴行の程度は強く、より強盗罪の成立を認めやすいであろう。

(2)　**境界型の事例における判断**　

━━━━●*Case 1*　ひったくり後、さらに暴行を加えた●━━━━
　　　　　　場合

　Aは、深夜、追い抜きざまに壮年男性である甲が肩に掛けていたカバンのひもを引っ張ったが、甲が離さないでいたため、甲の顔面を一回拳で殴りつけたものの、甲はひるまず、その場でAを組み伏せた。Aの罪責は何か。

【結論】　Aは、窃盗未遂と暴行の罪責を負う（大阪高判平9.8.28。両者は併合罪）。

【理由】　Aは、追い抜きざまに甲が肩に掛けていたカバンのひもを引っ張ってお

り、この行為は窃盗未遂にとどまる。その後、Aは、カバンを奪う意思で甲の顔面を1回拳で殴りつけているが、⑦**Aに格闘技の経験があり、1回拳で殴りつけるだけでも相手方を失神させ得るような場合**、①**甲が力の弱い高齢者など**である場合であれば、Aの暴行は、甲の**反抗を抑圧する程度の暴行となる余地はある**ものの、このような場合でなければ、相手方の反抗を抑圧する程度の暴行とはいえない。

　　したがって、最初にカバンを引っ張った窃盗未遂罪とその後に殴った暴行罪が成立し、両者は併合罪となる。

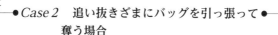

●Case 2　追い抜きざまにバッグを引っ張って●
　　　　奪う場合

　Aは、深夜、自転車に乗っている女性である甲が、ハンドルを持っている右手でバッグのひもをつかんで垂らしているのを見て、バイクに乗りながら甲の右側から追い抜きざまにそのバッグのひもを無理やり引っ張った。甲は、そのままひもを持ち続けるとバランスを崩してその場に転倒するおそれがあったことからそのひもを離し、Aはバッグを持って逃走した。Aの罪責は何か。

【結論】　Aは、強盗罪（1項）の罪責を負う（東京高判昭38.6.28）。

【理由】　**一般に**、Case 1のように、相手方の隙をついて、追い抜きざま又はすれ違いざまに、持っていたバッグなどを引っ張って金品を奪う場面にとどまる場合は、相手方の反抗を抑圧する程度の暴行がなく、窃盗罪となることが多い。

　　しかし、Case 2のように、甲が自転車のハンドルを持った手でバッグのひもを持っているような場合、Aが、バイクで走りながらバッグを奪うためバッグのひもを引っ張れば、甲は、バイクの速度に合わせて引っ張られた上、バランスを崩してその場に相当程度の勢いをつけて転倒し、**その生命身体に重大な危害を生じる可能性がある。つまり、そのような危害を生じることを避けるためには抵抗することができない状態になり得る**のであって、Aの行為は、甲の反抗を抑圧するに足りる暴行と評価でき、強盗罪（1項）が成立する。

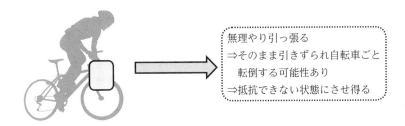

無理やり引っ張る
⇒そのまま引きずられ自転車ごと
　転倒する可能性あり
⇒抵抗できない状態にさせ得る

2　物を盗った者が暴力を振るった場合
～強盗、居直り強盗、事後強盗

▶▶▶ アプローチ

　例えば、他人の居宅に侵入し、金品を盗んだところ、家の人に見つかり、その家の人を殴るなどして、最終的に逃走した場合、考えられる罪名としては、いわゆる居直り強盗としての強盗罪や、事後強盗罪（法238条）がある。

　いずれも、法定刑は強盗罪と同じであるものの、犯罪事実の記載などに差が出ることから、両者の違いを理解しておきたい。

■　モデルケース

① 　Aは、甲宅に侵入し、居間にあった現金を見つけてポケットに入れたところ、甲に見つかったが、甲が高価な指輪をしていたので、甲に対し、「指輪をよこせ」などと言い、甲の顔面を多数回にわたって殴打してその場に転倒させ、意識もうろうとなっていた甲から指輪をつかみ取り、そのまま逃走した。Aの罪責は何か。

② 　Aは、甲宅に侵入し、居間にあった現金を見つけてポケットに入れたところ、甲に見つかったため、甲に取り押さえられるのをおそれ、甲の顔面を多数回にわたって殴打してその場に転倒させ、甲が意識もうろうとなっている隙に、そのまま逃走した。Aの罪責は何か。

ア　結　論

　　①において、Aは住居侵入と強盗罪（1項）の罪責を負う（大判明43.1.25、両者は牽連犯）。

　　②において、Aは事後強盗罪の罪責を負う。

イ　境界のポイント

　　窃盗犯人が、窃盗の実行行為を開始した後に発覚したため、居直って、強盗

の意思が生じ、相手方に暴行・脅迫を加えて財物を奪うものを**居直り強盗**といい、**通常の強盗罪に該当**する。

　他方、窃盗犯人が窃盗の実行行為を開始した後に発覚したため、①財物を取り返されるのを防ぐため、②逮捕を免れるため、③罪跡を隠滅するために暴行・脅迫を加えるものは**事後強盗罪**に該当する。

　一般的な強盗罪、居直り強盗、事後強盗罪の違いは以下のとおりである。

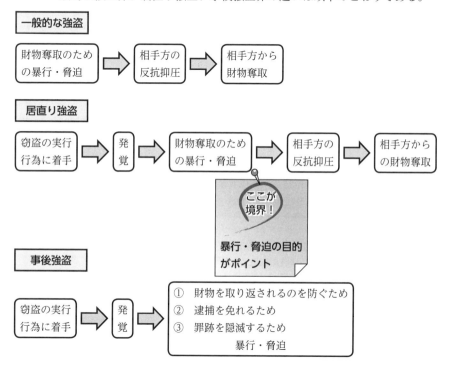

┃参　考　　事後強盗罪

立法の理由	窃盗犯人が、窃盗行為に着手したところ、発覚したことから、逮捕を免れるなどのために相手方に暴行・脅迫を加えることは、よく見られる行為の流れである上、全体的に見れば強盗罪と同視できる程度に悪質であることから、本罪が設けられた。
犯行の主体	◎窃　盗 　・窃盗の実行に着手した者をいう。 　・窃盗の実行に着手していればよく、既遂に達している必要はない。

	【具体例】 ・窃盗の目的で他人の居宅に侵入したが、いまだ物色行為に及んでいないうちに、家の人に見つかり、逮捕を免れるために暴行を加え、反抗を抑圧させて逃走した場合、**窃盗の実行に着手していないことから、窃盗犯人に該当せず**、住居侵入罪と暴行罪が成立する（東京高判昭24.12.10）。
犯行の対象	**特に制限はない。** ・必ずしも被害者本人に加えられる必要はない。 ・逮捕しようとする警察官（最判昭23.5.22）、追跡してくる目撃者（大判昭8.6.5）に対して暴行・脅迫を加えることも本罪の対象となる。
行　為	**◎窃盗の現場ないし機会** 　　窃盗の現場ないし窃盗の機会に暴行・脅迫がなされることが必要（最決昭33.10.31など）  **【○該当するもの】** ・一度、被害者や警察官に逮捕されたが、逮捕後間がなく、身柄拘束が確定的なものになっていない状況において、逃走のため暴行・脅迫を加えた場合（最決昭34.3.23参照。電車内ですりをして車掌に逮捕されたが、その約5分後にホームに逃走して、追いかけてきた車掌に暴行を加えた例） ・窃盗犯人が、追跡を受けることなく現場から離れたが、時間的、場所的に離れていない状況で、被害者や警察官に見つかり、暴行・脅迫を

加えた場合（広島高判昭28.5.27：窃盗から約30分後に、約1km離れたところで探索中の被害者に発見され、暴行を加えた例）

【●該当しないもの】

・他人の居宅に侵入して現金を窃取し、約1km離れた公園まで来たところ、再度現金を盗みにいくことを決意し、同じ居宅に侵入したところ、家の人に見つかり、脅迫した場合（最判平16.12.10）

⇒新たな窃盗を開始しようとしており、**先の窃盗との状況的なつながりがない。**

◎暴行又は脅迫

通常の強盗罪と同様に、相手方の反抗を抑圧するに足りる程度のものが必要（大判昭19.2.8）

☞詳細は、強盗の項目を参照（41頁）

◎着手時期及び既遂時期

着手時期	窃盗犯人が、所定の目的で、相手方の反抗を抑圧するに足りる**暴行・脅迫を加えた時点**である（条解刑法（第3版）746頁）。
既遂時期	先行行為である**窃盗が既遂に達したか否かで決定する**（最判昭24.7.9）。 窃　盗 ⇒ 暴行・脅迫 既　遂 ⇒ 暴行・脅迫の時点で、**事後強盗の既遂** 未　遂 ⇒ 暴行・脅迫を加えても、**事後強盗の未遂** ・既遂になるためには、実際に、財物を取り返したこと、逮捕を免れたこと、罪跡を隠滅したことは必要でない（大判昭7.6.9）。

目　的	①　**財物を取り返されることを防ぐ目的**	・財物を窃取した後、さらに財物を奪う目的で相手方に暴行・脅迫を加えた場合は、強盗となる**（いわゆる居直り強盗）。**
	②　**逮捕を免れる目的**	・財物を窃取したところ、被害者に見つかり、被害者が騒いで他人に助けを求めたことから、他人に逮捕されるのを防ぐため、被害者に暴行を加えた場合も含む（東京高判昭46.7.15）。

③ **罪跡を隠滅する目的**	・後日、窃盗犯人として検挙され、処罰されることになると認められる罪跡を隠滅する目的をいう。	
	【具体例】	
	・窃盗の目撃者に暴行・脅迫を加える場合	
	・身元が明らかになる免許証を現場に落としたため、これを取得した被害者に暴行・脅迫を加えて免許証を取り戻す場合	
	・共犯者が逮捕されるのを免れさせるために暴行・脅迫を加える場合（東京高判昭31.5.10）	
故　意	窃盗犯人が、所定の目的で、相手方の反抗を抑圧するに足りる暴行・脅迫を加えることの認識・認容が必要。	

　　実務上、窃盗犯人が被害者に対して暴行・脅迫を加える場面は多く、居直り強盗と事後強盗との違いに迷う場合も生じると思われるが、前記のとおり、居直り強盗と事後強盗の違いは暴行・脅迫の目的にある。しかし、目的は内心の問題であり、その特定に当たっては、客観的な行動に即して判断することになる（人の行動は、内心→行動の経過をたどり、内心は、客観的な行動として表れるため。）。

　　したがって、**窃盗犯人が、さらに財物を奪うための行動を客観的にとっているか否か**（例えば、さらに金品を要求する行為に及んでいるかなど）が判断のポイントになる。

ウ　解　説

　　いずれもAは、住居侵入・窃盗に及んだところ、家人である甲に見つかり、甲に対して暴行を加えている。しかし、①については、さらに指輪を奪い取るために甲に暴行を加え、指輪も奪い取っているのに対し、②については、甲に逮捕されるのを免れるために甲に暴行を加えて逃走している。このAの行動の違いを丁寧に罪名に当てはめていくこととなる。

エ　モデルケースの理由・解答

　　①において、Aは、甲宅に侵入し、居間にあった現金を見つけてポケットに入れたところ（＝**窃盗既遂**）、甲に見つかったが、甲が高価な指輪をしていたので、甲に対し、「指輪をよこせ」などと言い（＝**脅迫、居直り**）、甲の顔面を多数回にわたって殴打してその場に転倒させ（＝**暴行**）、意識もうろうとなっていた（＝**反抗抑圧**）甲から指輪をつかみ取り（＝**強取**）、そのまま逃走しており、居直り強盗として**強盗罪（1項）**が成立する。この場合、全体として強盗罪（1項）のみ成立する（大判明43.1.25）。

　②において、Aは、甲宅に侵入し、居間にあった現金を見つけてポケットに入れたところ（＝**窃盗既遂**）、甲に見つかったため、甲に取り押さえられるのをおそれ（＝**逮捕を免れる目的**）、甲の顔面を多数回にわたって殴打（＝**暴行**）してその場に転倒させ、甲が意識もうろうとなっている隙に（＝**反抗抑圧**）、そのまま逃走しており、**事後強盗罪（既遂）**が成立する。

│参　考　犯罪事実の記載例

居直り強盗 （①について）	被疑者は、金品窃取の目的で、令和○○年○月○日午後○時頃、東京都○○区○○の甲（当時○○歳）方に無施錠の浴室窓から侵入し、その頃、○○方居間において、同人所有の現金○○万円を窃取し**さらに金品を物色中、同日午後○時○○分頃、同人が帰宅するや、同人からさらに金品を強取しようと企て、前記居間において、同人に対し、「指輪を出せ。」などと語気鋭く申し向け、その顔面を多数回にわたって殴打するなどの暴行・脅迫を加え、その反抗を抑圧し、同人から同人所有の指輪（時価約○○万円相当）を強取した**ものである。
事後強盗 （②について）	被疑者は、金品窃取の目的で、令和○○年○月○日午後○時頃、東京都○○区○○の甲（当時○○歳）方に無施錠の浴室窓から侵入し、その頃、○○方居間において、同人所有の現金○○万円を窃取したところ、**同人が帰宅したので、逮捕を免れるため、同日午後○時○○分頃、前記居間において、同人に対し、その顔面を多数回にわたって殴打するなどの暴行を加えた**ものである。

3　暴力を振るうなどして物を奪うとともに性交等をした場合
〜刑法第241条第1項の強盗・不同意性交等罪

▶▶▶ アプローチ

　平成29年改正前の刑法では、強盗犯人が強姦をした場合は、強盗強姦罪が成立するが、強姦犯人が強盗をした場合は、強姦罪と強盗罪の併合罪が成立し、処断刑（処すべき懲役の期間）に差が生じていた。これを解消すべく、両者の場合いずれも強盗・強制性交等罪が成立し、処断刑に差が生じない改正が行われた（さらに、令和5年刑法改正により、強盗・不同意性交等罪に罪名が変更された。）。

　強盗・不同意性交等罪は裁判員裁判対象事件でもあることから、しっかり理解する必要がある。

■　モデルケース

① 　Aは、甲宅に侵入し、その場にいた甲に対し、包丁を突きつけ、「金を出せ」などと脅迫し、抵抗できなくなった甲から現金を奪った。さらに、Aは、甲が抵抗できなくなっている状態にあることから、Aに馬乗りになり性交した。Aの罪責は何か。

② 　Aは、甲宅に侵入し、その場にいた甲に対し、包丁を突き付け、「静かにしろ」などと脅迫し、抵抗できなくなった甲に馬乗りになり、性交した。さらに、Aは、甲が抵抗できなくなっている状態にあることから、「金を出せ」などと脅迫し、甲から現金を奪った。Aの罪責は何か。

ア　結　論

　①、②において、Aは住居侵入（法130条）と強盗・不同意性交等罪（法241条1項）の罪責を負う（両者は牽連犯）。

イ　境界のポイント

　平成29年改正前の刑法では、強盗犯人が強姦行為をした場合、強盗強姦罪が成立し、無期懲役又は7年以上の有期懲役とされた。他方、強姦犯人が強盗行為をした場合、強姦罪と強盗罪の併合罪となり、5年以上30年以下の有期懲役とされ、両者に差が生じていた。

　しかし、同じ機会に、強盗と強姦という単独でも悪質な行為が行われた場合、その先後関係の違いだけで刑に差が生じることは合理的でなかった。

　そこで、平成29年刑法改正において、**同一の機会に、強盗と強制性交等罪（強姦を含む。）の行為が行われた場合**につき、**その行為の先後関係を問わず、強盗・強制性交等が成立し、無期懲役又は7年以上の有期懲役**とされた（令和5年刑法改正により強盗・不同意性交等に罪名が変更）。

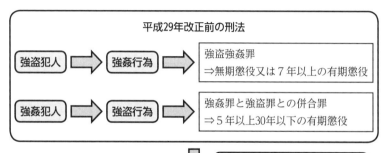

> **〜平成29年刑法改正〜**
> 　行為の先後関係を問わず、いずれの場合も強盗・強制性交等罪が成立し、刑は、無期懲役又は7年以上の有期懲役
> **〜令和5年刑法改正〜**
> 　強盗・強制性交等は強盗・不同意性交等に罪名が変更された（法定刑は改正なし）。

ウ 解 説

　強盗・不同意性交等罪の概要は、以下のとおりである。

犯行の主体	① **強盗の罪若しくはその未遂罪を犯した者**　強盗罪のほか、事後強盗罪（法238条）、昏酔強盗罪（法239条）を含む。	② **不同意性交等の罪若しくはその未遂罪を犯した者**　監護者性交等罪（法179条2項）は、監護者が強盗行為に及ぶことが想定されないため、含まれない。
行 為	① **不同意性交等の罪若しくはその未遂罪をも犯す。**　強盗の罪（未遂を含む。）と不同意性交等の罪（未遂を含む。）は、「をも」と規定されていることから、**同一の機会**に行われることが必要である。	② **強盗の罪若しくはその未遂罪をも犯す。**　不同意性交等の罪（未遂を含む。）と強盗の罪（未遂を含む。）は、「をも」と規定されていることから、**同一の機会**に行われることが必要である。
	・強盗の罪又は不同意性交等の罪の**いずれが先に行われたか不明な場合、両方の罪に同時に着手した場合も含む。** ・強盗の罪と不同意性交等の罪がいずれも未遂に終わった場合（強盗未遂を犯した者が不同意性交等も未遂に終わった場合）は、刑の減軽が可能である（法241条2項）。	
故 意	強盗の罪（未遂を含む。）及び不同意性交等の罪（未遂を含む。）の認識・認容が必要である。	
その他	・**傷害の結果が発生した場合、強盗・不同意性交等罪のみが成立する。** ・未遂罪はない（法243条）。 ・**告訴は不要である。**	

エ モデルケースの理由・解答

　①、②において、Aは住居侵入と強盗・不同意性交等罪（法241条1項）の罪責を負う（両者は牽連犯）。

4　詐　欺

■　**法第246条（詐欺）**
1　人を欺いて財物を交付させた者は、10年以下の懲役に処する。
2　前項の方法により、財産上不法の利益を得、又は他人にこれを得させた者も、同項と同様とする。

未遂○、予備×、緊逮○、テロ準×（組織的な詐欺○）、
裁判員×、親告罪×（親族間の場合○）

犯行の主体	特に制限はなく、誰でも行える。
犯行の対象	◎他人の占有する財物（1項） 　窃盗と同じ。 　☞窃盗の項目を参照（3頁）
	◎財産上の利益（2項） 　強盗と同じ。 　☞強盗の項目を参照（41頁）
行為（実行の着手）	◎行為の概要

~具体的な事例に当てはめるとこうなる~

欺　く	相手方を騙すことを言うこと。 ⇒「必ず値上がりする株を買う権利が当たりました。今、100万円を振り込んでもらえば、後で10株お譲りします」
錯　誤	騙されて嘘を本当の話と信じること。 ⇒「必ず値上がりする株を買う権利が当たった。100万円を振り込めば10株取得できる、これはもうかるぞ」
財産的処分行為	財物などを渡すこと。 ⇒100万円を振り込む手続をした。

財物の交付 財産上不法の利益 を得る	財物などを入手すること。 ⇒100万円の振り込みを受けた。

◎欺く（＝欺罔）

　人を錯誤に陥らせる行為をすること（大判大6.12.24）。

・「人」を錯誤（＝騙されている状態）に陥れることが必要であって、**「機械」を相手とする行為は該当しない**（条解刑法（第3版）761頁）。

　【●詐欺に該当しないもの】

　　・磁石を使ってパチンコ玉を当たり穴に誘導して不正に玉を流出させて取得する行為（＝玉の占有者の意思に反して、その占有を取得しており、**窃盗罪**となる。最決昭31.8.22）

　　・詐取したローンカードを使用して、現金自動預払機から、現金を引き出した行為（＝現金の占有者の意思に反して、その占有を取得しており、**窃盗罪**となる。最決平14.2.8、東京高判昭55.3.3参照）

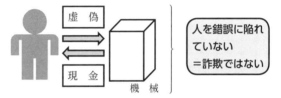

　【○詐欺に該当するもの】

　　・消費者金融の自動契約受付機において、他人になりすまして、同機越しに係員から現金を借り入れることのできるローンカードを入手した行為（＝機械を通して人をだましており、詐欺に該当する。最決平14.2.8）

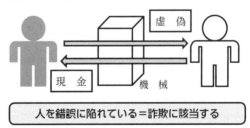

・欺く行為の手段や方法に制限はなく、言語、態度、動作、文書の方法によってもよい。

　【○該当するもの】

　　・代金を支払う資力もなく、支払う意思もないにもかかわらず、飲食物を注文する（**無銭飲食**）、宿泊の申込みをする（**無銭宿泊**）、タクシーに乗車し、行き先を告げる（**無賃乗車**）行為（大判大9.5.8）。

- ・自己の銀行口座に**誤った振込み**があったが、これを銀行窓口の係員に告げることなく預金の払戻しを請求し、現金の交付を受ける行為（最決平15.3.12。誤った振込があれば、これを銀行窓口係員に告げる義務があるのに、あたかも正規の入金を前提に払戻しを請求することは「欺く」行為に該当する。）

・欺く行為は、作為だけでなく**不作為**でもよい（ただし、真実を告げる法律上の義務があることが前提となる。）。
  【○該当するもの】
  - ・被保険者の病気を隠して保険会社と保険契約を締結した場合（大判昭10.3.23など）
  - ・抵当権が設定され、その登記も設定されている不動産を、その事実を告げずに売却した場合（東京高判昭29.6.30など）
  - ・相手方が、釣銭を多く出したことに気づきながら、その旨を告げずに釣銭を受け取る場合（**釣銭詐欺**）

・欺く行為は、**一般人をして錯誤に陥れる可能性のあるもの**であることが必要であり、誇大広告の場合などが問題となる。

多少の誇張や事実の秘匿を伴って商品を販売	多少の誇張や事実の秘匿が、日常生活**上一般に見受けられる取引の慣行として容認される程度の駆け引き**にとどまれば、一般人を錯誤に陥れる可能性がないものとして、詐欺に該当しない

> ただし、**取引上重要な事項に関して具体的に人を錯誤に陥れる方策を講じ**、それが買主の購買意思の決定に影響を与えた場合、詐欺に該当する
> **【具体例】**
> - ・サクラを使って、商品の効用が甚大で、世評や売れ行きもよく、各方面から注目がある旨嘘を言い、顧客にその旨信じさせ、購入の決意をさせた場合（大判昭6.11.26）

・欺く行為は、**相手方が本当のことを知れば、財物の交付をしないであろうというべき重要な事項**に関することが必要である。
  【○該当するもの】
  - ・他人に現金の借用を申し込むに当たり、本当の用途などを話せば、相手方が応じない場合に、用途などについて嘘を話して現金を交付させた場合（大判昭8.2.17）
  - ・**第三者に譲渡する意図を秘して**、銀行の係員に自己名義の預金口座の開設等を申し込み、**自己名義の預金通帳やキャッシュカードを入手した場合**（最決平19.7.17）
    ⇒銀行は、約款等により第三者に預金通帳等を譲渡することを禁止しており、第三者に譲渡する意図を知れば、預金通帳等の交付に

応じないため。

・**欺く行為の相手方**は、財物の所有者又は占有者である必要はないが、**その財物を処分し得る地位又は権限を有する者**でなければならない（大判大6.11.5など）。

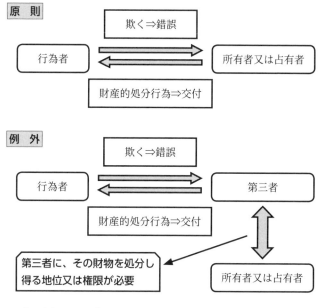

【○該当するもの】

・他人の預金通帳を使用し、銀行員を欺き、他人の預金を引き下ろす場合（大判明44.5.29）

・団体の幹部を欺いて、団体の現金を入手する場合（最判昭24.2.22）

・いわゆる**訴訟詐欺**（虚偽の証拠を裁判所に提出し、証人に偽証させるなどして裁判所を欺き、勝訴判決を得て、相手方から財物を交付させるなどする。）（大判大3.2.16など）

・いわゆる**クレジットカード詐欺**

⇒①**他人名義**のクレジットカードを他人に成りすまして使用して商品を入手する場合と、②**自己名義**のクレジットカードを使用して、信販会社に代金を支払う資力もなく、その意思もないのに、これを秘して同クレジットカードを使用して商品を入手する場合があるが、いずれも**詐欺罪（1項）が成立**する（福岡高判昭56.9.21など）。

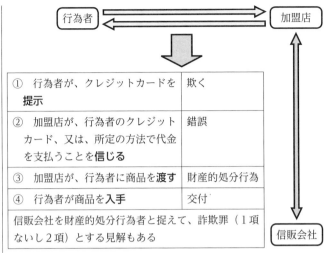

①　行為者が、クレジットカードを**提示**	欺く
②　加盟店が、行為者のクレジットカード、又は、所定の方法で代金を支払うことを**信じる**	錯誤
③　加盟店が、行為者に商品を**渡す**	財産的処分行為
④　行為者が商品を**入手**	交付
信販会社を財産的処分行為者と捉えて、詐欺罪（１項ないし２項）とする見解もある	

- ・第三者に譲渡する意図を秘して自己名義の預金口座の開設等を申し込み、預金通帳等の交付を受ける場合（最決平19.7.17）
  ⇒預金口座開設等の申込み当時、預金規定等により、預金契約に関する一切の権利、通帳、キャッシュカードを名義人以外の第三者に譲渡、質入れ又は利用させることが禁止され、金融機関においても、第三者に譲渡する目的で預金口座の開設や預金通帳等の交付を申し込んでいることが分かれば、預金口座の開設や預金通帳等の交付に応じることはなかった場合、預金通帳等を第三者に譲渡する意図であるのにこれを秘して金融機関の職員に預金口座の開設等を申し込み、預金通帳等の交付を受ける行為は、詐欺罪に当たる。

参　考　　預貯金通帳、キャッシュカード等の譲渡行為等の擬律

　預貯金通帳、預貯金の引出用のキャッシュカード、預貯金の引出し・振込みに必要な情報など（暗証番号やインターネットバンキングにおけるIDやパスワードなど）を譲り渡し・交付・提供する行為は、有償無償を問わず犯罪による収益の移転防止に関する法律28条２項により処罰され（１項は譲受けなど）、さらに、譲渡や譲受等の勧誘等も処罰される（同法28条４項）。

【●該当しないもの】
- ・偽造した不動産売渡証書を登記官吏に示して登記官吏を欺き、他人の不動産につき、自己が不動産を取得した旨の虚偽の登記をさせた場合（登記官吏は、不動産の処分権限を有していないため。大判大12.11.12）
- ・飲食店で、隣席の下に財布が落ちているのを発見し、隣席に座っていた者に対し、自分の財布である旨嘘を話し、隣席の者に拾わせて受け取った場合（窃盗罪となる。隣席の者は、財布と無関係であり、

処分権限を有していないため）

◎錯　誤

観念と真実との不一致をいう（条解刑法（第3版）766頁）。

◎財産的処分行為

詐欺罪の本質は、①欺く行為⇒②相手方の錯誤⇒③錯誤に基づく財産的処分行為⇒④財物の交付という行為の流れをとることであり（最判昭45. 3. 26参照）、**財産的処分行為は、窃盗罪との区別において重要である。**

☞詐欺と窃盗の項目にて詳しく（64頁）。

・財産的処分行為が成立するためには、**財産を処分する事実と処分する意思**が必要である（一般的に行為は、○○しようと思って○○をするというように、内心と行動が必要である。）。

　【●該当しないもの】

　　・自己の行動の意味が分かっていない幼児や精神障害者を欺き、その財物を取得しても、幼児や精神障害者に財産を処分する意思が認められない以上、財産的処分行為がなく、その財物の取得は詐欺罪ではなく窃盗罪となる。

◎実行の着手時期

・実行の着手時期は、行為者が財物を詐取する意思で、**人を欺く行為を開始した時**である（条解刑法（第3版）767頁）。

・火災保険金詐欺においては、故意に放火した後、失火を装って保険会社に**保険金を請求した時**である（大判昭7. 6. 15）。

| 結果（既遂） | **◎財物の交付（1項）**

相手方の財産的処分行為の結果として、行為者側に財物の占有が移転することが必要である（条解刑法（第3版）766頁）。

・欺く行為をした者と財物の交付を受ける者は、通常同一であるが、両者は一致しなくともよい。ただし、欺く行為をした者と財物の交付を受ける者との間に**特殊な関係が必要**である（大判昭8. 6. 26など）。

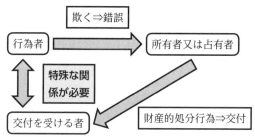 |

	【〇該当するもの】 　・交付を受ける者が、行為者の情を知らずに道具として受領する場合 　・交付を受ける者が、行為者の代理人として受領する場合 　・行為者が、交付を受ける者に利得させる目的を有する場合 　など（条解刑法（第3版）767頁） ・交付を受けた財物の中に、受領する正当な権限を有するものがある 　場合、**欺く行為がなければ全体の交付を受けることができないとき** 　**には全体について詐欺罪が成立**する（最判昭28.4.2など）。 　【〇該当するもの】 　　・正当に支払いを受けられる代金に水増しして代金の支払いを請求し 　　　全額の支払いを受けた場合、**交付させた全額**について詐欺罪が成立 　　　する（大判昭9.7.2）。 ◎**財産上不法の利益を得、又は他人にこれを得させる（2項）** ・強盗と同じ。 　☞強盗の項目を参照（46頁） ◎**既遂時期** ・既遂時期は、人を欺く行為によって、相手方が錯誤に陥り、錯誤に 　基づく財産的処分行為によって**財物の占有（財産上不法の利益）を** 　**行為者又は第三者に移転した時**である（条解刑法（第3版）767頁）。 ・詐欺罪の既遂が成立するためには、①人を欺く⇒②錯誤⇒③錯誤に 　基づく財産的処分行為⇒④財物の交付（財産上不法の利益を得る） 　の因果の流れが成立することが必要である。 　【●該当しないもの】 　　・欺く行為は行われたが、相手方がこれを見破り、かわいそうになり、 　　　財物を交付した場合は、既遂でなく未遂となる（大判大11.12.22）。
不法領得の意思	条文にはないが、判例上認められた要件である。 ・窃盗と同じ。 　☞窃盗の不法領得の意思の項目を参照（6頁） ・他人宛の書類を廃棄するだけの意図で他人を装って受領する行為に 　つき、不法領得の意思が認められず、詐欺は成立しない（最決平16. 　11.30）。
故 意	行為者が、相手方を欺いて、錯誤に陥らせ、その錯誤に基づく財産的 処分行為によって財物を交付させ、自己又は第三者が占有を取得するこ と（財産上の利益を得ること）及びその因果関係を認識・認容すること が必要（条解刑法（第3版）770頁）。
親族間の犯罪に **関する特例**	窃盗と同じ。 　☞窃盗の項目を参照（6頁）

1 相手を騙す話をして物を取得した場合～詐欺と窃盗

> ▶▶▶ **アプローチ**
> 相手に嘘をついて、相手方の財物を取得するケースは様々ある。一般的に嘘を手段としていることから詐欺罪になる場合が多いが、相手方に隙を作るために嘘をつくような場合は詐欺罪ではなく窃盗罪となる。
> 窃盗罪となる例外的な場合はどのような場合なのかしっかり理解しよう。

(1) モデルケース

> ① Aは、甲洋服店前を通りかかったところ、店の前に落ちていた乙宛の洋服の引渡証を拾ったことから、甲洋服店内に入り、レジの奥の棚に「乙様渡し」と札のついた洋服が置かれているのを確認した上で、レジにいた店主の丙に対し、引渡証を手渡した上、「乙です。洋服を取りに来ました」と名乗り、洋服を受け取った。Aの罪責は何か。
> ② Aは、甲洋服店に入ったところ、洋服を見つけ欲しくなったことから、試着室に入ってその洋服を着て出てきた上、レジにいた店主の丙に対し、「試着室に一万円が落ちていました」と言い、騙された丙が試着室をのぞいている隙に店外に逃走した。Aの罪責は何か。

ア 結論

①において、Aは詐欺罪（1項）の罪責を負う。

②において、Aは窃盗罪の罪責を負う（最決昭31.1.19）。

イ 境界のポイント

窃盗罪も詐欺罪も、財物の占有を被害者から自己又は第三者に移転させる点では共通するが、窃盗罪は、窃取、つまり、財物の占有者の意思に反して占有を移転させることが行為であるのに対し（☞窃盗罪の項目を参照（5頁））、詐欺罪は、相手方を欺き、相手方を錯誤に陥らせ、その錯誤に基づく財産的処分行為により、財物の交付を受けることが行為であり、両者は、その行為が異なる。

ところで、窃取は、財物の占有者の意思に反して財物の占有を移転させることであるが、その内容は問わないことから、例えば、行為者が、財物の占有者に嘘をつき、その隙をついて財物を持ち去るなど、嘘を手段とする行為も含むこととなる。そうすると、相手方を欺く、つまり、嘘をつく詐欺罪との区別が問題となる。

　ここで、先ほどの行為の内容を検討すると、窃盗罪と詐欺罪とで、大きく違いがあるのは、詐欺罪には相手方の財産的処分行為があるのに対し、窃盗罪はこれがないことである。つまり、窃盗罪と詐欺罪とを区別する要素は、相手方の財産的処分行為があるか否か、さらに言えば、欺く行為に基づき財産的処分行為がもたらされることから、**その嘘の内容が財産的処分行為に向けられたものか否か**ということになる。

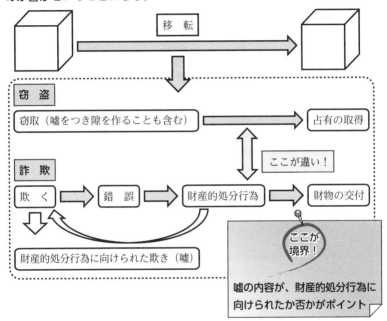

ウ　解　説

　相手方を欺く内容が、財産的処分行為に向けられたもの、つまり、**嘘の内容が財物の占有を移転させることを内容とするものであれば詐欺罪**となるが、**その内容が財物の占有を移転させることを内容としないものであれば窃盗罪**となる。

エ　モデルケースの理由・解答

　本件においては、①については、Aは、甲洋服店内に入り、店主の丙に対し、拾った乙宛の引渡証を手渡した上、「乙です。洋服を取りに来ました。」と話している。これは、実際に引渡しを受ける権利を有する乙ではないAが、乙になりすまし、洋服の引渡しを求める嘘をついており、**財産的処分行為に向けられた欺く行為を行っていることから、詐欺罪（1項）**となる。

　他方、②については、Aは、甲洋服店に入り、洋服を見つけ欲しくなったこ

とから、試着室に入ってその洋服を着て出てきた上、店主の丙に対し、「試着室に一万円が落ちていました」と話している。これは、丙が試着室をのぞいている隙に店外に逃走するための嘘であり、洋服の引渡しを求める内容の嘘ではなく、つまり、**財産的処分行為に向けられた欺く行為を行っておらず、窃盗罪**となる。

(2) 境界型の事例における判断

> ●*Case 1*　時計店で似合うかどうか試すと称して●
> 　　　　　　腕時計を受け取る場合
>
> 　Aは、甲時計店に入り、ショーウィンドーの時計を見ていたところ、腕時計が欲しくなった。そこで、店主の乙に対し、その腕時計を指して、「これを少し見せてくれませんか」と言い、信用した乙は、Aにその腕時計を手渡し、Aはその腕時計を手首にはめて、合うかどうか考えているふりをしていた。そして、乙に電話がかかってきて目を離した隙に、Aはそのまま店外に逃走した。Aの罪責は何か。

【結論】　Aは、窃盗罪の罪責を負う（東京高判昭30.4.2）。
【理由】　Aは、乙に対し、似合うかどうか試す意味で「これを少し見せてくれませんか」と嘘を話しているが、乙としては、甲時計店内で腕時計が似合うかどうか試すためにAに腕時計を手渡しているのであり、Aがそのまま甲時計店外から持ち去ることまで許容するものではない（＝**財産的処分行為がない**）。

　　　　　Aもこれを前提に嘘を話している（＝**財産的処分行為に向けられた欺く行為ではない**）ことから、結局、詐欺罪ではなく窃盗罪が成立する。

> ●*Case 2*　旅館で浴衣がないと嘘を話して浴衣を●
> 　　　　　　受け取る場合
>
> 　Aは、甲旅館に宿泊した際、備え付けの浴衣が気に入り、欲しくなったことから、女将の乙に対し、「部屋に浴衣がないので、一つ揃えてください」などと嘘を言った。これを信じた乙は、持っていた浴衣をAに手渡した。Aは、手渡された浴衣をバッグに入れて取得した。Aの罪責は何か。

【結論】　Aは、窃盗罪の罪責を負う（最決昭31.1.19）。
【理由】　Aは、乙に対し、部屋に浴衣がないので揃えるように嘘を話しているが、

乙としては、甲旅館内（周辺の散歩まで広がる余地があるが、**甲旅館周辺にとどまる。**）で使用するために浴衣を揃えるのであり、Aがそのまま持ち去って自由に使用することまで許容するものではない（**＝財産的処分行為がない。**）。

Aもこれを前提に嘘を話している（**＝財産的処分行為に向けられた欺く行為ではない。**）ことから、結局、詐欺罪ではなく窃盗罪が成立する。

そのまま持ち去って自由に使おう

ここまで乙に話せば、財産的処分行為を求めているが、そうしたら、乙はAに手渡してくれない
⇒財産的処分行為に向けられていない嘘を話している

2 相手を怖がらせる内容の嘘を話して物を取得した場合 〜詐欺と恐喝

▶▶▶ **アプローチ**

最近の振り込め詐欺においては、①正規の手続をとらずにもうかる投資話があるなどと嘘を話して現金を詐取した後、②不正な手段で投資話を進めたことが監督官庁に発覚したが、逮捕などを免れるためには工作資金が必要などと嘘を話して、さらに現金を巻き上げるケースが増えている。

この②のケースでは、逮捕されるという相手方に恐怖心を起こさせる嘘を話しており、この場合、詐欺なのか恐喝なのかが問題となる。

⑴ モデルケース

甲は、証券会社乙社の営業マンを名乗るAから電話を受け、正規の手続をとらずにもうかる投資話があるなどと嘘を言われたが、これを信じ、現金を振り込んでいた。さらに、甲は、Aから、「実は、正規の手続をとらないで進めていた投資話が監督当局に発覚し、このままだと甲さんは逮捕され刑務所に行きます。ついては、その工作資金として、現金を振り込んでもらえませんか」と嘘を言われた。甲は、Aの指示に従い、再び現金を振り込んだ。
① 甲は、投資話が監督当局に発覚することにより、今まで進めていた投資話がご破算になると思い、現金を振り込んだ。Aの罪責は何か。

---

② 甲は、監督当局に逮捕されることなどを恐れ、これを避けるために工作資金
を支払うしかないと思い、現金を振り込んだ。Aの罪責は何か。

ア　結　論

　①において、Aは詐欺罪（1項）の罪責を負う。

　②において、Aは恐喝罪（1項）の罪責を負う（最判昭24.2.8）。

イ　境界のポイント

　詐欺罪も恐喝罪も、相手方の財産的処分行為に基づき、財物の占有を被害者
から自己又は第三者に移転させる点では共通するが、詐欺罪は、相手方を欺き、
錯誤に陥らせたことに基づいて財産的処分行為をさせるが、恐喝罪は、相手方
を恐喝し、畏怖させたことに基づいて財産的処分行為をさせる点に違いがある
（☞恐喝罪の項目で詳しく（90頁））。

　したがって、嘘の内容に相手方を怖がらせるものを含んでいる場合、詐欺罪
となるか恐喝罪となるかは、**相手方の財産的処分行為が、畏怖されたことに基
づくか否か**により区別することとなる。

　なお、相手方の財産的処分行為が、**錯誤と畏怖の両方にまたがる場合**には、
詐欺罪と恐喝罪との観念的競合となる旨の判例がある（大判昭5.5.17）。

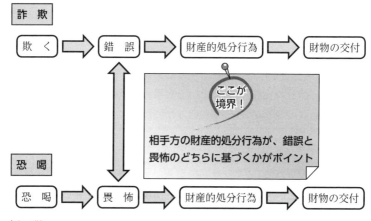

ウ　解　説

　嘘の内容に相手方を畏怖させる内容を含んでいる場合、相手方の財産的処分
行為が、**畏怖した結果に基づく場合は恐喝罪**が成立するが、**畏怖した結果では
なく、あくまでも相手方の話を信じた結果に基づく場合は詐欺罪**が成立する。

エ　モデルケースの理由・解答

　本件においては、いずれも、Aが甲に話した内容は嘘であるが、嘘の内容に

甲が逮捕されるなどといった甲を畏怖させるものを含んでいる。

　そして、①については、甲は、投資話が監督当局に発覚することにより、今まで進めていた投資話がご破算になると信じ、これを避けるために現金を振り込んでいる。つまり、**畏怖の結果ではなく、Aの嘘を信じ込んだ結果、現金を振り込んだのであり、Aは、詐欺罪（１項）の罪責を負う。**

　他方、②については、甲は、監督当局に逮捕されることなどを恐れ、これを避けるために工作資金を支払うしかないと思い、現金を振り込んでいる。つまり、**畏怖の結果に基づき現金を振り込んだのであり、Aは、恐喝罪（１項）の罪責を負う。**

～実務上の処理は？～

　振り込め詐欺の処理に関する理論的な取扱いは前記のとおりであるが、実際の例では、被害者において、錯誤と畏怖の両方にまたがっている場合が多い。そして、詐欺と恐喝は法定刑が同じであることから、詐欺と恐喝とを両方成立させる実益に乏しく、先行する詐欺の一環として、詐欺罪で処理する場合も多い。

---

(2)　**境界型の事例における判断**

●*Case 1*　警察官と偽り現金を受け取る場合●

　Aは、隣人甲がかつて新聞に掲載された窃盗犯であることを知ったことから、警察官になりすまし、甲に対し、「○○署の警察官だが、××で発生した窃盗事件の犯人が甲であることの証拠を持っている。もし、捕まりたくなければ現金10万円を出しなさい」と言った。甲は、身に覚えがない窃盗事件であったものの、Aが警察官で何か証拠を持っているものと信じ、今の生活を守るためには逮捕されて刑事処罰を受けたくなかったため、現金10万円をAに支払った。Aの罪責は何か。

【結論】　Aは、恐喝罪（１項）の罪責を負う（最判昭24.2.8）。

【理由】　甲は、自らAに対し、現金10万円を渡しているが（＝財産的処分行為、交付）、その財産的処分行為の原因となったのは、Aが警察官で窃盗事件において甲が犯人であることの証拠を持っており、このことにより逮捕されて刑事処罰を受け、今の生活を失うことを恐れてのことである。

　　　　　つまり、**畏怖の結果に基づき現金を渡したのであり、Aは、恐喝罪（１項）の罪責を負う。**

● *Case 2* 　暴力団員であると嘘を言い、現金を ●
　　　　　受け取る場合

　Aは、車に乗って信号待ちをしていた時、隣の車線に止まっていた車の運転手である甲が、一見して気が弱そうであったことから、車を降りて、甲に対し、「お宅の車が跳ねた石が当たって、車にへこみができた。この車は〇〇組のものだ。示談金として5万円払え」などと言った。

① 甲は、Aの身なりが暴力団員風であり、その口調も荒かったことから、本当の暴力団員であると信じ、怖くなって現金5万円を支払った。Aの罪責は何か。

② 甲は、Aの口調は荒かったが、本当に暴力団組員かどうかは怪しいと思ったものの、石が跳ねて車がへこんだことは本当だと思い、現金5万円を支払った。Aの罪責は何か。

【結論】　①について、Aは、恐喝罪（1項）の罪責を負う（東京高判昭38.6.6）。
　　　　②について、Aは、詐欺罪（1項）の罪責を負う（大判明36.4.7）。

【理由】　①については、甲がAに対し、現金5万円を渡した理由は、Aの身なりが暴力団員風であり、その口調も荒かったことから、本当の暴力団員であると信じたこと、つまり、**畏怖の結果に基づく**ことから、Aは、**恐喝罪（1項）**の罪責を負う。

　　　　他方、②については、甲がAに対し、現金5万円を渡した理由は、Aが暴力団員風で怖いというよりも、本当に石が跳ねて車にへこみを生じさせたことを信じたこと、つまり、**嘘を信じた結果に基づく**ことから、Aは**詐欺罪（1項）**の罪責を負う。

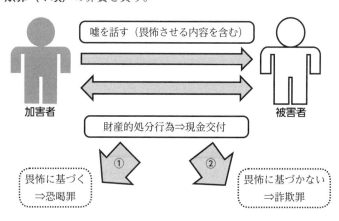

　このように嘘の内容に相手方を畏怖させる内容を含む事案は多く、ほかにも、いわゆる美人局（つつもたせ）を誇張したものなどがある（交際している男性Aと女性Bが、Bにおいて他の男性を誘って会っていた時に、現れたAにおいて男性に対し不貞等の慰謝料名目で現金を要求することを共謀し、実行する手口）。

　この場合、詐欺か恐喝の区別の基準は、被害者が畏怖した結果に基づき現金を渡したか否かであり、**実際の事案処理に当たっては、時間帯、場所、相手方の風体、言葉の内容、話し方、被害者の立場、双方の体格などを考慮し、被害者が畏怖した結果といえるか否かを判断**することとなる（区別がつかず、両方にまたがる場合には、詐欺罪と恐喝罪との観念的競合となる。）。

3　現金出納者が経理部長（会社）を騙して現金を自己の物とした場合（その他集金横領の場合）～詐欺と横領

▶▶▶ アプローチ

　会社組織などでは、経理担当者が、扱っている現金を自己の物とするため、架空の取引を仕立てて、その決裁を受けて現金を支出したことにしてその現金を自己の物とする手口がみられる。

　この場合、経理担当者は嘘の取引に基づき現金を自己の物としており、詐欺的手段に基づく横領行為として、詐欺罪となるか横領罪となるかが問題となる。

⑴　モデルケース

　Aは、甲株式会社の社員である。Aは、消費者金融に返済するため、架空の取引伝票を起票し、甲株式会社の経理部長である乙に対し、この架空の取引伝票を見せて現金支出の決裁を受けた。
①　Aは、甲株式会社の経理課長であり、普段から甲株式会社の預金通帳や取引印は、自ら保管していた。乙の決裁を受けたことにより、Aは預金通帳や取引印を用いて、決裁を受けた現金を引き出し、現金を自己の物とした。
②　Aは、甲株式会社の経理係員であり、普段から甲株式会社の預金通帳や取引印は、乙が保管していた。乙の決裁を受けたことにより、Aは預金通帳や取引印を借り出し、決裁を受けた現金を引き出し、現金を自己の物とした。

ア　結　論

　①において、Aは業務上横領罪の罪責を負う。

　②において、Aは詐欺罪（1項）の罪責を負う（東京高判昭27.10.28）。

イ　境界のポイント

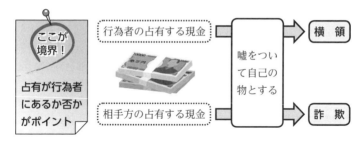

ウ　解　説

　　詐欺罪は、他人の占有する他人の財物を欺く行為により取得する罪であるの
に対し、横領罪は、自己の占有する他人の財物を自分の物とする罪であり、**両
者の違いは、目的となる財物の占有が行為者にあるか他人にあるのかという点**
である。

　　したがって、財物を自己の物とするに当たり、詐欺的手段が用いられていて
も、その財物の占有が行為者にあれば**横領罪**となり、他方、その財物の占有が
他人にあり、自己の物とするに当たり詐欺的手段が用いられていれば、まさに
欺く行為により財物の占有を取得したものとして**詐欺罪**となる。

エ　モデルケースの理由・解答

　　①については、Aは、甲株式会社の**経理課長**であり、普段から甲株式会社の
預金通帳や取引印を保管しており、**預金に相当する現金を自ら保管、つまり、
自ら占有**していた。そして、Aは、その現金を自己の物とするため、すなわち、
横領するため、会社の手続に従って、架空の取引伝票を見せて乙の決裁を得た
にすぎず、Aは、**業務上横領罪**の罪責を負う。

　　②については、Aは、甲株式会社の**経理係員**であり、普段から甲株式会社の
預金通帳や取引印は乙経理部長が保管しており、**他人である乙経理部長が預金
に相当する現金を保管、つまり、占有**していた。そして、Aは、その他人の現
金を自己の物とするため、会社の手続に従って、架空の取引伝票を見せて乙の
決裁を受け、預金通帳等を得て、現金を引き出しており、Aは、**詐欺罪（1項)**
の罪責を負う。

(2) 境界型の事例における判断 より深く

●*Case 1* 集金権限のない者が、客から集金した ●
場合

Aは、かつて甲新聞販売店に勤務していたが、かつての顧客に退職したことを話していなかったことを利用し、集金を装って顧客から現金を手に入れることを考え、かつての顧客乙を訪ね、新聞販売費として現金を集金し、そのまま持ち逃げした。乙は、Aが正規の集金に来たことを信じて疑わなかった。Aの罪責は何か。

【結論】 Aは、詐欺罪（1項）の罪責を負う。

【理由】 Aは、集金権限がないにもかかわらず、**集金権限があるかのように装って**新聞販売費を請求し（＝欺く）、正規の集金であることを信じた乙は（＝錯誤）、自己の占有する現金をAに手渡し（＝財産的処分行為）、Aは現金を受け取っており（＝交付）、Aは、**詐欺罪（1項）**の罪責を負う。

●*Case 2* 集金権限のある者が、自己の用途に費 ●
消するつもりで客から集金した場合

Aは、甲新聞販売店に勤務しているが、生活費に困り、集金した現金を生活費に費消する目的で顧客から集金することを考え、顧客乙を訪ね、新聞販売費として現金を集金し、そのまま持ち逃げした。乙は、Aが、集金した現金を正規に処理することを信じて疑わなかった。Aの罪責は何か。

【結論】 Aは、業務上横領罪の罪責を負う（東京高判昭28.6.12）。

【理由】 Aは、客観的に集金権限を有し、**その権限に基づき、乙から集金している**ことから、Aが乙に対して新聞販売費を請求する行為は**欺く行為には該当しない**。こうしてAが乙から集金権限に基づき集金した現金は、集金権限を与えていた甲新聞販売店の所有する財物であるが、Aは、自己の占有に帰した現金をそのまま持ち逃げしており、つまり、自己の占有する他人の財物を自己の物としており、Aは、**業務上横領罪**の罪責を負う。

　なお、乙は、Aが集金した現金を正規に処理することを信じて疑わず、Aは、集金した現金を正規に処理することを装って乙から集金していることから、欺く行為に該当するか疑問が生じるが、Aは甲から**集金権限自体を与えられている**ことから、集金行為自体は正規の行為であって、欺く行

為には該当しない（＝その後の現金を正規に処理せず、自己の物としたことが正規の行為ではなく、この点で業務上横領罪が成立するのである。）。

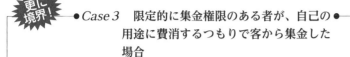

●*Case 3* 限定的に集金権限のある者が、自己の●
用途に費消するつもりで客から集金した
場合

Aは、甲新聞販売店に勤務しているが、集金に際しては店長から個別に顧客宛の集金金額が記載された領収証の交付を受け、同領収証に基づき集金することとされていた。Aは、生活費に困り、集金した現金を生活費に費消する目的で、顧客から集金することを考え、顧客乙を訪ね、自ら勝手に記載した領収証と引き換えに新聞販売費として現金を集金し、そのまま持ち逃げした。乙は、Aが、集金した現金を正規に処理することを信じて疑わなかった。Aの罪責は何か。

【結論】 Aは、私文書偽造罪、同行使罪、詐欺罪（1項）の罪責を負う（千葉地判昭58.11.11。いずれも牽連犯）。

【理由】 Aは、乙から集金しているが、Aが乙に対して**集金権限を持つには、店長から個別に乙宛の集金金額が記載された領収証の交付を受けることが必要**であった。しかし、Aは、このような手続を取らずに乙から集金していることから、Aは、乙に対する集金権限を有していないにもかかわらず、集金権限があるかのように装い集金していることとなり、Aは、所定の偽造罪等のほか、**詐欺罪（1項）**の罪責を負う。

Case 1
集金権限を与えられていない
⇒集金権限がないのにあるかのように装って集金
⇒詐欺罪（1項）

Case 2
集金権限を与えられている
⇒集金権限に基づき集金
⇒詐欺罪ではなく、その後の持ち逃げ
⇒業務上横領罪

Case 3
権限の内容を検討すると、集金権限を与えられていない
⇒集金権限がないのにあるかのように装って集金
⇒詐欺罪（1項）

4　他人のため事務を処理する者が詐欺的手段を用いて利得した場合〜詐欺と背任

▶▶▶ **アプローチ**

　例えば、会社員が、会社をだまして利益を得た場合、考えられる犯罪としては、詐欺罪のほか、会社の事務処理者が、自らの利益を得る目的でその任務に背いた行為をし、会社に損害を負わせたものとして背任罪（特別背任罪）があり得る。

　この場合、どちらの犯罪が成立するのだろうか。

■　**モデルケース**

　Aは、甲保険会社の外交員である。Aは、本来であれば重篤の疾病のある者と保険契約を締結してはいけない規則となっているにもかかわらず、保険契約のノルマを達成して報酬を得るため、重篤の疾病のあるBを健康な者として保険契約を締結し、同保険契約を締結したことを甲保険会社に報告した。Aは、同報告に基づき、甲保険会社からノルマを達成したことの報酬として現金を受け取った。Aの罪責は何か。

ア　結　論

　　Aは、詐欺罪（1項）の罪責を負う（大判大3.12.22）。

イ　境界のポイント

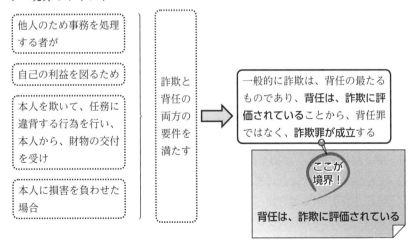

ウ　解　説

　　背任罪は、他人のため事務を処理する者が、自己の利益を図るなどの目的で、

任務に背いて、本人に財産的損害を与える罪である（☞背任の項目で詳しく（110頁））。そして、他人のため事務を処理する者が、本人に対して詐欺罪や横領罪を犯した場合、詐欺や横領は任務に背く行為であり、背任罪と競合することが多い。この場合、**詐欺罪や横領罪は、背任の一形態として評価尽くされている**とみることができ、**詐欺罪や横領罪が成立**する（最判昭28．5．8など）。

エ　モデルケースの理由・解答

　　Aは、本来であれば重篤の疾病のある者と保険契約を締結してはいけない規則となっているにもかかわらず、保険契約のノルマを達成して報酬を得るため、重篤の疾病のあるBを健康な者として保険契約を締結し、同保険契約を締結したことを甲保険会社に報告した（＝欺く）。

　　Aは、同報告に基づき（＝錯誤）、甲保険会社からノルマを達成したことの報酬として現金を受け取っており（＝財産的処分行為、交付）、Aは、**詐欺罪（1項）**の罪責を負う。

5　電子機器に虚偽の情報を入力するなどして利益を得た場合 ～詐欺と電子計算機使用詐欺

▶▶▶▷ **アプローチ**

　情報化社会の進展に伴い、経済取引の決済等におけるコンピュータシステムの果たす役割は大きくなった。これに伴い、コンピュータシステムに虚偽の指令を与えるなどして利益を得る行為も増加してきたが、詐欺罪は、機械ではなく人に対して欺く行為が必要であり、従来の詐欺罪では対応できないこととなった。

　そこで、昭和62年の刑法改正により電子計算機使用詐欺罪が創設された。ここでは、詐欺罪と電子計算機使用詐欺罪との違いを概観する。

■　**モデルケース**

　Aは、知人の甲から預かった甲の財布の中に甲名義のクレジットカードがあることから（暗証番号は、かつて甲が支払時に入力していた番号を見て知っていた）、甲になりすまし、甲のクレジットカードで決済することにより、乙通販サイトの決済手段として使われるポイントの付与を受けることを考えた。

① 　Aは、自己の携帯電話から、乙通販サイトのホームページにアクセスし、甲になりすまして甲名義のクレジットカード番号、暗証番号等を入力して、5万ポイント分を甲名義のクレジットカードで決済する旨の入力をした（乙通販サイトはクレジットカードの決済代行業務も行っていた。）。このとき、乙通販サ

イトでは、システムの調整のため、丙オペレーターが対応しており、決裁権を付与されていた丙は、甲が正当なクレジットカードの利用権限に基づき入力したものと信じ、クレジットカードシステムと照合した上、5万ポイント分の購入決済をし、Aは5万ポイントの付与を受けた。Aの罪責は何か。

② Aは、自己の携帯電話から、乙通販サイトのホームページにアクセスし、甲になりすまして甲名義のクレジットカード番号、暗証番号等を入力して、5万ポイント分を甲名義のクレジットカードで決済する旨の入力をした。乙通販サイトではクレジットカードシステムと同期して決済とポイントの付与が行われており、申込みどおりにシステムが作動して、Aは5万ポイントの付与を受けた。Aの罪責は何か。

ア 結 論

　　①において、Aは、詐欺利得罪の罪責を負う（大コンメンタール刑法（第3版）13巻190頁）。

　　②において、Aは、電子計算機使用詐欺罪の罪責を負う（最決平18.2.14）。

イ 境界のポイント

　　電子計算機使用詐欺罪は、詐欺罪を補充する規定であり、人に対して欺く行為がなされた場合は**詐欺罪**が成立し、**機械**に対して虚偽の指令などを与える場合には、**電子計算機使用詐欺罪**が成立する（条解刑法（第3版）776頁）。

ここが境界！

対象が人か機械かがポイント

ウ 解 説

犯行の主体	特に制限はなく、誰でも行える。
犯行の対象	・人の事務処理に使用する電子計算機である。 **◎人の事務処理** 　　他人の財産上、身分上その他の人の生活関係に及ぼし得る事柄の処理をいう（大コンメンタール刑法（第二版）13巻161頁）。 **◎電子計算機** 　　自動的に計算やデータの処理を行う電子装置をいう（条解刑法（第3版）777頁）。 　**【〇該当するもの】** 　　・オフィスコンピュータ、パーソナルコンピュータ、制御用コンピュータなど ・対象が人であれば詐欺罪となる。 　☞詐欺の項目を参照（58頁）

行　為		

虚偽の情報、不正な指令

財産権の得喪・変更に係る虚偽の電磁的記録

財産権の得喪、変更に係る不実の電磁的記録を作る

人の事務処理の用に供する

 財産上不法の利益を得、又は他人にこれを得させる

◎虚偽の情報を与える

　　当該事務システムにおいて予定されている事務処理の目的に照らし、真実に反する情報を入力すること。

【○該当するもの】

・金融機関の職員が、オンラインシステムの端末を操作して、**取引実体のない振込入金データを入力**する（大阪地判昭63.10.7）。

・クレジットカードの名義人の氏名を**勝手に使用**して、当該**クレジットカードのカード番号等の情報を電子計算機に入力送信**し、電子マネーの利用権を取得する（最決平18.2.14）。

◎財産権の得喪若しくは変更に係る虚偽の電磁的記録

【○該当するもの】

・偽変造したプリペイドカードや定期券などの磁気情報部分（条解刑法（第3版）779頁）

◎人の事務処理の用に供する

　　不正に作出された電磁的記録を、他人の事務処理のため、これに使用される電子計算機において用い得る状態に置くこと（条解刑法（第3版）779頁）。

【○該当するもの】

・偽変造したプリペイドカードや定期券などの磁気情報部分を機器に挿入すること（条解刑法（第3版）779頁）。

◎不正な指令を与える

当該事務処理の場面において、本来与えられるべきでない指令を入力すること。

【〇該当するもの】

・電話会社の回線に通信料金が計算されないように不正ソフトを用いて不正信号を送信すること（東京地判平7. 2.13）。

◎財産権の得喪若しくは変更に係る不実の電磁的記録を作る

【〇該当するもの】

・金融機関の職員が、オンラインシステムの端末を操作して、取引実体のない振込入金データを入力し、**元帳ファイルの自己の預金残高の記録を増加**させた場合など（大阪地判昭63.10. 7）。

◎実行の着手時期

実行の着手時期は、財産権の得喪・変更に係る電磁的記録を作出することとなる電子計算機に**虚偽の情報又は不正の指令を与える行為に着手した時**である（裁判例コンメンタール刑法 3 巻337頁）。

◎実行の着手時期

・実行の着手時期は、財産権の得喪・変更に係る虚偽の電磁的記録**を人の事務処理の用に供する行為に着手した時**である（裁判例コンメンタール刑法 3 巻337頁）。

・この類型は、有価証券偽造罪・同行使罪で立件される例が多く、適用の実例はあまりない（裁判例コンメンタール刑法 3 巻334頁）。

結　果	◎財産上不法の利益を得、又は他人にこれを得させた

【〇該当するもの】

・金融機関の職員が、オンラインシステムの端末を操作して、取引実体のない振込入金データを入力し、元帳ファイルの預金残高の記録を増加させ、**自己の預金残高を増加させた場合**（大阪地判昭63.10. 7）

・窃取したクレジットカードを用いて、当該クレジットカードのカード番号等の情報を電子計算機に入力送信し、**電子マネーの利用権を取得した場合**（最決平18. 2.14）

・不正な信号を送信して電話交換システムにおける課金記録に課金されない通話であるように不実の電磁的記録を作り、**電話料金の請求を免れた場合**（東京地判平7. 2.13）

◎既遂時期

既遂時期は、**財産上不法の利益を得、又は他人に得させた時**である

	(裁判例コンメンタール刑法3巻338頁)。
親族間の犯罪 に関する特例	窃盗と同じ。 ☞窃盗の項目を参照（6頁）

エ　モデルケースの理由・解答

　①において、Aは、甲になりすまして、甲名義のクレジットカード番号、暗証番号等を乙通販サイトのホームページに入力して、5万ポイント分を購入する旨の申込みをし（**＝欺く**）、乙通販サイトから決裁権を付与された丙をして、Aが甲本人であり、甲名義のクレジットカードの正当な利用権限に基づいて5万ポイント分の購入申込みをしたものと誤信させ（**＝錯誤**）、申込みどおり5万ポイント分をAに付与する操作をし（**＝財産的処分行為**）、Aをして同ポイントを使用可能な状態にしており（**＝財産上不法の利益を得**）、Aは、**詐欺利得罪**の罪責を負う。

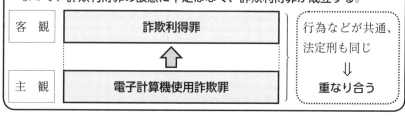

> ### より詳しく！
> 　①において、Aは、客観的には詐欺利得罪に及んでいるが、主観的には丙オペレーターを認識していないことから電子計算機使用詐欺罪の故意を有しており、齟齬（いわゆる**錯誤**）が生じている。
> 　この場合、電子計算機使用詐欺罪は詐欺罪を補充する趣旨で設けられ、虚偽の手段を用いる意味では行為が共通していること、法定刑も同じことなどから、**両者は重なり合う**ものと評価できる（条解刑法（第3版)144頁参照）。
> 　よって、**詐欺利得罪の故意に不足はなく、詐欺利得罪が成立する。**
>
> | 客　観 | 詐欺利得罪 | 行為などが共通、
法定刑も同じ
⇓
重なり合う |
> |---|---|---|
> | 主　観 | 電子計算機使用詐欺罪 | |

　②において、Aは、甲になりすまして、甲名義のクレジットカード番号、暗証番号等を乙通販サイトのホームページに入力し、5万ポイント分を購入する旨の申込みをし（**＝人の事務処理に使用する電子計算機に虚偽の情報を与え**。クレジットカードシステムにおいては、クレジットカードの名義人本人のみが同番号や暗証番号等を使用することが予定されており、他人が勝手にクレジットカードシステムを利用することは、その事務処理の目的に照らして真実に反するものである）、乙通販サイトやクレジットカードシステムのホストコン

ピュータ上に、甲名義の決済記録及び5万ポイントを付与する旨の記録をさせ（＝財産権の得喪若しくは変更に係る不実の電磁的記録を作り）、Aをして5万ポイント分を使用可能な状態にしており（＝財産上不法の利益を得）、Aは、**電子計算機使用詐欺罪**の罪責を負う。

6　高配当をうたい文句にして不特定多数者から出資金を集めた場合～詐欺と預り金の禁止（出資法違反）

> ▶▶▶ **アプローチ**
>
> 　高配当をうたい文句にして大々的に宣伝し、不特定多数の人から多額の出資を募り、最終的には高配当はおろか元本もほとんど返還できず破綻する例があるが、被害者の数が多くなり、被害額も甚大となることから社会問題化することが多い。
>
> 　このような場合、出資法の規制対象となることは明らかであるが、さらに、詐欺罪に問うことができるかが問題となる。詐欺罪は立証するハードルが高いが、詐欺罪の方が、法定刑が高く、この種事案の場合は詐欺罪の成否を検討すべきである。

■　モデルケース

> 　Aは、配下の者と甲会を結成し、「甲会は、現在、風力発電事業に投資していますが、風力発電事業は年々売上が増大しており、甲会が受ける配当金も投資額の2倍になっています。甲会としては、さらに風力発電事業への投資額を増やす予定であり、そうすれば、さらに売上が増大し、甲会が受ける配当金も元本の3～4倍になる見込みです。こんなチャンスはありません。甲会に投資しませんか。当会が元本を保証し、配当金も元本の3～4倍の支払いをすることができます」旨の宣伝を行ったところ、全国から、約100人が合計5億円を投資金として支払ってきた。
> ①　しかし、実際に甲会は、風力発電事業に全く投資していなかった。Aの罪責は何か。
> ②　実際に甲会は、風力発電事業に投資していたが、約100人が投資金を支払ってくる頃には、先に投資した者に対する支払いなども滞っており、元本及び配当金を支払うことの見込みが立たないことが分かっていた状態であったが、宣伝を続け、約100人の投資金の支払いを受けた。Aの罪責は何か。

ア　結論

　①において、Aは、詐欺罪（1項）の罪責を負う。

②において、Aは、詐欺罪（1項）の罪責を負う（東京地判平23.5.16参照）。

イ　境界のポイント

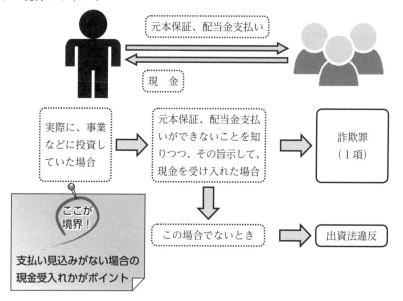

┃参　考　　出資法違反（同法2条・預り金の禁止）

> 1　業として預り金をするにつき他の法律に特別の規定のある者を除く外、何人も業として預り金をしてはならない。
> 2　前項の「預り金」とは、不特定かつ多数の者からの金銭の受入れであつて、次に掲げるものをいう。
> ⑴　預金、貯金又は定期積金の受入れ
> ⑵　社債、借入金その他いかなる名義をもつてするかを問わず、前号に掲げるものと同様の経済的性質を有するもの
> 【罰則】　3年以下の懲役、300万円以下の罰金、任意的に併科

ウ　解　説

　モデルケースの①のように、投資話そのものが架空であった場合は、投資話がある旨嘘を宣伝することが欺く行為となり、これに基づき不特定多数の者が信じて（＝錯誤）、現金を支払う（＝財産的処分行為、交付）ことが**詐欺罪（1項）**となる。

　他方、モデルケースの②のように、投資をしている事実がある場合は、その宣伝内容である元本保証と配当金の支払いが嘘と評価できることが必要となり、

具体的には、**元本保証と配当金の支払いが困難な状況になり、これを認識していたにもかかわらず、その旨の宣伝を行い（＝欺く）**、これに基づき不特定多数の者が信じて（＝錯誤）、現金を支払う（＝財産的処分行為、交付）ことをもって**詐欺罪（1項）**となる。

　モデルケースの②の場合、通常、元本保証と配当金の支払いが困難な状況になり、これを認識していたにもかかわらず、その旨の宣伝を行う状態となるのは、このような方法で現金を受け入れ、**破綻する直前頃**が多く、それまでの受入当初の時期は、詐欺罪ではなく、**預り金の禁止**にて対処することが多くなる。

元本保証、配当金の支払いが困難な状況であるのに、
これを認識していた状態とは？

保有資産
（現金、預金、有価証券など）
⇒短期間で現金化可能

保有資産
（固定資産、長期貸付金など）
⇒短期間で現金化は困難

元本保証分
＋
配当金支払い分

　保有資産に対し、支払いを要する元本保証分と配当金支払い分が多ければ多いほど、支払いは困難となる。支払いを要する元本保証分と配当金支払い分は早期に返済する場合が多いことから、これの元手となる保有資産は短期間で現金化可能なものとなる。これに加えて短期間で現金化は困難な保有資産を加えても、支払いを要する元本保証分と配当金支払い分が多ければ、さらに支払いは困難となる。

　この観点から、元本保証分と配当金支払い分の合計が、総保有資産の6倍に至っている以上、支払いは困難と認めた判例がある（東京地判平12.5.31、KKC事件）。

エ　モデルケースの理由・解答

　①において、Aは、実際には、甲会が風力発電事業に投資していないにもかかわらず、投資し、かつ、投資により多額の配当金を得ていることから、甲会に投資しても元本保証及び配当金支払いができる旨嘘の宣伝を行い（＝欺く）、これに基づき約100人の者が信じて（＝錯誤）、現金合計5億円を支払っており（＝財産的処分行為、交付）、Aは、**詐欺罪（1項）**の罪責を負う。

　②において、Aは、甲会は、風力発電事業に投資していたが、約100人が投

資金を支払ってくる頃には、先に投資した者に対する支払いなども滞っており、元本及び配当金を支払うことの見込みが立たないことが分かっていた状態であったが、甲会に投資しても元本保証及び配当金支払いができる旨嘘の宣伝を行い（＝欺く）、これに基づき約100人の者が信じて（＝錯誤）、現金合計5億円を支払っており（＝財産的処分行為、交付）、Aは、詐欺罪（1項）の罪責を負う。

───────────── 最 新 判 例 ─────────────

　出資法においては**高金利の処罰規定**があるところ（出資法5条）、労働者である顧客から、その使用者に対する賃金債権（給料）の一部を、額面金額から4割程度割り引いた金額で譲り受け、同額の金銭を顧客に交付するという**「給料ファクタリング」**において、被告人は、金銭交付は債権譲渡の対価であり「貸付け」に該当しないと主張した。

　しかし、同時に、顧客は買戻しが可能で、買戻し日まで債権譲渡通知が留保される仕組みが取られ、実際に全ての顧客が、同仕組みを利用していたこと（＝賃金債権を譲渡したことを使用者に知られたくない顧客側の実情と、使用者は労働基準法上、労働者に直接賃金を支払う必要があり、賃金債権の譲受人は直接使用者に支払を求めることはできず、実際には、顧客に賃金債権を買い戻させることにより顧客から資金を回収せざるを得ないことが背景にある。）から、この金銭交付は、**形式的には債権譲渡の対価とされても、実質的には被告人と顧客との間の返済合意がある金銭の交付、つまり、「貸付け」に該当す**る（最決令5.2.20）。

───────────────────────────────

7　嘘の申請をして補助金を受けた場合
～詐欺と補助金等不正受交付（補助金適正化法違反）

▶▶▶ **アプローチ**

　現在、産業や文化厚生等の振興のため、国が様々な補助金を事業者等に交付している。その中で、事業者等が、例えば、経費を水増しするなどして不正に補助金を受給する事案も発生している。

　このような場合、経費を水増しする、つまり、嘘の申請をしていることから、詐欺罪が成立するのだろうか。

■　モデルケース

> 　Aは、国から補助金を受けて、海外から学生を受け入れ、日本の企業に研修させてその技術を習得させ、学生の本国の産業発展に貢献する活動を行う財団法人の理事長であるが、Aは、財団法人の資金を増やすため、補助金を多額に受給することを考え、実際には、経費が5,000万円であり、これに対する補助金が3,000万円であったにもかかわらず、経費が1億円かかり、これに対する補助金が6,000万円である旨虚偽の補助金申請を行い、国の担当者をその旨誤信させて、国から財団法人に6,000万円を振り込ませた。Aの罪責は何か。

ア　結　論

　詐欺罪の要件を満たせば、詐欺罪（1項）の適用を排除されない（最決令3.6.23）。

イ　境界のポイント

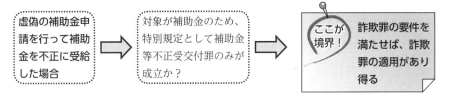

| 参 考 | 補助金等不正受交付罪（補助金適正化法29条1項） |

> 1　偽りその他不正の手段により補助金の交付を受け〔中略〕た者は、5年以下の懲役若しくは100万円以下の罰金に処し、又はこれを併科する。
> 2　前項の場合において、情を知つて交付〔中略〕をした者も、また同項と同様とする。
>
> 　**【補助金とは？】**
> 　　国が国以外の者に対して交付する次に掲げるものをいう。
> 　　①補助金、②負担金（国際条約に基づく分担金を除く。）、③利子補助金、④その他相当の反対給付を受けない給付金であって政令で定めるもの（補助金適正化法2条1項）

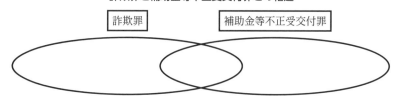

相手方の錯誤が必要	成立範囲＜	相手方の錯誤がなくても成立
受領金額全額につき成立	成立範囲＞	正規の受領額は不成立
両罰規定なし	成立範囲＜	両罰規定あり
10年以下の懲役	法 定 刑＞	５年以下の懲役若しくは100万円以下の罰金、任意的併科あり

ウ　解　説

　　モデルケースのように、虚偽の補助金申請をして国の担当者を錯誤に陥らせて補助金の交付を受けた場合、かつては、補助金を不正に受給した場合は、特別規定である補助金等不正受交付罪が適用され詐欺罪の適用は排除されるとする見解、詐欺罪が成立しない場合の補充規定として補助金等不正受交付罪が成立するとする見解、検察官は、詐欺罪で起訴することも可能であるし、立証の容易さなどを考慮して補助金等不正受交付罪で起訴することも可能であるとする見解が対立していたが（研修884号18頁）、最決令３．６．23により、**詐欺罪の要件を満たせば、詐欺罪の成立が排除されないこととなり実務的な解決をみた。**

エ　モデルケースの理由・解答

　　Aは、水増しした経費に基づく虚偽の補助金申請をして（＝欺く）、国の担当者を信じさせ（＝錯誤）、国から財団法人に6,000万を振り込ませており（＝財産的処分行為、交付）、詐欺罪が成立する。

------------------------------[実際の処理]------------------------------

　詐欺罪の適用が排除されないとした場合、補助金等不正受交付罪との関係をどのように解するのかについては、両罪が成立して観念的競合になるとする見解や包括一罪とする見解、択一関係になるとする見解が考えられるが、前記最高裁決定は、ここまで踏み込んだ判断は示していない（研修884号26〜29頁）。

　実際には、具体的な事実関係に基づく要件検討や立証の難易度、事案の実態に即して適用罪名を決定していくこととなろう。

8　詐欺と各種偽造罪

▶▶▶ アプローチ

　例えば、拾得した預金通帳を利用し、勝手に他人名義の預金払戻請求書を作成
して、これを銀行員に提出して現金を詐取するなど、詐欺の手段として、勝手に
他人名義の文書を作成して相手方に提出することはよくある犯罪類型である。
　この項目ではやや特殊な事例を検討するとともに、詐欺と各種偽造罪を整理し
たい。

■　モデルケース

　Aは、甲に現金を貸したが、その返済の担保として甲の父名義のクレジットカー
ドを受け取った。その後、Aは、甲から返済期日に返済を受けなかったことから、
甲に対し、クレジットカードを使って返済に充てることを言い、甲も、あらかじ
め父から承諾をもらいその暗証番号を聞いていたことから、Aにその暗証番号な
どを伝えた。Aは、乙店に行き、甲の父名義のクレジットカードを店員に示し、
お買上げ伝票に甲の父名義で署名して店員に提出して、時計を購入した。Aの罪
責は何か。

　ア　結　論

　　Aは、詐欺罪（1項）の罪責を負う。

　イ　境界のポイント

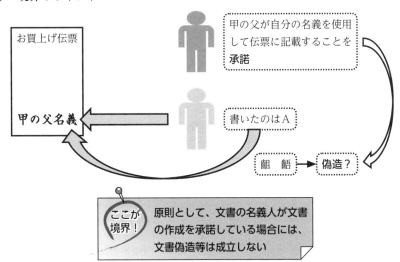

ウ　解　説

　Aが甲の父名義のクレジットカードを使用することを名義人である甲の父自身が承諾している場合に、クレジットカード詐欺、つまり、Aが甲の父になりすまして乙店から時計を入手している点が詐欺になるかが問題となる。

　クレジットカードは、**名義人の経済的な信用に基づいてその使用が認められるもの**であるから、クレジットカードを使用できるのはその名義人のみに**限定**されている。したがって、クレジットカードの名義人になりすましてクレジットカードを使用することは使用店舗等との間で許されておらず、クレジットカードの名義人になりすましてクレジットカードを提示等する行為は、「欺く」行為に該当し、詐欺罪（1項）が成立する（最決平16. 2. 9）。

　他方、文書偽造罪等は、文書の社会的な信頼を保護するものであり、名義人の関知しない文書が社会に出回ることは、文書の信用性を害することから設けられたものである。したがって、**文書の名義人が自己名義の文書の作成を許しているような場合には、実際には文書の名義人が自ら作成したものと変わらず、原則として、文書の信用性を害することにはならない。**したがって、文書の名義人が自己名義の文書の作成を許している場合には、原則として文書偽造罪等は成立しない。

　☞文書偽造罪の項目で詳しく（279頁）。

エ　モデルケースの理由・解答

　Aは、甲の父になりすまして、甲の父名義のクレジットカードを店員に提示した上、お買上げ伝票に甲の父名義で署名して店員に提出し（＝欺く）、Aがクレジットカードの名義人である甲の父である旨信じさせ（＝錯誤）、これに基づき店員に時計をAに手渡させており（＝財産的処分行為、交付）、Aは、**詐欺罪（1項）**の罪責を負う。

│ 参　考　　詐欺罪と各種偽造罪

	事　例	罪　数
通貨偽造関係	通貨を偽造し、これを店で使い、商品を入手した場合	通貨偽造罪と偽造通貨行使罪のみ成立し、**詐欺罪は吸収される**（大判昭7. 6. 6）。
有価証券偽造関係	他人名義の小切手を偽造し、これを店で使い、商品を入手した場合	有価証券偽造罪、同行使罪、詐欺罪が成立し、いずれも**牽連犯**となる（大判昭8. 10. 2）。

文書偽造関係	他人名義（署名）の預金払戻請求書を作成し、これを銀行の窓口係員に提出し、預金の払戻しを受けた場合	有印私文書偽造罪、同行使罪、詐欺罪が成立し、いずれも**牽連犯**となる（大判大4.3.2など）。 ⚠**要注意** 私文書偽造・同行使と詐欺との間に、手段と結果の関係が認められない場合には、**併合罪**となる場合がある。 ⇒詐欺の事実が発覚した際に、これを隠ぺいするために文書を偽造して行使した場合（東京高判昭29.1.30）

5 恐 喝

■ **法第249条（恐喝）**
1 人を恐喝して財物を交付させた者は、10年以下の懲役に処する。
2 前項の方法により、財産上不法の利益を得、又は他人にこれを得させた者も、同項と同様とする。

未遂○、予備×、緊逮○、テロ準×（組織的な恐喝○）、裁判員×、親告罪×（親族間の場合○）

犯行の主体	特に制限はなく、誰でも行える。
犯行の対象	◎他人の占有する財物（1項） 窃盗と同じ。 ☞窃盗の項目を参照（3頁） ◎財産上の利益（2項） 強盗と同じ。 ☞強盗の項目を参照（41頁）
行為（実行の着手）	◎行為の概要 恐 喝 ➡ 畏 怖 ➡ 財産的処分行為 ➡ 財物の交付など 　相手方の財産的処分行為により財物の交付などを受ける点では詐欺と共通するが、**詐欺**は、相手方を欺く行為を手段とするのに対し、**恐喝**は、相手方を畏怖させる行為（＝脅迫又は暴行）を手段とする点において違いがある。 ◎恐 喝 ・脅迫又は暴行により人を畏怖させること（大コンメンタール刑法（第二版）13巻262頁） ・暴行や脅迫の程度が、相手方の反抗を抑圧するに足りる程度に達したときには**強盗罪**となる（最判昭24.2.8など）。したがって、恐喝罪における暴行や脅迫は、相手方の反抗を抑圧するに足りる程度に至らず、**相手方を畏怖させるに足りる**ものでよい。

☞強盗の項目を参照（42頁）

・恐喝罪における「脅迫」は、人を畏怖させるに足りる害悪の告知であるが、脅迫罪における「脅迫」のように、人の生命、身体、自由、名誉、財産に対するものに限定されず、**人を畏怖させるに足りるものでよい**（大判大 5 . 6 . 16）。

【〇該当するもの】
　・医師の人気投票の結果を地方紙に掲載する旨の告知（大判昭 8 . 10. 16）
　・すべての村民から絶交する旨の告知（いわゆる村八分、大判大 5 . 6 . 16）

・「脅迫」における害悪の告知は、言動それ自体が独立して相手方を畏怖させるに足りるものではなくても、**恐喝する者の職業や挙動などとあいまって畏怖させるに足りるものであれば該当する。**

【〇該当するもの】
　・街の不良で度々金品を近隣の者にたかることを繰り返していた者が、このことを知る相手方に対し、約30分間にわたって焼酎を要求した場合（福岡高判昭31 . 3 . 19）

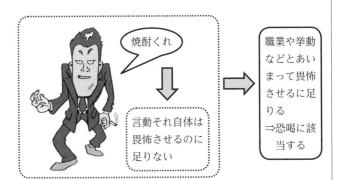

焼酎くれ

言動それ自体は
畏怖させるのに
足りない

職業や挙動などとあいまって畏怖させるに足りる
⇒恐喝に該当する

・告知された害悪の内容は、必ずしも**それ自体が違法であることを要しない。**

【〇該当するもの】
　・他人の犯罪を知る者が、捜査機関にその犯罪事実を申告する旨告知して、口止め料として現金を提供させた場合（最判昭29 . 4 . 6）
　・労働組合法違反の件を労働委員会に訴えると告知して、相手方を畏怖させて現金を提供させた場合（最判昭24 . 4 . 5）
　・恐喝の相手方は、財物の所有者又は占有者である必要はないが、**その財物を処分し得る地位又は権限を有する者**でなければならない（大判大 6 . 4 . 12など）。

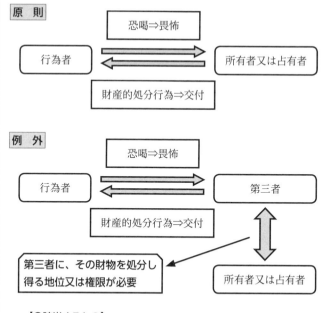

【○該当するもの】
　・会社の取締役を恐喝して、会社の現金の交付を受ける場合（大判大6.4.12など）

◎畏　怖
　　畏怖させるに至らず、単に**漠然たる不安の念**を生じさせるに足る程度のものは該当しない（条解刑法（第3版）795頁）。

◎財産的処分行為
　　詐欺と同じ。
　　☞詐欺の項目を参照（62頁）

◎実行の着手時期
　・実行の着手時期は、財物又は財産上の利益を交付させる意思で**恐喝行為が開始された時**である（大コンメンタール刑法（第二版）13巻282頁）。
　・恐喝する内容の文書を郵送した場合、発送の時ではなく**到達した時**に実行の着手がある（大判大5.8.28）。

結果（既遂）	**◎財物の交付** 　　相手方の財産的処分行為の結果として、行為者側に財物の占有が移転することが必要である。

・交付は、**黙示**でもよい。
　【○該当するもの】
　　・恐喝行為をし、相手方が畏怖しているのに乗じて、財物を奪った際、相手方も財物を奪われる状況を認識し黙認せざるを得ない場合（最判昭24.1.11）
・恐喝行為をした者と財物の交付を受ける者は、通常同一であるが、両者は一致しなくともよい。ただし、恐喝行為をした者と財物の交付を受ける者との間に**一定の関係が必要**である（大判昭10.9.23など）。

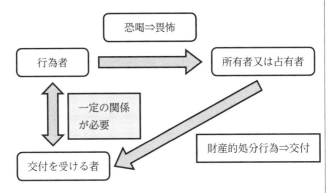

　【○該当するもの】
　　・恐喝行為者の同伴者が現金の交付を受ける場合（名古屋高裁金沢支判昭34.12.1）
・交付を受けた財物の中に、受領する正当な権限を有するものがある場合、**恐喝行為がなければ全体の交付を受けることができないときには全体について恐喝罪が成立**する（大判昭14.10.27など）。

◎財産上不法の利益を得、又は他人にこれを得させる（2項）
　強盗と同じ。
　☞強盗の項目を参照（44頁）

◎既遂時期
・既遂時期は、恐喝行為によって、相手方が畏怖し、畏怖に基づく財産的処分行為によって**財物の占有（財産上不法の利益）が行為者又は第三者に移転した時**である（条解刑法（第3版）796頁）。
・恐喝罪の既遂が成立するためには、①恐喝行為⇒②畏怖⇒③畏怖に基づく財産的処分行為⇒④財物の交付（財産上不法の利益を得る）の因果の流れが成立することが必要である。
　【●該当しないもの】
　　・被害者が金銭交付前に警察に被害申告し、警察官が金銭交付の現場

	に張り込み、被害者が現金を交付した直後に現行犯逮捕した場合（東京地判昭59.8.6、現金交付は、畏怖の結果に基づくものではなく、犯人逮捕のためである。）
不法領得の意思	条文にはないが、判例上認められた要件である。 ・窃盗と同じ。 　☞窃盗の項目を参照（6頁）
故　意	・恐喝行為、畏怖、財産的処分行為、財物の交付などの認識・認容をいう。 ・他人を恐喝して、畏怖に基づく財産的処分行為により、財物又は財産上不法の利益を得、又は他人に得させること及びその因果関係を認識することが必要（条解刑法（第3版）797頁）
親族間の犯罪に関する特例	窃盗と同じ。 　☞窃盗の項目を参照（6頁）
他罪との関係	◎**暴行と恐喝** 　最初の暴行の際には財物要求の意図はなかったが、その暴行によって相手方が畏怖しているのに乗じて、更に恐喝して財物の交付を受けた場合、**全体として1個の恐喝罪**が成立し、最初の暴行罪は恐喝罪に評価される（大阪高判昭24.11.7）。 ◎**収賄と恐喝** 　恐喝手段により賄賂を収受した場合、公務員に職務執行の意思がある場合には、恐喝罪と収賄罪の**観念的競合**であるが（大判昭10.12.21）、公務員に職務執行の意思がなく、職務執行に名を借りて恐喝した場合には、**恐喝罪のみ**が成立する（最判昭25.4.6）。 ◎**逮捕監禁と恐喝** 　恐喝の手段として逮捕監禁が行われた場合、原則として**併合罪**となる（最判平17.4.14）。

○ 脅迫するなどして借金を取り立てた場合～恐喝と権利行使

> ▶▶▶ アプローチ
>
> 　他人に金銭を貸し付け、その返済が滞った場合、その返済を求める督促は、法に則って行わなくてはならないが、督促はその性質上、相手方に大なり小なり圧迫感をもたらすものである。その督促が行き過ぎて暴行や脅迫を伴い、相手方を畏怖させるものであれば恐喝罪の構成要件に該当するが、他方、行為者は返済を求める権利を有している以上、これが違法性の判断にどのように影響するのか、これが恐喝と権利行使の問題である。
>
> 　恐喝と権利行使が問題となるケースは多々あり、最終的に事案ごとの判断となるが、おおむねの基準と個々の事例を検討する。

(1) モデルケース

> 　Aは、甲に対し、現金10万円を貸し付けていたが、甲から返済期日になっても返済がなく、数度にわたって利息も含めて11万円の返済の督促を行っていた。
> ① 　業を煮やしたAは、知り合いの男性4名を伴い、甲を取り囲んだ上、拳を突き出すなどのそぶりを見せつつ、「迷惑料も込みで30万円を早く払え。払わないと暴れるぞ」などと脅迫した。甲は畏怖してその場でAに対して現金30万円を支払った。Aの罪責は何か。
> ② 　業を煮やしたAは、知り合いの男性4名を伴い、甲を取り囲んだ上、拳を突き出すなどのそぶりを見せつつ、「利息を含めて11万円を早く払え。払わないと暴れるぞ」などと脅迫した。甲は畏怖してその場でAに対して現金11万円を支払った。Aの罪責は何か。

ア 結 論

　①において、Aは恐喝罪（1項）の罪責を負う（最判昭30.10.14）。

　②において、Aは恐喝罪（1項）の罪責を負う（最判昭27.5.13）。

イ 境界のポイント

　モデルケースの①及び②において、いずれも、Aは甲に対し、Aを含めた男性5人で甲を取り囲み、拳を突き出すなどのそぶりを見せつつ、支払いをしないと暴れる旨告知しており、**恐喝罪（1項）に該当**することに問題はない。

　しかし、いずれも、Aは甲に対し、貸付金の返済を求める正当な権利を有しており、恐喝行為は、その権利行使の手段として行われていることから、社会的に許容される行為となるか（＝**違法性が阻却されるか**）が問題となる（☞

犯罪の成立の項目を参照（384頁）。

　この点、権利行使の手段として行為が社会的に許容されるか否かは、①**権利の範囲内か否か、②その方法が社会通念上一般に忍容すべきものと認められる程度を超えないか否か**を検討し、**①及び②を満たすときに違法性が阻却される**こととなる（最判昭30.10.14）。

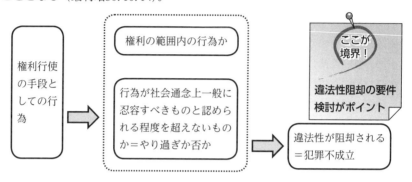

ウ　解　説

　権利行使の手段としての行為が違法性阻却となるためには、まず、権利行使の手段としての行為が、**権利の範囲内の行為であることが必要**である。したがって、権利の範囲外の要求をしたような場合は、この要件を満たさず、違法性は阻却されない。

【●違法性が阻却されないもの】

　・価格1円相当の松を盗んだ者に対し、損害賠償として45円を支払わないと告訴する旨話して支払わせた場合（大判大3.4.29。なお、全額について恐喝罪が成立する。）

　・価格3円相当の植木鉢等を壊した子の父親に対し、脅して20円の支払いの約束をさせて、10円を支払わせた場合（大判昭9.5.28。10円全額について恐喝罪が成立する。）

　次に、権利行使の手段としての行為が違法性阻却となるためには、**社会通念上一般に忍容すべきものと認められる程度を超えていないことが必要**である。したがって、社会通念上一般に忍容すべきものと認められる程度を超えている場合（＝社会的に相当な程度を超えている場合＝やり過ぎている場合）は、この要件を満たさず、違法性は阻却されない。

【●違法性が阻却されないもの】

　・十数名で押しかけ、約9時間にわたって社長を取り囲んで「腕ずくでも取る」などと威迫した場合（最判昭27.5.13）

・妻の不貞相手に対し、日本刀の抜き身を畳の上に突き刺し、猟銃に弾丸を込めて銃口を胸元に突き付けて、慰謝料の請求をした場合（大決大13.3.5）

・債務者及び妻に対し、「我々は命知らずだ。同類が20人や30人はすぐやってくる。金をよこさなければ家でも何でも叩き壊す」と脅した場合（大判昭5.5.26）

エ　モデルケースの理由・解答

①においては、Aの行為は恐喝罪（1項）に該当するところ、**Aは、利息を含めて11万円の返済を求める権利を有しているのに対し、現金30万円の支払いを要求しており、その行為は、権利の範囲内とはいえず、違法性を阻却しない。**

なお、Aは、知り合いの男性4名を伴い、甲を取り囲んだ上、拳を突き出すなどのそぶりを見せつつ、「迷惑料も込みで30万円を早く払え。払わないと暴れるぞ」などと脅迫しており、これは、多人数での脅迫行為であって、**社会通念上一般に忍容すべきものと認められる程度を超えており、この点でも違法性を阻却しない。**したがって、Aは、恐喝罪（1項）の罪責を負う。

②においては、Aの行為は恐喝罪（1項）に該当するところ、Aは、利息を含めて11万円の返済を求める権利を有しているのに対し、その範囲内で支払いを要求しており、その行為は、**権利の範囲内のものといえる。**

しかし、Aは、知り合いの男性4名を伴い、甲を取り囲んだ上、拳を突き出すなどのそぶりを見せつつ、「利息を含めて11万円を早く払え。払わないと暴れるぞ」などと脅迫しており、これは、多人数での脅迫行為であって、**社会通念上一般に忍容すべきものと認められる程度を超えており、この点で違法性を阻却しない。**したがって、Aは、恐喝罪（1項）の罪責を負う。

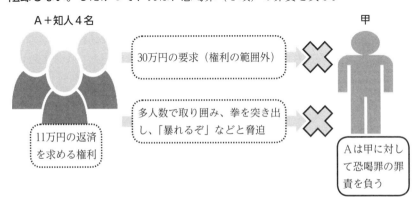

A＋知人4名　　　　　　　　　　　　　　甲

30万円の要求（権利の範囲外）　✕

多人数で取り囲み、拳を突き出し、「暴れるぞ」などと脅迫　✕

11万円の返済を求める権利

Aは甲に対して恐喝罪の罪責を負う

(2)　境界型の事例における判断

●*Case 1*　暴力団員を利用した取立て行為●

　Bの甲に対する貸付金の取立ての依頼をBから受けた暴力団組員Aは、甲に対し、暴力団組員である旨の名刺を差し出した上、「わしが来ているのに払わんというのか。そんなら明日から毎日若衆を来させる」などと言い、怖くなった甲は、利息分を含めて10万円をAに支払った。Aの罪責は何か。

【結論】　Aは、恐喝罪（1項）の罪責を負う（名古屋高判昭45. 7 .30）。

【理由】　Aは、甲に対し、暴力団員であることを示した上で、支払わなければ若衆を来させる旨恐喝して、畏怖させた甲から現金を受け取っており、この行為は**恐喝罪（1項）に該当する。**

　　　　　問題は、AはBから貸付金の取立ての依頼を受けている点であり、Aは取立ての範囲内で支払いを求めているものの、取立てに際して、暴力団員であることを示し、支払いをしなければ若衆を毎日来させる旨話すことは、取立てとしてはやり過ぎであり、**社会通念上一般に忍容すべきものと認められる程度を超えている。**この点で違法性を阻却せず、Aは**恐喝罪（1項）**の罪責を負う。

●*Case 2*　慰謝料交付の要求の場合●

　Bは、甲から不同意性交等の被害に遭い、このことを知人のAに相談したところ、Aは、甲に対し、20万円の慰謝料請求をすることとし、Bからその依頼を受けた。Aは、甲と会い、甲に対し、慰謝料の請求をしたところ、甲から「10万円で解決したい」と言われたため、「これは相当問題が大きくなる。告訴されれば新聞にも出るし、勾留もされる。20万円くらい出してもらわないと収まらない」などと言い、告訴を恐れた甲は、一部金として10万円を支払った。Aの罪責は何か。

【結論】　Aに恐喝罪（1項）は成立しない（大阪高判昭34.12.18）。

【理由】　Aは、甲に対し、告訴することなどを話して、慰謝料の支払いを求める恐喝行為をし、畏怖した甲から一部金10万円を受け取っており、Aの行為は、**恐喝罪（1項）に該当する。**

　　　　　問題は、AはBから慰謝料の取立ての依頼を受けている点であり、Aは慰謝料請求権の範囲内で支払いを求めている。さらに、脅迫行為は、正当な告訴権の行使や正当な慰謝料請求権の範囲内の金額の提示にとどまって

いることなどの具体的な事情の下では、**社会通念上一般に忍容すべきもの
と認められる程度を超えているとは言い難い**。この点で違法性を阻却し、
Aは恐喝罪（1項）の罪責を負わない。

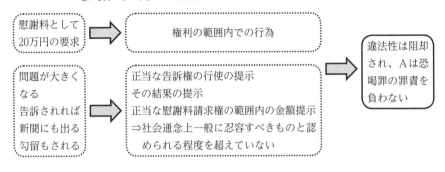

更に
境界！ ●*Case 3*　相当程度の時間をかけて支払いを求め●
　　　　　た場合

　甲は、Bの飲食店でツケにて飲食し、その代金は10万円に上っていたが、甲は、
Bの督促にも応じず、逆に所在をくらますなどしていた。そこで、Bは債権回収
屋であるAに取立てを依頼した。Aは、甲の所在を突きとめ、甲を喫茶店に呼び
出し、仲間1人とともに、甲に対し、約3時間にわたって「払えなければこちら
にも考えがある。俺たちはこれが商売なんだからムショは平気だ。何も一度に全
部支払えというわけではない。分割払いという方法もある」などと口調を強めて
言い、畏怖した甲は一部金として2万円を支払った。Aの罪責は何か。

【結論】　Aに恐喝罪（1項）は成立しない（東京高判昭36.11.27）。

【理由】　Aは、甲に対し、「ムショは平気だ」などと言って、暴力行為などに及
　　　ぶかもしれないそぶりを示しつつ、支払いを求める恐喝行為をし、畏怖し
　　　た甲から一部金2万円を受け取っており、Aの行為は、**恐喝罪（1項）に
　　　該当する。**

　　　　問題は、AはBから飲食代金の取立ての依頼を受けている点であり、A
　　　は取立ての範囲内で支払いを求めている。さらに、脅迫行為は、「ムショ
　　　は平気」という不穏当なものであるが、本件では脅迫行為はこれのみで、
　　　後は支払いの説得に努めている。また、時間が3時間にわたったのも甲が
　　　支払いをしないことに応じた結果にすぎないことなどの具体的な事情の下
　　　では、**社会通念上一般に忍容すべきものと認められる程度を超えていると**

は言い難い。この点で違法性を阻却し、Aは**恐喝罪（1項）**の罪責を負わない。

> ⚠️**要注意**
>
> 　畏怖させる場面が少ない場合、畏怖させる内容も具体的ではない場合、時間が長くなっても、相手方も反論するなどしたことが原因になった場合、支払いを求める者が複数いても、実際に支払いを求めたのは1人であるような場合は、社会通念上一般に忍容すべきものと認められる程度を超えない方向に働く要素であり、実際の事案処理に当たっては留意されたい。

6 横 領

■ **法第252条（横領）**
1 自己の占有する他人の物を横領した者は、5年以下の懲役に処する。
2 自己の者であっても、公務所から保管を命ぜられた場合において、これを横領した者も、前項と同様とする。
　　　　未遂×、予備×、緊速○、テロ準○、裁判員×、親告罪×（親族間の場合○）
■ **法第253条（業務上横領）**
　業務上自己の占有する他人の物を横領した者は、10年以下の懲役に処する。
　　　　未遂×、予備×、緊速○、テロ準×、裁判員×、親告罪×（親族間の場合○）

犯行の主体	【単純横領】 ◎他人の物を占有する者 ・**委託に基づき**他人の物を占有する者 　⇒委託に基づかないで自己の占有に帰した物を自己の物とする場合は、遺失物等横領罪（法254条）となる（条解刑法（第3版）804頁） ・公務所から保管を命じられた自己の物を占有する者（法252条2項） 　⇒強制執行や滞納処分として差押えがなされた場合に、差し押さえられた物を債務者や滞納者に保管させる場合など	【業務上横領】 ◎他人の物を業務上占有する者 ・「他人の物を占有する者」の意味は、左記のとおり。 ・**「業務」** ⇒社会生活上の地位に基づき反復継続して行う事務であり、他人の物を占有保管することを内容とするもの。 【○該当するもの】 ・現金出納担当者、倉庫業者など
犯行の対象	◎自己の占有する（法252条1項） 　「**占有**」⇒窃盗罪などにおける事実上の支配に加えて、**法律上の支配を含む**（大判大4.4.9）。 　【法律上の支配とは？】 　・AがB銀行に預金をした場合におけるAの**預金**に対する支配（大判大元.10.8）	

- ・小切手振出の権限を有する者の小切手資金である**当座預金**に対する支配（広島高判昭56.6.15）
- ・Aが不動産をBに売却したが、**登記**はA名義で残存していた場合のAの不動産に対する支配（最判昭34.3.13）
- ・不動産の仮装売買において、登記の名義をAとした場合のAの不動産に対する支配（大判明45.5.2）

横領における占有＝横領の引き金となる要素（濫用のおそれのある支配力）
⇒**法律上の占有も含む**

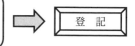

窃盗における占有＝他人の意思に反して、自己の占有に移転させる対象＝奪う対象⇒**事実上の支配に限定**される

◎公務所から保管を命じられた（法252条2項）

　物の占有者は、物の所有者又は公務所との間に、**委託信任関係に基づく占有**を有していなければならない（東京高判昭25.6.19）。

【委託信任関係の原因】
- ・法令の規定、賃貸借や寄託契約などの契約、事務管理、取引上一般に容認されている慣習、条理、信義則などでもよい。

◎他人の物

- ・他人の所有に属する財物をいう（条解刑法（第3版）805頁）。
- ・財物の意味は、窃盗と同じ。
  - ☞窃盗の項目を参照（3頁）
- ・他人性が問題となる場合

委託金	**【原則】**　現金は、占有と所有が一致するため、現金の占有を移転して委託した場合、その所有も移転する。 **【封金された場合】**　封金された現金の所有権は委託者に留保され、他人の物となる（条解刑法（第3版）806頁）。 **【使途の決まっている現金の預託を受けた場合】**　所定の使途に使用されるまで現金の所有権は委託者に留保され、他人の物となる（最決昭33.6.5など）。
集　金	**【債権の取立金】**　債権の取立金は、取り立てたと同時に取立てを委任した者の所有に属し、他人の物となる（大判昭8.9.11）。

	【集金】 　集金人が店主のために売掛金を集金した場合、集金と同時に店主の所有に属し、他人の物となる（大判大11. 1 . 17）。
割賦販売	**割賦販売**の場合、特約のない限り、購入した物の所有権は代金完済まで売主に属することから、他人の物となる（最決昭55. 7 . 15）。
売　買	民法上、特定物（売買対象物が特定した物）は、売買と同時に買主に所有権が移転することから（民法176条）、引渡しや登記が未了の間に、売主が処分することは、他人の物を横領したこととなる（最判昭30.12.26）。

| 行　為 | ◎横　領
・自己の占有する他人の物などを**不法に領得**すること、つまり、他人の物などの占有者が、権限なくして、その物に対し、**所有者でなければできないような処分をする意思（＝不法領得の意思）を実現する行為**をいう（最判昭30.12. 9 など）。
　【〇該当するもの】
　　・売却、贈与、交換、質入、抵当権の設定、譲渡担保の設定、債務弁済のための譲渡、預金、預金の引出し、貸与、小切手の換金、費消、着服、拐帯、毀棄隠匿など
・他人の物を**毀棄、隠匿する意思**で処分した場合、所有者でなければできないような処分を行っていることから、**横領に該当する**（大判大 2 .12.16）。
・**一時使用の目的**で、他人の物の占有者がその物を使用した場合、原則として、所有者でなければできないような処分を行っておらず、**横領に該当しない**（条解刑法（第 3 版）808頁）。
　【〇例外的に該当するもの】
　　・自己の占有する企業機密である資料を一時的に持ち出し、コピーして、元の場所に資料を戻した場合、**企業機密**は、所有者による許可がなければ、一時的にでも持ち出すことが許容されておらず、所有者でなければできないような処分を行っていることから、**横領に該当**する（東京地判昭60. 2 .13）。
・**委託者本人のために目的物を処分**する場合は、所有者でなければできないような処分を行っておらず、**横領に該当しない**。
　【●該当しないもの】
　　・村長が保管中の村の公金を、村のためにする意思で、指定された以外の経費に流用した場合（大判大 3 . 6 .27）
　　・農協の組合長が、農協のためにする意思で、組合の定款に違反して独断で組合の資金を支出した場合（最判昭28.12.25）
・**穴埋め横領**（他人の現金出納の業務に従事する者が、保管金を横領 |

し、これを補てんするために更に保管金を流用して以前の横領分に充当した場合）は、逐次補てんした**総金額について横領が成立する**（大判昭6.12.17）。

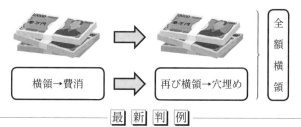

| 横領→費消 | | 再び横領→穴埋め |

全額横領

─────── |最| |新| |判| |例| ───────

農地の所有者である譲渡人と譲受人との間で農地の売買契約が締結されたが、譲受人の委託に基づき、第三者の名義を用いて農地法所定の許可が取得され、当該第三者に所有権移転登記が経由された場合において、当該第三者が本件農地を売却して所有権移転登記を完了させた場合、当該第三者は、他人が所有し、自己が占有する農地を売却して領得したのであり、横領罪が成立する（最判令4.4.18）。

◎**実行の着手時期、既遂時期**
・**不法領得の意思**（＝他人の物などの占有者が、権限なくして、その物に対し、所有者でなければできないような処分をする意思）**が確定的に外部に表現された時**に、横領の実行行為の着手があり、同時に既遂に達する。
　【○該当するもの】
　　・集金人が集金した後、持ち逃げするため、納金先である店の方に向かわず、駅に赴いたときなど（大コンメンタール刑法（第二版）13巻372頁）。

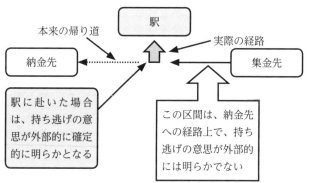

| 不法領得の意思 | ・条文にはないが、判例上認められた要件である。
・前記横領行為の項目を参照 |

故　意	自己の占有する他人の物などを横領することなどの認識・認容が必要である。
親族間の犯罪に関する特例	・親族関係の意味は窃盗の項目を参照（6頁） ・**親族関係は、犯人と横領行為の客体である財物の所有者との間になければならず**、親族の委託に基づいて占有する非親族所有の財物を横領した場合には、親族間の犯罪に関する特例は適用されない（大判昭6.11.17）。
その他	◎横領行為の完成後に行われた目的物の処分 ・委託金を着服（＝横領成立）した後、この現金を費消した場合、費消行為は新たに横領とはならない（いわゆる**不可罰的事後行為**）。 ・自己の占有する他人の不動産に抵当権を設定（＝横領成立）した後、この不動産を売却処分する行為は新たに横領とはならない（最大判平15.4.23）。

○　現金出納者が現金を着服し会社に損害を負わせた場合
〜横領と背任

▶▶▷ **アプローチ**

　会社の現金出納者が、取り扱っている会社の現金を着服して使い込んだ場合、業務上横領罪の要件を満たす一方、会社の事務処理をしている者が、自己の利益を図るため、その任務に違反して会社に損害を負わせていることから、背任罪の要件も満たすこととなる。

　このように横領と背任が競合する場合、横領罪が成立すれば背任罪が成立しないこととなり、横領罪の成立を優先的に検討することとなるが、実際の事例の内容によっては、その判断が複雑なものもあり、検討していきたい。

⑴　モデルケース

　Aは、甲会社における現金出納者であったが、生活費に困っていたことから、取り扱っている甲会社の現金を利用することを考えていた。
①　Aは、最初から元本及び利息をAのものとするつもりで、甲会社の現金100万円を持ち出し、甲会社名義で現金100万円を知人の乙に貸し付け、受け取った利息10万円及び元本をAのものとした。Aの罪責は何か。
②　Aは、最初から利息を免除する見返りに報酬を得るつもりで、上司である経

理部長の決裁を得た上、甲会社名義で甲会社の現金100万円を知人の乙に貸し付け、返済を受けた元本を甲会社に入金したが、貸付時に支払う約束をしていた利息10万円については勝手に免除し、その見返りに乙から報酬として8万円を受け取っていた。Aの罪責は何か。

ア　結　論

①において、Aは業務上横領罪の罪責を負う。

②において、Aは背任罪の罪責を負う（最判昭33.10.10参照）。

イ　境界のポイント

　横領罪は、財物の所有者からの委託に基づいて占有している財物を、**その委託に違背**して自己の物とする犯罪であることから、他人の事務処理者が、自己の利益を図るなどの目的に基づき、**その任務に違背**して、他人に損害を負わせる背任罪と類似することとなる。この点、横領罪は背信行為の一類型であり、**横領罪が成立する場合には特に背任罪は成立せず**（大判明45.6.17）、択一関係となることから、横領と背任の区別が問題となる。

　横領と背任が問題となるケースは、多様な場合があり、一義的な基準の定立は困難であるが、判例の傾向は以下のとおりである。

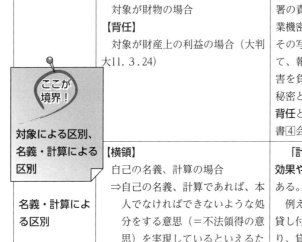

対象による区別	【横領】 　対象が財物の場合 【背任】 　対象が財産上の利益の場合（大判大11.3.24）	例えば、企業秘密を取り扱う部署の責任者が、紙に記載された企業機密を自己の携帯電話で撮影し、その写真を競争相手の会社に見せて、報酬をもらい、勤務会社に損害を負わせた場合は、対象が企業秘密という**財産上の利益**であり、**背任**となる（シリーズ捜査実務全書④会社犯罪351〜352頁）。
対象による区別、名義・計算による区別 名義・計算による区別	【横領】 　自己の名義、計算の場合 ⇒自己の名義、計算であれば、本人でなければできないような処分をする意思（＝不法領得の意思）を実現しているといえるため。 【背任】 　本人の名義、計算の場合	「計算」とは、その行為の**法律効果や経済的効果の帰属**の意味である。 　例えば、Aが、A名義で現金を貸し付けたが、その原資はBであり、貸付条件はBが決定し、Bが利息などを受け取る場合には、法律効果や経済的効果はBに帰属し、Bの計算による行為となる。

ここが境界！

⇒本人の名義、計算であれば、本人の事務処理としてなされているため（最判昭33.10.10など）。

横領罪と背任罪

（『警察官のための刑法講義』（第二版補訂二版）230頁から引用）

※　本人の利益を図る目的の場合は、横領罪も背任罪も成立しない。
　　☞横領、背任の項目を参照（103頁、112頁）。

ウ　解　説

　　財物以外の**財産上の利益が問題となる場合は、横領罪ではなく背任罪**が問題となるが、**財物が問題となり、かつ、自己の利益を図っている場合には、名義や計算が自己か本人かにより区別する**こととなる。検討の手順は、前記のチャートのとおりである。

エ　モデルケースの理由・解答

　　①において、Aは、元本及び利息を自己のものとするつもり、つまり、本人以外の利益を図る目的で、乙に対する貸付けを本人である甲会社名義で行っている。そして、返済を受けた元本及び利息は自己のものとするつもり、つまり、**自己の計算**で行っており、Aは、**業務上横領**の罪責を負う。

　　②において、Aは、利息を免除する代わりに報酬を得るつもり、つまり、本人以外の利益を図る目的で、乙に対する貸付けを本人である甲会社名義で行っている。そして、返済を受けた元本は甲会社に入金するつもり、つまり、**本人の計算**で行っており、Aは、**背任罪**の罪責を負う。

(2)　**境界型の事例における判断**

━━━━●　*Case 1*　自己の計算による貸付行為　●━━━━

　Aは、甲銀行の融資課長であるが、正規の手続では貸付けをすることが困難な顧客乙に対し、貸付けに伴う利息を自己のものとする目的で、正規の貸付手続を採らず、甲銀行の帳簿にも記載せず、手持ちの甲銀行の現金を甲銀行名義で乙に貸し付け、受け取った利息をAのものとしていた。Aの罪責は何か。

【結論】　Aは、業務上横領罪の罪責を負う（広島高裁岡山支判昭28.6.25）。

【理由】　Aは、貸付けに伴う利息を自己のものとするつもり、つまり、本人以外の利益を図る目的で、乙に対する貸付けを本人である甲会社名義で行っている。そして、甲銀行の帳簿に貸付け記録を残さず、また、返済を受けた利息は自己のものとするつもりでおり、その法律効果や経済的効果はAに帰属、つまり、**自己の計算**で行っていることから、Aは、**業務上横領**の罪責を負う。

●*Case 2*　**本人の名義で行われた政府貸付金の** ●──────
　　　　　　　流用の場合

　Aは、甲森林組合の組合長であるが、農林漁業資金融通法により造林資金以外にいかなる用途にも流用支出することが許されていない政府貸付金を保管していた際、甲森林組合の組合員である乙の運転資金に使わせるため、甲森林組合名義でこの政府貸付金を乙に貸し付けた。Aの罪責は何か。

【結論】　Aは、業務上横領の罪責を負う（最判昭34.2.13）。

【理由】　Aは、乙の運転資金に使わせるため、つまり、本人以外の利益を図る目的で、乙に対する貸付けを本人である甲森林組合名義で行っている。そして、Aは、貸付金の返済を甲森林組合にて受けることを前提に貸付けを行っていることからすれば、一見、乙に対する貸付けの法律効果や経済的効果は甲森林組合に帰属し、本人の計算で行っているようにも見える。

　　　　しかし、**Aが貸し付けたのは農林漁業資金融通法により造林資金以外にいかなる用途にも流用支出することが許されていない政府貸付金であり、運転資金などこの用途以外に貸付けをすることは許されていない**ものである。したがって、Aは、政府貸付金の趣旨に背いて許されない貸付けをしたのであり、その法律効果などは本人に帰属しない、つまり、**自己の計算**で行ったものと評価できる。よって、Aは、**業務上横領**の罪責を負う。

> **⚠要注意**
>
> 　一見して法律効果や経済的効果が本人に帰属し、本人の計算で行われたものと見えても、Case 2 のように用途が限定されている貸付金のような特殊なケースでは、用途の範囲外の流用が本人の計算とは評価できず、横領となることがある。限界事例であるが、用途が限定されている貸付けなどは留意されたい（その意味で判例は、自己の計算の意味を実質的な事例に即して判断している。）。

7 背 任

■　**法第247条（背任）**

　　他人のためにその事務を処理する者が、自己若しくは第三者の利益を図り又は本人に損害を加える目的で、その任務に背く行為をし、本人に財産上の損害を加えたときは、5年以下の懲役又は50万円以下の罰金に処する。

未遂○、予備×、緊逮○、テロ準○、裁判員×、親告罪×（親族間の場合○）

犯行の主体	◎他人のためにその事務を処理する者
	・委託信任関係に基づいて他人の事務をその他人のために処理する者をいう。
	・「**他人**」は、自然人、法人、法人格を有しない団体、国、地方公共団体のいずれであってもよい（最決昭47. 3. 2など）。
	・「**事務**」は、私的事務か公的事務か、継続的なものか一時的なものかを問わない（条解刑法（第3版）783頁）。
	・「**のため**」は、他人からの**委託信任関係**に基づきその事務を処理することであり、契約、法令のほか、慣習や事務管理等として行われるものも含まれる（条解刑法（第3版）782頁）。
	【○該当するもの】
	・貨物引換証の交付を受けた者のために貨物運送を行う者（大判明44. 4. 21）
	・抵当権者のために登記協力義務を負っている抵当権設定者（最判昭31. 12. 7）

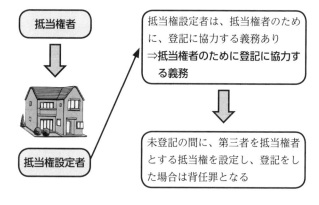

抵当権者

抵当権設定者は、抵当権者のために、登記に協力する義務あり
⇒**抵当権者のために登記に協力する義務**

未登記の間に、第三者を抵当権者とする抵当権を設定し、登記をした場合は背任罪となる

抵当権設定者

	・会社の**取締役**、執行役、監査役の場合は、会社法上の**特別背任罪**の主体となり、法定刑も10年以下の懲役若しくは1,000万円以下の罰金又は併科となる（会社法960条1項）。
行　為	◎**任務に背く行為** ・委託の趣旨に反する行為、つまり、事務処理者として当然になすべく法的に期待される行為をしないことをいう。 ・任務違背行為は、作為だけでなく**不作為**によるものも含む（例えば、財産管理人が債権を行使しないで消滅時効にかからせるなど）。 ・自ら所管する事務につき任務違背行為をした以上、それが決裁者の決定、指示による場合であっても、任務違背行為がないとはいえない（最決昭60.4.3）。 ・投資や株式売買などの投機的性質を有する**冒険的取引**は、委託信任の趣旨に反しない合理的な範囲内で行われる限り、任務違背行為とはいえない（条解刑法（第3版）785頁）。 **【○任務に背く行為に該当するもの】** 　・回収の見込みがないのに、**無担保又は不足担保**で不良貸付けをすること（最決昭38.3.28など）。 　・質店の店長が、入質者のために、通常の質取価格よりも**不当に多額の貸出し**をすること（大判大3.6.13）。 　・地方公共団体の長が地方税を**過少**に賦課すること（最決昭47.3.2）。 　・前記**二重抵当**行為（最判昭31.12.7） 　・払下げ価格決裁の資料を作成する任務のある公務員が、払下げ請求人の利益を図り、**不当に廉価な予定価格案**を作成し、決裁を通して払い下げること（大判昭9.5.28）。
結果（既遂）	◎**本人に財産上の損害を加える** 　**経済的見地**において本人の財産状態を評価し、任務違背行為により、本人の財産の価値が減少したとき、又は、**増加すべかりし価値が増加しなかった**ときをいう（最決昭58.5.24）。 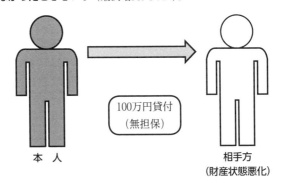

【○該当するもの】
・質権その他の担保権の喪失（債権の取立てが可能か否かにかかわらず財産的損害に該当）（大判大13.11.11）
・本人に約束手形の裏書人としての義務を負わせた場合、本人が現実に償還義務を履行していなくとも財産的損害に該当（大判大2.4.17）

◎既遂時期
・**任務違背行為によって本人に財産上の損害を負わせた時点で既遂に達する**（大判昭9.4.21）。
・損害額は必ずしも確定する必要はない（大判大11.5.11）。

目　的	◎自己若しくは第三者の利益を図る目的（図利目的） ・「利益」は財産上の利益に限られず、身分上の利益その他すべて自己の利益も含まれる（例えば、**自己の社会的地位、信用、面目、経営権を保持する目的**。最決昭63.11.21） ・本人の利益を図る目的で行為をした場合、図利目的を欠くこととなる（大判大3.10.16）。 ・図利目的と本人の利益を図る目的が併存する場合、**主たる目的として図利目的**が認められれば、背任罪が成立する（最決平10.11.25など）。 ◎本人に損害を加える目的（加害目的） 　「損害」は財産上の損害に限られず、身分上の損害その他すべての本人の損害も含まれる（例えば、**本人の面目を失墜させる目的**）。
故　意	①　自己の行為がその任務に背くことの認識・忍容（任務違背の認識） ②　その結果、本人に財産上の損害が発生することの認識・認容（財産上の損害発生の認識） が必要。 ・財産上の損害発生の認識は、確定的認識のほか**未必的な認識**も含む（最決昭43.4.26など）。
親族間の犯罪に関する特例	窃盗と同じ。 ☞窃盗の項目を参照（6頁）

その他	◎未　遂 　　任務違背行為と財産上の損害との間に因果関係が欠ければ未遂となる。

○　背任と金融機関による不正融資

▶▶▶ **アプローチ**

　背任罪の典型例として挙げられるのが金融機関による不正融資である。金融機関が、金融機関の経営者の親族が経営する会社に融資するに際し、二束三文の不動産を担保にして高額の融資をするなどの例が多いが、実際にはより複雑な事案も多く、背任罪の適用に疑義が生じるものもある。

　金融機関の不正融資の事例を通して、背任罪の理解を深めていただきたい。

■　モデルケース

　Aは、甲銀行の頭取であるが、甲銀行の主要取引先の1つである乙株式会社の代表取締役丙から、3億円の追加融資の申込み（担保としては、評価額約2億円の乙株式会社本社社屋及び土地）を受けた。その際、丙からは、既に甲銀行から30億円の融資を受けているが、追加融資を受けないと事業が停止し、残りの20億円の支払いもできなくなる旨言われた。

　Aは、乙株式会社がここ数年、経常利益の赤字が続き、追加融資をしても事業が改善するか不透明であることは認識していたが、主要取引先の一つである乙株式会社からこれまでの融資金を回収できないと甲銀行の収益にも影響が出ることに加え、近々、監督官庁の検査が予定されており、同検査において、これまでの乙株式会社への融資の審査体制を問われ、さらに、役員会において経営責任を追及され失脚することを恐れ、丙の求めた条件に従い、乙株式会社に対し、3億円の追加融資を行った。Aの罪責は何か。

ア　結　論

　　Aは（特別）背任罪の罪責を負う（新潟地判昭59.5.17、大光相互銀行事件）。

イ　境界のポイント

　　背任罪においては、本人の利益を図る目的を有していた場合、目的の要件を欠き不成立となるところ、実際の事案では、**本人の利益を図る目的**（モデルケースでは、乙株式会社からこれまでの融資金を回収できないと甲銀行の収益にも影響が出ることを避ける目的）と、**自己若しくは第三者の利益を図る目的**（モ

デルケースでは、監督官庁の検査において、これまでの乙株式会社への融資の審査体制を問われ、更に、役員会において、経営責任を追及され失脚することを避ける目的）が**併存**している場合が多い。このような場合、背任罪における「目的」の要件は、以下のように判断する。

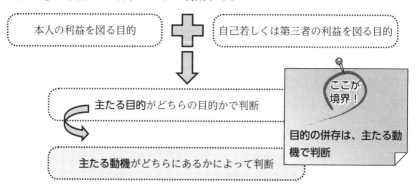

ウ 解 説

　モデルケースにおいて、背任罪の検討に当たり、特に問題となるのは、①任務違背行為と②目的である。

　まず、①任務違背行為は、事務処理者として当然になすべく法的に期待される行為をしないことをいうが、Aは、乙株式会社に対する追加融資を止めると、残りの融資を回収できなくなって、本人である甲銀行に損害を負わせる可能性があり、追加融資をする必要性を一律に否定できない。しかし、このような**「救済融資」**が問題となる場面においても、追加融資自体が回収不能となるおそれが大きい。そこで、追加融資が正当な救済融資として許容されるためには、

・融資をすることにより当該取引先の**業績回復が確実に見込まれる**こと
・**必要最小限度の融資**に絞ること。
・極力**担保の徴求**に努めること。
・当該取引先の経営に対する有効適切な指導を行う、役員を派遣するなど**債権確保のための万全の措置**がとられていること。

が必要である（新潟地判昭59.5.17）。

　また、②目的は、本人の利益を図る目的と自己若しくは第三者の利益を図る目的とが併存する場合、主たる目的がどちらにあるのか、さらに、主たる目的を判断するに当たっては、**主たる動機**がどちらにあるのかにより判断することとなる。

エ　モデルケースの理由・解答

　Aは、本人である甲銀行の頭取であり（＝**他人のためにその事務を処理する者**）、乙株式会社がここ数年、経常利益の赤字が続き、追加融資をしても事業が改善するか不透明である状況にあった。それにもかかわらず、十分な担保も取らずに3億円の追加融資を行い（＝**任務違背行為**）、甲銀行に3億円の融資を回収困難な状況にさせる損害を負わせている（＝**財産上の損害を加える。**）。

　これは、乙株式会社からこれまでの融資金を回収できないと甲銀行の収益にも影響が出ることに加え、近々、監督官庁の検査が予定されており、同検査において、これまでの乙株式会社への融資の審査体制を問われ、さらに、役員会において、経営責任を追及され失脚することを恐れて行ったものであり（＝**主たる動機、自己若しくは第三者の利益を図る目的**）、Aは、（**特別**）**背任罪**の罪責を負う。

参　考　背任罪と共犯

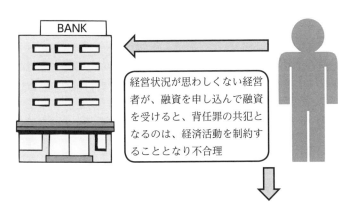

BANK

経営状況が思わしくない経営者が、融資を申し込んで融資を受けると、背任罪の共犯となるのは、経済活動を制約することとなり不合理

〜背任罪の共犯が成立する要件（最決平15.2.18）〜
① 　任務を有する者が抱いた任務違背の認識と**同程度の任務違背の認識**が必要
② 　相手会社に財産上の損害が生じることについての**高度の認識**と当該取引に応じざるを得ない状況にあることを**利用しつつ加担**（迂回融資に協力、担保の評価額証明を偽造など）したことが必要

8 器物損壊

> ■ **法第261条（器物損壊等）**
> 　前３条に規定するもののほか〔注公用文書等毀棄、私用文書等毀棄、建造物等損壊〕、他人の物を損壊し、又は傷害した者は、３年以下の懲役又は30万円以下の罰金若しくは科料に処する。
> **未遂×、予備×、緊逮○、テロ準×、裁判員×、親告罪○**

条文の解説は、窃盗と器物損壊、毀棄隠匿の項目を参照（26頁）。

○　動物の虐待～器物損壊と動物愛護法違反

> ▶▶▷ **アプローチ**
> 　最近、ペットを飼う家庭が増えているが、他人のペットを殺傷した場合と野生の動物を殺傷した場合とで、刑事法において、扱いの違いがあるのだろうか。

■　**モデルケース**

> 　Aは、自宅に野良犬がよく来ることから、これを追い払うのではなく、自宅に罠を仕掛け、罠にかかった犬を多数回にわたって棒で殴打した上で解放し、自宅に来させないようにしようと考えた。
> ①　Aは、罠にかかった犬を多数回にわたって棒で殴打し、同犬に瀕死のけがをさせたが、同犬は近隣の乙が飼養して所有していた犬であった。Aの罪責は何か。
> ②　Aは、罠にかかった犬を多数回にわたって棒で殴打し、同犬に瀕死のけがをさせたが、同犬は野良犬であった。Aの罪責は何か。

ア　結　論

　　いずれも、Aは動物愛護法違反の罪責を負う。

イ　境界のポイント

　　法261条における**器物損壊罪**には、他人の所有する動物を傷害する場合も含む（傷害＝殺傷のほか、他人の飼養する魚を養魚池外に流出させる行為も含む。大判明44.2.27）。他方、動物愛護法には、「愛護動物をみだりに殺し、又は傷つけた者は、５年以下の懲役又は500万円以下の罰金に処する。」という罪が規定され（同法44条１項）、「愛護動物」に該当する牛、馬、豚、犬、猫、鶏など（同法44条４項１号）を殺傷した場合には、この犯罪と器物損壊罪との違

いが問題となる。

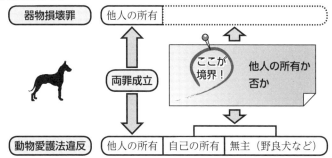

ウ　解　説

　動物愛護法の改正（令和2年6月1日施行）により、**動物愛護法違反の方が器物損壊罪よりも法定刑が重くなった**ことから、まず動物愛護法違反の成否を検討すると、モデルケース①、②とも乙が飼養して所有している犬か野良犬であるかという違いはあるものの、**愛護動物である犬を不必要に多数回にわたって棒で殴打し、けがを負わせ**ており、Aには、**動物愛護法違反**が成立する（東京地判平29.12.12）。

　さらに、モデルケース①において、Aは、乙が飼養して所有する犬を、多数回にわたって棒で殴打しけがを負わせており、**客観的には器物損壊罪にも該当する行為**を行っている。しかし、Aは、乙が飼養して所有する犬を野良犬と誤信しており、つまり、**他人の所有する動物との認識を欠いている**ことになる。そのため、Aは、器物損壊罪の故意を欠くこととなり、**器物損壊罪は成立しない**（なお、犬に首輪がかかっている、その外見が整っている、付近に飼い犬が多いなどの事情があれば、他人の飼養している犬という認識が認められる場合が多く、器物損壊罪の故意が認められよう。）。

　また、他人の飼養する犬にけがをさせた場合でも、器物損壊罪は親告罪であることから、有効な告訴がない場合には同罪で処罰することはできず、結局、動物愛護法違反のみを適用することとなる。

エ　モデルケースの理由・解答

　①及び②において、Aは、**動物愛護法違反**の罪責を負う。

第2章

生命又は身体を害する罪

1 殺　人

■ **法第199条（殺人）**

人を殺した者は、死刑又は無期若しくは５年以上の有期懲役に処する。

未遂〇、予備〇、緊逮〇、テロ準×（組織的な殺人〇）、裁判員〇、親告罪×

犯行の主体	・**被殺者以外の自然人**である。 ・自殺行為者は犯行の主体とならない（大コンメンタール刑法（第二版）10巻254頁）。
犯行の対象	◎**人** 　出生から死亡までの生存自然人をいう。 ・行為者以外の生命のある自然人 ・生命のある自然人であれば、瀕死の病人、生育の見込みのない早産児（大判明43.5.12）、仮死状態で生まれた嬰児、失踪宣告を受けた者も対象となる。

出　生　　犯行の対象＝人　　死　亡

胎児の**一部**でも母体外に**露出**した時（大判大8.12.13）

① **心臓の鼓動**の非可逆的停止
② **自発呼吸**の非可逆的停止
③ **瞳孔拡大**と**対光反射の消失**
を総合して判断（三徴候説、大コンメンタール刑法（第二版）10巻243頁）

	⚠**要注意** 死亡に「**脳死**」が含まれるか否かについては、臓器提供の場合にのみ、脳死を死とするか否かの選択を本人等に委ねたものとする（**相対的脳死説**）。 ⇒一定の条件の下に臓器摘出されることになる者が脳死と判断された場合には、その時点から、臓器移植の関係では、殺人罪の客体とはならない。
行為（実行の着手）	◎**殺　す** ・自然の死期に先立って他人の生命を断絶すること。 ・他人の生命を断絶させる方法は問わない。 　【○該当するもの】 　　・刺殺、斬殺、絞殺、扼殺、撲殺、射殺、毒殺、焼殺、溺殺、ガス殺、鞭殺、餓死させる、凍死させるなど。 　　・心臓疾患のある者に強度の精神的衝撃を与える（大コンメンタール刑法（第二版）10巻255頁）。 ・作為だけでなく**不作為**も含む。 　☞殺人と保護責任者遺棄致死の項目で詳しく（121頁）。 ・殺害者の行為を利用する**間接正犯**の方法も含む。 　【○該当するもの】 　　・追死する意思もないのに、被害者をだまして追死する旨誤信させ、与えた毒物を被害者が飲んで死亡した場合（最判昭33.11.21）。 　　・被害者を河川堤防上に連行し、脅迫しながら護岸際まで追い詰め、川に転落させるしかない状況にさせて溺死させた場合（最決昭59.3.27）。 ・殺人行為に該当するためには、その行為自体に、被害者の**死の結果を惹起させ得る危険性**を有していなければならない。 　|危険性の判断は？| 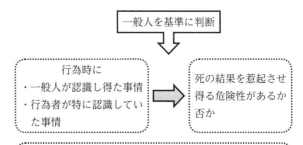

【●該当しないもの】
・人を殺害する目的で、「丑の刻詣り」をする場合
・人を殺害する目的で、わら人形を作って釘を打ち付ける場合
・人を殺害する目的で、**硫黄**の粉末を飲食物の中に混入して被害者に飲食させた場合（大判大６．９．10）
　⇒硫黄の刺激臭から、一般的に飲食する可能性が極めて低く、飲食により死亡する危険性がない旨判断（**限界的**な判断）

【〇該当するもの】
・人を殺害する目的で、鯖の味噌煮に**ストリキニーネ**を混入した場合（最判昭26．７．17）
　⇒苦みを呈しても、一般的に食べる人がいないとは断定できず、食べて死亡に至る危険性があると判断
・人を殺害する目的で、**致死量以下の空気**を静脈に注射した場合（最判昭37．３．23）
　⇒一般的に、被害者の身体的条件やその他の事情によっては、死の危険性があると判断
・人を殺害する目的で、警察官から奪った拳銃を人に向けて引き金を引いたが、たまたま弾丸が装塡されていなかった場合（福岡高判昭28．11．10）
　⇒一般人の視点では、拳銃を人に向かって発射させる行為には、射殺の危険性が認められると判断

◎実行の着手時期
・実行の着手時期は、行為者が、殺意をもって、**他人の生命に対する現実的危険性のある行為を開始した時**である（条解刑法（第３版）585頁）。
・被害者に銃の狙いを定めた時、被害者に刀を振りかざした時には、実行の着手が認められる（条解刑法（第３版）585頁）。

結果（既遂）	**◎殺人の実行行為と死亡との間の因果関係** 　実行行為がなければ死亡しなかったという**条件関係**があれば、その途中で結果発生に特異な事情や予想外の事情が関係しても、おおむね因果関係を肯定できる（条解刑法（第３版）575頁参照）。 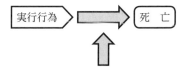 **【〇因果関係が肯定された例】** ・チフス菌を塗った菓子を被害者に食べさせた⇒被害者が虚弱体質で細菌に対する抵抗力が弱く、死亡した場合（大判昭15．６．27）。 ・小刀で被害者の後頭部を刺す⇒被害者が老衰虚弱のため、ショック死した場合（大判大14．７．３）

	◎既遂時期 　　既遂時期は、死亡時である。
故　意	◎殺　意 ・殺意は、確定的はもちろん、**未必的**でも、条件付き（最決昭56.12. 　21など）でも、概括的（大判大6.11.9）でもよい。 ・殺意の認定 　☞殺人と傷害致死の項目で詳しく（131頁）。
他罪との関係	◎殺人予備、殺人未遂と殺人 　　同一人に対し、一連の殺意に基づく殺人予備、殺人未遂は、殺人既 　遂に**吸収**される（条解刑法（第3版）577頁）。 ◎器物損壊と殺人 　　被害者を包丁で刺すことにより、その衣服を裂いて被害者を死亡さ 　せた場合、器物損壊は殺人に**吸収**される（条解刑法（第3版）577頁）。 ◎住居侵入と殺人 　　被害者を殺害するため、被害者宅に侵入して殺害した場合、住居侵 　入罪と殺人罪は**牽連犯**となる（大判昭5.1.27）。 ◎死体遺棄と殺人 　　被害者を殺害し、その死体を遺棄した場合、死体遺棄罪と殺人罪は 　**併合罪**となる（大判昭11.1.29など）。 ◎銃砲刀剣類所持等取締法違反と殺人 　　自宅から包丁を持ち出し、被害者を包丁で刺殺した場合、銃砲刀剣 　類所持等取締法違反と殺人罪は**併合罪**となる（最判昭26.2.27）。

1　ひき逃げの結果、死亡した場合〜殺人と保護責任者遺棄致死

▶▶▶ アプローチ

　交通事故を起こし、被害者が負傷したことを認識しつつ、その場から立ち去る
と自動車運転過失致傷罪のほか道路交通法違反（負傷者救護義務違反等）が成立
する。さらに、被害者を病院に連れていこうと思い、被害者を自車に乗せたが、
事故の発覚を恐れて病院には向かわず、必要な救護をしないまま被害者を途中で
降ろして逃走し、その結果、被害者が死亡した場合、このように必要な救護をし
ない不作為は、不作為の殺人罪と保護責任者遺棄致死罪の適用が考えられる。

　必要な救護をしないで逃走したとき、死亡に至る現実的危険性があるかにより判断することとなるが、この機会に不作為犯の理解を深めていただきたい。

⑴　モデルケース

　Aは、自動車を運転中（飲酒運転）、過失で甲をはね、甲を路上に転倒させた。甲は頭から血を流して立つことができず、Aは、救急車を呼ぶよりも、自車で病院に連れていく方が早いと思い、甲を自車に乗せた。

　しかし、Aは、病院に向かう途中、自分の飲酒運転が発覚するのを恐れ、甲を自車から降ろすことを考え、それから約1時間かけて、甲に必要な救護を何らしないまま甲を降ろす場所を探し、甲を自車から降ろした。やがて、甲は、通りかかった車の運転者に発見されたが、既に死亡していた。

①　Aが甲を降ろした時間は真冬の午前7時頃で、場所は街中で通勤する車がよく通る場所であった。Aが甲を降ろすまでの間、甲の意識に変化はなかった。Aの罪責は何か。

②　Aが甲を降ろした時間は真冬の午後11時頃で、場所は山中で人や車がめったに通らない場所であった。Aが甲を降ろすまでの間、甲は意識がなくなっており、Aは場所の状況や甲の状態を認識していた。Aの罪責は何か。

ア　結　論

　①において、Aは保護責任者遺棄致死罪の罪責を負う（最判昭34.7.24）。

　②において、Aは殺人罪の罪責を負う（横浜地判昭37.5.30）。

イ　境界のポイント

　交通事故を起こし、相手方を負傷させたが、そのまま救護等をせずにその場を立ち去った場合、自動車運転過失致傷罪のほか道路交通法違反（救護措置義務違反等）が成立する。さらに、自己の交通事故の事実を隠蔽するなどのため、相手方を自車に乗せて、必要な救護をせず、他の場所に降ろして死亡させた場合、**不作為による殺人罪と保護責任者遺棄致死罪の成立**が考えられる。両者の違いは、①**不作為が作為による殺人行為と同視できる程度に死亡の結果を生じさせる具体的危険性**を有していたか、②殺意に基づくものかの点にある。

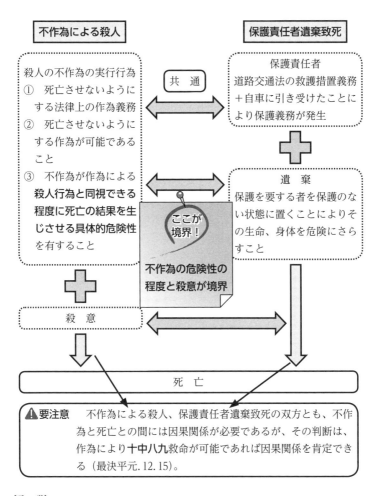

ウ 解 説

　モデルケースの①、②において、Ａは、交通事故を起こし、甲に頭から血を流して立つことができない程度のけがを負わせ、さらに、自車に甲を乗せ、Ａ以外の者が甲を救護することができない状態にさせていることから（＝逆にいえば、現実的に救護できるのはＡのみである）、Ａは、甲を死亡させないようにする**法律上の作為義務**を負うとともに、負傷した甲の**保護責任者**となる。Ａが甲を救護することが可能であることは問題がない。そして、Ａの必要な救護をせずに甲を降ろして立ち去った不作為が殺人の実行行為となるためには、保護責任者遺棄致死罪における「保護を要する者を保護のない状態に置くことによりその生命、身体を危険にさらす」遺棄を超えて、不作為が作為による**殺人**

行為と同視できる程度に死亡の結果を生じさせる具体的危険性**を有することが必要である。

　さらに、不作為による殺人が成立するためには殺意が必要であるが、保護責任者遺棄致死罪に殺意は不要である。

エ　モデルケースの理由・解答

　①において、Aは、甲を車に乗せた時と甲の状態が変わらず意識がある状態で、真冬とはいえ朝の時期に、街中で通勤する車がよく通る場所に甲を降ろして立ち去っており、甲に与える身体的な影響の程度や他の者に救護される可能性がある状況にあったことに照らせば、Aの必要な救護をせずに立ち去った不作為は、**殺人行為と同視できる程度に死亡の結果を生じさせる具体的危険性**を有しておらず、さらに、殺意を認めることも困難である。よって、Aは、保護責任者遺棄致死罪の罪責を負う。

　他方、②において、Aは、甲を車に乗せた時と甲の状態が悪化した状態で、真冬の深夜の時期に、人や車がめったに通らない山中に甲を降ろして立ち去っており、状況が悪化している甲に与える身体的な影響の程度や他の者に救護される可能性が極めて少ない状況にあったことに照らせば、Aの必要な救護をせずに立ち去った不作為は、**殺人行為と同視できる程度に死亡の結果を生じさせる具体的危険性**を有しており、さらに、殺意を認めることもできる。よって、Aは、殺人罪の罪責を負う。

【①について】

【②について】

(2) 境界型の事例における判断 より深く

更に境界！ ●*Case* 人通りのない道路脇のくぼみに放置した●
場合

　Aは、真冬の午後11時頃、自動車を運転中、歩行者甲をはね、左大腿骨骨折の傷害を負わせた。Aは、甲を病院に運ぶため甲を自車に乗せたが、やがて、甲は息をしているものの意識障害を起こして呼びかけにも反応しなくなったことから、Aは、事故の発覚を恐れ、人通りの少ない場所に甲を置き去りにして逃げようと思い、事故現場から約3km離れた人や車の通りの少ない道路脇のくぼみに甲を置き、その場から逃走した。その際、甲はぐったりしており、くぼみに置いた時も全く反応していなかった。それから約3時間後、甲は偶然通りかかった人に救出され、一命は取りとめた。Aの罪責は何か。

【結論】　Aは、自動車運転過失致傷罪、救護措置義務違反等（道路交通法）のほか、殺人未遂罪の罪責を負う（東京高判昭46.3.4。両者は併合罪）。

【理由】　Aは、交通事故を起こして甲を自車に乗せており、不作為による殺人未遂罪における作為義務と保護責任者遺棄罪における保護責任者のいずれにも該当する。

　　　　そこで、Aが甲に対して必要な救護をせずに立ち去った不作為が、殺人行為と同視できる程度に死亡の結果を生じさせる具体的危険性を有しているのかを検討すると、甲は、真冬の午後11時過ぎに交通事故に遭い、左大腿骨骨折のため身動きが取れず、さらに、意識障害を起こした状態で、人や車の通りが少ない道路脇で、しかも、人目につきにくいくぼ地に置かれて立ち去られており、よって、Aが甲に対して必要な救護をせずに立ち去った不作為は、**殺人行為と同視できる程度に死亡の結果を生じさせる具体的危険性**を有しており、殺人の不作為の実行行為といえる。

　　　　そして、Aは、あえて人目につかないような場所を選んで甲をくぼ地に置き去りにし、甲が無反応であり身体に与える影響が悪化していることを認識していたのであるから、少なくとも**未必的な殺意**を認めることができる。

　　　　したがって、Aは、自動車運転過失致傷罪、救護措置義務違反等（道路交通法）のほか、**殺人未遂罪**の罪責を負う。

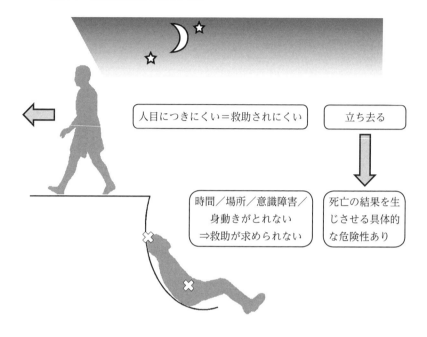

2　育児放棄（いわゆるネグレクト）の場合 〜殺人と保護責任者遺棄致死

> ▶▶▶ アプローチ
>
> 　最近、親による子に対する虐待が社会問題化している。虐待の大半は、子に対する親の暴力であり、暴力により子がけがをした場合は傷害罪、傷害が原因で子が死亡した場合は傷害致死罪が適用される。また、暴力は振るわないものの子に対して必要な育児（＝保護）をしない育児放棄の類型も見られる。
>
> 　育児放棄の場合、必要な育児をしないという不作為が問題となり、一般的には保護責任者遺棄罪（死亡した場合は同致死罪）が成立し得るが、さらに進んで、子の生命に具体的危険性が生じ、かつ、殺意が認められる場合は、殺人未遂罪（死亡した場合は殺人罪）が成立し得る。育児放棄により子が死亡した場合、殺人罪が適用できるのはどのような場合なのか検討していく。

⑴　**モデルケース**

> ①　Aは、夫Bと長男甲（2歳）と同居していた。Aは、育児ノイローゼとなり、Bが育児に協力しないことから育児に嫌気がさし、甲に十分な食事を与えないようになった。そのため、甲は栄養失調状態に陥り、動きも鈍くなっていったが、それでも、Aは、甲に食事を与えず、医師の診断を受けさせないままにした。
>
> 　その結果、甲は、動きが鈍くなってから4日後に、栄養失調により衰弱死した。その間、Bは、日中は会社に勤務していたが、帰宅後は見て見ぬふりをしていた。Aの罪責は何か。
>
> ②　Aは、長男甲（3歳）と同居していたが、交際中の男性との交際を優先させるため、ごく少量の食べ物を甲に与えた上、台所に行っていたずらをしないようにするため、甲のいるリビングの扉に粘着テープを貼り、さらに、玄関の鍵をかけて外出するようになった。そのため、甲は無表情になるなど衰弱していた。
>
> 　Aは、交際中の男性と旅行に行くなどするため、かねて置いていた2、3食分の食料を確認し、粘着テープを貼るなどして出かけた。その際、冷蔵庫には食料はなく、空調設備もなかった。そして、Aは約50日間帰宅しなかったが、その間、甲は脱水を伴う低栄養による飢餓により死亡した。Aの罪責は何か。

　ア　結　論

　　　①において、Aは保護責任者遺棄致死罪の罪責を負う（神戸地判平14.6.21）。

　　　②において、Aは殺人罪の罪責を負う（大阪地判平24.3.16）。

　イ　境界のポイント

　　　ひき逃げの結果、死亡した場合の項目のとおり（121頁）、育児放棄という不作為の結果、子が死亡した場合に、殺人罪が成立するか保護責任者遺棄致死罪が成立するのかは、**①不作為が作為による殺人行為と同視できる程度に死亡の結果を生じさせる具体的危険性**を有していたか、**②殺意に基づくもの**かの点にある。

　ウ　解　説

　　　育児放棄の場合に、①不作為が作為による殺人行為と同視できる程度に死亡の結果を生じさせる具体的危険性を有していたか否かは、以下の点に留意すべきである。

① **子の年齢**

⇒子の食事や水分補給などの生命維持活動を親に全面的に依存している**嬰児**などは、食事などを与えない不作為が死に直結するため、殺人行為と同視できる（大判大4.2.10。生後2週間の女児など）。

② **不作為開始時の子の発育状況、衰弱の程度**

⇒子が自力で食事や水分補給ができない発育状況である場合や、一般的には自力で食事ができる場合でも、衰弱の程度が甚だしく、親の補助などが必要な場合は、殺人行為と同視する積極要素となる（死亡事案では、医師の鑑定的意見が必要となろう。）。

③ **子に対して行った保護の程度**

⇒子に対して準備した食事などの内容や程度、子と同居しているか長期間置き去りにしたか否か、子を置き去りにしても他の保護者に様子を見に行ってもらうなどの保護手段の構築の内容や程度であり、このような保護を一切していない場合、又は、極めて不十分な場合は、殺人行為と同視する積極要素となる。

④ **子が救助を求める手段の遮断**

⇒子が自力で生活することができる状況を遮断する行為は、子の生命に対する具体的危険性を積極的に高めるものであり、殺人行為と同視できる要素となる。

　さらに、②殺意の認定に当たっては、以上の要素に対する認識があるか否かがポイントになるが、子が死亡しても構わないという認容を認定するに当たっては、親と子という情愛関係にある以上、具体的危険性の程度はもちろん、ある程度積極的な要素、例えば、前記④の子が救助を求める手段を**遮断**する、あるいは、死亡しても構わないと思うに至る積極的な**動機**が必要となる場合が多い。

☞殺意の認定の項目において詳しく（131頁）。

エ　モデルケースの理由・解答

　①において、甲は2歳であり自力で飲食は可能な年齢ではあるが、栄養失調状態に陥り、動きも鈍くなっていた。さらに、AはBと同居しているが、Bは見て見ぬふりをして必要な保護をしておらず、その意味では、Aのほか甲以外に同居者がいない状況と変わらなかった。そのような状況で、Aは、甲に食事を与えず、医師の診断を受けさせないままにしており、**Aの不作為は甲の生命に具体的危険性をもたらすもの**といえる。

　そして、Aは、このような状況を認識していたものであるが、甲が救助されることを遮断するような行為に及んでいない上、甲が死亡しても構わないと思

うに至る積極的な動機が見当たらない状況に照らすと、**Aの殺意を認定するの
は困難**であり、Aには、**保護責任者遺棄致死罪**が成立する。

　②において、甲は3歳であり自力で飲食は可能な年齢ではあるが、無表情に
なるなど衰弱が進んでいた。それにもかかわらず、Aは、かねて置いていた2、
3食分の食料しか用意せず、甲がリビング以外に行けない状態にさせた上、冷
蔵庫に食料はなく、空調設備もない中、約50日間置き去りにしていたのであり、
Aの不作為は甲の生命に具体的危険性をもたらし、その程度は相当高いといえ
る。

　そして、Aは、このような状況を認識していたものであるが、さらに、甲を
リビング以外に出ることができないようにして甲の救助を遮断させる行為に及
び、さらに、交際中の男性との交際を優先させるという動機に基づき、2、3
食分の用意しかない中、約50日間の長期間にわたって甲を放置していたのであ
るから、甲が死亡しても構わないという**Aの殺意**を認定することもでき、Aに
は、**殺人罪**が成立する。

殺意は？
⇒親子関係であることから、死亡の認容を認定する
　には、遮断行為や動機が必要
⇒①はなし、②は具体的危険性の程度が相当高い、
　遮断行為がある

①、②とも生命に
具体的危険性をも
たらす不作為

(2) 境界型の事例における判断

●*Case 1*　ドアに鍵をかけて約1か月間、3歳児●
などを放置した場合

　Aは、長男甲（3歳）と次男乙（1歳）と同居していたが、交際中の男性との
交際を優先させるため、甲や乙を放置して出かけるようになった。Aは、交際
中の男性との婚姻をするためには甲や乙が邪魔だと考え、絞殺などするよりは餓死
させる方が残忍でないと思い、甲にわずかな食料を残した上、ドアに鍵をかけて
出かけ、約1か月間放置した。その間、甲は衰弱したが、生命に危険が生じる程
度には至っていなかったが、乙は脱水、栄養不良による飢餓、低体温により死亡
した。Aの罪責は何か。

【結論】　Aは、甲に対しては保護責任者遺棄罪、乙に対しては殺人罪の罪責を負
　　　　う（札幌地裁室蘭支判平19.12.17。両者は観念的競合）。

【理由】　甲に対する関係では、Aは、甲にわずかな食料を残した上、ドアに鍵を
かけて出かけ、約1か月間放置し、その結果、甲が衰弱したが、生命に危
険が生じる程度に至っていなかったため、Aの不作為は、殺人の実行行為
とは評価できず、殺人未遂罪ではなく**保護責任者遺棄罪**にとどまる。

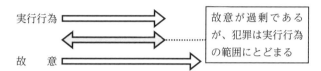

　　他方、乙に対する関係では、乙は1歳で食事などにはAの補助が必要で
あるにもかかわらず（甲が同居しているが、甲は3歳であり、1歳児の生
命維持に必要な生活行為一切を行うことは期待できない）、Aは、乙の食
料は一切置かずに、さらに、外出できないようにドアに鍵をかけた上、約
1か月間置き去りにしていたのであり、**Aの不作為は乙の生命に具体的危
険性をもたらし、その程度は相当高い**といえる。

　　そして、Aは、このような状況を認識していたものであるが、さらに、
外出できないようにドアに鍵をかけた上、乙らを邪魔に思ったという動機
に基づき、乙を前記のとおり放置していたのであるから、乙が死亡しても構
わないという**Aの殺意**を認定することができ、Aには、**殺人罪**が成立する。

**更に
境界！**　●*Case 2*　同居する中学生の長女に3歳の次女の●
　　　　　　　　　世話を任せた場合

　Aは、長女甲（14歳）及び次女乙（3歳）と同居していたが、乙は異常挙動が
目立つようになり、あまり食事も進まなかったため、栄養失調を伴う発育不良状
態になったが、Aは特に医師の診察を受けさせることはしなかった。Aは、母国
に一時帰国するため、特に乙の食事の準備などはせずにその世話を甲に任せ、ま
た、置き去りにしていくことをとがめられないようにするため、よく食料などを
届けにきていた知人丙に乙を置き去りにしていくことを他言しないように甲に対
して言い、約3週間、母国に一時帰国した。その間、乙は、飢餓により死亡し
た。Aの罪責は何か。

【結論】　Aは、保護責任者遺棄致死罪の罪責を負う（前橋地判平26.2.6）。

【理由】　乙は3歳であり自力で飲食は可能な年齢ではあるが、栄養失調を伴う発
育不良状態に陥っていた。また、知人丙に乙を置き去りにしていくことを

他言しないように甲に話していることから救出を遮断しているとも評価できる。しかし、Aは、中学生である長女甲に妹に当たる乙の世話を頼んでおり、甲が登校しているときには世話をすることは困難なものの、不十分ながらも乙の世話をすることが可能であったことから、**Aの不作為は乙の生命に具体的危険性をもたらすものとはいえない**。さらに、中学生である姉が妹の世話をある程度行うことは合理的に期待できることからも、**殺意を認定することも困難**である。よって、Aには、**保護責任者遺棄致死罪**が成立する。

3 殺意の認定〜殺人と傷害致死

▶▶▷▷ **アプローチ**

　殺人事件では、よく殺意の有無が問題となる。実態として、人を殺害するときに、「殺してやる」と思いながら殺害行為に及ぶ場合もあれば、無我夢中のまま殺害行為に及ぶ場合もある。もし、無我夢中のまま殺害行為に及んだ場合、殺意なしとすることは、殺意の認定が行為者の内心の供述のみに依拠することとなり、自白者との間に不均衡が生じる。

　そもそも、内心は行動などに表れることから、内心は客観的な行動などから認定するのが妥当であり、殺意もこのように客観的な事柄から認定することとなる。その手法を理解していただきたい。

(1) **モデルケース**

　Aは、長年にわたって交際していた甲女から乙と結婚するので別れてほしいと言われ、乙に対して激しい憎悪を抱いた。
① 　Aは、持っていたバットで乙の頭部や顔面、腹部を十数回にわたって殴打し、そのため、乙は、脳挫滅などにより死亡した。Aは、乙を殺害するつもりはなかった旨弁解している。Aの罪責は何か。
② 　Aは、手拳で乙の頭部や顔面、腹部を十数回にわたって殴打したところ、乙は、その場に倒れて頭部を打った。そのため、乙は脳挫傷などにより死亡した。Aは、乙を殺害するつもりはなかった旨弁解している。Aの罪責は何か。

ア **結 論**

　①において、Aは殺人罪の罪責を負う（最判昭25.10.17など）。
　②において、Aは傷害致死罪の罪責を負う。

イ　境界のポイント

殺人罪と傷害致死罪は、人に暴行を加えて死亡させる点では共通するが、**殺意を有していたか否か**が分かれ目となる。

殺意の認定に当たっては、本来内心の問題であるが、内心は行動などの客観面に表れることから、**客観的な事情に基づき認定**していくこととなる。

つまり、人の行動に即していえば、**人が死ぬ危険性の高い行為をそのような行為であると分かって行ったか否かを客観的な事情に基づいて認定**していくこととなる（難解な法律概念と裁判員裁判18頁）。

ウ　解　説

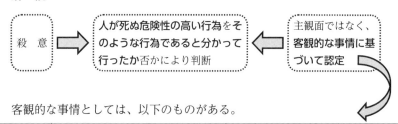

客観的な事情としては、以下のものがある。

創傷の部位	創傷の部位が、①胸部（特に心臓部）、②頭部、③顔面、④腹部、⑤頸部などにあれば、これらの部位は、**人体の枢要部**（その損傷が生命に影響を大きく与える部分）であるから、殺意を認定する要素となる。	左記の部位に傷があれば、人が死ぬ危険性の高い行為をその旨認識して行ったと認めやすいが、行為者が、**その部位を認識しないで傷を生じさせた場合は、消極要素となる**（足を狙って刺したが、被害者がたまたま倒れ込み、胸に刺さったような場合）。
創傷の程度	**加えられた攻撃の程度やその回数の大小**で、その程度や回数が大きければ殺意を認定する要素となる。	例えば、刺殺の場合で、**刺された箇所が多数**になればなるほど、攻撃の回数は多く、また、**刺された傷の長さ**が10cmを超え、刃物の刃体と比較してその割合が高い場合（刃体の長さが12cmの刃物で10cmの傷がある場合は、刃体のほとんど全体を体に突き入れるほど強い力で刺している）は、その攻撃の程度は強く、人が死ぬ危険性の高い行為をその旨認識して行ったと認めやすくなる。

凶器の種類	◎刺　殺
	⇒一般的に、日本刀、肉切り包丁、あいくちなど、**先端のとがった刃体又は刃渡り約10㎝以上の刃物**は相手に致命傷を負わせるに足りるものとされている。

◎刺　殺
⇒一般的に、日本刀、肉切り包丁、あいくちなど、**先端のとがった刃体又は刃渡り約10㎝以上の刃物**は相手に致命傷を負わせるに足りるものとされている。
⇒他方、小型の果物ナイフ、安全カミソリ、小鋏などは殺意の認定に消極的な要素となる（ただし、用法によっては、殺意を認定することも可能）。

◎絞　殺
⇒手や紐が凶器となるが、**絞殺は相手方を直接窒息させる行為**であり、行為自体が殺意の積極要素となる。

◎射　殺
⇒銃砲自体の殺傷力の高さから、**銃砲の使用自体が殺意の積極要素**となる。
⇒例外的に、非常に遠距離から発射した場合、射撃の経験の高いものが、極めて至近距離から人体の枢要部以外をねらって発射した場合は、殺意の消極要素となる。

◎毒　殺
⇒例えば、青酸カリなど**致死性の高い化学薬品を使用**することは、その使用自体が殺意の積極要素となる。
⇒さらに、睡眠薬などは致死性が低いものの、その服薬量や相手方の健康状態、服薬時の状況（空腹時など）によっては、殺意の積極要素となる。

◎撲　殺
⇒撲殺において、金属製品、石、煉瓦など**相応の大きさ、重量、硬度があり、これを使用する場合**は、その使用自体が殺意の積極要素となる。
⇒他方、撲殺に使用するものが板切れなど小さく、**重量や硬度もあまりないものや手拳である場合は、その危険性の程度から、殺意の消極要素**となる。

◎自動車の利用
⇒**歩行者や二輪車に乗車した人**に対し、**意図的に、相当の速度で衝突や接触をさせる場合**は、その危険性の高さから、殺意の積極要素となる（大型車にて時速47㎞で衝突した場合、普通車にて時速90㎞で衝突した場合に、それぞれ殺意が認められている。大津地判昭39.9.8、大

	阪高判昭46.3.31)。 ⇒**車の外部につかまっている人を振り落とす場合**は、落下した場合の身体の強打の状況、自車や後続車、対向車に轢過される危険性を判断することとなり、**速度、走行距離、蛇行や急制動の有無、路面の状況、交通量の程度、自車の構造（つかまりやすい構造か）、被害者の姿勢**を考慮することとなる。	
凶器の用法	**力を込め、又は、繰り返し凶器を使用した場合**は、殺意を認定する要素となる。	前記凶器の使用状況、使用回数のほか、相手方が抗拒不能になっているにもかかわらず、あえて攻撃を繰り返す場合は、人が死ぬ危険性の高い行為をその旨認識して行ったと認めやすくなる。
動機の有無	殺意は、日常的に抱くものではないことから、殺意を抱くに至る合理的な理由、つまり、**動機に基づいて発生**することが多く、その客観的な行動経過から認定することは殺意の認定の要素となる（ただし、激昂して瞬時に殺意を抱く場合もあり、動機は絶対的なものではない。）。 【認定に当たって考慮する事情】 ・行為者と被害者との行為前後の行動状況（挑発行為やトラブルの有無、内容など） ・両者の性格（激昂型かなど） ・両者の知己の程度、交際関係	
犯行後の行動	犯行後、**そのまま被害者を置き去りにする場合**は、死亡の結果発生に沿う行動であり、殺意の認定の要素となるが、逆に、**被害者に救命措置を講じる場合**は、死亡の結果を阻止する行動であり、殺意の認定の消極要素となる。	ただし、救命措置を講じた場合でも、激昂して瞬時に殺意が発生したが、行為後に我に返り、救命措置を講じることはあり得ることから、**殺意と救命措置は完全に矛盾するものではない**。
その他	・行為中に、**「殺してやる」**などと叫ぶことは、攻撃意欲の強さを示すものであり、殺意の認定の要素となるが、単なる脅し文句の場合もあり、絶対的な要素ではない。 ・**行為者の酩酊の程度が高い場合**や、**知能程度が相当程度低い場合**は、自己の行為の意味を理解しにくい状況にあり、殺意の認定は慎重に行う必要がある。	

エ　モデルケースの理由・解答

　①において、Aは、乙に対し、頭部や顔面、腹部という人体の枢要部に対し**（＝創傷の部位）**、十数回にわたってバットで殴打し**（＝凶器の種類、用法）**、

その結果、乙に脳挫滅の結果を生じさせ（＝創傷の程度）、これに基づき乙を死亡させているが、加えて、乙に対し激しい憎悪を抱いており（＝動機）、以上の点から、Aは、**人が死ぬ危険性の高い行為をそのような行為であると分かって行った**、つまり、**殺意を認定**することができ、Aは、**殺人罪**の罪責を負う。

　他方、②において、Aは、乙に対し、頭部や顔面、腹部という人体の枢要部に対し、十数回にわたって攻撃し、その結果、乙に脳挫傷の結果を生じさせて乙を死亡させており、また、動機を有しており、以上の事情は①と同様である。しかし、②において、Aの攻撃の方法は手拳であり、手拳による攻撃は凶器の使用よりも攻撃の程度は弱くなり、例えば格闘家のように手拳による攻撃が相当強度になるような例外的な場合を除いて、一般的に手拳による攻撃から死亡結果が生じることは意外なもの、つまり、それ自体の死亡に至る危険性は低くなる。

　以上の点から、Aは、**人が死ぬ危険性の高い行為をそのような行為であると分かって行った**、つまり、**殺意を認定することは困難**であり、Aは、**傷害致死罪**の罪責を負う。

①　　　　　　　　　　　　　　　②

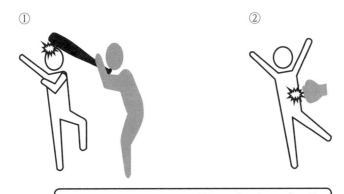

一般的に死亡結果が生じる危険性は、①は高いが②は低い

2　傷　害

■　**法第204条（傷害）**
　人の身体を傷害した者は、15年以下の懲役又は50万円以下の罰金に処する。

未遂×、予備×、緊逮○、テロ準○、裁判員×、親告罪×

犯行の主体	特に制限はなく、誰でも行える。
犯行の対象	◎人 ・行為者本人を除く「**身体**」を有する自然人をいう（大コンメンタール刑法（第二版）10巻381頁）。 ・法人その他の団体は含まれない。 ・**自傷行為は対象とならない。** ・「人」の意味は、殺人と同じ。 　☞殺人の項目を参照（118頁） ・胎児は、出生前であり、犯行の対象とならない。 例外的な場合〜水俣病の事案 胎児に病変＝母体の一部に傷害　出生　人　死亡＝病変に基づく　病変状態 　特殊な事案であるが、病変を発生させた過失行為時に、対象は胎児であり、人を対象とする業務上過失致傷罪は適用できないが、母体（人）の一部に傷害を負わせ、その胎児が出生して人となり、人に病変状態が残存し、その病変に基づき人が死亡した場合は、「**人**」**に病変を発生させて死亡させた**として、病変を発生させた過失行為を捉えて、業務上過失致死罪を認めた事案である（最決昭63.2.29）
行　為	◎**傷害する** 　人の生理機能に障害を与えること、又は、人の健康状態を不良に変更すること（最判昭24.7.7など）。

【〇該当するもの】

- ・皮膚の表皮を剥離する（大判大11.12.16）。
- ・中毒症状にしてめまい、おう吐をさせる（大判昭8.6.5）。
- ・病菌を感染させる（最判昭27.6.6）。
- ・眼の充血、その周辺の腫脹（大判昭8.12.16）
- ・陰毛の毛根からの脱取（大阪高判昭29.5.31）
- ・胸部の疼痛（最決昭32.4.23）
- ・処女膜の裂傷（大判大3.7.4）
- ・ＰＴＳＤ（心的外傷後ストレス症候群）

> **⚠要注意**
> 　ＰＴＳＤにつき、被害者の心理的症状が治療を必要とする
> ものではなかったことなどを理由に否定した例もあり（福岡
> 高判平12.5.9）、一時的な精神的苦痛やストレスを感じた
> という程度を超えて、**医学的な診断基準において求められる**
> **特徴的な精神症状が継続して発現**することが必要である（最
> 決平24.7.24）。

【●該当しないもの】

- ・一時的な人事不省（約30分間。大判大15.7.20）
- **⚠要注意**　失神自体も生理機能の侵害であり、その時間帯によって
  は傷害に該当し得る。

◎傷害の方法

- ・暴行による方法と暴行によらない方法がある。
- ・暴行又は暴行によらない方法による行為と傷害結果との間には**因果**
  関係が必要

◎暴行による傷害

- ・暴行とは、**人の身体に対する有形力の行使**（条解刑法（第3版）589
  頁）
- ・典型的には、殴打や足蹴などであるが、その意味は暴行の項目を参
  照（142頁）。

◎暴行によらない傷害

【〇該当するもの】

- ・性病に罹患している者が不同意性交行為によって**性病を感染**させる場
  合（最判昭27.6.6）
- ・無言電話や嫌がらせの電話で人を極度に畏怖させて**精神衰弱症を負わ**
  せた場合（東京地判昭54.8.10）
- ・自宅から隣家に向けてラジオの音声や目覚まし時計のアラーム音を鳴
  らし続け、精神的ストレスから、**睡眠障害等を負わせた**場合（最決平

	17. 3. 29） ・社会的に許容された態様・量を明らかに超えた飲酒をさせ、**急性アルコール中毒による心肺停止に陥らせた**場合（東京高判平21. 11. 18） ・睡眠薬を飲ませて数時間にわたり意識障害や筋弛緩作用を伴う**急性薬物中毒症状を生じさせた**場合（最決平24. 1. 30）
故　意	◎暴行による傷害と暴行によらない傷害で取扱いが異なる。 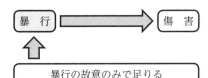 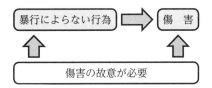 傷害の故意で人を殴ったが（＝暴行）、けがをしなかった場合、傷害罪の未遂となるが、未遂処罰がないため、暴行罪にとどまる
被害者の同意	◎被害者の同意 ・傷害を負わされることにつき被害者の承諾がある場合、原則として、法により身体を守られるべき被害者本人が傷害という不利益を受けることを承諾していることから、違法性が阻却される。 ・しかし、被害者が承諾をした動機、傷害の手段や方法、身体損傷の部位や程度などの事情を考慮し、公序良俗に反し、又は、**社会的に相当でない場合**には、違法性が阻却されない（最決昭55. 11. 13）。 【○違法性が阻却されないもの】 ・暴力団員によるいわゆる「エンコづめ」 ・保険金を詐取する目的で、被害者の運転する車両に自車を故意に衝突させて被害者に傷害を負わせた場合（最決昭55. 11. 13） ・性交渉の際、相手方の同意を得て、寝巻の紐などでその頸部を強く締め付けるなどの過度のサドマゾ行為をして相手方を窒息死させた場合（東京高判昭52. 11. 29）
他罪との関係	◎**傷害致死**（法205） ・人を傷害して死亡させた場合、傷害致死として、3年以上の有期懲

役となる。
・暴行⇒傷害⇒死亡の場合、暴行の故意があれば、傷害の故意がなくとも傷害致死が成立する（最判昭25.11.9）。
・暴行によらない傷害⇒死亡の場合、傷害の故意が必要

◎公務執行妨害と傷害

　公務執行中の警察官に暴行を加えて傷害を負わせた場合、公務執行妨害罪と傷害罪との**観念的競合**となる（大判明42.7.1）。

◎恐喝罪と傷害

　暴行を加えて、相手方を畏怖させて財物を奪い、その暴行により傷害を負わせた場合、恐喝罪と傷害罪との**観念的競合**となる（最判昭23.7.29）。

◎暴処法違反（共同暴行）と傷害

　多数で共謀して相手方に暴行を加えて傷害を負わせた場合、暴力行為等処罰ニ関スル法律違反（共同暴行）は傷害に**吸収**される（最決昭32.12.26）。

○　一定の粗暴前科を有する者の傷害
～傷害と常習傷害（暴処法違反）

▶▶▶ **アプローチ**
　傷害事件が発生し、被疑者を現行犯逮捕したが、暴行や傷害の前科が多数あり、自らもけんかっ早い性格を自認している。このような場合、傷害罪ではなく他の犯罪が成立するのだろうか。
　ここでは、暴力行為等処罰ニ関スル法律の常習傷害罪を紹介する。

■　**モデルケース**

　Aは、最近の10年間に10回にわたって、酒に酔った上で相手方に絡んだ上での暴行罪、傷害罪、器物損壊罪、威力業務妨害罪で処罰されたが、出所して約1年4か月後に、再度、酒に酔った上で相手方に絡み暴行を加えて傷害を負わせた。Aの罪責は何か。

　ア　結　論
　　Aは常習傷害罪の罪責を負う（東京高判昭40.6.25など）。

イ　境界のポイント

　　常習として傷害罪、暴行罪、脅迫罪又は器物損壊罪を犯した者が、人を傷害させた場合（傷害罪だけを犯した場合と、傷害罪＋暴行罪、脅迫罪、器物損壊罪のいずれかを犯した場合も含む。）は、1年以上15年以下の懲役に処し、**傷害に至らず暴行にとどまった場合（傷害罪を含まず、暴行罪、脅迫罪、器物損壊罪のいずれかを犯した場合）**は、3月以上5年以下の懲役に処すという常習傷害罪（暴処法1条の3）があり、傷害罪等の常習犯に対しては、法定刑が刑法よりも加重されている。

　　常習傷害罪が成立する場合には、刑法上の傷害罪は成立しないことから、**常習性の有無**がポイントとなる。

ウ　解　説

　　常習傷害罪が成立するためには、①**暴力行為の常習性**があり、かつ、②**本件の行為が暴力行為の常習性の発現として行われたもの**でなくてはならない。

　　そして、これらの要件の判断に当たっては、**行為者の性格や素行、行為の動機、種類、態様、各種暴力行為の反復回数などを考慮する**こととなるが、その考慮に当たって基礎となる**有力な資料は前科・前歴**である。

 暴力行為の常習性　　本件行為が、暴力行為の常習性の発現として行われること

行為者の性格や素行、行為の動機、種類、態様、各種暴力行為の反復回数などを考慮
（性格や素行の面で粗暴傾向が強く、行為の動機、種類、態様に繰り返しが多ければ認定しやすくなる）

> ここが境界！
>
> **常習性＝前科・前歴時と本件時の比較対象がポイント**

考慮に当たっての重要な資料は前科・前歴
　・暴力行為の前科、前歴の内容は、傷害罪、暴行罪、脅迫罪、器物損壊罪のほか、これらを含む恐喝罪、威力業務妨害罪、競争入札妨害罪なども含む（広島地判昭41.6.3）
前科・前歴がなくとも、性格や素行の粗暴性、行為の態様の反復継続性が高ければ認定することも可能である

【○肯定されたもの】
・少年時に３回、恐喝罪、傷害助勢罪、傷害幇助罪で審判を受け、その後も３回、傷害罪、常習傷害罪、恐喝罪で処罰を受けたにもかかわらず、恐喝罪の執行猶予中に暴行に及んだもので、**行為の動機や態様が前科・前歴と本件とで共通**していることから、暴力行為の常習性、その発現としての本件行為を認めた（東京高判昭40. 4. 12）

【●否定されたもの】
・器物損壊罪で３回の処罰を受けたが、本件は、他人を殴打しようと椅子を振り上げた際、そばにあった火鉢を損壊したものであり、**偶発性から常習性を否定**した（名古屋高判昭26. 3. 13）
・傷害罪で２回の処罰を受けたが、弟がけんかに巻き込まれたことからこれに応戦するために暴行に及んだものであり、**これまでの前科と動機や態様が異なる**ことから常習性を否定した（大阪高判昭40. 5. 6）

エ　モデルケースの理由・解答

　Ａは、最近の10年間に10回にわたって、酒に酔った上で相手方に絡んだ上での暴行罪、傷害罪、器物損壊罪、威力業務妨害罪で処罰されており、その前科の種類、内容、件数から**暴力行為の常習性**が認められるところ、さらに、Ａは、出所して約１年４か月後に、再度、酒に酔った上で相手方に絡み暴行を加えて傷害を負わせており、**その動機、行為態様は共通しており、本件の行為は暴力行為の発現として行われた**ものである。

　したがって、Ａは、**常習傷害罪**の罪責を負う。

3 暴 行

■ **法第208条（暴行）**
　暴行を加えた者が人を傷害するに至らなかったときは、２年以下の懲役若しくは30万円以下の罰金又は拘留若しくは科料に処する。

未遂×、予備×、緊逮×、テロ準×、裁判員×、親告罪×

犯行の主体	特に制限はなく、誰でも行える。
犯行の対象	**◎人** ・行為者本人を除く「**身体**」を有する自然人をいう（大コンメンタール刑法（第二版）10巻381頁）。 ・傷害と同じ。 　☞傷害の項目を参照（136頁）
行　為	**◎暴　行** ・人の身体に対し、有形力を行使すること。 　【〇該当するもの】 　　・身体への接触を伴う物理力を行使する場合（殴る、蹴る、押す、突く、投げ飛ばすなど） ・暴行罪における暴行は、必ずしも**傷害の結果を惹起すべきものであることを要しない**（大判昭８.４.15）。 　【〇該当するもの】 　　・他人の服をつかんで引っ張り、取り囲んで電車に乗るのを妨げる行為（大判昭８.４.15） 　　・巡査がかぶっていた帽子のあご紐を引っ張り奪う行為（東京高判昭26.10.２） 　　・仰向けに倒れた女性の上に乗りかかる行為（大阪高判昭29.11.30） 　　・他人の顔や胸に食塩を数回振り掛ける行為（福岡高判昭46.10.11） ・暴行は、人の身体に向けられたものであれば足り、必ずしも**人の身体に直接接触することを要しない**。 　【〇該当するもの】 　　・通行人の数歩手前を狙って石を投げつける行為（東京高判昭25.６.10） 　　・人の乗っている自動車に石を投げつけて命中させ、ガラスを破損させる行為（東京高判昭30.４.９） 　　・狭い四畳半の室内で日本刀の抜き身を振り回す行為（最決昭39.１.

28)
- ・自動車の幅寄せ行為（東京地判昭49.11.7、東京高判平16.12.1）
- ・フォークリフトを被害者に向かって走らせ、衝突させるような気勢を示しながら近接させる行為（東京高判昭56.2.18）

・音響、光、電気、熱などの**エネルギー作用も有形力の行使に含まれる。**

　　【○該当するもの】
- ・人の近辺で太鼓などを連打し、意識もうろうとした気分を与え、脳貧血を起こさせたりする程度に至った場合（空気の振動力を人体に作用させている。最判昭29.8.20)
- ・携帯用拡声器を使用して耳元で大声を発する行為（大阪地判昭42.5.13)

> **参　考**　　他罪における暴行の意義

	意　義	罪　名
最広義の暴行	人に対する有形力の全てを含み、対象は人でも物でもよい。	騒乱罪、多衆不解散罪など
広義の暴行	人に対する有形力の行使で、人の身体に対して**直接**有形力を加えるほか、**間接的**に人に感応を与えるものであれば、物に対して加えられた有形力の行使も含まれる。	公務執行妨害罪、強要罪など
狭義の暴行	人の身体に対する有形力の行使	暴行罪
最狭義の暴行	人の反抗を抑圧するか、著しく困難にする程度に強い有形力の行使	強盗罪、事後強盗罪など

故　意	人の身体に対し有形力を行使することの認識・認容
他罪との関係	◎**暴行が手段となっている犯罪と暴行** 　暴行を手段として強盗罪を犯すなど、暴行が手段となっている犯罪が行われた場合、暴行罪はその犯罪（例では強盗罪）に**吸収**される。 ◎**脅迫と暴行** 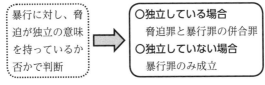

暴行に対し、脅迫が独立の意味を持っているか否かで判断

○**独立している場合**
　脅迫罪と暴行罪の併合罪
○**独立していない場合**
　暴行罪のみ成立

・暴行を加える旨脅迫して、脅迫どおりの暴行を加えた場合

　⇒脅迫が暴行に対して独立しておらず、**暴行罪のみ成立**する（大判大15.6.15）。

・「殺すぞ」と脅迫し、単純に暴行を加えた場合

　⇒脅迫と暴行は独立しており、脅迫罪と暴行罪との**併合罪**となる（大判昭6.12.10）。

・殴打した後、「川に投げ込むぞ」と脅迫した場合

　⇒脅迫と暴行は独立しており、脅迫罪と暴行罪との**併合罪**となる（最判昭30.11.1）。

◎脅迫目的での暴行

> **【脅迫目的での暴行の具体例】**
> ・4畳半の狭い室内で、被害者を脅すために、日本刀の抜き身を数回振り回した行為は暴行に該当（前記最決昭39.1.28）。
> ・被害者を脅すために、日本刀の抜き身を被害者の首や胸の辺りにほとんど接着するくらいにまで突き付けた行為は暴行に該当（東京高判昭43.11.25）。

1　多数人による共同暴行～暴行と凶器準備集合と集団的に行う暴行（暴処法違反）

> ▶▶▷ **アプローチ**
> 　暴行事件が集団で行われた場合、その経過や結果などに応じて様々な犯罪が成立し得る。
> 　この機会に、多数人による共同暴行に適用され得る罪名を整理しておきたい。

■ **モデルケース**

> ①　Aは、甲市内に拠点を置く暴走族グループ甲のリーダーであるが、隣の乙市内に拠点を置く暴走族グループ乙と対立関係にあった。Aは、乙市内に勢力を拡大するため、暴走族グループ乙を襲撃することを計画し、配下の者に対し、暴走族グループ乙を襲撃するため竹刀や金属バットなどを持って集まるように指示し、実際に、Aのほか10人の構成員が竹刀などを持って集まった。Aの罪責は何か。
>
> ②　その後、Aらは、暴走族グループ乙が集会を開いていた河川敷を襲撃し、Aも含めて一斉に竹刀などで暴走族グループ乙の構成員を殴打するなどし、うち

1人の構成員に顔面などにけがをさせた。Aの罪責は何か。

ア　結　論

①において、Aは凶器準備結集罪一罪の罪責を負う（最決昭35.11.15）。

②において、Aは傷害罪の罪責を負う（最決昭43.7.16。①とは併合罪）

イ　境界のポイント

多数人の共同暴行において、その**準備段階**（多数人が凶器を準備して集合する、集合させる）、**実行段階**（多数人が暴行に及ぶ）に応じて、以下の犯罪が成立し得る。

準備段階	
凶器準備結集罪〜指示者 ・2人以上の者が、他人の生命、身体等に共同加害目的で集合した場合において ・凶器を準備して、又は、その準備があることを知って**集合させた者**	**凶器準備集合罪〜配下の者** ・2人以上の者が、他人の生命、身体等に共同加害目的で集合した場合において ・**凶器を準備して集合した者、又は、その準備があることを知って集合した者**

実行段階

2人以上の者が、共同して暴行	傷害発生 →	【共謀がある場合】傷害罪	【共謀がない場合】同時傷害の特例（法207条）
	傷害なし →	**数人共同してする暴行等罪**（暴処法1条）	

ウ　解　説

凶器準備集合罪と凶器準備結集罪は、暴力団対策の一環として、その勢力争いに起因する殺傷事犯を未然に防止する趣旨で設けられたものであり、この規定により保護すべき法益は、**個人の生命、身体、財産の安全**だけでなく、**公共的な社会生活の平穏**も含まれる（最判昭58.6.23）。

凶器準備集合罪、凶器準備結集罪

行為の前提となる状況	2人以上の者が他人の生命、身体又は財産に対し共同して害を加える目的で集合した場合	◎行為の前提 ・**共同加害目的の集団が形成されること**が必要である。 ・単なる烏合の衆に加わるのみでは本罪は成立しない。 ◎**共同加害目的** ・他人の生命、身体、財産に対する加害行為を共同して実行しようとする目的をいう。 ・自らも共同して加害行為を実行する意思までは不要で、広く共同正犯（**共謀共同正犯を含む**）の形態によって加害行為をなす目的があれば足りる（東京高判昭44.9.29）。
行　為	【凶器準備集合罪】 凶器を準備して**集合する** 凶器の準備があることを知って**集合する** 【凶器準備結集罪】 凶器を準備し、又は凶器の準備があることを知って**集合させる**	◎**凶　器** 　**性質上の凶器**（銃砲や刀剣類など、本来人を殺傷するために作られた器具）のほか、**用法上の凶器**（本来の用途においては、人を殺傷するものではないが、用途によっては人を殺傷し得る器具）も含む。 【○該当するもの】 ・丸太、コンクリート塊（東京高昭44.9.29） ・長さ約1mの角棒（最決昭45.12.3） ・石塊（仙台高判昭47.7.18） ・コーラや牛乳の空き瓶（東京高昭47.7.19） ・木刀、竹刀、空気銃（名古屋高裁金沢支判昭36.4.18） ◎**準　備** ・必要に応じていつでも加害行為に使用し得る状態におくことをいう（東京高判昭39.1.27）。 ・準備の場所と集合した場所は必ずしも同一である必要はない（東京高判昭39.1.27）。 ◎**集　合** 　2人以上の者が共同の行為をする目的で、一定の時刻、一定の場所に集まることをいう。 ◎**結集**（集合させる） ・2人以上の者に対して働きかけて、共同の目的で時及び場所を同じくする状態を作り出すことをいう。 ・結集といえるためには、単に少人数に集合を働きかけただけでは足りず、**主導的役割を果たしたことが**

		要求される（東京地判昭50. 3 . 26）。
その他	本罪の性質	◎継続犯である。
	他罪との関係	◎凶器準備集合罪と凶器準備結集罪 　　同一人が同じ機会に両罪を犯した場合、**凶器準備結集罪一罪が成立**する（最決昭35. 11. 15）。 ◎凶器準備集合罪・凶器準備結集罪と傷害罪等 　　凶器準備集合罪等から発展して実行としての傷害罪等が発生した場合、両罪は**併合罪**となる（最決昭43. 7. 16など）。

　２人以上の者が、共同して暴行罪を犯した場合は、**暴行罪の共同正犯**のほか、**暴処法１条における数人共同してする暴行等罪**が成立する場合がある。

数人共同してする暴行等罪

行　為	数人共同して、暴行罪、脅迫罪、器物損壊罪を犯す	◎**数　人** 　　２人以上の者をいう。 ◎**共同して** ・共謀をいう。 ・共謀者中、**２人以上の者が現実に実行行為を分担することを要する**が、他の共謀者は実行行為を分担することを要しない（東京高判昭55. 1 .30参照、共謀共同正犯）。 　　したがって、４人が共謀した場合、**現実に実行行為を分担する者は最低２人必要となる**から、現実に実行行為を分担する者が１人の場合は、本罪ではなく、原則どおり、暴行罪の共同正犯となる（安西溫・暴力行為等処罰に関する法律15頁）。

⇒全員、本罪の共同正犯（実行者４人）

⇒本罪は成立せず、全員、暴行罪の共同正犯
（実行者１人）

⇒全員、本罪の共同正犯（実行者2人）

◎暴行罪、脅迫罪、器物損壊罪を犯す。

その他	他罪との関係	◎**傷害と数人共同してする暴行** 　暴行を加えて傷害結果が発生すれば傷害罪のみが成立するが、共同暴行においても同様であり、**傷害罪の共同正犯のみが成立**する（最決昭32.12.26）。
	法定刑 　3年以下の懲役又は30万円以下の罰金	◎刑法の暴行罪よりも法定刑の上限が1年重くなる。 　⇒**緊急逮捕が可能**となる（刑事訴訟法210条）。 ◎器物損壊罪と異なり**親告罪ではない**。

エ　モデルケースの理由・解答

　①において、Aは、凶器準備集合罪と凶器準備結集罪を一連の行為として行っており、**凶器準備結集罪一罪**の罪責を負う。

　②において、Aは、配下の者10名とともに共謀の下、共同暴行に及んでいるが、傷害結果が発生していることから、**傷害罪の共同正犯**の罪責を負い、①とは**併合罪**となる。

‖参　考　暴力行為等処罰ニ関スル法律第1条

　暴処法1条には、数人共同してする暴行等罪のほか、実務上、よく適用される犯罪類型があることから簡単に概観する。

構成要件		法定刑
団体の威力を示し ・**団体**⇒共同目的を有する多数自然人の継続的な結合体をいい、暴力団が典型例であるが、背景として威力を利用することができるものである限り、労働組合、学生団体、政治結社なども含む。 ・**威力を示し**⇒団体を背景にして、人の意思を制圧するに足りる勢力を相手方に認識させることであり、団体に所属していることを告げることや、団体の肩書付の名刺を渡すなどが典型例である。	暴行罪、脅迫罪、器物損壊罪を犯す。	3年以下の懲役又は30万円以下の罰金
多衆の威力を示し ・**多衆**⇒多数自然人の単純な集合であって、団体に該当しな		

いものをいい、5名でも当たるとした判例がある（最判昭31.7.17）。	
団体を仮装して威力を示し ・**仮装して**⇒団体や多衆が存在しないのに、実在するかのように装って相手方を誤信させようとすることである。	
多衆を仮装して威力を示し	
兇器を示し ・凶器準備集合罪の凶器と同じである。	
数人共同し	

2　暴力団員による粗暴犯

 **アプローチ**

　暴力団員による粗暴犯について、この機会に、適用され得る罪名を整理するとともに、暴力団員による不当な行為の防止等に関する法律を概観する。

⑴　暴力団員による粗暴犯において適用され得る罪名

暴力団員が	単独で	暴行・脅迫をした		暴行罪・脅迫罪	暴力団員以外の者も成立
	単独で	暴行をし、けがをさせた		傷害罪	
	数人共同して	暴行・脅迫をした	実行者が2人以上	数人共同しての暴行等罪（暴処法1条）	
			実行者が1人のみ	暴行罪・脅迫罪の共同正犯	
	数人共同して	暴行をし、けがをさせた		傷害罪の共同正犯	
	単独で	兇器を示して脅迫した		持兇器脅迫罪（暴処法1条）	
	数人共同して	兇器を示して脅迫した		持兇器脅迫罪の共同正犯	
指定暴力団等の暴力団員が		その者の所属する指定暴力団等の威力を	暴力的要求行為の禁止（暴対法9条）	中止命令・再発防止命令違反（暴対法46条1号）	

	示して暴力的要求行為をした（27項目）	⇩ 相手方の生活の平穏又は業務の遂行の平穏が害されている ⇩ 中止命令・再発防止命令（暴対法11条）	⇩ 3年以下の懲役又は500万円以下の罰金、併科あり	
暴力団員が	団体の活動として	殺人、逮捕・監禁、強要、詐欺、恐喝等の行為を実行するための組織により、殺人、逮捕・監禁、強要、詐欺、恐喝等の行為を行った	組織的殺人など（組織犯罪処罰法3条1項） ⇩ 所定の法定刑（組織的殺人は、死刑又は無期若しくは6年以上の懲役。組織的逮捕監禁は、3月以上10年以下の懲役）	暴力団員以外の者も成立

団体の活動として
⇒団体の意思決定に基づく行為
　（例）　組長が意思決定をして組員に告げる
⇒その効果又は利益が当該団体に帰属
　（例）　組が縄張りを拡大するなど事実上有利な状況になる場合を含む

当該行為をするための組織により
⇒ある罪に該当する行為を実行することを目的として成り立っている組織により
⇒当該行為をするために結成された組織に限らず、既存の組織が転用される場合も含む

殺人、逮捕・監禁、強要、詐欺、恐喝等の行為を行う
組の意思決定に基づき、組に利益等が帰属する状況で、組織の行為として犯行を行うもの

⑵ 暴力団員による不当な行為の防止等に関する法律の概要

ア 法規制の概要

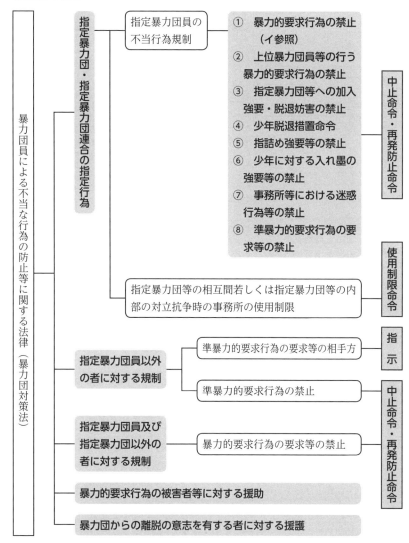

イ　暴力的要求行為の概要

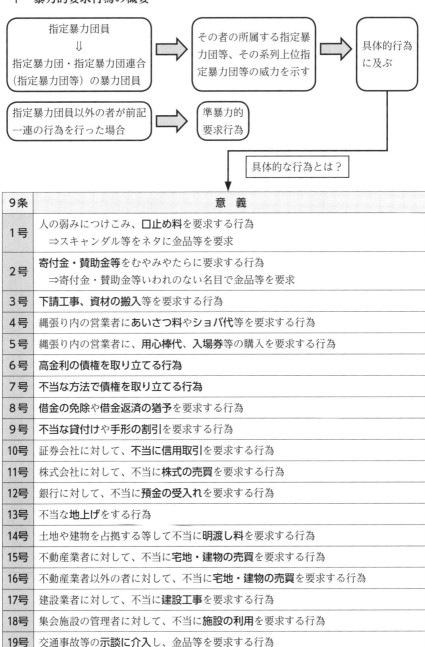

9条	意　義
1号	人の弱みにつけこみ、**口止め料**を要求する行為 ⇒スキャンダル等をネタに金品等を要求
2号	**寄付金・賛助金等**をむやみやたらに要求する行為 ⇒寄付金・賛助金等いわれのない名目で金品等を要求
3号	**下請工事、資材の搬入**等を要求する行為
4号	縄張り内の営業者に**あいさつ料**や**ショバ代**等を要求する行為
5号	縄張り内の営業者に、**用心棒代、入場券**等の購入を要求する行為
6号	**高金利の債権を取り立てる**行為
7号	**不当な方法で債権を取り立てる**行為
8号	**借金の免除**や**借金返済の猶予**を要求する行為
9号	**不当な貸付け**や**手形の割引**を要求する行為
10号	証券会社に対して、**不当に信用取引**を要求する行為
11号	株式会社に対して、不当に**株式の売買**を要求する行為
12号	銀行に対して、不当に**預金の受入れ**を要求する行為
13号	不当な**地上げ**をする行為
14号	土地や建物を占拠する等して不当に**明渡し料**を要求する行為
15号	不動産業者に対して、不当に**宅地・建物の売買**を要求する行為
16号	不動産業者以外の者に対して、不当に**宅地・建物の売買**を要求する行為
17号	建設業者に対して、不当に**建設工事**を要求する行為
18号	集会施設の管理者に対して、不当に**施設の利用**を要求する行為
19号	交通事故等の**示談に介入**し、金品等を要求する行為

20号	商品の欠陥等を口実に損害賠償、購入した有価証券に因縁を付けた**損失補てん**を要求する行為
21号	（行政庁に対して）不当に**許認可**等をする（あるいは、不利益処分をしない）ように要求する行為
22号	（行政庁に対して）不当に特定の者に**許認可等をしない**（あるいは、不利益処分をする）ように要求する行為
23号	（国・地方公共団体等に対して）売買等の契約に係る**入札**に、参加資格がないのに**参加させる**ことを要求する行為
24号	（国・地方公共団体等に対して）売買等の契約に係る**入札**に、参加資格のある者を**参加させない**よう要求する行為
25号	（国・地方公共団体に関して）不当に国・地方公共団体等の入札に**参加しない**よう要求する行為
26号	（国・地方公共団体に対して）不当に、特定の者を売買等の契約の**相手方としない**よう要求する行為
27号	（国・地方公共団体に対して）売買等に下請け参入させるよう、元請け業者に対する**行政指導**等を要求する行為

ウ　特定抗争指定暴力団・特定危険指定暴力団

特定抗争指定暴力団 （15条の2〜15条の4）	警戒区域を定めて、対立抗争に係る指定暴力団等を指定 ⇒警戒区域における**新たな事務所設置**の禁止、対立する指定暴力団員の居宅や事務所付近を**うろつくこと**等が禁止
特定危険指定暴力団 （30条の8〜30条の12）	警戒区域を定めて、指定暴力団等を指定 ⇒警戒区域等において、暴力的要求行為を行う目的で、相手方に**面会要求、電話・ＦＡＸ送信・電子メール送信**、つきまといや居宅等をうろつくこと等が禁止

4 危険運転致死傷

■ **自動車運転処罰法第2条（危険運転致死傷）**
　次に掲げる行為を行い、よって、人を負傷させた者は15年以下の懲役に処し、人を死亡させた者は1年以上の有期懲役に処する。
⑴　アルコール又は薬物の影響により正常な運転が困難な状態で自動車を走行させる行為
⑵　その進行を制御することが困難な高速度で自動車を走行させる行為
⑶　その進行を制御する技能を有しないで自動車を走行させる行為
⑷　人又は車の通行を妨害する目的で、走行中の自動車の直前に進入し、その他通行中の人又は車に著しく接近し、かつ、重大な交通の危険を生じさせる速度で自動車を運転する行為
⑸　車の通行を妨害する目的で、走行中の車（重大な交通の危険が生じることとなる速度で走行中のものに限る。）の前方で停止し、その他これに著しく接近することとなる方法で自動車を運転する行為
⑹　高速自動車国道（高速自動車国道法（昭和32年法律第79号）第4条第1項に規定する道路をいう。）又は自動車専用道路（道路法（昭和27年法律第180号）第48条の4に規定する自動車専用道路をいう。）において、自動車の通行を妨害する目的で、走行中の自動車の前方で停止し、その他これに著しく接近することとなる方法で自動車を運転することにより、走行中の自動車に停止又は徐行（自動車が直ちに停止することができるような速度で進行することをいう。）をさせる行為
⑺　赤色信号又はこれに相当する信号を殊更に無視し、かつ、重大な交通の危険を生じさせる速度で自動車を運転する行為
⑻　通行禁止道路（道路標識若しくは道路標示により、又はその他法令の規定により自動車の通行が禁止されている道路又はその部分であって、これを通行することが人又は車に交通の危険を生じさせるものとして政令で定めるものをいう。）を進行し、かつ、重大な交通の危険を生じさせる速度で自動車を運転する行為
　　　　　　未遂×、予備×、緊速〇、テロ準×、裁判員〇（致死の場合）、親告罪×

- -

■ **自動車運転処罰法第3条（危険運転致死傷）**
1　アルコール又は薬物の影響により、その走行中に正常な運転に支障が生じるおそれがある状態で、自動車を運転し、よって、そのアルコール又は薬物

> の影響により正常な運転が困難な状態に陥り、人を負傷させた者は12年以下
> の懲役に処し、人を死亡させた者は15年以下の懲役に処する。
> 2　自動車の運転に支障を及ぼすおそれがある病気として政令で定めるものの
> 　影響により、その走行中に正常な運転に支障が生じるおそれがある状態で、
> 　自動車を運転し、よって、その病気の影響により正常な運転が困難な状態に
> 　陥り、人を死傷させた者も、前項と同様とする。
>
> ***未遂×、予備×、緊逮〇、テロ準×、裁判員×、親告罪×***

　まず、最も適用が多いアルコール摂取の類型につき、第２条及び第３条の違いを
理解した後、各類型を条文に沿って検討していくこととする。

　アルコール摂取の類型を含めた危険運転致死傷罪の特徴は、第２条及び第３条と
も**故意犯の結果的加重犯（結果は過失に基づく）の構成**を採用している点である。

基本行為＝故意犯		過失犯
【第2条】 アルコールの影響により**正常な運転が困難な状態で自動車を走行させる** **【第3条】** アルコールの影響により、その走行中に**正常な運転に支障が生じるおそれがある状態で、自動車を運転する**	因果関係 ⟹	**【第2条】** 人を死傷させる **【第3条】** そのアルコールの影響により正常な運転が困難な状態に陥らせる ⇓ 人を死傷させる

 アルコールの影響下にあることなどの認識が必要！

 死傷結果に故意があれば、傷害罪や殺人罪となる

	第2条	第3条
主　体	特に制限はなく、誰でも行える。	
基本行為	◎**アルコールの影響により正常な運転が困難な状態で自動車を走行させる。** 【客観的状況】 ・**道路及び交通の状況に応じた運転操作を行うことが困難な心身の状態**をいう（条解刑法（第3版）600頁）。 ・道路交通法上の酒酔い運転（＝正常な運転ができないおそれのある	◎**アルコールの影響により、その走行中に正常な運転に支障が生じるおそれがある状態で、自動車を運転する。** 【客観的状況】 　自動車を運転するのに**必要な注意力、判断能力、操作能力が、アルコールの影響により、相当程度減退して危険性のある状態**にあることをいう＝道路交通法上の酒気帯び運転

	第2条	第3条
	状態）とは異なり、**現実に運転操作を行うことが困難な心身の状態にあることが必要**である。 【○該当するもの】 ・前方の注視が困難となる。 ・ハンドル、ブレーキ等の操作やその加減について意図したとおりに行うことが困難となる。 ・飲酒酩酊のため、前方の被害車両に気付くまで約8秒間、前方を見ていなかったか、見ていても前方を認識できない状態にあった場合（最決平23.10.31） 【主観的状況＝認識】 ・**道路及び交通の状況に応じた運転操作を行うことが困難な心身の状態であることの認識が必要** ・ただし、正常な運転が困難であるという評価の認識は不要であり、**運転の困難性を基礎付ける事実を認識していることで足りる**（酔いのため、前がぼやけてよく見えない。ハンドルが重くてよく動かないなどの認識）。	に該当する程度のアルコールを身体に保有している状態にあれば通常は該当する（平25.11.12法務省刑事局長答弁）。 【主観的状況＝認識】 ・**走行中に正常な運転に支障が生じるおそれがある状態であることの認識が必要** ・ただし、走行中に正常な運転に支障が生じるおそれがある状態であるという評価の認識は不要であり、**正常な運転に支障が生じるおそれのあることを基礎付ける事実を認識していることで足りる**（酔って足がふらつくなどの認識）。 ・酒気帯び運転の故意である身体にアルコールを保有する状態であることの認識では足りず、正常な運転に支障があることを基礎付ける事実の認識が必要である。 
	【例えば】 ・酔ったので、前がぼやけて見える	【例えば】 ・酔ったので、前は見えるけど、まぶたが重い、眠くてウトウトしそうだ
	・客観的に、蛇行運転のあげくに対向車線にはみ出し、対向車両と衝突した場合には、この故意は推認できよう。	

	第2条	第3条
因果関係	◎前記基本行為によって、人を死傷させた結果との因果関係が必要 ・したがって、被害者の飛び出しにより事故が発生した場合は、因果関係が否定される。	◎前記基本行為によって、正常な運転が困難な状態に陥り、さらに、人を死傷させた結果との因果関係が必要 ・左記と同様
結　果	人を死傷させる。	
法定刑	【致傷】 15年以下の懲役 【致死】 1年以上の有期懲役（裁判員裁判対象事件）	【致傷】 12年以下の懲役 【致死】 15年以下の懲役

※　アルコールの影響と薬物の影響の場合は、解釈としては同一である。

　続いて、第2条及び第3条のアルコール以外の主な類型の基本行為は以下のとおりである。

第2条

高速度走行（2号）	◎その進行を制御することが困難な高速度で自動車を走行させる行為 　速度が速すぎるため、道路状況に応じて進行することが困難な状態で自車を走行させることをいう。
運転技能未熟走行（3号）	◎その進行を制御する技能を有しないで自動車を走行させる行為 ・ハンドル、ブレーキ等の運転装置を操作する初歩的な技能すら有していないような、運転技量が未熟なことをいう。 ・無免許と同義ではなく、これまでの運転経験、事故前の運転状況、当該事故の態様等を総合考慮して判断される。
あおり運転（4号）	◎人又は車の通行を妨害する目的で、走行中の自動車の直前に進入し、その他通行中の人又は車に著しく接近し、かつ、重大な交通の危険を生じさせる速度で自動車を運転する行為 ・「通行を妨害する目的」は、相手方に自車との衝突を避けるために、急ハンドルや急ブレーキなどの急な回避措置を執らせるなど、相手方の自由かつ安全な通行を妨げることを積極的に意図することをいう。 ・「人又は車に著しく接近」は、通行を妨害する目的で、自車を相手方の直近に移動させることをいい、並進車両の通行を妨害する目的で、同車両の直前に割り込む行為、幅寄せする行為、進路前方を走行している車両を後方からあおる行為をいう。 ・「重大な交通の危険を生じさせる速度」は、相手方に著しく接近した場合、自車が相手方と衝突すれば、単に物損にとどまらず、死傷の結果を伴うような大きな事故を生じさせると一般的に認められる

	速度をいう。一般的に時速20～30㎞にて該当する場合が多い（最決平18. 3. 14）。
あおり運転（5号）	◎車の通行を妨害する目的で、走行中の車（重大な交通の危険が生じることとなる速度で走行中のものに限る。）の前方で停止する行為 ◎車の通行を妨害する目的で、その他走行中の車（前同）に著しく接近することとなる方法で自動車を運転する行為 ・「車の通行を妨害する目的」のうち、「車」とは四輪以上の自動車、自動二輪車、原動機付自転車、軽車両等の道路上を通行する車全般を意味する。「通行を妨害する目的」は第4号と同じ。 ・「重大な交通の危険が生じることとなる速度」は第4号と同程度の速度を表す。 ・「著しく接近することとなる方法」は、加害者車両及び被害者車両の走行速度や位置関係等を前提とした場合に、加害者の運転行為がなされることにより、両車両が著しく接近することとなる場合をいう。4号と異なり、**実行行為の時点で加害者車両と被害者車両とが実際に接近していることを要しない。**
あおり運転（6号）	◎高速自動車国道又は自動車専用道路において、自動車の通行を妨害する目的で、走行中の自動車の前方で停止することにより、走行中の自動車に停止又は徐行をさせる行為 ◎高速自動車国道又は自動車専用道路において、自動車の通行を妨害する目的で、その他走行中の自動車に著しく接近することとなる方法で自動車を運転することにより、走行中の自動車に停止又は徐行をさせる行為 ・「高速自動車国道」とは、高速自動車国道法4条1項に規定する道路であり、高速自動車国道の路線を指定する政令により指定されている（例えば、北海道縦貫自動車道函館名寄線、東北縦貫自動車道、関越自動車道、常磐自動車道、中央自動車道、第一東海自動車道（通称東名高速道路）、北陸自動車道、近畿自動車道、山陽自動車道、山陰自動車道、四国横断自動車道、九州縦貫自動車道、沖縄自動車道などが指定されている。）。 ・「自動車専用道路」とは、道路法48条の4に規定する道路をいう（道路管理者により指定され、例えば、首都高速道路や阪神高速道路などが指定されている。）。 ・「自動車の通行を妨害する目的」における「自動車」は、道路交通法2条1項9号における自動車及び同項第10号における原動機付自転車をいう。「通行を妨害する目的」は第4号と同じ。 ・「著しく接近することとなる方法」は第5号と同じ。 ・「停止又は徐行をさせる」のうち「停止をさせる」とは、車両の車輪の回転を完全に止めさせることをいい、「徐行をさせる」とは、自動車を直ちに停止することができるような速度で進行させること

	をいう。
赤色信号殊更無視（7号）	◎赤色信号又はこれに相当する信号を殊更に無視し、かつ、重大な交通の危険を生じさせる速度で自動車を運転する行為 ・「赤色信号」は、公安委員会が設置した信号機の表示する赤色の灯火の信号をいう。なお、「これに相当する信号」とは、例えば、警察官の手信号その他の信号などをいう。 ・「殊更に無視し」は、故意に赤色信号に従わない行為のうち、**およそ赤色信号に従う意思のないもの**をいい、例えば、赤色信号であることの確定的な認識があり、**停止位置で停止することが十分可能であるにもかかわらず、これを無視して進行する行為**などをいう。 ・確定的認識がない場合であっても、**信号の規制自体に従う意思がない**ため、その表示を意に介することなく、たとえ赤色信号であってもこれを無視する意思で進行する行為も含まれる（最決平20.10.16）。
通行禁止道路通行（8号）	◎通行禁止道路を進行し、かつ、重大な交通の危険を生じさせる速度で自動車を運転する行為 ・「通行禁止道路」は、①車両通行止め道路、自転車及び歩行者等専用道路、②一方通行道路、③高速道路（自動車専用道路を含む。）の中央から右側部分、④安全地帯及び道路の立入禁止部分をいう（自動車運転処罰法施行令2条）。 ・「重大な交通の危険を生じさせる速度」は、あおり運転の場合と同様である。

第3条

病気の影響による走行（2項）	◎自動車の運転に支障を及ぼすおそれがある病気として政令で定めるものの影響により、その走行中に正常な運転に支障が生じるおそれがある状態で、自動車を運転 　「病気」は、①自動車の安全な運転に必要な認知、予測、判断又は操作のいずれかに係る能力を欠くこととなるおそれがある症状を呈する**統合失調症**、②意識障害又は運動障害をもたらす発作が再発するおそれがある**てんかん**（発作が睡眠中に限り再発するものを除く。）、③**再発性の失神**（脳全体の虚血により一過性の意識障害をもたらす病気であって、発作が再発するおそれがあるものをいう。）、④自動車の安全な運転に必要な認知、予測、判断又は操作のいずれかに係る能力を欠くこととなるおそれがある症状を呈する**低血糖症**、⑤自動車の安全な運転に必要な認知、予測、判断又は操作のいずれかに係る能力を欠くこととなるおそれがある症状を呈する**そう鬱病**（そう病及び鬱病を含む。）、⑥重度の眠気の症状を呈する**睡眠障害**をいう（自動車運転処罰法施行令3条）。

※　なお、危険運転致死傷罪が成立する場合は、過失運転致死傷罪は成立しない。

【まとめ】

あおり運転（2条）

	第4号	第5号（追加）	第6号（追加）
犯行の主体	制限はない。		
犯行の対象	制限はない。		
場　所	制限はない。	制限はない。	高速自動車国道又は自動車専用道路
行　為	走行中の自動車の直前に進入 その他通行中の人又は車に**著しく接近** 重大な交通の危険を生じさせる速度で自動車を運転する行為（**=加害者車両の速度要件**）	走行中の車（＝重大な交通の危険が生じることとなる速度で走行中のものに限る）の前方で**停止**する行為 その他走行中の車（＝重大な交通の危険が生じることとなる速度で走行中のものに限る）に**著しく接近することとなる方法**で自動車を運転する行為	走行中の自動車の前方で**停止** その他走行中の自動車に**著しく接近することとなる方法**で自動車を運転 走行中の自動車に**停止又は徐行**（自動車が直ちに停止することができるような速度で進行することをいう）をさせる行為
目　的	**人又は車**の通行を妨害する目的	**車**の通行を妨害する目的	**自動車**の通行を妨害する目的
改正の理由	加害者車両の速度要件があるため、**加害者車両が被害者車両の前方で停止する行為等を危険運転致死傷罪の対象行為として追加することが当時急務**となった。	加害者が、通行妨害目的で前記行為に及んだ場合、加害者車両と被害者車両とが衝突するなどして重大な死傷結果が生じる危険性が類型的に高いことから対象行為とされた。	高速自動車国道又は自動車専用道路においては、自動車を駐停車させること自体が原則として禁止されており、これらの道路の自動車運転者にとって、一般に、他の自動車が停止又は徐行をしているという事態を具体的に想定しながら運転しているわけではない。

			そのため、加害者が前記行為に及んだ場合、他の運転者としては、このような事態を想定して回避措置をとることが通常困難であるため、第三者車両が加害者車両又は被害者車両に追突するなどして重大な死傷結果が生じる危険性が類型的に高いことから対象行為とされた。

※ 「捜査研究」839号（2020年9月号）2頁〜「自動車の運転により人を死傷させる行為等の処罰に関する法律の一部を改正する法律について」も参照されたい。

第3章　性犯罪

1　令和5年刑法改正（性犯罪）の概要

　近年における性犯罪をめぐる状況に鑑み、この種の犯罪に適切に対処できるようにするため、「刑法及び刑事訴訟法の一部を改正する法律」（令和5年法律第66号）が成立し、このうち、性犯罪に係る改正刑法は**令和5年7月13日から施行**された。

　同改正刑法により、刑法上の性犯罪に関する処罰規定は大きく変化したが、要点は2点ある。

　1点目は、従来の強制わいせつ罪・準強制わいせつ罪が不同意わいせつ罪、従来の強制性交等罪・準強制性交等罪が不同意性交等罪にそれぞれ**統合**された上、**同意しない意思の形成・表明・全うが困難な状態でのわいせつな行為、性交等であることを中核とする要件に整理**されたことである。

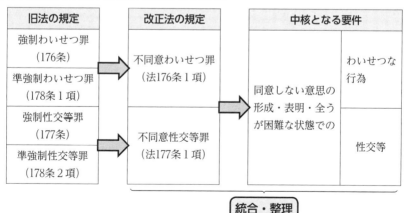

旧法の規定	改正法の規定	中核となる要件	
強制わいせつ罪 （176条）	不同意わいせつ罪 （法176条1項）	同意しない意思の 形成・表明・全う が困難な状態での	わいせつな 行為
準強制わいせつ罪 （178条1項）			
強制性交等罪 （177条）	不同意性交等罪 （法177条1項）		性交等
準強制性交等罪 （178条2項）			

統合・整理

　2点目は、若年者の性被害の実情に鑑み、**性交同意年齢を16歳未満に引き上げる**とともに、若年者の性被害を未然に防止するため、対面した状態で行われる性犯罪

の防止の観点から**わいせつの目的で16歳未満の者に対して不当な手段で面会を要求する行為や面会する行為**、離隔した状態で行われる性犯罪の防止の観点から**16歳未満の者に対して性的な姿態をとってその映像を送信することを要求する行為**を処罰対象とした。

性交同意年齢を16歳未満に引上げ（法177条3項など）

若年者の性被害の未然防止⇒新たな処罰規定の新設
（法182条）
・わいせつの目的で不当な手段での面会要求
・わいせつの目的での面会
・性的な姿態をとってその映像の送信要求

若年者の性被害への対処

　なお、性犯罪の被害申告の困難性等に鑑み、**性犯罪についての公訴時効期間が延長**され、さらに、**被害者が18歳未満である場合は更に公訴時効期間が延長**される。この公訴時効期間の延長は、令和5年6月23日から施行されている。

> **〜改正刑法施行前の行為の処罰〜**
> 　**改正刑法施行前の行為は改正前の刑法が適用**される（附則2条1項）。そのため、従来の強制わいせつ罪、強制性交等罪等の規定の理解も必要であり留意されたい。本書では、旧法の条文も併記することとした。

新旧対照表

旧　法	改正法
強制わいせつ（176条）	**不同意わいせつ**（法176条）に統合
準強制わいせつ（178条1項）	
強制性交等（177条）	**不同意性交等**（法177条）に統合
準強制性交等（178条2項）	
監護者わいせつ、監護者性交等（179条）	存続（形式的な修正のみ）
以上の未遂（180条）	存続（形式的な修正のみ）
強制わいせつ等致死傷（181条1項）	**不同意わいせつ致死傷**に罪名変更（法181条1項）
強制性交等致死傷（181条2項）	**不同意性交等致死傷**に罪名変更（法181条2項）
	16歳未満の者に対する面会要求等の罪が新設（法182条）

強盗・強制性交等及び同致死（241条）	**強盗・不同意性交等及び同致死**に罪名変更（法241条）
常習特殊強盗・強制性交等（慣用罪名）（盗犯等防止法4条）	**常習特殊強盗・不同意性交等**に罪名を読み替え（盗犯等防止法4条）

② 所定の列挙行為・事由及び「同意しない意思を形成し、表明し若しくは全うすることが困難な状態」の意義

　改正前の強制わいせつ罪や強制性交等罪では、暴行又は脅迫を用いて相手方の反抗を著しく困難にさせること、準強制わいせつ罪や準強制性交等罪では、相手方が心神喪失、抗拒不能の状態にあることが必要とされていたが、より明確で判断にばらつきが生じないようにするため、強制わいせつ罪、準強制わいせつ罪、強制性交等罪、準強制性交等罪につき「同意しない意思を形成し、表明し若しくは全うすることが困難な状態」という文言を用いて統一的な要件としつつ、同状態にあることの該当性判断を容易にし、安定的な適用を確保するため、当該状態の原因となり得る行為又は事由を具体的に例示列挙することとし、共通する中核的な要件を規定した。

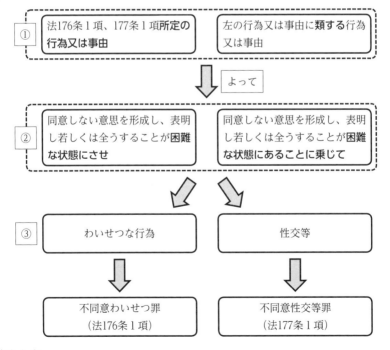

すなわち、
①　法176条１項・法177条１項所定の８の**列挙行為・事由又はこれらに類する行為・事由により**

② 同意しない意思を形成し、表明し若しくは全うすることが**困難な状態にさせ又はその状態にあることに乗じて**

③ **わいせつ行為**をした場合には不同意わいせつ罪（法176条1項）、**性交等**をした場合は不同意性交等罪（法177条1項）

が成立する。

【① 列挙された所定の行為又は事由】

| 1号 | 暴行若しくは脅迫を用いること又はそれらを受けたこと | ◎**暴　行**
　　身体に向けられた不法な有形力の行使をいう。**その程度は問わない**（→旧法との違い）。

◎**脅　迫**
　　他人を畏怖させるような害悪の告知をいう。**その程度は問わない**（→旧法との違い）。

◎**暴行若しくは脅迫を用いること**
　　行為者自身が、被害者に対し、**性的行為の手段として**暴行、脅迫をすることをいう。

　性的行為をする手段として ▶ 暴行・脅迫

◎**それらを受けたこと**
　　被害者が、第三者から暴行・脅迫を受けた場合や、行為者から**性的行為の手段としてではなく**暴行、脅迫を受けた場合をいう。

　第三者
　行為者：性的行為とは無関係に（例えば被害者に立腹したため） ▶ 暴行・脅迫 |
| | 類する行為又は事由 | ・暴行に関しては、人の身体に向けられたものとはいえない有形力の行使をいい、例えば、被害者から見えるところで部屋の窓ガラスをたたき割ることなどが想定される。
・脅迫に関しては、それのみでは人を畏怖させるに足りる害悪の告知に当たるとはいえないものをいい、例えば、前科があることの告白などが想定される。 |

2号	心身の障害を生じさせること又はそれがあること	◎**心身の障害** 　　身体障害、知的障害、発達障害、精神障害であり、一時的なものを含む。 ◎**心身の障害を生じさせること** 　　行為者自身が、被害者に対し、**性的行為の手段として心身の障害**を生じさせることをいう。 　【例えば】 　　行為者が、被害者に対し、**性的行為の手段として**、暴行、脅迫以外の方法で、強いストレスを与えるなどして、一時的な精神症状を引き起こさせる場合 ◎**それがあること** 　　被害者が、身体障害、知的障害、発達障害、精神障害を有している場合をいう。
	類する行為又は事由	医学的に障害といえるかどうかの判断が難しいものの、障害と類似する症状が現れる場合などが想定される。
3号	アルコール若しくは**薬物**を摂取させること又はそれらの影響があること	◎**薬　物** ・例えば、睡眠導入剤のように、それを摂取すると、意識がはっきりしない、身体の自由が利かないなどの影響を生じ得るものをいう。 ・アルコールや薬物の**種類や摂取量は問わない**。 ◎**アルコール若しくは薬物を摂取させること** 　　行為者自身が、被害者に対し、**性的行為の手段として**、アルコール又は薬物を摂取させることをいう。 ◎**それらの影響があること** 　　①被害者が、**行為者によって、性的行為の手段としてではなく飲酒させられたり薬物を摂取させられたりしたほか、②第三者によって飲酒させられたり薬物を摂取させられ、あるいは、③自ら飲酒したり薬物を摂取して、それらの影響を受けている場合をいう。
	類する行為又は事由	アルコール又は薬物以外の物質によって、類似の影響が生じる場合が想定され、例えば、食物アレルギーを有する被害者が、食品を摂取したことによってそれを発症する場合などが想定される。
4号	睡眠その他の意識が明	◎**睡　眠** 　　眠っていて意識が失われている状態をいう。

	瞭でない状態にさせること又はその状態にあること	◎その他の意識が明瞭でない状態 　睡眠以外の原因で意識がはっきりしない状態をいう。 【例えば】 ・半覚醒状態で意識がもうろうとしている状態 ・極度の過労により意識がもうろうとしている状態 ◎睡眠その他の意識が明瞭でない状態にさせること 　行為者自身が、被害者に対し、**性的行為の手段として**、完全に眠らせたり、意識がもうろうとした状態にすることをいう。 【例えば】 ・性的行為の手段として、催眠術を使うなどした場合 ◎その状態にあること 　被害者が完全に眠っている場合や、半覚醒状態で意識がもうろうとしているなど意識が明瞭でない状態にある場合をいう。
	類する行為又は事由	例えば、入眠時や睡眠からの覚醒時に、いわゆる金縛りが起こり、声を出すなどの自発的な行動ができない場合などが想定される。
5号	同意しない意思を形成し、表明し又は全うするいとまがないこと	◎**同意しない意思を形成し、表明し又は全うするいとまがないこと** 　被害者において、性的行為がなされようとしていることを認識してから性的行為がなされるまでの間に、その**性的行為について自由な意思決定をするための時間のゆとりがないこと**をいう。 【例えば】 ・すれ違いざまに、いきなり胸を触られる場合 ・ヨガ教室で目を閉じて横になっているときに、いきなり胸を触られる場合
	類する行為又は事由	例えば、両手に荷物を持っていて、容易に身をかわせない場合など、被害者において、性的行為がなされようとしていることを認識してから性的行為がなされるまでの間に、その性的行為について自由な意思決定をするための時間のゆとりがないとまではいえないが、物理的・心理的要素も考慮した場合には、同意しない意思を形成し、表明し又は全うするための時間のゆとりがない場合と同等といえる場合などが想定される。
6号	予想と異なる事態に直面させて恐怖させ、若しくは驚愕	6号は、被害者がいわゆるフリーズした状態、つまり、被害者が予想外の事態に直面したり、予想を超える事態に直面したことから、自身に危害が加わるかもしれないと考えたり、驚くなどして、平静を失った状態を捉えたものである。

	させること又はその事態に直面して恐怖し、若しくは驚愕していること	◎予想と異なる事態 　実際に生じている事態が、被害者の予想したところと異なることをいう。 ◎予想と異なる事態に直面して恐怖させ、若しくは驚愕させること 　行為者自身が、性的行為を求められるとは予想していない被害者に対し、性的行為の手段として、例えば、二人きりの密室で性的行為を迫ることで被害者を恐怖又は驚愕させる行為をいう。 ◎その事態に直面して恐怖し、若しくは驚愕していること 　例えば、人気のない夜道で、人が出てくるとは思っていなかった被害者が、性的行為をすることを意図せず出てきた行為者と不意に出くわしたことにより恐怖又は驚愕している場合をいう。
	類する行為又は事由	恐怖、驚愕そのものとはいえないが、それらに類似する心理状態にある場合が想定される。
7号	虐待に起因する心理的反応を生じさせること又はそれがあること	◎虐　待 　物理的又は精神的にひどい取り扱いをすることをいう。 【虐待の具体例】 ・身体的虐待⇒殴る、蹴るなどの暴力 ・性的虐待⇒親が子に対して性的行為 ・ネグレクト⇒育児放棄 ・心理的虐待⇒他の兄弟姉妹との間で著しい差別的取り扱いをするなど ・いじめやいわゆるDV 【虐待に起因する心理的反応の具体例】 ・順応⇒虐待を通常の出来事として受け入れる心理状態になること ・無力感⇒抵抗しても無駄であると考える心理状態になること ・虐待を目の当たりにしたために恐怖心を抱いている状態になること ◎虐待に起因する心理的反応を生じさせること 　行為者自身が、被害者に対し、性的行為の手段として、例えば身体的虐待を繰り返し、性的行為をされることについて、順応させたり、無力感を植え付けることをいう。

		◎それがあること 　例えば、行為者から**性的行為の手段としてではなく**虐待を受けたために恐怖心を抱いている場合をいう。 **【留意点】** 　7号は、虐待に起因する心理的反応を原因行為等として捉えるものである。したがって、**前提となる個々の虐待行為の存在について、日時、場所や行為態様が特定されなければならないものではない。**
	類する行為又は事由	現在の精神医学、心理学では虐待に起因する心理的反応として理解されてはいないものの、これと類似する症状、反応が現れる場合が想定される。
8号	経済的又は社会的関係上の地位に基づく影響力によって受ける不利益を憂慮させること又はそれを憂慮していること	◎**経済的関係** 　金銭や物などの財産に関わる人的関係をいう。 **【具体例】** ・債権者と債務者 ・雇用主と従業員 ・取引先の職員同士　など ◎**社会的関係** 　家庭・会社・学校といった社会生活における人的関係をいう。 **【具体例】** ・祖父母と孫、おじ・おばとおい・めい、兄弟姉妹といった家族関係 ・上司と部下、先輩と後輩 ・教師と学生、コーチと教え子 ・介護施設職員と入通所者　など ◎**経済的又は社会的関係上の地位に基づく影響力によって受ける不利益** 　行為者との性的関係に応じなければ、行為者の経済的・社会的関係上の地位に基づく影響力によって被害者自らやその親族等が受ける不利益をいう。

> **【具体例】**
> ・従業員である被害者が、会社の社長との性的行為に応じなければ、当該社長の地位に基づく影響力ゆえに、仕事を得られなかったり、希望しない仕事をさせられたりする。
> ・被害者が所属する部活の部長を務める先輩との性的行為に応じなければ、当該先輩の地位に基づく影響力ゆえに、部活に参加することができず、試合にも出られなくなる。

◎憂　慮

　　被害者が前記のような不利益が及ぶことを不安に思うことをいう。

◎**経済的又は社会的関係上の地位に基づく影響力によって受ける不利益を憂慮させること**

　　行為者自身が、被害者に対し、**性的行為の手段として**、行為者自身の言動によってそのような不安を抱かせることをいう。

◎**それを憂慮していること**

　　被害者が、第三者によってなされた言動や、行為者によってなされた性的行為の手段としてではない言動により、そのような不安を抱いていることをいう。

| **類する行為又は事由** | 憂慮そのものとはいえないが、それらに類似する心理状態にある場合などが想定される。 |

よって

【②　同意しない意思を形成し、表明し若しくは全うすることが困難な状態にさせ
　　又はその状態にあることに乗じて】

	形成すること が困難な状態	性的行為をするかどうかの判断・選択をする契機や能力が不足し、**性的行為をしない、したくないという発想をすること自体が困難な状態**	
同意しない意思を	表明すること が困難な状態	性的行為をしない、したくないという意思を形成すること自体はできたものの、**それを外部に表すことが困難な状態**	にさせ に乗じて
	全うすること が困難な状態	性的行為をしない、したくないという意思を形成したものの、あるいは、その意思を表明したものの、**その意思のとおりになるのが困難な状態**	

具体例	
形成が困難	・眠っているなどして意識がない状態 ・障害のため、性的行為に同意しないかどうかの判断をするだけの能力が不足している状態 ・継続的な虐待のため、性的行為に同意しないという考えが浮かばない状態 ・不意打ちで状況が把握できない状態 ・フリーズ状態に陥って、性的行為に同意しないかどうかの判断自体ができない状態
表明が困難	・性的行為をしない、したくないと思ったものの、それを伝えたときの不利益を考慮して言い出せない状態
全うが困難	・押さえ付けられて身動きが取れない状態 ・性的行為をしない、したくないという意思を一旦表明したものの、恐怖心などからそれ以上のことができない状態

③　不同意わいせつ

■　**法第176条（不同意わいせつ）**

1　次に掲げる行為又は事由その他これらに類する行為又は事由により、同意しない意思を形成し、表明し若しくは全うすることが困難な状態にさせ又はその状態にあることに乗じて、わいせつな行為をした者は、婚姻関係の有無にかかわらず、6月以上10年以下の拘禁刑に処する。

⑴　暴行若しくは脅迫を用いること又はそれらを受けたこと。

⑵　心身の障害を生じさせること又はそれがあること。

⑶　アルコール若しくは薬物を摂取させること又はそれらの影響があること。

⑷　睡眠その他の意識が明瞭でない状態にさせること又はその状態にあること。

⑸　同意しない意思を形成し、表明し又は全うするいとまがないこと。

⑹　予想と異なる事態に直面させて恐怖させ、若しくは驚愕させること又はその事態に直面して恐怖し、若しくは驚愕していること。

⑺　虐待に起因する心理的反応を生じさせること又はそれがあること。

⑻　経済的又は社会的関係上の地位に基づく影響力によって受ける不利益を憂慮させること又はそれを憂慮していること。

2　行為がわいせつなものではないとの誤信をさせ、若しくは行為をする者について人違いをさせ、又はそれらの誤信若しくは人違いをしていることに乗じて、わいせつな行為をした者も、前項と同様とする。

3　16歳未満の者に対し、わいせつな行為をした者（当該16歳未満の者が13歳以上である場合については、その者が生まれた日より5年以上前の日に生まれた者に限る。）も、第1項と同様とする。

未遂〇、予備×、緊逮〇、テロ準〇、裁判員×、親告罪×

■　**（旧）法第176条（強制わいせつ）**

13歳以上の者に対し、暴行又は脅迫を用いてわいせつな行為をした者は、6月以上10年以下の懲役に処する。13歳未満の者に対し、わいせつな行為をした者も、同様とする。

未遂〇、予備×、緊逮〇、テロ準〇、裁判員×、親告罪×

　不同意わいせつ罪が成立する類型は大きく3つあり、1つ目は、前記②記載のとおり、所定の一定の行為又は事由等により、同意しない意思を形成し、表明し若しくは全うすることが困難な状態にさせ又はそのことに乗じて、わいせつな行為をした場合である（法176条1項）。

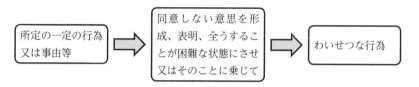

　2つ目は、**行為がわいせつなものではないとの誤信**をさせ（誤信をしていることに乗じる場合を含む。）、若しくは**行為をする者について人違い**をさせ（人違いをしていることに乗じる場合を含む。）、わいせつな行為をした場合である（法176条2項）。

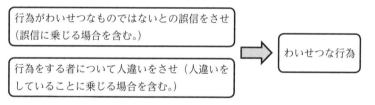

　3つ目は、**16歳未満の者**に対し、わいせつな行為をした場合である（法176条3項）。ただし、**13歳以上16歳未満の者に対しては、行為者は、その者（被害者）が生まれた日より5年以上前に生まれた者であることを要する**（同項）。

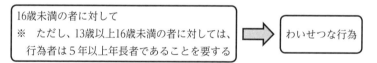

被害者の年齢と法176条3項の適用関係

3項の適用の有無	被害者の年齢	行為者の年齢	3項適用の理由
あり	13歳未満	制限なし	**行為の性的な意味を認識する能力が欠け**、性的行為に関する自由な意思決定の前提となる能力が欠けるため、一律に保護する必要がある。

あり	13歳以上 16歳未満	被害者が 生まれた 日よりも 5年以上 前の日に 生まれた 者	行為の性的な意味を認識する能力が一律に欠けるわけではないが、性的行為が自己に及ぼす影響について自律的に考えて理解したり、その結果に基づいて相手方に対処する能力が十分でなく、**相手方との関係が対等でなければ、有効に性的行為に関する自由な意思決定ができる前提が欠ける** ⇒同年代であれば対等といえるが、5年以上年長者程度になると対等とは言い難い。
なし	16歳以上		行為の性的な意味を認識する能力や性的行為が自己に及ぼす影響について自律的に考えて理解し、相手方に対処する能力が備わっているものと認められ、性的行為に関する自由な意思決定が可能であることから3項は適用されない。

　なお、**法176条1・2項は、被害者の年齢を問わず適用される**ことから、例えば、被害者が満15歳、行為者が満17歳であっても、暴行・脅迫を用いて同意しない意思を全うさせることを困難にさせ、わいせつな行為をした場合は、法176条1項の不同意わいせつ罪が成立する。

　続いて、各類型に応じて構成要件を整理していく。

1項・2項

	1項	2項
犯行の主体	特に制限はなく、誰でも行える。	
犯行の対象	特に制限はなく、男女や年齢を問わず対象となる。	
行　為	◎法176条1項所定の行為又は事由その他これらに類する行為又は事由 　☞詳しくは② 　　⇓よって ◎同意しない意思を形成し、表明し若しくは全うすることが困難な状態にさせ又はその状態にあることに乗じて 　☞詳しくは② 　　⇓	◎行為がわいせつなものではないとの誤信をさせ（誤信をしていることに乗じてを含む。） ・現に行われようとしている**行為（実行行為）がわいせつなものではないとの錯誤**があることをいう。 【例えば】 　・真実はわいせつな行為であるのに、医療行為であると誤信している場合 ・「誤信をさせ」とは、わいせつな行為の手段として行われる場

	1項	2項
		合をいうが、「乗じて」とは、わいせつな行為の手段としてではなく誤信している状態を利用する場合をいう。 ◎**行為をする者について人違いをさせ（人違いをしていることに乗じてを含む。）** ・行為者の**同一性について錯誤**があることをいう。 　【○**該当するもの**】 　　・真実は夫とは別人であるのに、暗闇の中で、行為者を夫と勘違いをした場合 　【●**該当しないもの**】 　　・真実は無職であるのに、金持ちの社長であると偽られ誤信した場合 　　・真実は既婚者であるのに、未婚者であると偽られ誤信した場合 　　⇒いずれも行為の相手方としての同一性は正しく認識した上で、単に行為者の属性に関する誤信をしているにすぎないため 　　　　　　　⇓

◎**わいせつな行為**
・いたずらに性欲を興奮又は刺激させ、かつ、普通人の正常な性的羞恥心を害し、善良な性的道徳観念に反するような行為（最判昭26.5.10）
　【○**該当するもの**】
　　・**陰部を着衣の上から手で触れる**（大判大13.10.22）。
　　・自己の**陰部を強く押し当てる**（東京高判昭27.5.8）。
　　・女性の**乳房をもてあそぶ**（乳房が未発達な7歳の女児の乳房をなで回す行為も該当する。新潟地判昭63.8.26）。
　　・女性の意思に反して強いて**接吻**する（東京高判昭32.1.22）。
　　・女性の衣服をはぎとってその**裸体の写真を撮る**（東京高判昭29.5.29）。
　【●**該当しないもの**】
　　・単なる**抱擁**（条解刑法（第3版）500頁）
・女性の**臀部をなでる**行為は、その態様によってわいせつに該当する場合としない場合がある。
　　☞痴漢行為の擬律の項目を参照（183頁）

	1項	2項

> **〜改正による「わいせつな行為」該当性の変更〜**
>
> 　膣や肛門に陰茎を除く身体の一部（手指など）や物（性玩具など）を挿入する行為は、改正前は「わいせつな行為」に該当するとされていたが、今回（令和5年）の改正により、不同意性交等における「性交等」に該当することとされた。

◎実行の着手時期、既遂時期

	1項	2項
着手時期	同意しない意思を形成し、表明し又は全うすることが困難な状態でわいせつな行為がなされる現実的危険性を有する行為が開始された時	2項所定の手段又は状態で、わいせつな行為がなされる現実的危険性を有する行為が開始された時
既遂時期	わいせつな行為を行った時	

| 故　意 | ・法176条1項1号から8号までに**列挙している行為若しくは事由**又はこれらに類する行為若しくは事由の認識

＋

・それによって、被害者が、**同意しない意思を形成し、表明し若しくは全うすることが困難な状態**になり、又は当該状態にあることの認識

＋

・当該状態の下で、又は当該状態を利用して、わいせつ行為を行うことの認識

┌ **〜列挙行為の認識のずれ〜**
　例えば、行為者は、被害者が心身に障害があると認識していたが、実際は薬物の影響がある状態であったときは、同じ構成要件内の錯誤であり、故意の成立に影響はない。┘ | ・被害者に、**行為がわいせつなものではないとの誤信**をさせ、若しくは行為をする者について**人違い**をさせ、又は被害者がそれらの誤信若しくは人違いをしていることの認識

＋

・その誤信等の下で、又はその誤信等を利用して、わいせつ行為を行うことの認識 |

	1項	2項
	◎わいせつな主観的傾向は不要である（最判平29.11.29） 　従前は、不同意わいせつ罪が成立するには、行為者の性欲を刺激、興奮、満足させる性的意図が必要であると解されていたが、この最高裁判例により性的意図は不要とされた。 　　　**〜どのように変わったのか〜** 　　例えば、性欲を満たすためではなく、報復目的のため、女性を無理やり裸にして写真を撮影する場合、従前は、性的意図を欠くため不同意わいせつ罪は成立せず、**強要罪**が成立するにとどまるとされていたが、**判例変更により、このような場合も不同意わいせつ罪が成立**することとなった。	
他罪との関係	◎**不同意性交等と不同意わいせつ** 　不同意性交等目的でわいせつ行為を行った場合は、**不同意性交等の既遂又は未遂**が成立する（条解刑法（第3版）501頁参照）。 ◎**住居侵入と不同意わいせつ** 　住居侵入を手段として不同意わいせつが行われた場合、住居侵入罪と不同意わいせつ罪は**牽連犯**となる（条解刑法（第3版）502頁参照）。 ◎**公然わいせつと不同意わいせつ** 　不同意わいせつを公然と行った場合、公然わいせつ罪と不同意わいせつ罪の**観念的競合**となる（大判明43.11.17）。 ◎**わいせつ目的拐取と不同意わいせつ** 　わいせつ目的で人を拐取し、不同意わいせつ行為をした場合、わいせつ目的拐取罪と不同意わいせつ罪の**牽連犯**となる（東京高判昭45.12.3）。	
告　訴	◎告訴は不要である。	
備　考	◎**婚姻関係の有無にかかわらず成立する。** ・改正前においても、行為者と被害者との間に**婚姻関係があるか否かは強制わいせつ罪や強制性交等罪の成立に影響しない**とする見解が一般的であったが、この点を条文上、明確にするため**確認的に規定**された。	

3　項

	行為の対象が**13歳未満**	行為の対象が**13歳以上16歳未満**
犯行の主体	特に制限はなく、誰でも行える。	◎**13歳以上16歳未満の者が生まれた日より5年以上前の日に生まれた者に限る（身分犯）** ・13歳以上16歳未満の者の**生年月日の前日から起算して5年以上前に生まれた者**をいう。 【例えば】 主　体 H15. 3. 31 ｜ 行為者の生年月日の**下限** ↑　5年遡る H20. 4. 1 ｜ 被害者の生年月日 →前日は H20. 3. 31 単純に被害者の生年月日の5年前の者（H15. 4. 1生）の者は入らないことに注意！ ・5年以上前に生まれた者とされた理由は174頁の表を参照
犯行の対象	◎**13歳未満の者** 　男女は問わない。	◎**13歳以上16歳未満の者** 　男女は問わない。
行　為	◎**わいせつな行為** 　☞その具体的内容は1・2項と同じ（176頁）	
故　意	・被害者が**13歳未満の者であること**の認識 ＋ ・**わいせつな行為をすることの認識**	・被害者が**16歳未満の者であること**の認識 ＋ ・**自らが被害者が生まれた日より5年以上前の日に生まれた者であることの認識** ⇒13歳以上16歳未満の者の生年月

	行為の対象が13歳未満	行為の対象が13歳以上16歳未満
		日を具体的に認識している必要はなく、行為時点において、**行為者自身の年齢を基準として自身より5歳以上年下の年齢であることの認識で足りる。** ＋ ・わいせつな行為をすることの認識
他罪との関係	◎176条1項と3項との関係 　16歳未満の者に対して、例えば、暴行・脅迫をして同意しない意思を形成し、表明し若しくは全うすることが困難な状態でわいせつな行為をした場合、**176条1項及び3項が適用されて一罪となる**（最判昭44.7.25参照）。	
告　訴	◎告訴は不要である。	

⚠要注意

　被害者の被害時における年齢が16歳未満であった場合、**客観的に13歳未満であれば、客観的にわいせつ行為が行われ、行為者において、相手方が13歳未満であることの認識とわいせつ行為の認識があれば足りる。**他方、**客観的に13歳以上16歳未満であれば、行為者は客観的に5歳以上年長であることが必要である上、相手方が16歳未満であること、相手方が5歳以上年下の年齢であること、わいせつ行為の認識が必要**となる。

　要件が異なることから、被害者の被害時の客観的な年齢を早期に把握する必要がある。

○　境界型の事例における判断

●*Case 1*　14歳の被害者に対し、16歳の者と24歳の者が共同して●
　　　　　３項の不同意わいせつ行為をした場合

　Ａ（満16歳）は、アルバイト先の先輩であるＢ（満24歳）から、中学生の胸を触りたいので中学生を探して呼び出すように言われ、Ｂから食事をおごってもらうなどして日頃から世話になっていたことからこれに応じ、かつての部活の後輩であった甲（満14歳）をアルバイト先の事務室に呼び出した。

　Ｂは、事務室内において、甲の着衣の下に手を入れて胸を触るなどした。甲は、内心嫌であったがかつての部活の先輩であるＡがそばにおり、性交まではされないだろうと思い、胸を触らせるままにいた。Ａ、Ｂの罪責は何か。

【結論】　　Ａ、Ｂは**不同意わいせつの共同正犯の罪責を負う**（法176条３項）。

【理由】　　被害者である甲は、胸を触られるわいせつの被害を受けた当時、満14歳であり、かつ、同被害に際し、暴行、脅迫など法176条１項所定の行為が行われていないことから、**同条３項の適用場面**となる。

　　　　　法176条３項は、被害者が被害時、満13歳以上16歳未満であった場合、処罰の主体は、被害者が生まれた日より５年以上前の日に生まれた者に限ることから、いわゆる身分犯となる。したがって、行為時、満24歳であるＢは身分を有し、処罰の主体となるが、満16歳であるＡは身分を有しておらず、処罰の主体とならないこととなる。

　　　　　しかし、身分犯に関し、**法65条１項は「犯人の身分によって構成すべき犯罪行為に加功したときは、身分のない者であっても、共犯とする。」**とし、**被害者が生まれた日よりも５年以上前の日に生まれた者という身分によって構成すべき法176条３項のわいせつ行為にＡが加功している場合には、前記身分のない者であるＡも共犯として処罰される**こととなる。

　　　　　本件では、ＡはＢの指示を受け、Ｂが甲の胸を触るなどのわいせつ行為をすることを了解しつつ甲を事務室に呼び出し、実際に、Ｂが甲に対してわいせつ行為をしている際も甲のそばにいてわいせつ行為の継続を維持させていたのであるから、**Ａは共同正犯としてＢの犯行に加功しており**、結局、ＡはＢとともに法176条３項の不同意わいせつの共同正犯の罪責を負う。

Case 1 とは異なり、身分者でないA（満16歳）が身分者であるB（満24歳）に対して報酬を提示して胸を触るなどのわいせつ行為を指示し、同指示に基づき、Bが甲（満14歳）に対し、胸を触るなどのわいせつ行為をした場合、**AとBは共謀共同正犯**となるが、この場合も法65条1項に基づき、**A、Bは法176条3項の不同意わいせつの共同正犯の罪責**を負う。

●**Case 2**　24歳の者が16歳の者に対し、14歳の被害者に対するわいせつ行為を●
　　　　教唆し、同教唆に基づき16歳の者がわいせつ行為をした場合

　A（満16歳）は、かつての部活の後輩であった甲（満14歳）に対して好意をもっていたが、これを知ったAのアルバイト先の先輩であるB（満24歳）は、Aに対し「そんなに好きならキスしちゃえ」と言い、Aはその気になり、翌日、Aは、甲と会い、甲に対して唇にキスをした。甲もAに対しては好意をもっていたことから特に拒否せずキスに応じた。A、Bの罪責は何か。

【結論】　A、Bは不同意わいせつの**罪責を負わない**（法176条3項）。

【理由】　被害者である甲は、キスをされる被害を受けた当時、満14歳であり、かつ、同被害に際し、暴行、脅迫など法176条1項所定の行為が行われていないことから、**法176条3項の適用場面**となるところ、Case 1 のとおり、Aは身分を有しないが、Bは身分を有することとなる。

　そして、本件において、Bは、Aにキスというわいせつ行為をする決心をさせて実際にキスというわいせつ行為に至ったことから、**教唆行為**を行ったことになり、法176条3項の不同意わいせつの教唆犯が成立するようにも思われる。

　しかし、**教唆犯が成立するには、実行行為者である正犯は構成要件に該当する違法な行為に及ぶ必要がある**ところ（最判平13.10.25、『捜査実例中心・刑法総論解説』（第3版）426〜427頁参照）、**本件の正犯であるAは身分を有さず、そもそも法176条3項の構成要件に該当する行為に至っていない**。

　したがって、Aが構成要件に該当する行為に至っていない以上、Bも教唆犯は成立せず、結局、**A、Bとも法176条3項の不同意わいせつの罪責を負わない**。

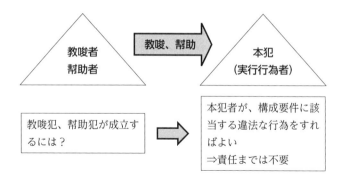

☞構成要件、違法、責任については基礎編の384頁を参照

　Case 2の逆の場合は、身分者であるBが法176条3項のわいせつ行為に及んでおり、これを教唆した身分を有しないAに対しては法65条1項により法176条3項の**不同意わいせつの教唆犯**が成立する（この場合、本犯者であるBは構成要件に該当する違法な行為に及んでおり、**教唆犯**が成立する。）。

○　痴漢行為の擬律～不同意わいせつと条例違反

▶▶▶　アプローチ

　痴漢発生の通報を受け、現場に向かい、被害者及び被疑者を確保し、両者の供述などから被害の概要が分かった場合、被疑者を何罪で現行犯逮捕するのか（あるいは送致するのか）という判断に迫られる。各都道府県では、条例を制定してこのような痴漢行為を迷惑行為として処罰対象としている。

　他方、わいせつ行為に至っている場合は、不同意わいせつ罪が成立するが、わいせつ行為と痴漢行為（迷惑行為）との区別は微妙な場合が多い。ここではこの区別について解説する。

(1)　モデルケース

①　Aは、満員電車の中で前に立つ女性甲に劣情を催し、甲が満員電車内で抵抗できないことをいいことに、そのスカートの上から、その臀部をなでたところ、乙に手をつかまれ、その後、警察官に引き渡された。Aの罪責は何か。

②　Aは、満員電車の中で前に立つ女性乙に劣情を催し、乙が満員電車内で抵抗

できないことをいいことに、そのスカートの上から、その臀部をなでたところ、乙が抵抗しなかったことから、さらに、そのスカートの中に手を差し入れ、下着越しにその臀部全体をなで回していたところ、乙に手をつかまれ、その後、警察官に引き渡された。Aの罪責は何か。

ア　結　論

①において、Aは条例違反の罪責を負う（条解刑法（第3版）500頁）。

②において、Aは不同意わいせつ罪の罪責を負う（東京高判平13.9.18など）。

イ　境界のポイント

各都道府県では、「公衆に著しく迷惑をかける暴力的不良行為等の防止に関する条例」（東京都、大阪府、愛知県など。名称は各府県によって若干異なる。）を制定し、この中で、いわゆる痴漢行為を処罰の対象としている。

■　**公衆に著しく迷惑をかける暴力的不良行為等の防止に関する条例（東京都）第5条第1項第1号**

何人も、正当な理由なく、人を著しく羞恥させ、又は人に不安を覚えさせるような行為であつて、次に掲げるものをしてはならない。

(1)　公共の場所又は公共の乗物において、衣服その他の身に着ける物の上から又は直接に人の身体に触れること。

【罰則】　6月以下の懲役又は50万円以下の罰金（同条例8条1項2号）

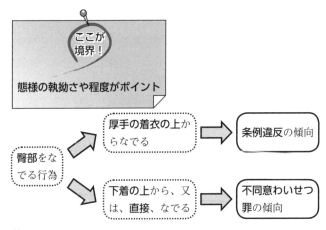

ウ　解　説

不同意わいせつ罪と条例違反の法定刑の違いや、条例違反が不同意わいせつに至らない程度の迷惑行為を処罰対象にしていることからすれば、その区別は、

相手方の性的自由を侵害する程度に至っているか否か、つまり、**その対象となる部位や態様の執拗さや程度**によって判断することとなる。

　したがって、相手方の**陰部**に触れる行為は、一般的に、**不同意わいせつに該当**することとなるが（ただし、厚手の着衣の上から触るにとどまる場合は、条例違反を適用する場合が多い）、相手方の**臀部**に触れる行為は、その態様の執拗さや程度によることとなる。

　そして、①**厚手の着衣の上**から臀部をなでる行為は、一般的に、その接触の程度などからわいせつ行為には至っておらず、**条例違反**となる傾向があるが、②**下着の上**から、又は、**直接**、臀部をなでる行為は、一般的に、その接触の程度などから**わいせつ行為**となる傾向がある。

　エ　モデルケースの理由・解答

　　本件において、①については、Ａは、そのスカートの上から、その臀部をなでており、わいせつの程度には至っておらず、Ａは、条例違反の罪責を負う。

　　他方、②については、Ａは、そのスカートの上から、その臀部をなでたところ、乙が抵抗しなかったことから、さらに、そのスカートの中に手を差し入れ、下着越しにその臀部全体をなで回しており、Ａは、不同意わいせつ罪の罪責を負う。

(2)　**境界型の事例における判断**　より深く

> **更に境界！**　●*Case*　下着の上から臀部に触れた場合●
>
> 　Ａは、満員電車の中で前に立つ女性乙に劣情を催し、乙が満員電車内で抵抗できないことをいいことに、そのスカートの上から、その臀部をなでたところ、乙が抵抗しなかったことから、さらに、そのスカートの中に手を差し入れ、下着越しにその臀部に手を触れたと同時に乙に手をつかまれ、その後、警察官に引き渡された。Ａの罪責は何か。

【結論】　Ａは、条例違反の罪責を負う（条解刑法（第３版）500頁）。

【理由】　Ａは、そのスカートの上から、乙の臀部をなでたところ（＝ここまでは条例違反である）、乙が抵抗しなかったことから、さらに、そのスカートの中に手を差し入れ、下着越しにその臀部に手を触れたところで行為が終了している。**下着越しに臀部を触る場合も、少なくとも手でなでるなどの態様**に至っていないと、わいせつとは評価できない。したがって、Ａは、**条例違反**の罪責を負う。

　なお、Aが、下着越しに臀部をなで回すつもりで手を下着越しに差し入れ、手が臀部に触れたことが立証できる場合（多くは自白）は、不同意わいせつ未遂となる余地もあるが、実際の適用は困難であろう。

④　不同意性交等

■　**法第177条（不同意性交等）**

1　前条第１項各号に掲げる行為又は事由その他これらに類する行為又は事由により、同意しない意思を形成し、表明し若しくは全うすることが困難な状態にさせ又はその状態にあることに乗じて、性交、肛門性交、口腔性交又は膣若しくは肛門に身体の一部（陰茎を除く。）若しくは物を挿入する行為であってわいせつなもの（以下この条及び第179条第２項において「性交等」という。）をした者は、婚姻関係の有無にかかわらず、５年以上の有期拘禁刑に処する。

2　行為がわいせつなものではないとの誤信をさせ、若しくは行為をする者について人違いをさせ、又はそれらの誤信若しくは人違いをしていることに乗じて、性交等をした者も、前項と同様とする。

3　16歳未満の者に対し、性交等をした者（当該16歳未満の者が13歳以上である場合については、その者が生まれた日より５年以上前の日に生まれた者に限る。）も、第１項と同様とする。

未遂○、予備×、緊逮○、テロ準○、裁判員×、親告罪×

■　**（旧）法第177条（強制性交等）**

13歳以上の者に対し、暴行又は脅迫を用いて性交、肛門性交又は口腔性交（以下「性交等」という。）をした者は、強制性交等の罪とし、５年以上の有期懲役に処する。13歳未満の者に対し、性交等をした者も、同様とする。

未遂○、予備×、緊逮○、テロ準○、裁判員×、親告罪×

令和５年刑法改正により従来の強制性交等は不同意性交等に改められたが、

①　**同意しない意思の形成・表明・全うが困難な状態での性交等であることを中核とする要件に整理**されたこと。

②　不同意性交等の成立にも３類型があること。

は不同意わいせつと同様である。

以下、構成要件を整理する。

1項・2項

	1項	2項
犯行の主体	特に制限はなく、誰でも行える。	
犯行の対象	特に制限はなく、男女や年齢を問わず対象となる。	
行　為	◎前条（176条）1項各号に掲げる行為又は事由その他これらに類する行為又は事由 ☞詳しくは②（166～171頁）参照 ⇓よって ◎同意しない意思を形成し、表明し若しくは全うすることが困難な状態にさせ又はその状態にあることに乗じて ☞詳しくは②（172頁）参照 ⇓	◎行為がわいせつなものではないとの誤信をさせ（誤信をしていることに乗じてを含む。） ☞詳しくは③（175～178頁）参照 ⇓ ◎行為をする者について人違いをさせ（人違いをしていることに乗じてを含む。） ☞詳しくは③（175～178頁）参照 ⇓

◎性交等
・性交、肛門性交、口腔性交又は膣若しくは肛門に身体の一部（陰茎を除く。）若しくは物を挿入する行為であってわいせつなもの
・**性交**とは、膣内に陰茎を入れる行為をいう。
・**肛門性交**とは、肛門内に陰茎を入れる行為をいう。
・**口腔性交**とは、口腔内に陰茎を入れる行為をいう。
・**膣若しくは肛門に陰茎を除く身体の一部若しくは物を挿入する行為であってわいせつなもの**

	1項	2項

・「陰茎」及び「膣」は、医学的な意味でのものをいうが、**性別適合手術により形成された「陰茎」、「膣」**であっても、生来のものと実質的に変わらないもの（形状の近似性、実質の程度）は、性交等の対象となり得る（平29. 6. 7 法務省刑事局長答弁）。

◎被害者の承諾

　16歳以上の者に対する性交等につき、**被害者の自由な意思決定に基づく承諾**がある場合は、その意思に反した性交等ではないことから、**不同意性交等罪は成立しない**（条解刑法（第3版）504頁）。

> **〜合意の主張〜**
> 　実務上、性交等は被害者と**合意**の上であった旨、少なくとも行為者は**合意があったと認識**していた旨の弁解がなされ、その真偽が問題となる場合が多い。このような弁解が出る場合は、多かれ少なかれ、行為者と被害者との間に**事前の接触**がある場合である。このような場合は、
> ・**性交等直前の暴行・脅迫の内容や程度**
> ・性交等直後の被害者や行為者の**行動状況**、**逃走状況**、被害者の**被害申告までの期間**、**内容**（被害者が直後に知人などに被害状況をＳＮＳで打ち明けているなど）
> ・行為者と被害者との**知り合った経緯**、**交友期間**、**交友状況**
> などを精査する必要がある。

◎実行の着手時期、既遂時期

	1項	2項
着手時期	同意しない意思を形成し、表明し又は全うすることが困難な状態で性交等がなされる現実的危険性を有する行為が開始された時	2項所定の手段又は状態で、性交等がなされる現実的危険性を有する行為が開始された時
既遂時期	膣内、肛門内、口腔内に、陰茎等を没入した時	

　例えば、**暴行や脅迫**を一定の行為又は事由とする場合、暴行や脅迫を開始した時が実行の着手時期と認められるためには、同意しない意思を形成、表明、全うすることが困難な状況で性交等を可能にするような客観的事情でなされる必要がある。

	1項	2項
	【〇実行の着手が認められたもの】 ・夜間通行中の女性を強制性交等しようと考え、必死に抵抗する女性をダンプカーの運転席に引きずり込もうとした時（最決昭45.7.28） ・山林の県道ですれ違った女性を道端の山林に引っ張り込もうとして腰を抱き、逃走しようとするのを押さえつけた時（仙台高判昭33.8.27） ・少女を山道の奥深くに連れ込もうとしたところ、逃走しようとしたため、背後から胴を抱き、口を塞ぐなどした時（東京高判昭38.6.13） **【●実行の着手が認められなかったもの】** ・マンションのエントランスホールで女性の背後から抱き付き、腹部を蹴って、約20m離れた道路に駐車中の自車に連れ込もうとしたが、抵抗されて断念した場合（広島高判平16.3.23） ⇒犯行現場の時刻や場所、暴行の程度などから、直ちに性交等を可能にする状況になかったことが考慮された。	
	性交等を行うには、**ある程度の時間、被害者の抵抗や第三者との接触を排斥した状況を作り出す**ことが必要 ⇒	・**時刻**が深夜であれば、第三者の出現可能性が低い ・**場所**が山道や密室などであれば、第三者の出現可能性が極めて低いが、エントランスなどは、不特定多数の出入りがある ・**暴行の程度**が強ければ、被害者の抵抗を排斥する程度も高くなる
故 意	・法176条1項1号から8号までに**列挙している行為若しくは事由又は**これらに類する行為若しくは事由の**認識** ＋ ・それによって、被害者が、**同意しない意思を形成し、表明し若しくは全うすることが困難な状態**になり、又は当該状態にあることの認識 ＋ ・当該状態の下で、又は当該状態を利用して、性交等を行うことの認識	・被害者に、**行為がわいせつなものではないとの誤信**をさせ、若しくは行為をする者について**人違い**をさせ、又は被害者がそれらの誤信若しくは人違いをしていることの認識 ＋ ・その状態の下で、又はその誤信等を利用して、性交等を行うことの認識

	1項	2項
他罪との関係	◎住居侵入と不同意性交等 　住居侵入を手段として不同意性交等が行われた場合、住居侵入罪と不同意性交等罪は**牽連犯**となる（大判昭7.5.12）。 ◎監禁と不同意性交等 ・監禁中に、不同意性交等の故意が生じて不同意性交等をした場合、監禁罪と不同意性交罪との**併合罪**となる（最判昭24.7.12）。 ・当初から不同意性交等の目的で監禁をした場合、監禁罪と不同意性交等罪との**観念的競合**となる（札幌高判昭53.6.29）。	
告　訴	◎告訴は不要である。	
備　考	◎婚姻関係の有無にかかわらず成立する。 　☞詳しくは178頁を参照	

3項

	行為の対象が13歳未満	行為の対象が13歳以上16歳未満
犯行の主体	特に制限はなく、誰でも行える。	◎13歳以上16歳未満の者が生まれた日より5年以上前の日に生まれた者に限る（身分犯）。 　☞詳しくは179頁参照
犯行の対象	◎13歳未満の者 　男女は問わない。	◎13歳以上16歳未満の者 　男女は問わない。
行　為	◎性交等 　☞その具体的内容は1・2項と同じ（188頁）。	
故　意	・被害者が**13歳未満の者であること**の認識 ＋ ・性交等の行為をすることの認識	・被害者が**16歳未満の者であること**の認識 ＋ ・自らが被害者が生まれた日より5年以上前の日に生まれた者であることの認識 　☞詳しくは179頁参照 ＋ ・性交等の行為をすることの認識
他罪との関係	☞詳しくは191頁参照	

	行為の対象が13歳未満	行為の対象が13歳以上16歳未満
告　訴	◎告訴は不要である。	

5 監護者わいせつ、監護者性交等

■ 法第179条（監護者わいせつ及び監護者性交等）

1 18歳未満の者に対し、その者を現に監護する者であることによる影響力があることに乗じてわいせつな行為をした者は、第176条第1項の例による。

2 18歳未満の者に対し、その者を現に監護する者であることによる影響力があることに乗じて性交等をした者は、第177条第1項の例による。

未遂〇、予備×、緊逮〇、テロ準×、裁判員×、親告罪×

改正により形式的な罰条の記載が改められたが、構成要件及び罰則は従前と同様である。

立法の理由	暴行・脅迫が用いられず、また、心神喪失や抗拒不能状態等に当たらない場合でも、監護者が、自己と依存・被依存ないし保護・被保護の関係にある18歳未満の者に対し、その依存・被依存ないし保護・被保護の関係により生ずる監護者であることによる影響力があることに乗じてわいせつ行為や性交等をした場合、被監護者の自由な意思決定に基づくものとはいえ、その当罰性や悪質性から、不同意わいせつや不同意性交等と同様に処罰することとした。
犯行の主体	◎18歳未満の者を現に監護する者 ・18歳未満の者を現に監督し、保護している者である。 ・典型例は親権者であるが、親権者であっても、実際に監護している実態がなければ、該当しない。 ・他方、親権者のような法律上の監護権を有していなくとも、事実上、現に18歳未満の者を監督し、保護する者であれば、該当し得る。 **具体的な該当性の判断は？** 依存・被依存ないし保護・被保護の関係により生ずる監護者であることによる影響力があることに乗じてわいせつ行為や性交等をすることに処罰の根拠がある ・依存・被依存ないし保護・被保護の関係あり ・同関係は、具体的な影響力を及ぼせる程度に至る必要

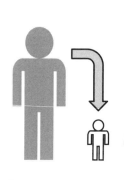

依存・被依存ないし保護・被保護の
関係が認められること
・衣食住などの経済的な観点
・生活上の指導・監督などの精神
　的な観点
⇩
この関係に継続性が必要

具体的には？

経済的な観点	・同居の有無、居住場所に関する指定等の状況 ・生活費の支出などの経済的な状況 ・18歳未満の者に関する諸手続等を行う状況
精神的な観点	・指導状況、身の回りの世話等の生活状況
継続性	・生活を共にしている期間の長さ ・生活を継続する可能性や意思

・一般的に、同居の親（養親）、同棲相手、子を引き取った親
　族は該当しやすい
・児童養護施設の職員は、前記事情を踏まえて判断する
・教師や部活顧問は、前記事情に該当する**特別の事情**があれば
　該当し得る

犯行の対象	◎18歳未満の者 ・主体との関係で、現に監護されている18歳未満の者が対象 ・現に監護の意味は、前記のとおり。
行　為	◎**現に監護する者であることによる影響力** 　監護者が、被監護者の生活全般にわたって、衣食住などの経済的な観点や生活上の指導・監督などの精神的な観点から、現に被監護者を監督し、保護することにより生ずる影響力をいう。 ◎**乗じて** ・現に監護するものであることによる影響力が**一般的に存在**し、かつ、**当該行為時においてもその影響力を及ぼしている状態**で、わいせつ

な行為や性交等を行うことである。

・わいせつな行為や性交等を行う特定の場面において、**影響力を利用するための具体的な行為を行うことは必要ない**が、監護者の影響力と無関係に行った場合は該当しない。

　⇒18歳未満の者を現に監護する者に該当すれば、通常、その影響力が一般的に存在し、そのわいせつな行為や性交等についても、一般的に存在している監護者の影響力が作用していると考えられる。

　⇒したがって、この要件が問題となるのは、このような影響力が遮断されているような**特別の事情**があるか否かである。

> ・暗闇の中、相手方を判別できない状態で不同意わいせつ行為や性交等が行われた場合
> ・18歳未満の者から脅迫されるなどして、監護者が不同意わいせつ行為や性交等を強いられた場合

◎**わいせつな行為、性交等**
・不同意わいせつ、不同意性交等と同じ。
　☞不同意わいせつ、不同意性交等の項目を参照（176頁、188頁）

故　意	・自己が18歳未満の者を現に監護する者であること、現に監護するものであることによる影響力があることに乗じること、わいせつな行為、性交等を行うことの認識・認容が必要である。 ・**現に監護する者に該当する旨の認識までは不要であり、これを基礎づける事実の認識・認容で足りる。** 　例えば、①同居の有無、居住場所に関する指定等の状況、②生活費の支出などの経済的な状況、③18歳未満の者に関する諸手続等を行う状況、④指導状況、身の回りの世話等の生活状況、⑤生活を共にしている期間の長さ、⑥生活を継続する可能性や意思などの事実を認識していることが必要であり、それで足りる。
他罪との関係	◎**不同意わいせつ、不同意性交等と監護者わいせつ、監護者性交等** 　不同意わいせつ、不同意性交等が成立する場合には、監護者わいせつ、監護者性交等は**成立しない**（監護者わいせつ、監護者性交等は、不同意わいせつ、不同意性交等が成立しない場合の補充的規定のため）。
告　訴	◎告訴は不要である。

○　親権者が娘に性交等をさせた場合 ～監護者性交等と児童福祉法違反

▶▶▶▷ **アプローチ**

　親権者である父が、同居している16歳の娘に対し口腔性交をさせたが、それが、幼少時からの性的な支配関係の中で行われた場合、監護者性交等と児童福祉法違反が成立し得るところ、両罪は保護法益が異なるなどの違いがあり、その適用関係が問題となる。

■　**モデルケース**

　Aは、実の娘である甲と同居していたが、Aは甲が幼少時から、口腔性交をさせ、それが当たり前のように思い込ませていた。やがて、甲は16歳になったが、自らは働いておらず、高校の学費などはAに支払ってもらっていて、また、親戚とはあまり交渉がなかった。そのような中で、Aは甲に対し、「いつものようにやれ」と命じ、甲に口腔性交をさせた。Aの罪責は何か。

ア　結　論

　　Aは監護者性交等罪と児童福祉法違反（児童に淫行をさせる行為）の罪責を負う（両者は観念的競合）。

イ　境界のポイント

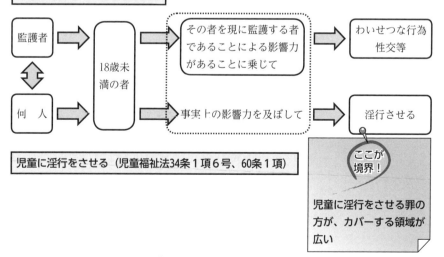

ウ　解　説

　監護者性交等は、**個人の性的自由を保護法益**とする犯罪であるのに対し、児童に淫行をさせる行為（児童福祉法違反）は、**社会における児童の福祉を保護法益**とするものであり、異なる犯罪類型であるが、その適用要件は近似しており、以下のように、児童に淫行をさせる罪の方がカバーできる領域が広くなっている。

犯行の主体	特に制限はなく、誰でも行える。
犯行の対象	◎児　童 満18歳に満たない者（児童福祉法４条１項）
行　為	◎淫　行 ・反倫理的な性行為であって、**性交又はこれに準ずべき性交類似行為**をいう。 ・**反倫理的な性行為** 　【○該当するもの】 　・金銭的な対価を得るための性行為 　・公衆の観覧に供するための性行為 　・不特定多数人を相手にする無差別な性行為 　・倒錯的な性行為 　＊相思相愛に基づくなどの性行為は除外される。 ・**性交又はこれに準ずべき性交類似行為** 　【○該当するもの】 　・性交、手淫、口淫、素股、肛淫等を伴う男色行為（大阪高判昭41.4.26など） 　・バイブレーターを調達して児童に手渡し、自己の面前において、児童をしてこれを性器に挿入させる行為（東京高判平8.10.30） ◎（淫行を）させる ・児童に働きかけて淫行をするように仕向ける行為をいう（最決昭40.4.30）。 ・直接、間接を問わず、児童に対して**事実上の影響力を行使**して、児童が淫行をなすことを**助長し促進する行為**を含む。 ・雇用関係や身分関係などにより、行為者が児童を支配している場合には、淫行を助長促進する行為は、必ずしも積極的でなくともよい。 　【○該当するもの】 　・飲食店の経営者が、住み込み女中である児童が客と淫行することを承認した場合（最判昭30.12.26） 　・芸者置屋の経営者が、前貸しをして抱えた芸者である児童が自発的に客と淫行することを黙認していた場合（名古屋高判昭33.9.8） 　・飲食店の経営者が、住み込みホステスである児童が客と淫行すれば

	客から対価を得られることを暗に勧めて仕向け、児童が客と淫行していた場合（広島家裁尾道支判昭43.3.22） ・自己を相手に性交等をさせる場合も含む（東京高判平17.6.16）。
故　意	◎**年齢の認識** 　対象が18歳未満であることの認識・認容がなくとも、**過失**があれば、本罪が成立する（児童福祉法60条4項）。
法定刑	10年以下の懲役又は300万円以下の罰金、又は併科あり（児童福祉法60条1項）

　監護者わいせつ、監護者性交等と児童に淫行をさせる行為の両方が成立する場合は、その保護法益の違いなどから、両者は**観念的競合**となる。
エ　モデルケースの理由・解答
　本件において、Aは、同居し、高校に通学させている16歳の娘（**＝現に監護する者、児童**）との間で、経済的な依存・被依存関係にあり、また、幼少時から口腔性交をさせ、これを当たり前のように思い込ませて倒錯思考を植え付けて精神的に支配していた影響力に基づき（**＝影響力に乗じて、事実上の影響力を行使して**）、口腔性交をさせている（**＝性交等、淫行をさせる**）。したがって、Aは、監護者性交等罪と児童福祉法違反（児童に淫行をさせる罪）の罪責を負う（両者は観念的競合）。

6　不同意わいせつ致死傷・不同意性交等致死傷

> ■　**法第181条（不同意わいせつ等致死傷）**
> 1　第176条〔注不同意わいせつ〕若しくは第179条第１項〔注監護者わいせつ〕の罪又はこれらの罪の未遂罪を犯し、よって人を死傷させた者は、無期又は３年以上の懲役に処する。
> 2　第177条〔注不同意性交等〕若しくは第179条第２項〔注監護者性交等〕の罪又はこれらの罪の未遂罪を犯し、よって人を死傷させた者は、無期又は６年以上の懲役に処する。
>
> ***未遂×、予備×、緊逮○、テロ準×、裁判員○、親告罪×***

　改正により形式的な罰条の記載が改められたが、構成要件及び罰則は従前と同様である。

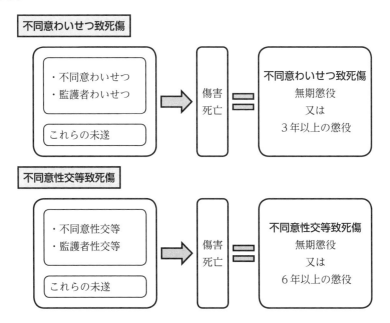

基本犯	◎**不同意わいせつ、不同意性交等、監護者わいせつ、監護者性交等、これらの罪の未遂** 　不同意わいせつ、不同意性交等、監護者わいせつ・監護者性交等と同じ。 　☞各項目を参照（173頁、187頁、193頁）
結　果	◎**結果的加重犯（よって人を死傷）** ・基本犯と死傷の結果との間に因果関係が必要 ・死傷の結果は、わいせつ行為や性交等の行為そのものから生じた場合、その手段である暴行・脅迫から生じた場合を含む（最決昭43. 9. 17）。 ・さらに、死傷の結果は、**基本犯に随伴する行為や犯行と一体のものと評価できる暴行・脅迫により生じたものでもよい**（大判明44. 6. 29）。 　**【○該当するもの】** 　・不同意性交中、被害者が傍らの鉄条網に触れて負傷した場合（広島高裁岡山支判昭32. 2. 19） 　・共犯者の1人から不同意性交等され、更に他の共犯者から不同意性交等されることの危険を感じ、詐言を用いてその場を離れ、数百m逃走して救助を求める際、転倒して負傷した場合（最決昭46. 9. 22） 　・電車内で不同意わいせつ行為を終了した後、被害者に腕をつかまれたため、これを振り切って逃走する目的で、つかまれた腕を強く振り払った際、傷害を負わせた場合（東京高判平12. 2. 21） 　・不同意性交等後、逃走を容易にするための暴行により傷害を負わせた場合（大阪高判昭62. 3. 19） 　・不同意性交等の前に乳房にキスマークを付けた場合（東京高判昭46. 2. 2）。 　**【●該当しないもの】** 　・不同意性交等の終了後、犯行現場から少し離れた場所で、被害者に対し、内密にするように話したところ、拒否されたことから、被害者の手をねじ上げて負傷させた場合（大判大15. 5. 14）⇒犯行と一体ではなく**独立した暴行**と評価 ・傷害の程度は、傷害罪の傷害と同じ。 　☞傷害の項目を参照（136頁）
他罪との関係	◎**殺人と不同意性交等致死傷** ・犯人が殺意をもって被害者を不同意性交等した後に殺害した場合、不同意性交等致死罪と殺人罪との**観念的競合**である（最判昭31. 10. 25）。 ・不同意性交等後、発覚をおそれて被害者を殺害した場合、不同意性交等罪と殺人罪との**併合罪**である（大判昭7. 2. 22）。
告　訴	◎**告訴は不要である。**

⑦　令和５年刑法改正に伴う実務上の留意点

１　公訴時効期間

　令和５年刑法改正に伴い、性犯罪についての**公訴時効期間を延長**する方向で刑訴法改正も行われた（**施行は令和５年６月23日**）。

　公訴時効期間の延長は２段階あり、１段階目は、**不同意わいせつ罪や不同意性交等罪などの公訴時効期間が一律的に延長**され（刑訴法250条３項）、２段階目は、同項の罪につき、**被害者が犯罪行為が終わった時に18歳未満である場合は、被害者が18歳に達する日までの期間に相当する期間を加算**することとされた（刑訴法250条４項）。

　なお、改正後の公訴時効期間の延長は、**改正法施行時に公訴時効が完成していないものについても適用**があるが、改正法施行時に既に公訴時効が完成しているものには適用されない（附則５条１項）。

⚠要注意

　平成17年１月１日施行の改正法（平成16年法律第156号）により当時の強制わいせつ罪や強姦罪の法定刑引上げに伴い、公訴時効期間が延長されたが、同施行前に犯した罪の公訴時効期間は従前の例によることとされた（附則３条２項）。

　しかし、**令和５年刑訴法改正（法律第66号第２条）により、平成17年１月１日より前に犯された罪についても、令和５年改正法施行日である令和５年６月23日において、公訴時効が完成していない場合は、令和５年改正後の公訴時効期間が適用されることとなった**（附則５条２項）。

☞後掲の図を参照（205頁）

被害者が18歳に達する日までの期間に相当する期間を加算

理　由	18歳未満の若年者が性犯罪の被害に遭った場合、性的な行為や事後の対応を含めた社会生活上の知識・経験が十分に備わっているとは言い難いこと、保護者等に相談しにくいことなどの状況に照らすと、**一般的・類型的に18歳以上の者の場合と比較して被害申告がより困難**であると考えられ、被害者が18歳に達する日までの期間に相当する期間につき、更に公訴時効期間を延長することとした。

対象とな る犯罪	刑訴法250条3項各号の犯罪 ⇒不同意わいせつ罪、不同意性交等罪、監護者わいせつ罪・監護者性交等罪、 　これらの罪の未遂罪、不同意わいせつ・不同意性交等致傷罪、強盗・不同 　意性交等罪など
具体例	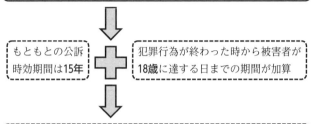 **15年＋犯罪行為が終わった時から18歳に達する日までの期間が加算＝33歳に達する日（＝誕生日前日）の午前0時の経過により公訴時効完成** **【より具体的に】** ・不同意性交等事件（令和5年10月16日発生） ・被害者の生年月日は平成22年12月27日（被害当時12歳約2月） ・被疑者に海外渡航などの公訴時効停止事由はないものとする。 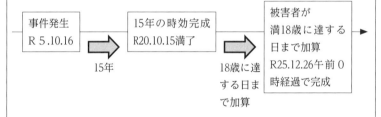 **公訴時効の計算** ⇒初日が算入されることから、15年後の事件発生日の前日の満了で時効完成 **年齢の計算** ⇒「年齢計算ニ関スル法律」に基づき、被害者が満18歳に達する日は、18歳の誕生日の前日をいう→R10.12.26 ⇒事件発生がR5.10.16のため、加算されるのは5年＋2月＋10日（この場合刑訴法55条により初日不算入・被疑者有利に計算：17日から26日までの10日間） ⇒R20.10.15にこれを加算→R25.12.25 ⇒同日午後12時（又はR25.12.26午前0時）経過により時効完成

【速算方法・前記例に基づく】

① 　不同意性交等の時効期間が15年であることを確認

② 　被害者の被害時から18歳までの年数自体を計算

　　⇒被害時は12歳約２月、18歳までは５年約10月→５年

③ 　①＋②により時効期間の年数自体を算出

　　⇒15年＋５年＝20年

④ 　被害時から③の年数を加算し、その年の被害者の誕生日前日午前０時を経過することにより公訴時効完成

　　⇒被害時がR５.10.16のため20年を加算し、被害者の誕生日前日であるR25.12.26午前０時を経過することにより公訴時効完成

令和5年刑訴法改正による不同意わいせつ罪等の公訴時効期間

（※）被害者が18歳に達する日までの期間加算あり（刑訴法250条4項）

罪名	区分	公訴時効期間
不同意わいせつ罪（法176条）	旧	7年
	新	12年（※）
不同意性交等罪（法177条）	旧	10年
	新	15年（※）
監護者わいせつ罪（法179条）	旧	7年
	新	12年（※）
監護者性交等罪（法179条）	旧	10年
	新	15年（※）
不同意わいせつ未遂罪（法180条）	旧	7年
	新	12年（※）
不同意性交等未遂罪（法180条）	旧	10年
	新	15年（※）
不同意わいせつ致傷罪／不同意性交等致傷罪（法181条）	旧	15年
	新	20年（※）
不同意わいせつ致死罪／不同意性交等致死罪（法181条）	旧	30年
	新	30年（※）
強盗・不同意性交等罪（法241条）	旧	15年
	新	20年（※）
同致死罪（法241条）	旧	適用なし
	新	適用なし

令和5年刑訴法改正に伴う公訴時効期間の適用

平成16年改正法施行	平成29年改正法施行	令和5年改正法施行
平成17年1月1日	平成29年7月13日	令和5年6月23日

施行前の犯罪の期間は従前の例による

施行時に公訴時効が完成していなければ新法を適用

不同意わいせつ

罪名：強制わいせつ　時効期間：5年
事件
公訴時効完成（5年）
事件　海外在住＝公訴時効の停止

罪名：強制わいせつ　時効期間：7年
公訴時効完成（7年）
事件（R2）

罪名：不同意わいせつ　時効期間：12年
公訴時効完成（12年）
公訴時効完成（12年）

不同意性交等

罪名：強姦　時効期間：7年
事件
公訴時効完成（7年）
事件　海外在住＝公訴時効の停止

罪名：強姦　時効期間：10年
公訴時効完成（10年）
事件（R2）

罪名：強制性交等　時効期間：10年
公訴時効完成（10年）

罪名：不同意性交等　時効期間：15年
公訴時効完成（15年）
公訴時効完成（15年）

不同意性交等致傷

罪名：強姦致傷　時効期間：10年
事件
公訴時効完成（10年）
事件　海外在住＝公訴時効の停止

罪名：強姦致傷　時効期間：15年
公訴時効完成（15年）
事件（R2）

罪名：強制性交等致傷　時効期間：15年
公訴時効完成（15年）

罪名：不同意性交等致傷　時効期間：20年
公訴時効完成（20年）
公訴時効完成（20年）

2　犯罪事実記載例

○　法第176条第1項（不同意わいせつ罪）

※　適用が多いと思われるものを掲載した。

【1号】

　被疑者は、令和○年○月○日午後○時○分頃、○○県○○市○○町○丁目○番○号先路上において、○○○○（当時○○歳）に対し、その顔面を数回殴るなどの暴行を加えたことにより、同意しない意思を全うすることが困難な状態にさせ、その着衣の上から及び着衣の中に手を入れてその胸を手でもみ、着衣の上から陰部を触るなどのわいせつな行為をしたものである。

- - - - - - - - - -

　被疑者は、令和○年○月○日午後○時○分頃、○○県○○市○○町○丁目○番○号先路上において、○○○○（当時○○歳）に対し、同人が○○○○（㊟暴行の主体）から顔面を数回殴られるなどの暴行を受けたことにより、同意しない意思を全うすることが困難な状態にあることに乗じ、前記○○（㊟被害者）の着衣の上から及び着衣の中に手を入れてその胸を手でもみ、着衣の上から陰部を触るなどのわいせつな行為をしたものである。

【3号】

　被疑者は、令和○年○月○日午後○時○分頃、○○県○○市○○町○丁目○番○号被疑者方において、○○○○（当時○○歳）に対し、ひそかに睡眠薬を混入させたアルコール飲料を飲ませたことにより、同意しない意思を形成させることが困難な状態にさせ、その着衣の上から及び着衣の中に手を入れてその胸を手でもみ、着衣の上から陰部を触るなどのわいせつな行為をしたものである。

- - - - - - - - - -

　被疑者は、令和○年○月○日午後○時○分頃、○○県○○市○○町○丁目○番○号被疑者方において、○○○○（当時○○歳）に対し、同人が大量のアルコール飲料を飲んで泥酔していることにより同意しない意思を形成することが困難な状態にあることに乗じ、その着衣の上から及び着衣の中に手を入れてその胸を手でもみ、着衣の上から陰部を触るなどのわいせつな行為をしたものである。

【7号】

　被疑者は、令和○年○月○日頃から令和○年○月○日頃までの間、○○県○○市○○町○丁目○番○号被疑者方において、同居の実子である○○○○に対し、暴力や性的虐待を繰り返し、それに起因する被疑者からの性的行為に抵抗できない心理状態を生じさせたことにより、同意しない意思を形成することが困難な状態にさせ、令和○年○月○日午後○時○分頃、前記被疑者方において、前記○○（㊟被害者）（当時○○歳）に対し、その着衣の上から及び着衣の中に手を入れてその胸を手でもみ、着衣の上から陰部を触るなどのわいせつな行為をしたものである。

【8号】

　被疑者は、株式会社○○の代表取締役として同社従業員の採用等の業務を統括していたものであるが、令和○年○月○日午後○時○分頃、○○県○○市○○町○丁目○番○号前記株

式会社○○の会議室内において、同社従業員としての採用を希望していた○○○○（当時○○歳）に対し、「うちで働きたいんでしょ。」、「触らせてくれ。」、「断れば君を採用することはできないよ。」などと申し向け、被疑者の要求に応じなければ、被疑者の同社代表取締役としての影響力によって同社に採用されないのではないかとの不安を生じさせたことにより、同意しない意思を表明することが困難な状態にさせ、前記○○（㊟被害者）の着衣の上から及び着衣の中に手を入れてその胸を手でもみ、着衣の上から陰部を触るなどのわいせつな行為をしたものである。

【混合型】

　被疑者は、コンビニエンスストアを営むものであるが

第１　令和○年○月○日午後○時○分頃、○○県○○市○○町○丁目○番○号コンビニエンスストア○○店事務室において、アルバイト従業員として雇った○○○○（当時○○歳）に対し、同人が眠っていることにより同意しない意思を形成することが困難な状態にあることに乗じ、その着衣の上から両胸を触るわいせつな行為をし**（4号）**

第２　同日午後○時○分頃から同日午後○時○分頃までの間、前記○○店倉庫において、立って作業していた前記○○（㊟被害者）に対し、その背後から、瞬時のことで時間にゆとりがないことにより同意しない意思を形成することが困難な状態にあることに乗じ、その着衣の上からその陰部を手で触るなどのわいせつな行為をし**（5号）**、さらに、性的行為が行われると予想していなかった同人を恐怖又は驚愕させたことにより、同意しない意思を表明することが困難な状態にさせ、その着衣の上からその胸を触るなどのわいせつな行為をし**（6号）**

たものである。

※　不同意性交等の場合は、わいせつな行為を性交等の行為に置き換えることとなる。

8 16歳未満の者に対する面会要求・面会

　若年者の性被害を未然に防止するため、令和5年刑法改正（令和5年法律第66号）により、対面した状態で行われる性犯罪の防止の観点から**わいせつの目的で16歳未満の者に対して不当な手段で面会を要求する行為や面会する行為**、離隔した状態で行われる性犯罪の防止の観点から**16歳未満の者に対して性的な姿態をとってその映像を送信することを要求する行為**が処罰対象とされた（同年7月13日施行）。

　つまり、性犯罪に至る前の段階の行為を処罰対象とするものであり、その**保護法益**は、16歳未満の者が性被害に遭う危険性のない状態、つまり、**性被害に遭わない環境にあるという性的保護状態**である。

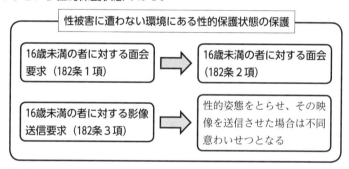

　以下、構成要件を整理する。

1・2項

	1項（面会要求）	2項（面会）
行為の主体	◎行為の対象が13歳未満の場合は特に制限はない。 ◎行為の対象が13歳以上16歳未満である場合は5歳以上年長の者 　☞詳しくは179頁参照	
行為の対象	◎16歳未満の者	
行　　為	◎威迫、偽計、誘惑をして面会を要求 ・「威迫」とは、言語、動作、態度をもって気勢を示し、相手に不安や困惑を生じさせる行為を	◎面会する 　☞詳しくは左欄を参照

	1項（面会要求）	2項（面会）
	いう。 ・「**偽計**」とは、人の判断を誤らせるような術策をいう。 ・「**誘惑**」とは、甘言をもって相手方の判断を誤らせることをいう。 ・「**面会**」とは、人と直接会うことをいう。 ・「**要求**」とは、面会を求める意思表示をいう。相手方に了知されることを要するが、間接的・黙示的なものも含む。 【例えば】 　直接会って伝えるだけでなく、電話やオンライン上のメッセージも含む。 ◎拒まれたにもかかわらず反復して面会を要求 　「反復して」とは、複数回繰り返してのことである。 ◎金銭その他の利益を供与し、又はその申込み、約束をして面会を要求 　「金銭その他の利益」とは、金銭や財物等の財産上の利益だけでなく、およそ人の需要・欲望を満足させるに足りるものをいう。 【例えば】 　家屋や建物の無償貸与、接待・供応、異性間の情交、職務上の地位などを含む。	
目　的	◎わいせつの目的 　16歳未満の者に対し性的行為を行い又は性的行為を行わせる目的をいう。
故　意	◎被害者が13歳未満である場合 　・被害者が13歳未満の者であることの認識

+

	1項（面会要求）	2項（面会）
	・所定の行為により**面会を要求すること・面会することの認識** ◎**被害者が13歳以上16歳未満である場合** 　・被害者が16歳未満の者であることの認識 ＋　・自らが被害者が生まれた日より5年以上前の日に生まれた者であることの認識 　　☞詳しくは179頁参照 ＋　・所定の行為により**面会を要求すること・面会することの認識**	
他罪との関係	◎**法182条1項と2項の関係（面会要求に基づき面会した場合）** 　面会要求の結果として面会した場合、面会要求罪は面会罪の前提であることから、**面会要求罪（1項）は面会罪（2項）に吸収**される。 ◎**不同意わいせつ罪・不同意性交等罪との関係（面会をしてわいせつ行為（性交等）に及んだ場合）** 　面会罪は性的保護状態を保護するものである一方、不同意わいせつ罪や不同意性交等罪は性的自由・性的自己決定権を保護するものであり、両者は異なる罪質であることから、**面会罪と不同意わいせつ罪・不同意性交等罪が成立し、両者は牽連犯**となることが多いと思われる。	

3項

行為の主体	◎**行為の対象が13歳未満の場合は特に制限はない。** ◎**行為の対象が13歳以上16歳未満である場合は5歳以上年長の者** 　☞詳しくは179頁参照
行為の対象	◎**16歳未満の者**
行　為	◎**性交、肛門性交、口腔性交をする姿態をとってその映像を送信することを要求（1号）** 　・**性交、肛門性交、口腔性交** 　　☞不同意性交等の項目を参照（188頁） 　・**映像**には、静止画像のほか動画も含まれる。 　・**要求**とは、対象者に対して、他人との間で性交、肛門性交、口腔性交をしてその姿態の映像を送信するように要求する意思表示をいう。 ◎**①膣又は肛門に陰茎を除く身体の一部、物を挿入し又は挿入される姿態、②性的な部位を触り又は触られる姿態、③性的な部位を露出した姿態そ**

の他の姿態、をとってその映像を送信するように要求（2号）

・①膣又は肛門に陰茎を除く身体の一部、物を挿入し又は挿入される姿態

　☞不同意性交等の項目を参照（188頁）

・**①膣又は肛門に陰茎を除く身体の一部、物を挿入し又は挿入される姿態をとって、その姿態の映像を送信することの要求**とは、対象者の膣又は肛門に自身（他人を含む。）の手指や性玩具等を挿入してその姿態の映像を送信するように要求する行為、他人の膣又は肛門に対象者の手指や性玩具等を挿入してその姿態の映像を送信するように要求することをいう。

・**②性的な部位を触り又は触られる姿態のうち、性的な部位**とは、**性器、肛門、これらの周辺部、臀部、胸部**をいう（**法182条3項2号**）。

・**②性的な部位を触り又は触られる姿態をとってその映像を送信することの要求**とは、対象者が自己の性的な部位を触る姿態をとってその映像を送信するように要求、対象者がその性的な部位を他人に触られる姿態をとってその姿態の映像を送信するように要求、対象者が他人の性的な部位を触る姿態をとってその姿態の映像を送信するように要求する行為をいう。

・**③性的な部位を露出した姿態その他の姿態をとってその映像を送信することの要求**とは、例えば、他人の性的な部位をなめる、対象者自身の性的な部位をなめられる姿態をとってその映像を送信するように要求する行為をいう。

┌───┐
2号の要求行為は、当該行為をさせることがわいせつなものであるものに限定される
⇒例えば、医師がリモート診察において、胸部に疾患のある16歳未満の者に対し、胸部を映すように要求する場合のように、性的な意味合いのないものを処罰対象としない趣旨で限定された
└───┘

故　意	**◎被害者が13歳未満である場合** ・被害者が**13歳未満の者であること**の認識 ＋ ・所定の行為により**送信を要求すること**の認識 **◎被害者が13歳以上16歳未満である場合** ・被害者が**16歳未満の者であること**の認識 ＋

	・自らが被害者が生まれた日より5年以上前の日に生まれた者であることの認識 ☞詳しくは179頁参照 ＋ ・所定の行為により**送信を要求することの認識**
他罪との関係	◎**不同意わいせつ罪・不同意性交等罪との関係**（性的行為をさせてその姿態をとらせてその映像を送信させた場合） 　本罪は性的保護状態を保護するものである一方、不同意わいせつ罪や不同意性交等罪は性的自由・性的自己決定権を保護するものであり、両者は異なる罪質であることから、**本罪と不同意わいせつ罪・不同意性交等罪が成立し、両者は牽連犯**となることが多いと思われる。

⑨ 迷惑防止条例違反

痴漢行為の擬律の項目を参照（183頁）。

○ 都道府県を列車で移動中に複数の条例違反（痴漢）となる場合

▶▶▶▷ アプローチ

痴漢発生の通報を受け、現場に向かい、被害者及び被疑者を確保し、両者の供述などから条例違反の被害が分かったが、その条例違反の行為は、A県とB県にまたがって継続していた場合、適用する条例はどうなるのだろうか。

■ モデルケース

Aは、満員電車の中で前に立つ女性甲に劣情を催し、甲が満員電車内で抵抗できないことをいいことに、乙県内から丙県内に列車が走行している間、そのスカートの上から、その臀部をなでたところ、甲に手をつかまれ、その後、警察官に引き渡された。Aの罪責は何か。

ア 結 論

　Aは乙県と丙県の条例違反の罪責を負う（東京高判平20.5.15など。両者は包括一罪）。

イ 境界のポイント、解説

　異なる都道府県にまたがって痴漢行為に及んだ場合、いかなる条例が適用されるかは、条例が各都道府県で効力を持つ法令である以上、**それぞれの条例違反が成立**する。

　さらに、それぞれの条例が適用された場合の罪数が問題となるが、各条例の場所的な適用範囲から、同一の行為が両方の条例に違反することはなく、2つの条例違反が成立した上、同一の故意の下に継続したものとして**包括一罪**とされる（東京高判平20.5.15など）。

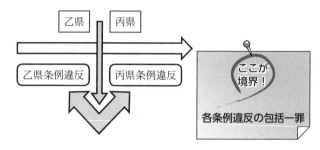

ウ モデルケースの理由・解答

　　本件において、Aは、乙県条例違反と丙県条例違反の罪責を負う（両者は**包括一罪**）。

| 参　考 | 犯罪事実の記載例 |

> 　被疑者は、令和○○年○月○日午前○時○○分頃から同日午後○時○○分頃までの間、乙県乙市△△△所在の××鉄道株式会社○○線乙駅から丙県丙市△△△所在の同社丙駅に至る間を走行中の電車内において、被害者の女性（当時○○歳）に対し、その着衣の上からその臀部を手で触り、もって公共の乗り物において、人を著しく羞恥させ、かつ、人に不安を覚えさせるような卑わいな行為をしたものである。

※　罰条は、両方の条例違反を記載する。

※　乙県と丙県の条例違反の法定刑に軽重の差がある場合は、重い刑による。

　☞罪数論の基本の項目を参照（415頁）。

⑩　性的な姿態を撮影する行為等の処罰及び押収物に記録された性的な姿態の影像に係る電磁的記録の消去等に関する法律違反

　近時、スマートフォンの普及や撮影機器の小型化などの情勢を反映し、スマートフォン等を用いた下着等の盗撮事案や、不同意性交等の性犯罪の犯行時に被害者の姿態を撮影する事案などが多数発生しているところ、性的な姿態を撮影する行為や、このような撮影行為によって生成された記録を提供する行為等は、撮影対象者に重大な権利利益の侵害を生じさせかねないものであり、このような行為等に厳正に対処する必要がある。

　そこで、性的な姿態を撮影する行為やこれにより生成された記録を提供する行為などを処罰する「性的な姿態を撮影する行為等の処罰及び押収物に記録された性的な姿態の影像に係る電磁的記録の消去等に関する法律」（令和5年法律第67号。以下「同法律」という。）が成立し、一部の規定を除き、**令和5年7月13日から施行**された。

　同法律中、罰則の主なものは、性的姿態等を撮影する行為を対象とする**性的姿態等撮影罪**（同法律2条）、撮影された記録が拡散するのを防止するため、性的影像記録を提供する行為等を対象とする**性的影像記録提供等罪**（同法律3条）、提供するために性的影像記録を保管する行為を対象とする**性的影像記録保管罪**（同法律4条）、不特定又は多数の者に影像送信する行為等を対象とする**性的姿態等影像送信罪**（同法律5条）、拡散された結果が固定化されることを防止するため、影像送信された影像を記録する行為を対象とする**性的姿態等影像記録罪**（同法律6条）がある。

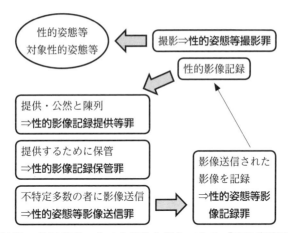

続いて、同法律の処罰規定の中で中核的な概念である**「性的姿態等」**について整理する。

性的姿態等	
同法律2条1項1号イ	同法律2条1項1号ロ
① 人の性的な部位 ② 人が身に着けている下着のうち現に性的な部位を直接、間接に覆っている部分	左記のほか、わいせつな行為又は性交等がされている間における人の姿態
◎人 　犯人以外の者をいう。 ◎性的な部位 ・性器、肛門、これらの周辺部、臀部、胸部をいう。 ・衣服で覆われていないものを前提とするものである。 ◎下　着 ・ショーツ、トランクス、ブリーフ、ブラジャーなどをいう。 ・通常衣服で覆われており、かつ、性的な部位を覆うのに用いられるものに限定される。 ┌╌╌╌╌╌╌╌╌╌╌╌╌╌╌╌╌╌╌╌╌ ┊通常衣服で覆われていないもの ┊⇒人に見える状態で着用が予定され	◎わいせつな行為 　刑法176条における「わいせつ」と同じ意味である。 ☞詳しくは176頁参照 ◎性交等 　刑法177条における「性交等」と同じ意味である。 ☞詳しくは188頁参照 ◎わいせつな行為又は性交等がなされている間における人の姿態 ・現にわいせつな行為又は性交等をしている最中の姿態に限らず、そのような行為が始まり、一連の行為が終わるまでの間の姿態を含む。 ・わいせつな行為や性交等の途中にこれを一旦停止して撮影対象者の姿態を撮

ているものは除外（ハーフパンツなど）

通常性的な部位を覆うのに用いられ
ないものは除外（妊婦用の腹巻や骨
盤ベルト）

◎現に性的な部位を直接、間接に覆ってい
る部分
　例えば、ブラジャーの肩紐部分のよう
に、下着であっても性的な部位を直接、
間接に覆っていない部分は除外される。

影する行為も含む。
・実際に撮影される身体の部位がいかな
る箇所であるかを問わない。

実際に性的姿態等撮影の対象となるのは

撮影対象者が16歳未満の場合		性的姿態等
	うち撮影対象者が13歳以上16歳未満の場合	行為時点において、撮影対象者の５歳以上年長の者が行為者 ⇒性的姿態等
前記以外の場合		対象性的姿態等

対象性的姿態等とは、
性的姿態等から一定の
場合を除外したもの

除外されるものは？

◎人が通常衣服を着けている場所において不特定又は多数の者の目に触れることを認識し
ながら自ら露出し又はとっているものを除く
　⇒除いたものが「対象性的姿態等」である。
　⇒例えば、グラビア撮影会のように、人が通常衣服を着けている場所において不特定又
　　は多数の者の目に触れることを認識しながら自ら性的姿態等を露出するなどした場合
　　は、保護法益を放棄したといえるため除外された。
◎人が通常衣服を着けている場所
　・人が衣服を着けているのが通常である場所をいう。例えば、公道、公園、電車の車両
　　内などをいう。
　・海水浴場は、通常、水着という衣服を着けている場所であり該当する。
◎自ら露出し又はとっている
　殊更注意を払わなくても目に触れ得る状況に自らしていることをいう。例えば人が通
常衣服を着けている場所である公園内において、タオルで体を覆うなどし、できる限り
人目に触れないように着替えている場合はこれに該当しないが、人目から隠れようとし
ないで着替えている場合には、殊更注意を払わなくても目に触れ得る状態に自らしてい
るためこれに該当する。

続いて、性的姿態等撮影罪（同法律2条）の構成要件を整理するが、構成要件の類型は大きく**4類型**に分かれる。

1号	**正当な理由がないのに、ひそかに、対象性的姿態等を撮影する行為** ◎**ひそかに** ・撮影対象者に対象性的姿態等を撮影することを知られないような態様でという意味である。 ・仮に、撮影対象者が、外形的な撮影行為自体は認識していても、対象性的姿態等を撮影されることを認識できないような態様で撮影行為が行われた場合を含む。 ・撮影対象者以外の周囲の者が認識できても、撮影対象者が対象性的姿態等を撮影されることを認識できないような態様で撮影行為が行われた場合を含む。 ◎**正当な理由がない** 　撮影行為者と撮影対象者の関係、撮影行為に至る経緯・目的、対象性的姿態等の内容、撮影方法などの態様などを総合して判断することとなる。 ┌────────────────────────┐ **正当な理由がある場合の具体例** ・親が、子供の成長の記録として、寝ている子供の上半身裸の姿を撮影する場合 ・医師が、緊急搬送された意識不明の患者の上半身裸の姿を医療準則に則って撮影する場合 └────────────────────────┘
2号	**刑法第176条第1項各号に掲げる行為又は事由その他これらに類する行為又は事由により、同意しない意思を形成し、表明し若しくは全うすることが困難な状態にさせ又はその状態にあることに乗じて、人の対象性的姿態等を撮影する行為** ◎**各要件は②を参照** 　不同意性交等罪の犯罪行為が行われる機会にその被害者の性的な部位や下着の撮影行為が行われた場合には、撮影行為についても同意しない意思の形成、表明、全うが困難な状態にあると考えられ、本号の処罰対象となり得る。 ◎**撮影する** 　行為者が自ら行うものだけでなく、例えば、被害者を脅迫するなどして、行為者が被害者を利用して行うものも含まれ得る。
3号	**行為の性質が性的なものではないとの誤信をさせ、若しくは特定の者以外の者が閲覧しないとの誤信をさせ、又はそれらの誤信をしていることに乗じて、人の対象性的姿態等を撮影する行為** ◎**行為の性質が性的なものではないとの誤信** 　撮影行為が性的な性質を有するにもかかわらず、性的な性質がないものと誤信していることをいう。

	例えば、撮影対象者が、乳がんの検診のために必要な医療行為のための撮影行為と誤信している場合などがある。 ◎**特定の者以外の者が閲覧しないとの誤信** 　撮影行為により生成される記録を特定の者以外の者は閲覧しないものと誤信していることをいう。 　例えば、交際相手である撮影行為者から、撮影した画像は自分以外の誰にも見せない旨を告げられ、当該撮影行為者以外の者が当該画像を閲覧しないと誤信している場合などがある。
4号	**正当な理由がないのに、13歳未満の者を対象として、その性的姿態を撮影する行為** **13歳以上16歳未満の者を対象として、当該者が生まれた日より5年以上前の日に生まれた者が、その性的姿態等を撮影する行為** ◎**年齢要件が設けられた理由、各要件** 　☞不同意わいせつの項目を参照（179頁） ◎**撮影する行為** 　行為者が自ら行うものだけでなく、例えば、被害者を脅迫するなどして、行為者が被害者を利用して行うものも含まれ得る。 ◎**正当な理由がある場合** 　例えば、親が、子供の成長の記録として、自宅の庭で水遊びをしている子供の上半身裸姿を撮影する場合、地域の行事として開催される少年相撲の大会において、上半身裸で行われる少年相撲の取組を撮影する場合、紙おむつのCM用の素材とする目的で、おむつをはいた上半身裸の乳児の全身の写真を必要な枚数だけ撮影する場合などがある。
他罪との関係	◎**性的姿態等撮影と性的姿態等影像記録** 　例えば、性的姿態等を撮影した者がこれにより生成された性的影像記録を提供目的で保管した場合、新たな別途の法益侵害が生じることから、**両罪が成立し、併合罪**となる。 ◎**性的姿態等撮影と性的影像記録提供等** 　例えば、性的姿態等を撮影した者がこれにより生成された性的影像記録を提供した場合、新たな別途の法益侵害が生じることから、**両罪が成立し、併合罪**となる。 ◎**性的姿態等撮影と不同意わいせつ** 　2号のように撮影行為が同時に不同意わいせつにも該当する場合、両罪の保

護法益が異なることから、**両罪が成立し、1つの行為と評価できる場合は観念的競合となるが、そうでない場合は併合罪**となる。

◎**性的姿態等撮影と児童ポルノ製造**

　例えば、児童の性的姿態等を撮影する行為が児童ポルノ製造にも該当する場合、両罪の保護法益が異なることから、**両罪が成立し、1つの行為と評価できる場合は観念的競合となるが、そうでない場合は併合罪**となる。

◎**性的姿態等撮影と各都道府県の迷惑防止条例違反**

　例えば、性的姿態等の撮影行為が同時に各都道府県の迷惑防止条例に規定する盗撮行為にも該当する場合、両罪の保護法益が異なることから（各都道府県迷惑防止条例違反の保護法益は、各都道府県における生活の平穏）、**両罪が成立し（吸収関係に立たない）、1つの行為と評価できる場合は観念的競合となるが、そうでない場合は併合罪**となる。

　なお、例えば、駅のホーム上の盗撮に際し、撮影対象者のスカート下方に携帯電話機を差し入れてパンティを撮影した場合には性的姿態等撮影となるが、撮影対象者の後方からズボンを着用した臀部をズボン越しに撮影した場合には、対象性的姿態等の撮影に該当しないため、各都道府県の迷惑防止条例違反が成立し得る（最決平20.11.10）。

> 国内線の旅客機内の盗撮事案では、どの都道府県条例を適用するのかの確定に困難を伴うことが多かったが、性的姿態等撮影罪が法律上の犯罪であることから適用の困難が解消された。

留意点

◎**撮影対象者の承諾**

　撮影対象者が撮影行為について承諾している場合、**1、2、3号については成立しないが、4号については**性的姿態等の撮影行為に応じるか否かにつき有効に自由な意思決定をする前提となる能力に欠けるものを対象とすることから、**その承諾の有無にかかわらず成立する。**

◎**未遂罪あり（2項）**

　1項各号の撮影行為に及んだものの、結果として撮影に至らなかった行為が該当し、例えば、撮影する目的で撮影機器をスカートの下に差し向けてシャッターを押したが、たまたま露光不足で性的姿態の影像として記録されなかった場合がある。

> **参　考　　性的姿態等撮影の犯罪事実記載例**

　被疑者は、正当な理由がないのに、令和○年○月○日午前○時○分頃から同日午前○時○分頃までの間、○○県○○市○○町○丁目○番地○号○○線○○駅から同市○○町○丁目○番○号同線○○駅までの間を進行中の電車内において、ひそかに、後方から○○○○（当時○○歳）に近づき、手に持った動画撮影機能付きスマートフォンを同人が着用していたスカート内に差し入れ、同人が身に着けていたショーツの臀部を覆っている部分を同スマートフォンで動画撮影したものである。

第４章

自由、平穏又は秘密を害する罪

1 脅迫、強要

■　**法第222条（脅迫）**

1　生命、身体、自由、名誉又は財産に対し害を加える旨を告知して人を脅迫した者は、２年以下の懲役又は30万円以下の罰金に処する。

2　親族の生命、身体、自由、名誉又は財産に対し害を加える旨を告知して人を脅迫した者も、前項と同様とする。

未遂×、予備×、緊逮×、テロ準×、裁判員×、親告罪×

- -

■　**法第223条（強要）**

1　生命、身体、自由、名誉若しくは財産に対し害を加える旨を告知して脅迫し、又は暴行を用いて、人に義務のないことを行わせ、又は権利の行使を妨害した者は、３年以下の懲役に処する。

2　親族の生命、身体、自由、名誉又は財産に対し害を加える旨を告知して脅迫し、人に義務のないことを行わせ、又は権利の行使を妨害した者も、前項と同様とする。

未遂○、予備×、緊逮○、テロ準×（組織的な強要○）、裁判員×、親告罪×

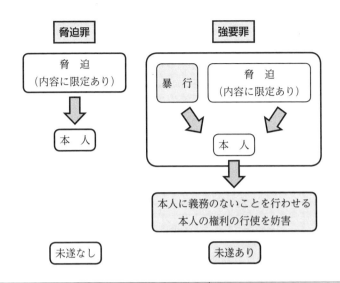

	脅迫罪	強要罪
犯行の主体	特に制限はなく、誰でも行える。	
犯行の対象	◎　人 ・**自然人**の意味であり、**法人は含まない**（大阪高判昭61.12.16）。 ・ただし、法人の財産や営業に対する害悪の告知が、法人の代表者等の自然人に対する害悪の告知にも当たる場合は、その自然人に対する脅迫になることはあり得る（条解刑法（第3版）649頁）。	
行為（実行の着手）	◎脅　迫 ・本人又は親族の生命、身体、自由、名誉又は財産に対し害を加えることを本人に告知すること。 ・**親族**の意味は、親族間の犯罪に関する特例の親族と同じ。 ☞窃盗の項目を参照（6頁） ・**貞操**は、性的自由を侵害する内容であれば「身体、自由」、不貞の公表等を内容とするものであれば「名誉」に対する害悪の告知となる（大判昭7.11.11）。 ・害悪の告知は、**一般人を畏怖させるに足りる程度**のものでなければならない（不快感、気味悪さ、警告に止まるものは含まれない。）。 ・一般人を畏怖させるに足りる程度の害悪の告知がなされればよく、**現実に相手方が畏怖したことは必要ではない**（東京高判昭34.12.22）。 ・害悪の内容それ自体は、必ずしも犯罪である必要はなく、違法なものでなくともよい（告訴する意思がないのに告訴する旨告知すること。大判大3.12.1など）。	

	脅迫罪	強要罪

・害悪の内容自体は、**告知者が自ら加えるもの**のほか、**第三者によって加えられるものであってもよい**が、この場合、**告知者が自らあるいは第三者を通じて害悪を発生させることができるものとして相手方に告知することが必要**である（間接脅迫。大判昭10.11.22など）。

- 「第三者が襲ってくるぞ」×
- 「第三者は自分の言うことは何でも聞く。第三者が襲ってくるぞ」○

【●脅迫に該当しないもの】
・「俺の言うことを聞かないと今に天罰が下るぞ」と告知した場合（しかし、告知者が祈とう師などであり、祈とうを信仰している者に対して、天罰を下し得る地位にあることを示した場合は、脅迫に該当し得る。最決昭31.11.20参照）

・**害悪を告知する方法に制限はない**（文書、言語、態度、動作でもよい。）。
【○該当するもの】
・相手方の自宅付近で害悪を告知する内容のビラを配布し、ビラを入手した近隣の者を通じて、相手方がビラの内容を認識する場合（最判昭29.6.8参照）
⇒ただし、後記のとおり、近隣の者が相手方にビラを渡すことの認識・認容が必要となる。

> **参　考**　脅迫の他罪における意味

広義の脅迫	人を畏怖させるに足りる**害悪の告知の全てを含み**、その害悪の内容、性質、告知の方法を問わない。	公務執行妨害罪、加重逃走罪、騒乱罪などが該当
狭義の脅迫	内容は広義の脅迫と同じであるが、**告知される害悪の種類が限定され**るなどするもの	脅迫罪、強要罪などが該当
最狭義の脅迫	**人の反抗を抑圧するか、著しく困難にする程度に畏怖心を生じさせる**ような強い害悪の告知をいう。	強盗罪、事後強盗罪などが該当

	◎暴　行
	人に対して加えられた有形力の行使であり、必ずしも直接人の身

	脅迫罪	強要罪
		体に対して加えられる必要はない（広義の暴行） ☞暴行の項目を参照（143頁）
	◎実行の着手時期 　実行の着手時期は、**脅迫行為又は暴行を開始した時**である。	
結果（既遂）	◎脅迫の相手方が脅迫内容を了知することが必要とされる傾向にある。 　脅迫状を郵送するような場合、脅迫状が相手方に届いたが、相手方が脅迫状を読んでいない場合（＝了知していない場合）、脅迫自体は未遂とされる傾向にある（大判昭７.３.17など参照）。	◎人に義務のないことを行わせ、又は権利の行使を妨害する。 ・義務のないことを行わせるとは、行為者において何ら権利・権能がなく、相手方に何ら義務がないのに、**相手方に作為・不作為又は忍容を余儀なくさせる**ことをいう。 【○該当するもの】 　・名誉毀損を犯していない相手方に謝罪文を書かせること（大判大15.３.24）。 　・患者が医師を脅迫して、治療のためと認められない麻薬を注射させること（高松高判昭46.11.30）。 ・権利の行使を妨害するとは、相手方が法律上許されている**作為・不作為に出ることを妨害**することをいう。 【○該当するもの】 　・加害者が脅迫して、被害者に器物損壊罪での告訴を思いとどまらせること（大判昭７.７.20）。 ◎既遂時期 ・既遂時期は、強要の結果として、**義務のないことを行わせ、権利の行使を妨害した時**である。 ・強要目的で相手方に脅迫状を郵送し、相手方に届いたが、相手方が読むに至らなかった場合、了知に至っておらず、**脅迫自体**

届いたが読んでいない　✉

告知者　⇒　相手方

・投函
　⇒脅迫・強要の**実行の着手**
・了知なし
　⇒脅迫自体は**未遂**
・義務なき行為なし
　⇒**強要未遂罪**

	脅迫罪	強要罪
		は未遂であり、強要罪も未遂となる（大判昭7.3.17）。
故　意	本条で限定された各法益に対する害悪を加える旨を告知して脅迫することの認識・認容	本条で限定された各法益に対する害悪を加える旨を告知して脅迫すること、又は暴行により、人に義務のないことを行わせ、又は権利の行使を妨害することの認識・認容
他罪との関係	◎脅迫・強要行為を内容とする他罪と脅迫・強要　　強盗罪、恐喝罪、逮捕・監禁罪、職務強要罪が成立する場合、脅迫・強要罪はこれらの罪に**吸収**される（条解刑法（第3版）654頁）。	

2 逮捕、監禁

> **■ 法第220条（逮捕及び監禁）**
> 不法に人を逮捕し、又は監禁した者は、3月以上7年以下の懲役に処する。
> **未遂×、予備×、緊逮○、テロ準×（組織的な逮捕監禁○）、裁判員×、親告罪×**

犯行の主体	特に制限はなく、誰でも行える。
犯行の対象	◎　人 ・人の身体的活動の自由を保護法益とすることから、**自然人に限られる**（条解刑法（第3版）640頁）。 ・**身体的活動をなし得る者**であれば対象となる。 　**【○該当するもの】** 　　・幼児（生後1年7か月の者。京都地判昭45.10.12） 　　・精神病者、泥酔者、熟睡者 　**【●該当しないもの】** 　　・嬰児（条解刑法（第3版）640頁）
行　為	◎逮　捕 　人の身体の自由に**直接拘束**を加えてその行動の自由を奪うことをいう（条解刑法（第3版）642頁）。 　**【○該当するもの】** 　　・紐やロープで手足を縛る行為 　　・拳銃を突きつけて自由を拘束する行為 　　・警察官である旨詐称して連行する行為 ◎監　禁 ・人が**一定の区域内から脱出することを不可能又は著しく困難**にしてその行動の自由を奪うことをいう（条解刑法（第3版）642頁）。 ・必ずしも物的な施設を要するものではなく、房室のように区画された場所である必要はない。 　**【○該当するもの】** 　　・原動機付自転車の荷台に乗せて運転し、脱出を困難にさせた場合（最判昭38.4.18）。 ・方法に特段制限はない。 　**【○該当するもの】** 　　・脅迫により畏怖させる場合（最判昭28.6.17）

　　　　　　　　　・入院中の母のところに行くと欺いてタクシーに乗車させて別方向に
　　　　　　　　　　走らせる場合（最決昭33.3.19）
　　　　　　　　　・入浴中の女性の衣類を隠し、その羞恥心を利用する場合
　　　　　　　　・一応脱出の方法がないわけではないが、**生命や身体の危険を冒すか、
　　　　　　　　　常軌を逸した異常手段を講じなければ脱出できない状態**であれば監
　　　　　　　　　禁といえる。
　　　　　　　　　【○該当するもの】
　　　　　　　　　・被害者を乗せた自動車の運転の場合（最決昭30.9.29）
　　　　　　　　　・女性を海上沖合に停泊中の漁船内に閉じ込めた場合（最判昭24.12.
　　　　　　　　　　20）

　　　　　　　◎**逮捕等致死傷罪**

　　　　　　　　　　　・逮捕、監禁そのもの
　　　　　　　　　　　・その手段としての行為　　➡　　死　傷

　　　　　　　　　　　　　　　　　　　　⬇

　　　　　　　　　　　　逮捕等致死傷罪（法221条）
　　　　　　　　　　　傷害の罪と比較して、重い刑により処断する
　　　　　　　　　　　【致死】　　3年以上の有期懲役
　　　　　　　　　　　【致傷】　　3月以上15年以下の懲役
　　　　　　　　　　　　いずれも、罰金、科料はない

故　意	人を逮捕、監禁することの認識・認容
他罪との関係	◎**逮捕と監禁** 　人を逮捕し、引き続き監禁した場合、**包括して逮捕及び監禁罪**となる（最判昭28.6.17）。 ◎**暴行、脅迫と逮捕及び監禁** ・逮捕、監禁の**手段**として暴行、脅迫が行われた場合、暴行罪、脅迫罪は、**逮捕及び監禁罪に吸収**される（大判昭11.5.30）。 ・逮捕、監禁とは**別の動機**から暴行、脅迫がなされた場合（監禁中、被害者の言動に立腹して暴行したような場合）、暴行罪、脅迫罪と逮捕及び監禁罪との**併合罪**となる（最決昭42.12.21）。 ◎**恐喝と逮捕及び監禁** 　恐喝の手段として逮捕、監禁が行われた場合、恐喝罪と逮捕及び監禁罪は**併合罪**となる（最判平17.4.14）。

	◎**殺人と逮捕及び監禁** 　殺意をもって人を逮捕、監禁し、その最中に殺害した場合、**殺人罪のみ**成立する（大判大9.2.16）。
継続犯	◎**逮捕及び監禁は継続犯である。** 　逮捕、監禁中に協力を開始した者も共犯となる。

3　略取、誘拐

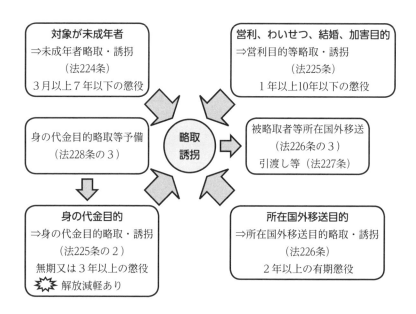

対象が未成年者
⇒未成年者略取・誘拐
　　　（法224条）
3月以上7年以下の懲役

営利、わいせつ、結婚、加害目的
⇒営利目的等略取・誘拐
　　　（法225条）
1年以上10年以下の懲役

身の代金目的略取等予備
　　（法228条の3）

略取
誘拐

被略取者等所在国外移送
　　（法226条の3）
引渡し等（法227条）

身の代金目的
⇒身の代金目的略取・誘拐
　　（法225条の2）
無期又は3年以上の懲役
解放減軽あり

所在国外移送目的
⇒所在国外移送目的略取・誘拐
　　　（法226条）
2年以上の有期懲役

　略取、誘拐罪における保護法益については争いがあるが、**被拐取者の自由及び監護権者の監護権**とするのが判例の傾向である（大判明43.9.30）。

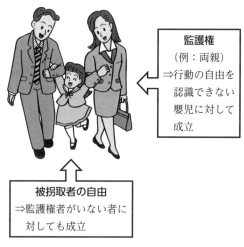

監護権
（例：両親）
⇒行動の自由を
　認識できない
　嬰児に対して
　成立

被拐取者の自由
⇒監護権者がいない者に
　対しても成立

本項では、適用例の多い未成年者略取、誘拐について解説する。

■ **法第224条（未成年者略取及び誘拐）**

　未成年者を略取し、又は誘拐した者は、３月以上７年以下の懲役に処する。

　　　　　　　　　　　　未遂〇、予備×、緊逮〇、テロ準〇、裁判員×、親告罪〇

犯行の主体	◎特に制限はなく、誰でも行える。
	未成年者の保護監督者も主体となり得る（最決平17.12.6）。
犯行の対象	◎**未成年者**
	・**18歳未満の者**をいう（民法４条）。
	⇒令和４年４月１日施行の民法の一部改正により成年年齢が18歳に引き下げられたことにより、未成年者略取・誘拐罪における「未成年者」は18歳未満の者をいうことになる。
	<table><tr><td>**～民法改正法施行前の行為の処罰は？～** 　令和４年４月１日より前に成立している未成年者略取・誘拐罪における「未成年者」は**20歳未満の者**をいう（民法改正法附則25条、研修884号39～40頁）。</td></tr></table>
	・生後２日の嬰児も対象となる（東京高判昭37.7.20）。
行　為	◎**略　取**
	暴行、脅迫を手段として、他人をその保護された従来の生活環境から自己又は第三者の実力的支配下に置くことをいう（条解刑法（第３版）656頁）。
	◎**誘　拐**
	・**欺罔、誘惑**を手段として、他人をその保護された従来の生活環境から自己又は第三者の実力的支配下に置くことをいう（条解刑法（第３版）656頁）。
	・**「欺罔」**は、**虚偽**の事実を告げて相手を錯誤に陥れることをいう。
	・**「誘惑」**は、欺罔の程度には至らないが、**甘言**をもって相手方の判断を誤らせることをいう（東京高判昭32.8.24）。
	・暴行、脅迫、欺罔、誘惑は、被拐取者自身に加えられる必要はなく、**その保護監督者に加えられるものでもよい**（大判大13.6.19）。
	◎**実行の着手時期・既遂時期**
	<table><tr><td>**着手時期**</td><td>暴行、脅迫、欺罔、誘惑などの**手段を開始した時**（条解刑法（第３版）657頁）</td></tr></table>

	既遂時期　被拐取者を自己又は第三者の**実力支配圏内に移した時**（大判大3.4.14）
故　意	被拐取者が未成年者であること、略取、誘拐の認識・認容が必要
他罪との関係	◎暴行、脅迫と欺罔、誘惑が行われた場合 　**未成年者略取及び誘拐罪の一罪**となる（大判昭10.5.1）。 ◎逮捕及び監禁と未成年者略取等 　未成年者略取の手段として逮捕、監禁した場合、逮捕及び監禁罪と未成年者略取罪との**観念的競合**となる（東京高判平14.2.14）。 ◎営利目的等略取等と未成年者略取等 　わいせつ目的で未成年者を略取等した場合、**営利目的等略取等のみ**が成立する（大判明44.12.8）。
親告罪	◎**本罪は親告罪である。** 　告訴権者は、未成年者及び保護監督者である。

> **〜「未成年者」＝18歳未満の者に変化した罪名は？〜**
> ・未成年者略取・誘拐罪（法224条）
> ・未成年者買受け罪（法226条の2第2項）
> ・準詐欺罪（法248条）
> など

○　離婚協議中の夫婦の一方による子の連れ去り行為

▶▶▶ **アプローチ**

　夫婦関係が破綻し、離婚協議中の別居夫婦において、子の取り合いをめぐる争いが高じて、一方の親の下で養育されている子の連れ去り事案が発生した場合、未成年者略取及び誘拐罪は成立するのだろうか。

　夫婦とも子に対する関係では親権者であり、一定の権利を有していることから問題となるが、その成否は微妙であり、ここでは未成年者略取及び誘拐罪が成立する場面を検討する。

(1)　**モデルケース**

① 　Aは、妻甲と離婚し、3歳の子である乙は、甲が親権者となり、甲の下で養

育されていたが、Aは、乙と一緒に暮らしたいと考え、甲を殴打しその場に倒
れ込んだ隙に、一緒にいた乙を奪い、Aの居住するアパートに連れていった。
Aの罪責は何か。

② 　Aは、別居している妻甲と離婚協議中であったが、甲の下で養育されていた
3歳の子である乙の親権をめぐって争いが生じていた。Aは、乙と外国で一緒
に暮らしたいと考え、乙のパスポートを用意し、外国行きの航空券を取得した
上、当時、入院していた乙をベッドから足を引っ張って逆さに吊り上げて、脇
に抱えて奪い、取り急ぎ、Aの居住する本邦内のアパートに連れていった。A
の罪責は何か。

ア　結　論

①において、Aは未成年者略取罪の罪責を負う。

②において、Aは所在国外移送目的略取罪の罪責を負う（最判平15.3.18）。

イ　境界のポイント

夫婦の一方による子の連れ去り

	離婚後	離婚協議中
構成要件該当性	暴行等の手段が用いられていれば該当する。	
違法性	特に阻却する事由はない。	親権者の行為として違法性が阻却されるか検討を要する。 ⇒権利の範囲内か、社会的相当性の枠内か。

ここが境界！

違法性が阻却されるかがポイント

ウ　解　説

夫婦の一方による子の連れ去りにつき、夫婦が離婚した後、親権を有しない
親が、親権者の下で養育されている子を暴行等の手段を用いて自己の支配圏内
に移す行為は、**未成年者略取罪の構成要件を満たし**、さらに、**無権利者の行為**
であるから、**特に違法性を阻却する事由もなく、未成年者略取罪が成立する**
（モデルケース①）。

他方、夫婦が離婚協議中で、他方の親の下で養育されている子を暴行等の手
段を用いて自己の支配圏内に移す行為は、他方の親も子に対する関係では親権
（監護権）を有しており、これを暴行等の手段を用いて侵害していることから、
未成年者略取罪の構成要件を満たす。

　しかし、Ａも子に対する関係で親権を有していることから、子に対する一定の関与が可能であり、権利行使として違法性が阻却されるかが問題となる。権利行使と違法性の問題については、恐喝と権利行使の項目のとおり（☞95頁）、権利の範囲内の行為か、行為が社会通念上忍容すべきものと認められる程度を超えているかという観点から、**違法性を阻却する事由があるか否か**を検討する（子の連れ去り行為では、行為が社会通念上忍容すべきものと認められる程度を超えていれば、権利の範囲外といえ、**実質的に、行為の程度を検討**することとなる。）。

エ　モデルケースの理由・解答

　①において、Ａは**未成年者略取罪**の罪責を負うことは解説のとおり。

　②において、Ａは、乙を外国に連れ出すため、外国に出国する準備をした上で、入院中の乙を、ベッドから足を引っ張って逆さに吊り上げた上、脇に抱えて奪っており、外国に出国されると本邦の法手続による救済が困難となること、入院中の乙を危険な態様で連れ去っている状況に照らすと、**行為が社会通念上忍容すべきものと認められる程度を超えており、違法性を阻却する事由は認められない**。よって、Ａは、**所在国外移送目的略取罪**の罪責を負う。

⑵　境界型の事例における判断

更に境界！　●*Case*　離婚協議中の夫婦の一方による子の●

連れ去りと未成年者略取罪

　Ａは、別居している妻甲と離婚協議中であった。甲の下で養育されていた３歳の子である乙の親権をめぐって争いが生じていたが、甲の養育状況に特に問題は

なかった。Aは、乙と一緒に暮らしたいと考え、乙と同伴していた甲の母を突き飛ばして、乙を脇に抱えて自分が運転する車に乗せ、取り返そうとした甲の母を車で振り切り逃走した。Aの罪責は何か。

【結論】　Aは、未成年者略取罪の罪責を負う（最判平17.12.6）。

【理由】　Aは、親権を有する甲の下で養育されている乙を暴行により自己の支配圏内に移しており、暴行の手段を用いて甲の親権（監護権）を侵害していることから、**未成年者略取罪の構成要件を満たす。**

ところで、Aは、親権を有することから、権利行使として違法性が阻却されないかが問題となるが、乙は甲の下で養育され、その養育状況に特段の問題はなく、**Aが乙を養育しなければならない特段の事情はないこと**、Aは、乙を奪うため、乙と同伴していた甲の母を突き飛ばして、乙を脇に抱えて自分が運転する車に乗せ、取り返そうとした甲の母を車で振り切り逃走するという**危険な行為**に及んでいることに照らせば、**行為が社会通念上忍容すべきものと認められる程度を超えており、違法性を阻却する事由は認められない。**よって、Aは、**未成年者略取罪**の罪責を負う。

> ⚠️**要注意**
>
> 　本事案には、最高裁の判決で違法性が阻却される旨の反対意見が付されており、この事案で認められる事情が、違法性が阻却されるか否かの限界事例と思われる。留意されたい。

<h1 style="text-align:center">4 住居侵入等</h1>

■ 法第130条（住居侵入等）

　正当な理由がないのに、人の住居若しくは人の看守する邸宅、建造物若しく
は艦船に侵入し、又は要求を受けたにもかかわらずこれらの場所から退去しな
かった者は、3年以下の懲役又は10万円以下の罰金に処する。

未遂〇、予備×、緊逮〇、テロ準×、裁判員×、親告罪×

本項では、不退去罪の解説は省略する。

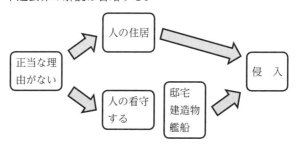

犯行の主体	特に制限はなく、誰でも行える。
犯行の対象	**◎人の住居** ・行為者以外の他人が居住する住居をいう。 　**【〇該当するもの】** 　　・別居中の夫が妻の不貞状況を撮影するため、自己の所有家屋に侵入する場合（東京高判昭58.1.20） ・**「住居」**は、人の**起臥寝食**に用いる場所をいうが（東京高判昭30.8.16）、日常生活に使用するための**一定の設備や構造**は必要である。 　**【〇該当するもの】** 　　・起臥寝食に利用するハウストレーラー 　**【●該当しないもの】** 　　・起臥寝食に用いない事務室、店舗、研究室など（＝建造物に該当する。）。 　　・野外の土管、地下道、橋げたの下 ・住居としての使用は**一時的なものでもよく**、旅館やホテルの一室も起臥寝食に利用されれば、「住居」に該当する（名古屋高判昭26.3.3）。 ・現に日常生活の用に供されていれば、**居住者が現在していることは**

必要でなく、一時不在中の場所も「住居」に該当する（条解刑法（第3版）384頁）。

・一つの建物のうち**区画された部屋は、それぞれ独立して「住居」**となる。

・マンションの各部屋のほか、これに付属する屋上や階段などの**共用部分**のほか、**屋根**も「住居」である（名古屋地判平7.10.31、東京高判昭54.5.21）。

・「住居」がある**囲繞地**は「住居」である（福岡高判昭57.12.16）

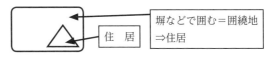

塀などで囲む＝囲繞地
⇒住居

住　居

・不適法な住居であっても、事実上居住している以上、「住居」に該当する（借家人が借家契約終了後も占有している場合など）。

◎**人の看守する**

・他人が**事実上管理・支配**していることをいう（最判昭59.12.18）。

【〇該当するもの】
・守衛や警備員などの監視人を置く場合
・鍵を掛ける場合
・ドアを釘付けにする場合

【●該当しないもの】
・単に立入禁止の立札を立てる場合

・官公署の廊下、出入口、構内などは、庁舎管理権者の看守の下にある（最判昭34.7.24など）。

◎**邸　宅**

住居用に作られたものの、**現在、日常生活に使用されていない状態**にあるものをいう（空き家やシーズンオフの別荘が典型例）。

◎**建造物**

屋根を有し、障壁又は支柱によって支えられた**土地の定着物**であって、その内部に出入りできる構造を有するものをいう（仙台高判昭27.4.26）。

【〇該当するもの】
・官公署の庁舎、学校、工場、倉庫、神社、寺院
⇒起臥寝食に用いられていれば住居となる。
・駅の構内（最判昭59.12.18）
・国体開会式中の陸上競技場のスコアボード（福岡高裁那覇支判平7.10.26）

・警察署のコンクリート塀（最決平21.7.13）
⇒庁舎建物の利用に供されている建造物とされる。

◎艦　船
軍艦その他の船舶をいう。

| 行　為 | ◎侵　入 |

・住居者や看守者の**意思又は推定的意思に反して立ち入る**ことをいう（最決平19.7.2）。
・よって、承諾や推定的承諾がある場合は「侵入」に該当しないが、**承諾は、任意かつ真意**に出たものでなければならない。
　【○承諾があったとは認められないもの】
　・威圧された状態での承諾（最判昭25.10.11）
　・強盗目的にもかかわらず、客を装って店舗内に立ち入ることを許された場合（最判昭23.5.20）
・承諾ができる者⇒住居に日常居住する者、建造物等の看守者

町役場の建物	町長（大判昭5.12.13）
警察署の庁舎	警察署長（東京高判昭27.4.24）
大学の建物	学長（最判昭51.3.4）
駅舎	駅長（最判昭59.12.18）

・**違法な目的**で立ち入る行為は、推定的意思に反する立入りとして「侵入」に該当し得る。
　【○侵入に該当するもの】
　・店内の客とけんかをする目的で、日本刀を構えて店内に立ち入る行為（大判昭9.12.20）
　・現金自動預払機のキャッシュカードの暗証番号を盗み見る目的で、営業中の銀行支店出張所に立ち入る行為（最決平19.7.2）

◎**正当な理由がない**
・違法の意味である（最判昭23.5.20）。
・法令に基づいて立ち入る場合（捜索、検証⇒刑事訴訟法102条、128条、218条、220条など）は正当な理由がある。
　【○正当な理由がないとされたもの】
　・劇団員が、社会教育活動としての演劇公演をする目的で、小学校の管理者の承諾なしに小学校の校舎内に立ち入る場合（最判昭32.9.6）
　・「自衛隊イラク派兵反対」などと記載したビラを投函する目的で、宿舎の管理者の承諾なしに防衛庁宿舎敷地内及び共用部分に立ち入る場合（最判平20.4.11）

◎実行の着手時期、既遂時期

着手時期	侵入行為を開始した時である。
既遂時期	身体の全部が住居等に入った時である。

敷地内

塀

内部に侵入するため、塀に手をかけたが（＝着手）、身体が全部入る前に見つかった（＝未遂）

故　意	人の住居や人の看守する建造物等に侵入することの認識・認容
他罪との関係	◎住居侵入等を手段とする他罪と住居侵入等 　　住居侵入等して窃盗（強盗、暴行、傷害、殺人）を行った場合、住居侵入等罪と窃盗罪（強盗罪、暴行罪、傷害罪、殺人罪）とは**牽連犯**となる（最判昭28.2.20など）。
継続犯	◎住居侵入等は継続犯である。 　・継続犯の意味 　　　他人の住居に侵入している間、犯罪が継続していることから、家人が犯罪を継続している犯人に対し、例えば腕をつかんで追い出す行為は正当防衛となる。

──────── |最| |新| |判| |例| ────────

　インターネットカフェにおいて、他の女性客が利用している個室ブース（施錠設備がないスライド式片開きの出入口扉と各仕切りで四方を区切られた空間）に無断で立ち入った事案につき、①構造、使用目的、使用方法等の機能、管理の実態等を踏まえると、個室ブースは、店長が管理する本件店舗内の一室と同視できる実質を備えた空間であり、本件店舗の建物の一部といえる、②個室ブースは、周囲と一定程度区画された空間であり、その他の共用部分と異なり、本件店舗の利用客の中でも特にその利用を許可された者に利用が限定されているところ、本件店舗の店長は、被告人に対し、他の女性客が利用していた当該個室ブースへの立入りは許可していないとして、建造物侵入の成立を認めた（大阪地判令2.12.21）。

5　ストーカー規制法違反

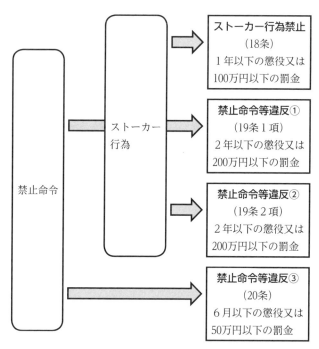

※　禁止命令①と②の違いは、①は禁止命令等に違反してストーカー行為を行うのに対し、②は禁止命令等に違反する行為を行うことによりストーカー行為となる場合をいう。

■　**ストーカー規制法第18条（ストーカー行為）**
　ストーカー行為をした者は、1年以下の懲役又は100万円以下の罰金に処する。

未遂×、予備×、緊逮×、テロ準×、裁判員×、親告罪×

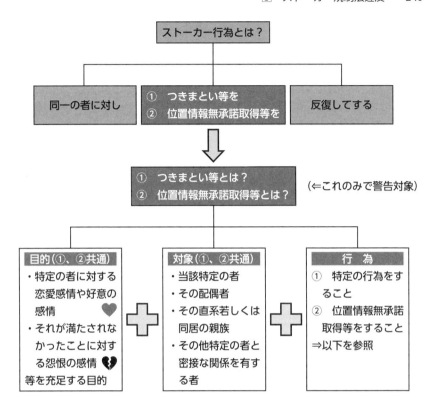

犯行を行う者	誰でも行える。
犯行の対象	特定の者、その配偶者、直系・同居の親族、その他特定の者と社会生活において密接な関係を有する者 **【密接関係者の該当例】** ・特定の者の身上や安全を配慮する立場にある友人、職場の上司
行　為	◎「つきまとい等」に該当する特定の行為 　①から④及び⑤（電子メールの送信等に限る。）の行為は、身体の安全、住居等の平穏、名誉が害され、行動の自由が著しく害される不安を覚えさせるような方法が必要である。 ①　つきまとい、待ち伏せし、進路に立ちふさがり、住居、勤務先、学校その他その現に所在する場所若しくは通常所在する場所（以下「住居等」という。）の付近において見張りをし、住居等に押し掛け、又は住居等の付近をみだりにうろつく。 　軽犯罪法において同様の規定があるが反復性は要求されていない。

```
下線部⇒令和3年6月15日施行
相手方が通常所在する場所に限らず、例えば、相手方がたまたま入っ
た店舗や旅行先など現に所在する場所付近で見張り等をする行為も対
象となる。
```

② 行動を監視していると思わせるような事項を告知又はその知り得
る状態に置く。
・帰宅した直後に「お帰り」と電話するなど。
・告知の方法に限定はなく、口頭・文書・電子メールなどがある。
・知り得る状態に置くことの例としては、相手方がよく閲覧する電
子掲示板に書き込みをする、相手方の自転車の上にメモを置くな
ど。
③ 面会、交際その他の義務のないことを要求する。
・要求の方法に限定はない。
④ 著しく粗野、乱暴な言動をする。
⑤ 無言電話、拒まれたにもかかわらず、連続して電話をかけ、文書
を送付し、ＦＡＸ送信若しくは電子メール・ＳＮＳのメッセージ送
信等をする。

```
下線部⇒令和3年6月15日施行
例えば、相手方が拒否しているにもかかわらず、何度も手紙を郵送す
る行為や、相手方のポストに手紙を投函する行為などが対象となる。
```

・「連続して」とは、短時間の間に何度も繰り返して行うこと。
・「電子メールの送信等」には、電子メールのほか、ＳＮＳ（ライ
ン、フェイスブックなど）を用いたメッセージ送信、ブログやＳ
ＮＳ等の個人ページにコメント等を送ることも含まれる。
⑥ 汚物、動物の死体、その他不快又は嫌悪の情を催させる物の送付
又はその知り得る状態に置く。
⑦ その名誉を害する事項の告知又はその知り得る状態に置く。
・その方法に限定はない。
⑧ その性的羞恥心を害する事項の告知、その文書・図画・電磁的記
録媒体等の送付、いずれもその知り得る状態に置く。
・その方法に限定はない。

◎「位置情報無承諾取得等」に該当する行為
① 相手方の承諾を得ないで、その所持する位置情報記録・送信装置
により記録され、又は送信される当該位置情報記録・送信装置の位
置に係る位置情報（典型的にはＧＰＳ機器やアプリによる位置情
報）を政令で定める方法により取得すること。

> **令和３年８月26日施行**
> 例えば、相手方の車両に無断で取り付けたＧＰＳ機器の位置情報を取得する行為や、相手方のスマートフォンに無断でインストールした位置情報アプリを利用してそのスマートフォンの位置情報を取得する行為などが対象となる。

② 相手方の承諾を得ないで、その所持する物に位置情報記録・送信装置を取り付けること、位置情報記録・送信装置を取り付けた物を交付することその他その移動に伴い位置情報記録・送信装置を移動し得る状態にする行為として政令で定める行為をすること。

> **令和３年８月26日施行**
> 例えば、相手方の車両に無断でＧＰＳ機器を取り付ける行為や、ＧＰＳ機器をひそかに取り付けた物を相手方に渡す行為などが対象となる。

◎反復する
複数回繰り返しての意味
・前記に掲げる「つきまとい等」、「位置情報無承諾取得等」に該当する行為のうち、いずれかの行為をすることを反復する行為をいう。特定の行為あるいは特定の号に掲げられた行為を反復する場合に限定されない（最決平17.11.25）。

目　的	① 特定の者に対する恋愛感情その他の好意の感情を充足する。 ② それが満たされなかったことに対する怨恨の感情を充足する。 **【好意の感情の具体例】** 　・女優等に対するあこがれの感情 　・特定の女性と性交渉を持ちたい性的感情
故　意	特定の者に対し、上記各行為を反復して行う旨の認識・認容が必要
⚠要注意	非親告罪である。
他罪との関係	◎**つきまとい等、位置情報無承諾取得等の禁止** 　つきまとい等、位置情報無承諾取得等をして、相手方に身体の安全等が害され、又は行動の自由が著しく害される不安を覚えさせてはならない（３条・直罰なし）。

参　考　３条違反＋反復継続のおそれがある場合の対応

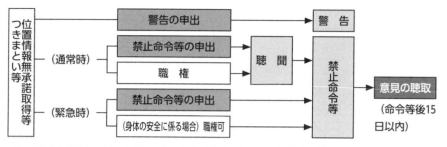

※　禁止命令に違反してストーカー行為をした者は、２年以下の懲役又は200万円以下の罰金

令和３年８月26日施行〜禁止命令等の送達方法
禁止命令等や禁止命令等の有効期間の延長の処分（ストーカー規制法５条11〜15項）

【原　則】
国家公安委員会規則で定める書類を送達して行う

【例　外】
緊急を要するため書類を送達するいとまがないときは口頭で行う

送達を受けるべき者の住所や居所が明らかでない場合は？

公示送達が可能（一定期間の掲示により、書類の送達があったものとみなす）

第 5 章

名誉又は信用を害する罪

☐ 名誉毀損、侮辱

■ **法第230条（名誉毀損き）**

1　公然と事実を摘示し、人の名誉を毀損した者は、その事実の有無にかかわらず、3年以下の懲役若しくは禁錮又は50万円以下の罰金に処する。

2　死者の名誉を毀損した者は、虚偽の事実を摘示することによってした場合でなければ、罰しない。

未遂×、予備×、緊逮○、テロ準×、裁判員×、親告罪○

■ **法第231条（侮辱）**

　　事実を摘示しなくても、公然と人を侮辱した者は、1年以下の懲役若しくは禁錮若しくは30万円以下の罰金又は拘留若しくは科料に処する。

未遂×、予備×、緊逮×、テロ準×、裁判員×、親告罪○

	名誉毀損罪	侮辱罪
犯行の主体	特に制限はなく、誰でも行える。	
犯行の対象	◎人の名誉 ・「人」は、行為者以外の自然人、法人、その他の団体をいう（最決昭58.11.1、条解刑法（第3版）677頁）。 ・「名誉」は、外部的名誉、すなわち、人の価値に対する社会的評価をいう（大判昭8.9.6）。 ・人の倫理的価値（品性）、政治的・学問的・芸術的能力、容貌、健康、身分、家柄など、およそ社会において価値があるとされるものが含まれるが、**人の経済的な支払能力に対する評価**（信用）は、**信用毀損罪**（法233条）の対象となる。	

	名誉毀損罪	侮辱罪
行　為	◎公　然 **不特定又は多数人**の認識し得る状態をいう（最判昭36.10.13）。 ・「**不特定**」とは、相手方が特殊な関係によって限定されたものでないことをいう（大判大12.6.4）。 　【○公然に該当するもの】 　・限定された数名の者に対してであっても、その場所の通行や出入りが自由であって、その数名はたまたま居合わせたにすぎなければ該当する（大判昭6.10.19）。 　【●公然に該当しないもの】 　・検察官と検察事務官のみが在室する取調室内で被告訴人が告訴人を罵った場合（最決昭34.2.19） 　・母と妻のみが居合わせた自宅の玄関内で他人を罵った場合（最決昭34.12.25） ・摘示の相手方は特定かつ少数であっても、**伝播**して間接的に不特定多数人が認識できるようになる場合も含まれる（最判昭34.5.7）。 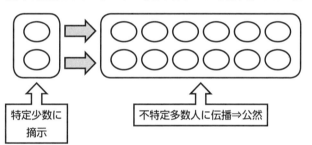 　【●伝播性が認められないもの】 　・教員を誹謗中傷する文書を、教育委員会委員長、校長、ＰＴＡ会長に郵送した場合、伝播性を否定した（東京高判昭58.4.27。相手方に守秘義務があることなど）。 　⇒一般的に伝播可能性は肯定できるが、公務員など法的に**守秘義務**を負う者の中で話した場合は否定される傾向にある。	
	◎事実を摘示して、人の名誉を毀損する。 ・人の社会的評価を低下させるおそれのある**具体的事実を指摘、表示**することをいう。 ・単なる価値判断や評価は含まれない。 ・**事実の具体性**については、他人をインターネットで誹謗中傷し	◎事実を摘示しなくても、人を侮辱する。 ・**具体的事実を摘示することなく、**人の社会的評価を低下させるような抽象的判断、批判を表現することをいう（大判大15.7.5）。 ・**具体的事実を摘示した場合は**、**名誉毀損罪**が成立する。

特定少数に摘示

不特定多数人に伝播⇒公然

	名誉毀損罪	侮辱罪
	・た場合の項目で詳しく（249頁）。 ・摘示される事実は、その**真否を問わないし、公知の事実**でもよい（条解刑法（第3版）676頁）。 ・事実を摘示する方法に**制限はなく**、口頭、文書、写真（わいせつな写真と顔写真の合成）などでもよい（横浜地判平5.8.4）。 ・「名誉を毀損する」とは、人の社会的評価を**低下させるおそれのある状態を作る**ことをいい、現実に社会的地位が傷つけられたことは必要ではない（大判昭13.2.28）。	【〇侮辱に該当するもの】 ・人に対して、「選挙ブローカー」と言った行為（大判大15.10.7） ・壁新聞に「売国奴」と記載した行為（大阪高判昭30.3.25） ・表現方法に**制限はなく**、口頭、文書、動作などによってもよい。

〜いわゆるヘイトスピーチの取扱い〜

> **本邦外出身者に対する不当な差別的言動**
> いわゆるヘイトスピーチ（本邦外出身者に対する不当な差別的言動の解消に向けた取組の推進に関する法律2条）

> 本邦外出身者に対する差別的意識を助長し又は誘発する目的で
> ＋
> 公然とその生命、身体、自由、名誉若しくは財産に危害を加える旨を告知し、又は、本邦外出身者を著しく侮蔑する行為

⬇

同法律に罰則はないが、具体的な事実の摘示を伴う場合は**名誉毀損罪**、抽象的な内容であっても社会的評価を低下させるような表現を伴う場合は**侮辱罪**が成立し得る。

故　意	公然と事実を摘示して人の名誉を毀損することの認識・認容	事実を摘示することなく、公然と人を侮辱することの認識・認容
違法性の特則	法230条の2において、公共の利害に関する場合の特則規定があり、一定の場合に**違法性が阻却**される。 ・摘示事実が公共の利害に関する事実であること（**事実の公共**	なし

	名誉毀損罪	侮辱罪
	性)。 ・その目的が専ら公益を図るためであること（**目的の公益性**）。 ・摘示事実が真実であることの証明があったこと（**事実の真実性**）。	
他罪との関係	◎**名誉毀損と侮辱** 　名誉毀損と侮辱は、具体的事実の摘示の有無によって区別され、**択一関係**にあることから、同一人に対する同一行為の場合、名誉毀損罪が成立する場合には侮辱罪は成立しない。	
親告罪	◎名誉毀損、侮辱とも親告罪である。	

侮辱罪の法定刑引上げの施行に伴う変更点

（令和4年7月7日施行）

（○＝該当する・制限あり、×＝該当しない・制限なし）

根　拠	項　目	施行日より前	施行日以後
刑　法	**没収の制限** ⇒犯罪行為を組成した物を除き、特別の規定がなければ科することができない（20条）。	○	×
	教唆及び幇助の処罰の制限 ⇒教唆者及び従犯は、特別の規定がなければ罰しない（64条）。	○	×
	犯人蔵匿等の罪の処罰対象 ⇒罰金以上の刑に当たる罪を犯した者又は拘禁中に逃走した者を蔵匿・隠避させた者（103条）	× （罰金以上の刑に該当しない）	○ （罰金以上の刑に該当）
	親告罪（232条）	○	○
刑事訴訟法	**通常逮捕の要件** ⇒住居不定、正当な理由なく任意出頭の求めに応じないことが加重される（199条1項）。	○	×
	現行犯逮捕の要件 ⇒住居不定・不詳、氏名不詳、逃亡するおそれのあることが加重される（217条）。	○	×
	勾留の要件 ⇒住居不定の要件が加重される（60条3項）。	○	×

公訴時効（250条2項）	1年	3年

⚠️**要注意**　緊急逮捕は、法定刑引上げの施行によっても認められない。

○　他人をインターネットで誹謗中傷した場合 ～名誉毀損と侮辱

▶▶▷　**アプローチ**
　インターネット社会の発展に伴い、他人を誹謗中傷する内容がインターネットの掲示板に書き込まれることが増加しているが、インターネットで不特定又は多数人が閲覧できる場合、名誉毀損罪か侮辱罪が成立する可能性がある。
　両罪は法定刑や刑事手続に大きな違いがあることから、その区別の基準を理解することは重要である。

⑴　モデルケース

① 　Aは、インターネットの掲示板に、「甲は、昔、やくざをしていた時、舎弟に覚醒剤の密売をさせていたが、その上前をはねて私腹をこやしていた。卑劣な男だ」などと甲の実名を挙げて書き込みをした。同掲示板は誰でも閲覧が可能であった。Aの罪責は何か。
② 　Aは、インターネットの掲示板に、「乙は卑劣な男だ」などと乙の実名を挙げて書き込みをした。同掲示板は誰でも閲覧が可能であった。Aの罪責は何か。

　ア　結　論
　　　①において、Aは名誉毀損罪の罪責を負う（東京高判昭33.7.15参照）。
　　　②において、Aは侮辱罪の罪責を負う（大判大15.7.5参照）。
　イ　境界のポイント

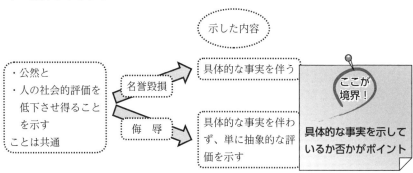

ウ　解　説

　　公然と人の社会的評価を低下させ得ることを示す点で、名誉毀損罪と侮辱罪とは共通しているが、**具体的な事実を示す場合が名誉毀損罪に該当し、具体的な事実に至らない抽象的な評価などを示す場合が侮辱罪に該当する**こととなる。

エ　モデルケースの理由・解答

　　①において、Aは、誰でも閲覧可能なインターネットの掲示板に（＝**公然**）、「甲は、昔、やくざをしていた時、舎弟に覚醒剤の密売をさせていたが、その上前をはねて私腹をこやしていた」と具体的な事実を示して、甲の社会的評価を低下させ得る内容の書き込みをしている（＝**事実を摘示して名誉を毀損**）。したがって、Aは、**名誉毀損罪**の罪責を負う。

　　②において、Aは、誰でも閲覧可能なインターネットの掲示板に（＝**公然**）、「乙は卑劣な男だ」と具体的な事実ではなく抽象的な評価を示して、乙の社会的評価を低下させ得る内容の書き込みをしている（＝**事実を摘示することなく侮辱**）。したがって、Aは、**侮辱罪**の罪責を負う。

(2)　境界型の事例における判断　

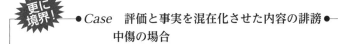

●*Case*　評価と事実を混在化させた内容の誹謗
　　　　　中傷の場合

　Aは、インターネットの掲示板サイトに、「甲社の関連会社である乙社は、悪徳丙弁護士と結託して被害者を弾圧している。両者は責任を取れ」と甲、乙、丙の実名を挙げて書き込みをした。同掲示板サイトは誰でも閲覧が可能であった。Aの罪責は何か。

【結論】　　Aは、侮辱罪の罪責を負う（最決昭58.11.1）。

【理由】　　Aは、誰でも閲覧可能なインターネットの掲示板に（＝**公然**）、「甲社の関連会社である乙社は、悪徳丙弁護士と結託して被害者を弾圧している。両者は責任を取れ」と具体的な事実ではなく抽象的な評価を示して、それぞれの社会的評価を低下させ得る内容の書き込みをしている（＝**事実を摘示することなく侮辱**）。したがって、Aは、**侮辱罪**の罪責を負う。

　　　　　　なお、結託や弾圧という抽象的な行為だけで具体的事実がいまだ示されていないといえるが、具体的な事実を伴っていると評価し、名誉毀損罪が成立するという見解も有力であり、この事案が限界事例であろう。

第\6\章

国家の作用を害する罪

① 公務執行妨害

■ **法第95条（公務執行妨害及び職務強要）**
1　公務員が職務を執行するに当たり、これに対して暴行又は脅迫を加えた者は、3年以下の懲役若しくは禁錮又は50万円以下の罰金に処する。

未遂×、予備×、緊速○、テロ準×、裁判員×、親告罪×

犯行の主体	特に制限はなく、誰でも行える。
犯行の対象	**◎公務員** ・国又は地方公共団体の職員その他法令により公務に従事する議員、委員その他の職員をいう（法7条1項）。 ・**みなし公務員**も公務執行妨害罪の対象となる「公務員」である（最判昭48.5.25）。 　**【○公務員に該当するもの】** 　・家事事件手続法の調停委員、民生委員、農業委員、保護司、人権擁護委員 　・各種公団の役職員等、日本銀行や日本政策投資銀行の役職員等
行　為	職務を執行するに当たり、暴行又は脅迫を加えること。 **◎職　務** ・広く公務員が取り扱う事務の全てをいう。 ・公務と業務妨害罪における「業務」との関係 　☞警察官の業務を偽計や威力で妨害した場合の項目で詳しく（254頁）。 ・職務は**適法**でなければならない（大判昭7.3.24など。）。 ・職務が適法であることの**要件**（東京高判昭33.7.28など。)

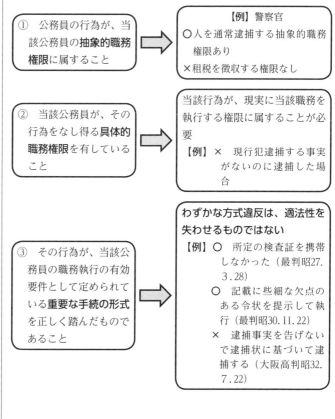

・**適法性の判断基準**

⇒前記の適法性の要件をいかなる判断基準に基づいて判断するかについては見解が分かれているが、判例の傾向は、**当該職務行為の時点における具体的状況に即して客観的に判断**するものである（最判昭41.4.14）。

◎**執行するに当たり**
・職務執行に際しての意味である。
・**現に職務を執行**している場合だけでなく、まさにその職務の執行に**着手しようとする場合**（福岡高判昭30．3．9）、それを**終えたばかりの場合**（大阪高判昭26．3．23）を含む。

◎**暴行又は脅迫**
・**暴行**⇒公務員に向けられた有形力の行使であるが、その身体に対して直接加えられる有形力の行使（**直接暴行**）だけでなく、職務執行を妨害する程度のものであれば、公務員に向けられてはいるが、直接、その身体に加えられたものではない有形力の行使（**間接暴行**）も含む（広義の暴行。☞暴行の項目を参照（143頁））。
　　【○該当するもの】
　　・派出所において取調べを受けていた被疑者の手を引っ張って引き出そうとして、警察官の取調べを中止させた場合（大判明42．6．10）。
　　・収税官吏が差し押さえた密造酒入りのカメを鉈で壊して中身を流出させる場合（最判昭33．10．14）。
　　・逮捕現場で差し押さえた覚醒剤溶液の入ったアンプルを踏みつけて壊す場合（最決昭34．8．27）。
・**脅迫**⇒人を畏怖させるに足る害悪の告知の全てを含む（広義の脅迫。☞脅迫の項目を参照（224頁））。
・暴行、脅迫は、職務執行を妨害するに足りる程度であることが必要であるが、**現実に職務執行が妨害されたことまでは不要**である（最判昭33．9．30など）。

故　意	対象が公務員であること、公務員が職務執行中であること、公務員に暴行・脅迫を加えることの認識・認容 　・**職務が適法であることの認識**（条解刑法（第3版）279頁）  公務員の職務行為が違法であると思う**特殊の事情の認識**がある場合は、適法性の認識を欠く場合がある ⇒ただし、軽微な瑕疵を重大な瑕疵と考えている場合、自分なりの解釈・評価によるだけの場合、適法性の認識に影響なし
他罪との関係	◎**暴行、脅迫と公務執行妨害** 　公務執行妨害の手段としてなされた暴行・脅迫は、暴行罪や脅迫罪を構成せず、**公務執行妨害罪のみが成立**する（条解刑法（第3版）280頁）。

◎殺人、傷害、強盗と公務執行妨害
・職務執行中の公務員に対して殺人、傷害、強盗を犯した場合、殺人罪、傷害罪、強盗罪と公務執行妨害罪は**観念的競合**となる（大判明42. 7. 1 など）。

○ 警察官の業務を偽計や威力で妨害した場合 ～公務執行妨害と業務妨害

▶▶▶ アプローチ

　公務員に対して、暴行や脅迫を加え、その職務の執行を妨害した場合、公務執行妨害罪が成立する。それでは、公務員に対して、偽計や威力により、その職務の執行を妨害した場合、公務執行妨害罪は成立しないが（偽計、威力）業務妨害罪は成立するのか。

　業務妨害罪の「業務」の中に「公務」が含まれるのかという点は従来から争いがあり、判例も変わっているところであり、この機会に整理されたい。

(1) モデルケース

① 　Aは、ムシャクシャしていたことから、その鬱憤を晴らすため、警ら中の警察官甲に対し、いきなりその顔面を数回殴りつけた。Aの罪責は何か。
② 　Aは、ムシャクシャしていたことから、その鬱憤を晴らすため、警察署に電話をかけ、電話に出た警察官乙に対し、「近くの丙小学校に爆弾を仕掛けた。あと30分後に爆発する」と嘘を話した。警察官乙は、他の同僚の警察官数名とともに、丙小学校に赴き、爆弾の所在を確認したが、爆弾は見つからなかった。Aの罪責は何か。

ア　結　論

　①において、Aは公務執行妨害罪の罪責を負う。
　②において、Aは偽計業務妨害罪の罪責を負う（東京高判平21. 3.12）。

イ 境界のポイント

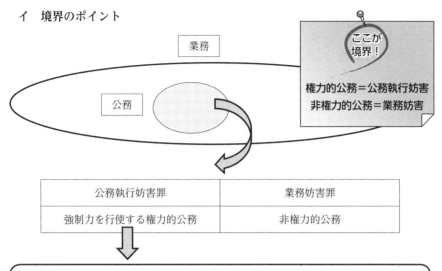

実際に実力を行使するような公務で、実力をもって偽計や威力による妨害に対応できるものをいう（警察官の警ら活動を妨害など）
⇒実際に実力を行使するような公務でなく、実力をもって偽計や威力による妨害に対応できないものは、**非権力的公務の部類**に属する（警ら用パトカーのタイヤの空気を密かに抜いて出動を妨害など）

ウ 解 説

　警察官に対し、**暴行や脅迫**を加えて、その職務の執行を妨害した場合、**公務執行妨害罪**が成立することに問題はない。しかし、警察官に対し、**偽計**を用いて、その職務の執行を妨害した場合、公務執行妨害罪は成立しないが、偽計業務妨害罪が成立するか。つまり、**偽計業務妨害罪の「業務」に「公務」が含まれるか否か**という問題である。

　この点、判例は、偽計（威力も含む。）業務妨害罪における「業務」に**強制力を行使する権力的公務は含まれないが、その他の非権力的公務などは含まれる**とした（東京高判平21.3.12）。これは、実際に強制力を行使するような公務（逮捕行為など）は、偽計や威力による妨害があっても、その強制力などにより自力で排除できるため、あえて業務妨害罪で保護するまでもないためである。

　したがって、例えば**警察官の職務であっても、実際に実力を行使する場面でなく、偽計による妨害行為があった時に排除できないもの**、例えば、警ら用のパトカーのタイヤの空気を密かに抜いて出動できなくさせた場合や取調べをキャンセルしたので被疑者を押送しなくともよい旨検察庁職員をかたって取調べを

できなくさせる場合には、いずれも、実際に実力を行使する場面でなく、偽計による妨害行為があった時に排除できないものであるから、**偽計業務妨害罪における「業務」に含まれ、同罪が成立**する（条解刑法（第3版）700～702頁参照）。

【非権力的公務とされた例】

・国立大学の入学試験業務（京都地判昭44. 8 .30）
・国立大学の授業（大阪高判昭58. 2 . 1 ）
・衆議院本会議の議事（東京高判昭50. 3 .25）
・公職選挙法上の選挙長の立候補届出受理業務（最決平12. 2 .17）
・動く歩道を設置するため、路上生活者に対し、自主的に退去を説得し、退去後の段ボール等を撤去する業務（最決平14. 9 .30）

エ　モデルケースの理由・解答

①において、Aは、警ら中の警察官に対し（**＝公務員が職務を執行するに当たり**）、いきなりその顔面を数回殴りつけており（**＝暴行**）、よって、Aは、**公務執行妨害罪**の罪責を負う。

②において、Aは、警察署に電話をかけ、電話に出た警察官乙に対し、「近くの丙小学校に爆弾を仕掛けた。あと30分後に爆発する。」と嘘を話し（**＝偽計を用いて**）、警察官乙は、他の同僚の警察官数名とともに丙小学校に赴き、爆弾の探索に従事させられている（**＝業務を妨害**。探索がなければ従事していた電話応対業務が妨害されている。）。よって、Aは、偽計業務妨害罪の罪責を負う。

| 参　考　業務妨害罪における「偽計」と「威力」

ここで、業務妨害罪における行為態様である「偽計」と「威力」とを整理する。両者とも法定刑が同じであるから区別の実益がないようにも思えるが、送致事実や犯罪事実を記載する上では重要である。

偽　計	人を欺罔・誘惑し、又は人の錯誤・不知を利用することをいう。 非公然、隠密的、不可視的	【○該当するもの】 ・実在しない組合長名義で、特定業者が不良品を販売する旨記載した文書を取引先に郵送したもの（大判昭 9 . 5 .12） ・電話料金の支払いを免れるための装置であるマジックホンを電話回線に取り付けたもの（最決昭59. 4 .27） ・中華料理店に 3 か月間に約970回にわたって無言電話をかけたもの（東京高判昭48. 8 . 7 ）

		・国籍不明の外国人が不法入国した旨の虚偽の犯罪事実を通報して、海上保安庁職員を出動させたもの（横浜地判平14.9.5）
威　力	人の意思を制圧するような**勢力**をいう。 公然、誇示的、可視的	【○該当するもの】 ・電車の運転手を殴打した（大判大14.2.18）。 ・診療所入口に鉄条を張り巡らせた（東京高判昭29.6.9）。 ・弁護士から重要書類の入ったかばんを奪って隠匿した（最決昭59.3.23）。 ・国体の開会式場で、発煙筒を点火して投げつけた（仙台高判平6.3.31）。 ・大学講師の授業中、制止を無視して高声で質問をし続けた（大阪高判昭58.2.1）。

2　虚偽告訴等

> ■　**法第172条（虚偽告訴等）**
> 　人に刑事又は懲戒の処分を受けさせる目的で、虚偽の告訴、告発その他の申告をした者は、3月以上10年以下の懲役に処する。
>
> 　　　　　　　**未遂×、予備×、緊逮○、テロ準×、裁判員×、親告罪×**

犯行の主体	特に制限はなく、誰でも行える。
犯行の対象	◎人 ・自己以外の者をいい、**自然人に限らず、法人も対象**となる（条解刑法（第3版）482頁）。 ・相手方が虚偽の告訴等をすることについて**同意**している場合でも本罪は成立する（大判大1.12.20）。 ⇒国家の審判作用、懲戒作用を害するため。 ・人は、**実在する人**であることを要し、架空人は対象とならない（条解刑法（第3版）483頁）。 ☞警察官に虚偽の犯罪通報をした場合の項目で詳しく（260頁）。
行　為	◎**虚　偽** 　申告の内容をなすところの刑事・懲戒処分の原因となる事実が、**客観的事実に反する**ことをいう（最決昭33.7.31）。 ◎**告　訴** 　刑事訴訟法230条における「告訴」と同じで、犯罪の被害者その他一定の者が、捜査機関に対し、犯罪事実を申告して、その処罰を求める意思表示をいう。 ◎**告　発** 　刑事訴訟法239条における「告発」と同じで、犯人又は告訴権者以外の第三者が、捜査機関に対し、犯罪事実を申告して、その処罰を求める意思表示をいう。 ◎**その他** 　告訴、告発以外の方法による場合

・被害届の提出など。

◎**申　告**
・**自ら進んで**事実を申告することをいう。
・申告の相手方は、刑事処分については捜査機関、懲戒処分については任命権者その他監督権を有する者である（大判明45.4.12）。
・取調官の質問に応じて虚偽の話をした場合は該当しない。
・申告の内容は、担当官署に誤った**職権発動を促すに足りる程度に具体的**でなければならない（大判昭2.3.17）。

◎**既遂時期**
　虚偽の告訴等が、担当官署に**到達**したことによって既遂となる（大判明43.6.23）。
⇒捜査官などの閲覧に供し得る状態に置けばよく、現実に閲覧したことや捜査等に着手することは必要でない（大判大3.11.3）

目　的	◎**人に刑事又は懲戒処分を受けさせる目的** ・**「刑事処分」**には、刑事罰のほか、少年に対する保護処分も含まれる（条解刑法（第3版）483頁）。 ・**「懲戒処分」**は、**公法上**の監督関係に基づいて科される制裁をいい、**私法上のものは含まれない。** 【〇**該当するもの**】 　・公務員に対する行政法上の懲戒処分 　・刑事施設の収容者に対する懲罰 　・公証人、公認会計士、弁護士に対する懲戒 ・人が刑事処分、懲戒処分を受けることの意欲までは必要でなく、**未必的な認識**で足りる（大判昭8.2.14）。
故　意	・虚偽の告訴、告発その他の申告をすることの認識、認容 ・告訴、告発、その他の申告の内容が**虚偽であることの認識**が必要であるが、その認識は**未必的**なものでもよい（最判昭28.1.23）。
その他	◎**自白による刑の減免（刑の特則）** 　申告した事件につき、その裁判が**確定する前**、又は、懲戒処分が行われる前に**自白**した場合、**任意的に刑を減軽、免除**することができる（法173条）。

○ 警察官に虚偽の犯罪通報をした場合 ～虚偽告訴等と軽犯罪法違反

▶▶▶ **アプローチ**

　警察官に虚偽の犯罪通報をした場合、刑法上の虚偽告訴等と軽犯罪法上の虚偽申告の罪（軽犯罪法1条16号）が成立し得るが、刑法上の虚偽告訴等が成立する場合、軽犯罪法上の虚偽申告はこれに吸収される。そこで、警察官に虚偽の犯罪通報があった場合、虚偽告訴等の成立を検討し、これが成立しない場合、虚偽申告の罪に該当するかを検討することとなる。

　ここでは、比較的適用が多い虚偽申告の罪を解説する。

■ **モデルケース**

① 　Aは、知人の甲からの借入金の督促に嫌気がさしていたため、甲を刑務所に入れれば督促もやむと考え、刑事処分を受けさせる目的で、警察官乙に対し、「甲が私を殴ってきて私はけがをしました」と嘘の話をした。その結果、乙は、甲から任意で取調べをするなどした。Aの罪責は何か。

② 　Aは、知人の甲からの借入金の督促に嫌気がさしていたため、督促をやめさせるために狂言強盗の被害に遭って有り金を全て奪われたことにしようと考え、警察官乙に対し、「知らない人に殴られて有り金を全て奪われました」と嘘の話をした。その結果、乙は、被害に遭ったとされた場所を探索するなどした。Aの罪責は何か。

　ア　結　論

　　　①において、Aは刑法上の虚偽告訴等の罪責を負う。

　　　②において、Aは軽犯罪法上の虚偽申告の罪責を負う。

イ　境界のポイント

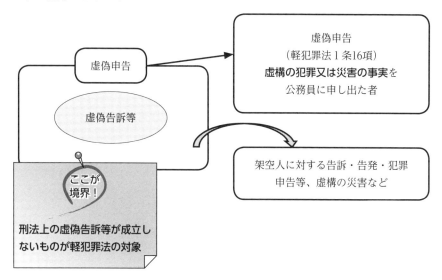

ウ　解説

　モデルケースの①、②において、刑法上の虚偽告訴等が成立するか否かを検討すると、①は虚偽告訴等が成立するが、②は成立しない。

	モデルケース①（成立）	モデルケース②（不成立）
主　体	Aは主体となる。	
対　象	甲は実在する。	強盗は狂言であり犯人は実在しない。
行　為	虚偽の犯罪を申告	
目　的	刑事処分を受けさせる目的がある。	刑事処分を受けさせる目的がない。⇒実在する人物に係るものではないため。
故　意	虚偽の犯罪を申告する認識・認容	

虚偽申告（軽犯罪法1条16項）

虚構の犯罪又は災害の事実	◎虚　構⇒存在しない事実を存在するように装った状態をいう。	狂言強盗の事実
	◎犯　罪⇒構成要件を満たす行為で足りる。	
	◎災　害⇒自然現象、人為的原因を問わず、社会通念上の災害をいう。	

公務員に	◎**公務員**⇒犯罪又は災害の事態に対処すべき権限を有する公務員をいう。	警察官に
申し出る	◎**申し出る**⇒積極的、自発的に事実を申告することをいう。	話す

エ　モデルケースの理由・解答

①において、Aは刑法上の虚偽告訴等の罪責を負う。

②において、Aは軽犯罪法上の虚偽申告の罪責を負う。

第7章

社会の作用を害する罪

1　放　火

■　**法第108条（現住建造物等放火）**

　　放火して、現に人が住居に使用し又は現に人がいる建造物、汽車、電車、艦船又は鉱坑を焼損した者は、死刑又は無期若しくは5年以上の懲役に処する。

　　　　　　　　　　　　未遂○、予備○、緊逮○、テロ準○、裁判員○、親告罪×

■　**法第109条（非現住建造物等放火）**

1　放火して、現に人が住居に使用せず、かつ、現に人がいない建造物、艦船又は鉱坑を焼損した者は、2年以上の懲役に処する。

　　　　　　　　　　　　未遂○、予備○、緊逮○、テロ準○、裁判員×、親告罪×

2　前項の物が自己の所有に係るときは、6月以上7年以下の懲役に処する。ただし、公共の危険を生じなかったときは、罰しない。

　　　　　　　　　　　　未遂×、予備×、緊逮○、テロ準×、裁判員×、親告罪×

■　**法第110条（建造物等以外放火）**

1　放火して、前2条に規定する物以外の物を焼損し、よって公共の危険を生じさせた者は、1年以上10年以下の懲役に処する。

　　　　　　　　　　　　未遂×、予備×、緊逮○、テロ準○、裁判員×、親告罪×

2　前項の物が自己の所有に係るときは、1年以下の懲役又は10万円以下の罰金に処する。

　　　　　　　　　　　　未遂×、予備×、緊逮×、テロ準×、裁判員×、親告罪×

現住建造物等放火（法108）	**現に人が使用している** ・「**人**」とは犯人以外の一切の者→妻子も含む。 ・「**使用**」とは起臥寝食の場所として使用すること。 ・現在しているか否かを問わない。	住　居	他人所有か犯人所有かにかかわらない。	放火して焼損	
	人が現在している ・「**現在**」とは、放火の当時、犯人以外の者が中にいること⇒権利者であることを問わない（浮浪者など。）。	建造物 汽　車 電　車 艦　船 鉱　坑			
非現住建造物等放火（法109条1項）	現に人が使用していない ✚ 人が現在していない ・人は犯人以外の者をいうので、犯人しか住んでいない住居や人の現在しない空き家などが対象	住　居	他人所有 ただし、**自己所有**でも、 ①**差押え** ②**物権負担** 　（抵当権など。） ③**賃貸** ④**保険に付したもの** 　の場合は、本項が適用 　（法115条）	放火して焼損	
	人が現在していない	建造物 艦　船 鉱　坑			
非現住建造物等放火（法109条2項）	現に人が使用していない ✚ 人が現在していない	住　居	自己所有 ※　前記特例を除く。	放火して焼損	公共の危険発生
	人が現在していない	建造物 艦　船 鉱　坑			
建造物等以外放火（法110条1項）	前記以外の物 ・自転車、バイク、航空機、門、塀、橋、畳、机、椅子、ごみ箱など		他人所有 ※　自己所有の特例あり 　（法115条）	放火して焼損	公共の危険発生

建造物等以外放火 （法110条2項）	前記以外の物 		自己所有 ※　前記特例を除く。	放火して焼損 	公共の危険発生

　ここで、各放火犯に共通する用語について解説する。

住　居	・人の起臥寝食の場所として日常使用される場所をいう。 ・必ずしも昼夜間断なく特定の人が居住する必要はなく、**夜間又は休日のみ起臥寝食に使用される場所も含む**。 　【○該当するもの】 　・学校の宿直室（大判大2.12.24） 　　⇒校舎の一部を宿直室に充てている校舎全体も住居に該当する。 　・炭焼きの仕事に従事するときに使用する山腹の一軒家であるが、年間の半分以上を寝泊まりに使用し、日常生活に必要な起臥寝食の設備のある家屋（東京高判昭38.12.23）。 　・母屋とは別棟の離れ座敷（最判昭24.6.28） 　・勤務警察官の仮眠宿泊施設のある派出所も起臥寝食の場所として使用されていることから住居に該当する（札幌地判平6.2.7）。 ・１個の建造物の**一部**が起臥寝食の場所として利用されていれば、**全体が住居**になる。 　【○該当するもの】 　・一部に人が居住する劇場（最判昭24.2.22） <div align="center">⚠️**要注意**</div>　　**耐火構造のマンション**の場合、例えば、犯人のみが所有・居住するマンションの一室に放火してすぐに消し止められた場合、他室に延焼する可能性がなく全体を住居と評価できなければ（＝一室のみが住居）、現住建造物等放火罪は成立せず、自己所有の非現住建造物等放火罪となり、公共の危険が発生していなければ不可罰となる可能性がある。  ⇒マンション全体を住居と評価できない ⇒犯人の所有・居住であれば自己所有の非現住建造物等放火 ⇒公共の危険が発生しなければ不可罰 <div align="center">⬇️</div>・耐火構造においても、状況により火勢が他の区画に全く及ばないとはいえない場合がある（火が配管などを伝う場合など） ・新建材等の燃焼により有毒ガスの危険性もある 　⇒一室に放火しても他室に延焼等する可能性が全くないような特殊な

	場合を除いては、一室に放火してもマンションを全体として住居と評価できよう（仙台地判昭58.3.28参照）
建造物	・家屋その他これに類似する工作物で、土地に定着し、人の起居・出入りに適する構造を有するものをいう（大判大13.5.31）。 **【○該当するもの】** 　・店舗、倉庫、学校、官公署、事務所など 　・その大小は問わないので、一間半四方のわらぶき・わら囲いの掘っ立て小屋も含む（大判昭7.6.20）。 ・毀損しないで取外しが可能なものは建造物の一部ではなく、これに放火して焼損させたとしても、建造物に対する放火の**未遂**となる（雨戸、板戸、畳、建具など。最判昭25.12.14）。
汽　車	蒸気を動力として**軌道上を進行**する車両をいう。
電　車	電気を動力として**軌道上を進行**する車両をいう。
艦　船	軍艦その他の船舶をいう。
鉱　坑	鉱物を採取するための地下設備をいう。
放　火	・**目的物の燃焼を惹起させる行為**（家に直接火をつける。）、あるいは、それに**原因力を与える行為**（家に火をつけるため、布団に火をつける。）をいう。 ・既に発火した目的物にガソリンを撒くなどして**その燃焼を助長させる行為**も含まれる。 ・**不作為による放火**も含まれる。 　**【○該当するもの】** 　・火災保険を付した住居の居住者が、神棚の不安定な燭台に点火し、立てたローソクが近くの神符に傾いていて今にも燃え移りそうなのを認めながら、保険金の入手を期待して、そのまま出かけ、意図どおりに神符に燃え移って住居が焼損した場合（大判昭13.3.11） ・**実行の着手時期**は、**目的物に直接点火した時**、目的物に直接点火しなくても、目的物に**伝火し得ることが物理的に明白**な状態において、**導火材料に点火した時**である（大判大3.10.2）。 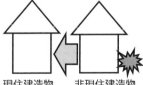 現住建造物　非現住建造物 **現住**建造物を燃やす目的で、**近接**する**非現住建造物に放火**した場合 ⇒**現住建造物等放火罪の未遂**となる（大判昭8.7.27）
焼　損	・火が放火の媒介物を離れて目的物に燃え移り、**目的物が独立して燃焼を継続し得る状態に達する**ことをいう（大判大7.3.15）。 ⇒その主要部分が毀損することや、効用が害されることまでは不要である。

> 独立燃焼した場合、多くの材質は炭化することから、**炭化深度**を測定して独立燃焼を判断することとなる

【〇該当するもの】
　・家の柱、ひさし、ひさし受けの一部を燃焼させた場合（大判昭9.11.30）
　・天井板を約一尺四方焼いた場合（最判昭23.11.2）
　・12階建てのマンション内部に設置されたエレベーターのかご内で、ガソリンを染み込ませた新聞紙に点火して放火し、かごの側壁部分にある鋼板表面の化粧シートの一部を溶解、気化させて燃焼させた場合（最決平1.7.7）

公共の危険	・**不特定又は多数人の生命、身体、財産に危険を感じさせる状態**をいう（最決平15.4.14など）。 ・火力の程度、他人の住居などとの**隣接状況**、当時の風向・風速・気温などの**気象状況**、昼間か**夜間**かなどの事情から一般人を基準として判断する（条解刑法（第3版）343〜344頁）。 　【〇該当するもの】 　　・市街地の駐車場において、全体にガソリンをかけて自動車に放火したものであるが、同自動車の約4m先に別の自動車が駐車し、その横にも別の自動車が駐車していたほか、放火した自動車から約3m離れたところにごみ集積場があり、ごみが置かれていた場合（最決平15.4.14） 　【●該当しないもの】 　　・人家もない深い山中で、周囲の木を切り払い、小雨も降っていた状況で、付近に延焼しないように監視しながら、炭焼き小屋を燃やした場合（広島高判岡山支判昭30.11.15） ・他人の軒下の自転車に火をつけ、家の一部に燃え移らせた場合の項目で詳しく（☞次項）。 ・自己所有の非現住建造物や建造物等以外の物に放火した場合、公共の危険の発生が必要であるが、**公共の危険の発生の認識・認容までは不要である**（大判昭10.6.6）。

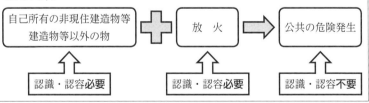

○　他人の軒下の自転車に火をつけ、家の一部に燃え移らせた場合～放火と器物損壊

▶▶▷ **アプローチ**

　他人の住居の軒下にある自転車に火をつけた事案において、①自転車が燃え上がり、②隣接して置いてあったカバーの掛けてあるバイクに燃え移り、さらに、③軒下の一部に燃え移って燃え上がるというように、火を放ってからこのような経過をたどるとき、どの段階でどのような犯罪が成立するのかを理解しておくことは重要である。

　この機会に整理しておきたい。

⑴　**モデルケース**

　Aは、仕事も見つからずムシャクシャしていたので火をつけて鬱憤を晴らそうと考え、甲宅の軒下にある甲所有の自転車のサドル部分に、持っていたライターで火をつけ、炎が上がったのを確認してその場を離れた。

　甲宅は住宅街の一角にあり、自転車と甲宅の壁面との距離は約2m、自転車と軒下との距離は最も短いところで3m、自転車の真横（甲宅とは逆方向）にはカバーの掛けてあったバイクが置かれていた。

①　Aは、炎が上がったのを確認してその場を離れたが、すぐに甲が火の上がっているのを見つけて消火し、サドルの一部が黒焦げになるにとどまった。Aの罪責は何か。

②　Aは、炎が上がったのを確認してその場を離れたが、炎は、自転車の真横にあったバイクに燃え移り、バイクカバーを燃やし、炎は甲宅の軒下にかかるくらいになった。さらに、燃えたすすが隣家の庭にも飛散していた。Aの罪責は何か。

③　Aは、炎が上がったのを確認してその場を離れたが、②の状態になった上、炎は、軒下の部分にも燃え移り、軒下の一部が炭化していた。Aは、ムシャクシャしており、軒下に燃え移ってもいいと思っていた。Aの罪責は何か。

ア　結論

　　①において、Aは器物損壊罪の罪責を負う。

　　②において、Aは建造物等以外放火罪の罪責を負う。

　　③において、Aは現住建造物等放火罪の罪責を負う。

イ　境界のポイント

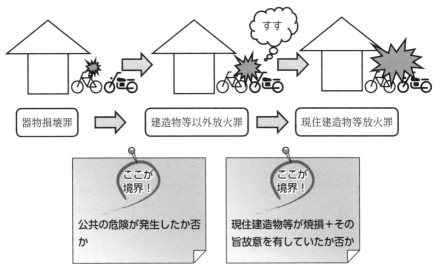

ウ　解　説

　他人所有の財物に火を放って黒焦げにした場合、器物損壊罪が成立するが、さらに、火勢が強いなどして延焼の危険が発生するなどし、公共の危険が発生した場合は、建造物等以外放火罪が成立する。したがって、**器物損壊罪と建造物等以外放火罪を分けるものは、公共の危険が発生したか否かである**（なお、公共の危険発生の認識は不要である。）。

　公共の危険の意味は、放火の項目を参照（267頁）。

　さらに、火勢が強く、他人の住居などの現住建造物等に炎が燃え移り、その一部でも焼損した場合は、その旨の故意を有していた場合には現住建造物等放火罪が成立する。したがって、**建造物等以外放火罪と現住建造物等放火罪を分けるものは、現住建造物等の一部でも焼損したか否かとその旨の故意を有していたか否かである**。

　なお、火勢が強く、他人の住居などの現住建造物等に炎がかかったものの、**焼損するに至らなかった場合**、①放火した時点で、現住建造物等に炎が燃え移り、**焼損する現実的な危険性**があり、②現住建造物等に炎が燃え移って焼損しても構わない旨の**故意**を有していた場合、**現住建造物等放火の未遂罪**が成立する。

> 【焼損する現実的な危険性の判断】
> ・火をつける際、ガソリンや灯油などの**揮発性の高い導火物**を利用する場合
> ・自転車や他の導火物となり得る物と住居などとが**密着**している場合
> ・天候が乾燥していて、風も強いような**気象条件**の場合
> ・軒下や住居の一部が炭化には至っていないものの、黒く**燻焼**しその範囲が広い場合⇒実務上は、**燃焼実験**を行い、危険性を判断することが多い。
>
> 【故意の判断】
> ・前記の事情の認識のほか、炎の**燃え上がり状態を確認**したにもかかわらず、消火活動などをしなかった場合
> ・現住建造物等の持ち主に対する怨恨などの**特殊な気持ち**がある場合

エ　モデルケースの理由・解答

　①において、Aは、甲所有の自転車のサドル部分（＝**他人の器物**）に持っていたライターで火をつけて、サドルの一部を黒焦げにしている（＝**損壊**）が、甲の消火が早く、サドルの一部が黒焦げになるにとどまり、隣のバイクなどにも燃え移っていない状況から、**公共の危険が発生**したとまではいえない。したがって、Aは、**器物損壊罪**の罪責を負う（よって、速やかに甲から**告訴**を得ることが必要）。

　②において、Aは、甲所有の自転車のサドル部分（＝**他人の物**）に持っていたライターで火をつけて（＝**放火**）、サドルの一部を黒焦げにした上（＝**焼損**）、その炎は、自転車の真横にあったバイクに燃え移り、バイクカバーを燃やし、炎は甲宅の軒下にかかるくらいになり、さらに、燃えたすすが隣家の庭にも飛散していた（＝**公共の危険の発生**）。したがって、Aは、**建造物等以外放火罪**の罪責を負う。

① 公共の危険なし

② 公共の危険あり

　なお、本件では、炎が軒下にかかったものの燻焼までには至っていないこと、導火物も自転車のサドルやバイクカバーであり、短時間の燃焼力しかないものであることから、甲の住居まで燃え移る現実的危険性を認めることは困難であり、その旨の故意も認め難いことから、**現住建造物等放火未遂罪の適用は困難**

であろう。

　③において、Aは、甲所有の自転車のサドル部分に持っていたライターで火をつけて（＝放火）、サドルの一部を黒焦げにした上、その炎は、自転車の真横にあったバイクに燃え移り、バイクカバーを燃やし、さらに、軒下の一部（＝他人の住居）を炭化させた（＝焼損）。そして、Aにはその旨の認識を有して放火した（＝故意）。したがって、Aは、**現住建造物等放火罪（既遂）**の罪責を負う。

> ⚠️**要注意**
>
> 　他人の器物を燃やす形での放火は、前記のとおり、後に捜査を継続して公共の危険の発生などが立証できる場合が多い。したがって、捜査結果によっては放火罪ではなく、器物損壊罪で処罰する場合も出てくる。その場合、器物損壊罪（法261条）は親告罪であり（☞器物損壊の項目を参照。27、116頁）、告訴期間は、犯人を知ったときから6か月であるため（刑事訴訟法235条）、器物損壊罪で処罰する見通しがついた時には、告訴期間を徒過し、有効な告訴を得ることができないおそれが生じ得る。したがって、**他人の器物を燃やす形での放火の場合は、念のため、発生後速やかに放火対象物の所有者等から告訴を得ておくことが望ましい。**

(2)　境界型の事例における判断

> ●*Case*　ごみ集積所に出ていたごみに火をつけたが●
> 　　　　　　自然鎮火した場合
>
> 　Aは、経営していた事業に失敗し自暴自棄になっていたところ、甲マンションのごみ集積所にごみが2袋出されているのを見て、火をつけて鬱憤を晴らそうと思い（建物に燃え移っても構わないと思っていた。）、ごみ2袋にライターで火をつけた。火はごみ2袋に着火し燃え上がったがそのまま自然鎮火し、ごみ集積所を囲んでいたコンクリート壁（高さ約80㎝）を黒くすすけさせる程度にとどまった。Aの罪責は何か。
> 　なお、ごみ集積所は道路沿いにあり、甲マンションはごみ集積所から道路奥側に向かい約10m離れていた。また、気候は晴れで風は吹いていなかった。

【結論】　Aは、**軽犯罪法違反（火気乱用）**の罪責を負う（同法1条9号）。

【理由】　Aは、ごみに火をつけていることから建造物等以外放火罪（法110条1項）の成否が問題となる。建造物等以外放火罪が成立するには火をつけたことにより公共の危険が発生することが必要である。

　本件では、火をつけた場所は甲マンションから約10m離れた場所であり甲マンションの付近であるが、火をつけたのはごみ2袋にとどまっている上、火をつけたごみが置かれていたごみ集積場は周りを高さ約80cmの不燃性のコンクリート壁に囲まれ延焼可能性が低く、当時は風も吹いておらず、実際に延焼せずに自然鎮火していることに照らせば、**公共の危険が発生したとは言い難く、建造物等以外放火罪は成立しない。**

　本件では、**相当の注意をしないで、建物の付近で火をたいたとして、軽犯罪法違反（火気乱用）が成立**する（同法1条9号、『イラスト・チャートでわかりやすい　擬律判断・軽犯罪法』（第二版）74〜83頁）。

　なお、本件では、Aは、少なくとも建造物等以外放火罪の故意をもって火をつけているが、客観的に公共の危険が発生せず、また、公共の危険の発生の認識は故意の内容として不要であることから（☞267頁）、建造物等以外放火罪は成立しない。

② 偽 造

1 通貨偽造・行使等

> **■ 法第148条（通貨偽造及び行使等）**
> 1 行使の目的で、通用する貨幣、紙幣又は銀行券を偽造し、又は変造した者は、無期又は３年以上の懲役に処する。
> 2 偽造又は変造の貨幣、紙幣又は銀行券を行使し、又は行使の目的で人に交付し、若しくは輸入した者も、前項と同様とする。
>
> **未遂〇、予備〇、緊逮〇、テロ準〇、裁判員〇、親告罪✕**

通貨偽造等

犯行の主体	特に制限はなく、誰でも行える。
犯行の対象	**◎通用する** ・我が国において**強制通用力を与えられている**ことをいう。 ・強制通用力を失っている古銭などは該当しない。 ・**外国通貨**は、外国通貨偽造罪（法149条）の対象となる。 **◎貨 幣** 　政府が発行する**硬貨**、つまり、金属の貨幣をいう。 **◎紙 幣** 　政府が発行する貨幣代用証券をいう（現在は流通なし。）。 **◎銀行券** 　政府の認許によって日本銀行が発行する貨幣代用証券、つまり、**日本銀行券**をいう。
行 為	**◎偽 造** ・通貨の発行権（政府、日本銀行）を持たない者が、**真正の通貨の外観を有する物を作る**ことをいう（最判昭22.12.17）。 ・**偽造の方法には制限がない。** 　⇒貨幣に酷似したものを鋳造する、銀行券に酷似するものを印刷する、古貨・廃貨・真貨を利用するものも含む（条解刑法（第３版）412頁）。

	・偽造というためには、**一般人が通常の注意力で真正の通貨と誤認する程度に作り出す**ことが必要である（大判昭2．1．28）。 **【○該当するもの】** ・コピー用紙の紙の片面は白紙、反対側の片面に千円札の表面の文字や絵と裏面の絵の裏返しのものが併せて印刷された物も、印字された片面のみを呈示すれば、通常人が不用意に一見した場合、真正の貨幣と誤認する可能性があり、偽造に該当する（東京高判平18.2.14）。 ・この程度に至らないものは、紛らわしい外観を有する物を製造したものとして**「模造」**とされ、通貨及証券模造取締法の対象となる。 ・**真正な通貨に加工**した場合であっても、**その同一性を失わせた**場合は**偽造**となる。 **【○該当するもの】** ・真正な通貨を溶解して新たに全く別の通貨を作り出す（大判明39.6.28）。 **◎変　造** ・通貨の発行権を持たない者が、**真正の通貨に加工して、別個の真正な通貨と紛らわしい外観を有する物を作る**ことをいう。 ⇒真正な通貨が材料となる。 **【○該当するもの】** ・日本銀行券百円札を青色に着色し、数字や文字に変更を加えて、五百円札のように改ざんする（東京高判昭30.12.6）。 ・真正な日本銀行券千円札を表裏に剝がして2つに分割し、それぞれ片面のみが真正な図柄を有し、印刷のない他面には白地の和紙を糊で貼って2枚の千円札の外観を有するものを作り出すこと（東京地判平8.3.27）。
目　的	**◎行使の目的** ・偽造・変造の通貨を真正の通貨として**流通に置こうとする目的**をいう（東京高判昭29.3.25）。 **【●該当しないもの】** ・学校の教材にする目的、陳列用の標本にする目的、装飾として保存する目的、自分の信用力を証明するために他人に示す目的（条解刑法（第3版）412頁）。 ・行為者自身が行使する目的に限らず、**他人をして行使させる目的**でもよい（最判昭34.6.30）。
故　意	通貨を偽造、変造することの認識・認容が必要
未遂罪	通貨を偽造するつもりで作り出したが、作り出した物が偽造といえる程度に達しなかった場合は**通貨偽造未遂罪**となる（東京高判昭31.12.6）。

 行使等した場合

偽造通貨行使等

犯行の主体	特に制限はなく、誰でも行える。
犯行の対象	**◎偽造又は変造された貨幣、紙幣、銀行券** ・偽造・変造した者は行為者だけでなく、他人でもよい。 ・行使の目的がなく偽造・変造されたものも含む（条解刑法（第3版）414頁）。
行　為	**◎行　使** ・偽造・変造の通貨を真正な通貨として**流通に置く**ことをいう（大判明37. 5 .13）。 【〇該当するもの】 ・代金として支払いに充てる、債務の弁済に用いる、贈与する（大判明35. 4 . 7 ）。 ・両替する（最決昭32. 4 .25）。 ・自動販売機などの機械に偽貨を投入する（東京高判昭53. 3 .22）。 【●該当しないもの】 ・自己の財産状態を信用させるために、見せ金として他人に示す。 ・偽貨を真正な通貨として流通に置けば（＝手渡せば）、直ちに**既遂**となる（大判昭 7 . 6 .15）。 ⇒相手方に怪しまれて返還されても既遂となる。 **◎交　付** ・偽造・変造通貨であることの**情を明らかにして**偽貨を相手方に手渡すことをいう（条解刑法（第3版）415頁）。 ・**情を知らない者に手渡す行為は「行使」となる。** **◎輸　入** ・**国外から国内に搬入する**ことをいう（条解刑法（第3版）415頁）。 ・海上輸送ないし航空機による搬入の場合、**陸揚げ**により**既遂**となる（最決平13.11.14）。 陸揚げ　／　領　海　／　公　海 日本・陸

目　的	◎行使の目的
	・偽造・変造の通貨を真正の通貨として**流通に置こうとする目的**をいう（東京高判昭29．3．25）。
	・交付、輸入において必要となる。
故　意	偽造又は変造された貨幣、紙幣、銀行券通貨を行使、交付、輸入することの認識・認容が必要
他罪との関係	◎通貨偽造等と偽造通貨行使等
	行使の目的で通貨を偽造（変造）した者が、さらに行使した場合、通貨偽造等罪と偽造通貨行使罪は**牽連犯**となる（条解刑法（第3版）416頁）。
	◎詐欺と偽造通貨行使等
	偽造通貨を利用して、財物を詐取するなどした場合、偽造通貨行使は詐欺的行為を含むことから、**詐欺罪は偽造通貨行使等に吸収**される（大判昭7．6．6）。

2　有価証券偽造等・偽造有価証券行使等

■　**法第162条（有価証券偽造等）**
1　行使の目的で、公債証書、官庁の証券、会社の株券その他の有価証券を偽造し、又は変造した者は、3月以上10年以下の懲役に処する。
2　行使の目的で、有価証券に虚偽の記入をした者も、前項と同様とする。

未遂×、予備×、緊逮〇、テロ準〇、裁判員×、親告罪×

■　**法第163条（偽造有価証券行使等）**
1　偽造若しくは変造の有価証券又は虚偽の記入がある有価証券を行使し、又は行使の目的で人に交付し、若しくは輸入した者は、3月以上10年以下の懲役に処する。

未遂〇、予備×、緊逮〇、テロ準〇、裁判員×、親告罪×

有価証券偽造等

犯行の主体	特に制限はなく、誰でも行える。
犯行の対象	◎公債証書
	・国又は地方公共団体が、債務の証明のために発行する証券をいい、**国債や地方債**が該当する。
	・外国政府発行の公債証書は、「その他の有価証券」に該当する。

◎官庁の証券

官庁名義で発行される証券をいう。

◎会社の株券

株式会社の発行する株主であることを表章する証券をいう。

◎その他の有価証券

・「有価証券」とは、**財産上の権利が証券に表示**され、その表示された権利の行使につき、**その証券の占有**を必要とするものをいう（最判昭34.12.4）。

・民事法上と異なり、証券が**流通性を有する**ことを要しない（最判昭32.7.25）。

【○該当するもの】

・鉄道乗車券（大判大3.11.19）、電車定期券（最決昭32.7.25）、宝くじ（最判昭33.1.16）、競輪車券（名古屋高判昭27.12.22）、商品券（大判昭2.12.6）、約束手形（大判明42.3.16）、小切手（大判明42.10.7）、貨物引換証（大判大10.2.2）、預証券（大判大12.2.15）、増資新株式申込証拠金領収書（最判昭34.7.14）、テレホンカード（最決平3.4.5。磁気情報部分と券面上の記載を一体としてみる。）。

【●該当しないもの】

・郵便貯金通帳（大判昭6.3.11）
⇒権利行使に通帳が必要とされない。

・郵便切手や印紙（郵便法や印紙犯罪処罰法の対象となる。）

行　為	◎偽　造

◎偽　造

・**作成権限を有しない者**が、**名義を偽って他人名義の有価証券を作成**することをいう（条解刑法（第3版）442頁）。

・真正に成立した有価証券に変更を加えて**その本質的部分に変動を生じさせた場合**は偽造となる（条解刑法（第3版）446頁）。

【○該当するもの】

・他人の振り出した手形や小切手の振出日付、受取日付、**金額の数字**を改ざんする場合（最決昭45.10.22）。

・当選確定後、**当選しなかった宝くじの番号を当選番号に改ざん**する場合（福岡高判昭26.8.9）。

◎変　造

真正に成立した他人名義の有価証券に**権限なく変更を加える**ことをいう（条解刑法（第3版）446頁）。

【○該当するもの】

・**8等に当選した宝くじの番号を1等の当選番号に改ざん**する場合（仙台高判昭31.5.24）。

	◎虚偽記入 ・有価証券に**真実に反する記載**をすることをいう（大判大12.2.15など）。 ・自己名義で有価証券を作成する者が、虚偽の記入をする場合が典型例であるが、偽造に該当する場合、虚偽記入は成立しない。
目　的	◎行使の目的 ・真正な、又は内容の真実な有価証券として**使用する目的**をいう（最決平3.4.5）。 **⇒流通させる目的ではない。** ・通貨偽造等と異なり、流通に置く場合に限らない（大判明44.3.31）。
故　意	有価証券を偽造、変造、虚偽記入することの認識・認容が必要

 行使等した場合

偽造有価証券行使等

犯行の主体	特に制限はなく、誰でも行える。
犯行の対象	◎**偽造、変造、虚偽記入された有価証券** ・偽造・変造した者は行為者だけでなく、他人でもよい。 ・行使の目的がなく偽造・変造・虚偽記入されたものも含む（条解刑法（第3版）448頁）。
行　為	◎**行　使** ・偽造・変造・虚偽記入に係る有価証券を真正なものとして、又は内容が真実なものとして、その情を知らない者に対して**使用**することをいう（条解刑法（第3版）448頁）。 ・**他人が認識し得る状態に置いた時に既遂**となる（大判昭7.5.5）。 ┃**参　考**　偽造通貨行使等との違い {{TABLE_PARTICIPANTS}} ◎**交付、輸入** ・偽造通貨行使等と同じである。 　☞偽造通貨行使等の項目を参照（275頁）

	偽造通貨	偽造有価証券
流通させるために手渡した	行使○	行使○
信用力があるように見せるため使用した	行使×	行使○
浪費を隠蔽するため、親族に財産があることを示すため使用した	行使×	行使○

目　的	◎行使の目的
	・真正な、又は内容の真実な有価証券として**使用する目的**をいう。
	・交付、輸入において必要となる。
故　意	偽造・変造・虚偽記入された有価証券を行使、交付、輸入することの認識・認容が必要
他罪との関係	◎**有価証券偽造等と偽造有価証券行使等**
	行使の目的で有価証券を偽造（変造、虚偽記入）した者が、さらに行使した場合、有価証券偽造等罪と偽造有価証券行使等罪は**牽連犯**となる（条解刑法（第3版）450頁）。
	◎**詐欺と偽造有価証券行使等**
	偽造有価証券を利用して、財物を詐取するなどした場合、詐欺罪と偽造有価証券行使等罪は**牽連犯**となる（大判昭9.5.31）。
	⚠**要注意　偽造通貨行使等の場合は、詐欺が吸収される。**

3　文書偽造・偽造文書行使

　文書偽造・偽造文書行使は、構成要件が複雑であるため、まずその全体を概観する。

【公文書】

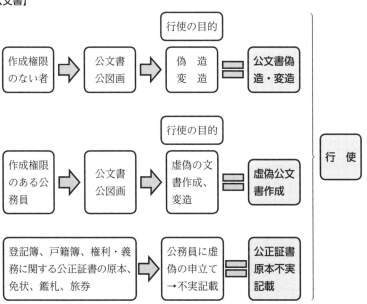

【私文書】

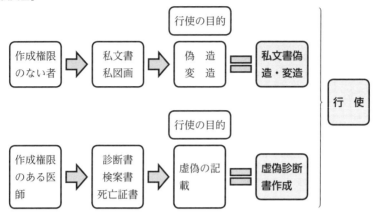

■ **法第155条（公文書偽造等）**

1 行使の目的で、公務所若しくは公務員の印章若しくは署名を使用して公務所若しくは公務員の作成すべき文書若しくは図画を偽造し、又は偽造した公務所若しくは公務員の印章若しくは署名を使用して公務所若しくは公務員の作成すべき文書若しくは図画を偽造した者は、1年以上10年以下の懲役に処する。

2 公務所又は公務員が押印し又は署名した文書又は図画を変造した者も、前項と同様とする。

3 前2項に規定するもののほか、公務所若しくは公務員の作成すべき文書若しくは図画を偽造し、又は公務所若しくは公務員が作成した文書若しくは図画を変造した者は、3年以下の懲役又は20万円以下の罰金に処する。

　　　　　　　未遂×、予備×、緊逮〇、テロ準〇（3項を除く。）、裁判員×、親告罪×

■ **法第156条（虚偽公文書作成等）**

公務員が、その職務に関し、行使の目的で、虚偽の文書若しくは図画を作成し、又は文書若しくは図画を変造したときは、印章又は署名の有無により区別して、前2条の例による。

　　　　　　　未遂×、予備×、緊逮〇、テロ準〇（無印を除く。）、裁判員×、親告罪×

■ **法第157条（公正証書原本不実記載等）**

1 公務員に対し虚偽の申立てをして、登記簿、戸籍簿その他の権利若しくは義務に関する公正証書の原本に不実の記載をさせ、又は権利若しくは義務に関する公正証書の原本として用いられる電磁的記録に不実の記録をさせた者は、5年以下の懲役又は50万円以下の罰金に処する。

　　　　　　　　　未遂○、予備×、緊逮○、テロ準○、裁判員×、親告罪×

2　公務員に対し虚偽の申立てをして、免状、鑑札又は旅券に不実の記載をさせ
た者は、１年以下の懲役又は20万円以下の罰金に処する。

　　　　　　　　　未遂○、予備×、緊逮×、テロ準×、裁判員×、親告罪×

■ 法第158条（偽造公文書行使等）

1　第154条から前条までの文書若しくは図画を行使し、又は前条第１項の電磁
的記録を公正証書の原本としての用に供した者は、その文書若しくは図画を偽
造し、若しくは変造し、虚偽の文書若しくは図画を作成し、又は不実の記載若
しくは記録をさせた者と同一の刑に処する。

　　　　　　　　未遂○、予備×、緊逮○（免状等を除く。）、
　　　　　　　テロ準○（無印、免状等を除く。）、裁判員×、親告罪×

■ 法第159条（私文書偽造等）

1　行使の目的で、他人の印章若しくは署名を使用して権利、義務若しくは事実
証明に関する文書若しくは図画を偽造し、又は偽造した他人の印章若しくは署
名を使用して権利、義務若しくは事実証明に関する文書若しくは図画を偽造し
た者は、３月以上５年以下の懲役に処する。

2　他人が押印し又は署名した権利、義務又は事実証明に関する文書又は図画を
変造した者も、前項と同様とする。

3　前２項に規定するもののほか、権利、義務又は事実証明に関する文書又は図
画を偽造し、又は変造した者は、１年以下の懲役又は10万円以下の罰金に処す
る。

未遂×、予備×、緊逮○（無印を除く。）、テロ準○（３項を除く。）、裁判員×、親告罪×

■ 法第160条（虚偽診断書等作成）

　医師が公務所に提出すべき診断書、検案書又は死亡証書に虚偽の記載をした
ときは、３年以下の禁錮又は30万円以下の罰金に処する。

　　　　　　　　　未遂×、予備×、緊逮○、テロ準×、裁判員×、親告罪×

■ 法第161条（偽造私文書等行使）

1　前２条の文書又は図画を行使した者は、その文書若しくは図画を偽造し、若
しくは変造し、又は虚偽の記載をした者と同一の刑に処する。

　　　　　　　　未遂○、予備×、緊逮○（無印を除く。）、
　　　　　テロ準○（無印、虚偽診断書等を除く。）、裁判員×、親告罪×

公文書偽造・変造罪	主体に制限なし	公文書公図画	偽造変造	行使の目的	有印	有印公文書偽造・変造
					無印	無印公文書偽造・変造
虚偽公文書作成罪	文書作成権限を有する公務員がその職務に関し	公文書公図画	虚偽作成変造	行使の目的	有印	虚偽有印公文書作成
					無印	虚偽無印公文書作成
公正証書原本不実記載罪	申立てを受けた公務員以外の者	登記簿戸籍簿権利・義務に関する公正証書の原本	公務員に対して虚偽の申立て→不実の記載			公正証書原本不実記載
		免状鑑札旅券				免状（鑑札、旅券）不実記載
偽造公文書行使罪	主体に制限なし	前記偽造、変造、虚偽記載等に係る公文書、公図画	行使		有印	偽造（変造・虚偽）有印公文書行使
					無印	偽造（変造・虚偽）無印公文書行使
		前記不実記載等に係る公正証書の原本等				不実記載公正証書原本行使
		前記不実記載等に係る免状等				不実記載免状（鑑札、旅券）行使
私文書偽造・変造罪	主体に制限なし	権利、義務、事実証明に関する文書、図画	偽造変造	行使の目的	有印	有印私文書偽造・変造
					無印	無印私文書偽造・変造
虚偽診断書等作成罪	作成権限を有する医師	公務所に提出すべき診断書、検案書、死亡証書	虚偽の記載			虚偽診断書（検案書、死亡証書）作成

偽造私文書等行使罪	主体に制限なし	前記偽造、変造に係る私文書、私図画	行使		有印	偽造（変造）有印私文書行使
					無印	偽造（変造）無印私文書行使
		前記虚偽記載に係る診断書等				虚偽診断書（検案書、死亡証書）行使

文書偽造・偽造文書行使等に共通する概念について解説する。

| 文　書 | 文書とは、**文字又はこれに代わるべき発音符号**を用いて、**ある程度永続すべき状態**において、物体の上に記載された**意思又は観念の表示**であって、その表示の内容が**法律上又は社会生活上重要な事項について証拠**となり得べきものをいう（大判明43.9.30）。 |

文字又はこれに代わるべき発音符号を用いる

➡

【〇該当するもの】
・日本文字、外国文字、電信信号、速記符号
【●該当しないもの】
・レコード、録音テープ

ある程度永続すべき状態において、物体に記載

➡

【〇該当するもの】
・黒板に白墨で記載、陶磁器に記載
【●該当しないもの】
・砂上の文字、板上の水書き文字

意思又は観念の表示で、表示内容が、重要な事項について証拠となり得る

➡

【〇該当するもの】
・郵便局の日付印、銀行の出勤票、支払伝票、白紙委任状
【●該当しないもの】
・下足札（これ自体では意味不明）

⬇

証拠となり得る
⇒文書は、**確定性、つまり、原本性が必要**

➡

・単なる草案や原稿は該当しない。
・**コピー**は、原本の内容が機械的に伝わるもので**原本性を有する**（最決昭61.6.27など）
　⇒コピーの作成名義人は、コピー作成者ではなく原本の作成名義人

図　画	発音的符号を用いず**象形的符号を用い**、ある程度永続すべき状態において、物体の上に記載された意思又は観念の表示をいう（条解刑法（第3版）430頁）。 **【○該当するもの】** ・日本音楽著作権協会の英文略称である「JASRAC」を図案化したシール（東京高判昭50.3.11）。
公文書 公図画	文書、図画のうち、公務所や公務員が、その**職務に関し**、所定の形式に従って作成すべきものをいう（条解刑法（第3版）424頁）。 **【○該当するもの】** ・自動車運転免許証（最決昭35.1.12） **【●該当しないもの】** ・公務員の退職届（大判大10.9.24）⇒職務執行として作成していない。 ・公務員の肩書が用いられた私的な広告文（最決昭33.9.16） 交通事件原票 ⇒ ・現認・認知報告書の部分⇒**公文書** 　　　　　　　　　・下欄の供述書部分⇒**私文書**
私文書 私図画	・他人の権利、義務又は**事実証明に関する文書・図画**をいう。 ・**「他人」**とは、自己及び公務所、公務員以外の者をいうが、公務員が作成したものでも、その権限に基づかない文書等は、私文書等に該当する（大判大10.9.24）。 **権利、義務に関する文書** ⇒ **【○該当するもの】** 　　　　　　　　　　　　・郵便為替証書における受領証、辞令書、債権譲渡証、弁論再開申立書など **事実証明に関する文書** ⇒ **【○該当するもの】** 　　　　　　　　　　　　・転居届、推薦状、履歴書、自動車登録事項等証明書交付申請書、入学試験の答案
偽　造	・文書の作成名義人以外の者が、**権限なしに、その名義を用いて文書等を作成すること**をいう（最判昭51.5.6）。 ・既存の文書等を改ざんした場合に、本質的部分に変更を加えれば**偽造**となる（条解刑法（第3版）433頁）。 ・名義人の**承諾**がある場合は、権限に基づいて作成することとなり、**偽造に該当しない**。 **【例外は】** ・交通事件原票に、他人の事前承諾に基づき、他人名義で署名する場合（最決昭56.4.16） ・入学試験の答案（最決平6.11.29） ・旅券の申請書（東京地判平10.8.19） ⇒いずれも違反者、受験者、申請者以外の者が記載すると、文書作成の意味がなくなるため

・Bが、「A株式会社代表取締役B」、「A代理人B」と記載した文書を作成したが、実際に、Bは代表取締役や代理人でなかった場合、Bは、権限もなく文書を作成したこととなり、**偽造**に該当する（**代理代表名義の冒用**。最決昭45.9.4）。

・他方、Bがその権限を有していたが（会社の土地売買に関する文書作成の権限）、例えば、自己の利益を図る動機に基づき、権限を行使し（会社の土地を売却）、付随して文書を作成（売買契約書を作成）した場合は、権限に基づいて作成したものであり、**偽造に該当しない**（**代理権限の濫用**。大判大11.10.20）。

変　造	権限のない者が、**真正に成立した文書等の内容**に、その**同一性を失わせない限度**において（非本質的部分）、**変更を加える**ことをいう（条解刑法（第3版）435頁）。 **他人の運転免許証（最決昭35.1.12など）** 期　限 ⇒ **期限**の改ざん⇒元の運転免許証を前提に有効期間が変わるにすぎない⇒同一性あり⇒**変造** 写　真 ⇒ **写真**の貼り替え⇒元の運転免許証とは別の運転免許証ができる⇒同一性なし⇒**偽造**
虚偽の記載	**作成権限を有する者**が、自己の名義で、**真実に反する内容の文書・図画を作成**することをいう（条解刑法（第3版）422頁）。
有　印	・**印章や署名を使用**する場合をいう。 ・署名は、自署に限らず、**記名でもよい**（大判大4.10.20）。 ・印章、署名はその一方が使用されれば足りる。
無　印	・印章や署名を使用しない場合をいう。
行　使	・**真正な文書等として使用**することをいう。 　☞有価証券偽造等・偽造有価証券行使等の項目を参照（276頁） ・偽造文書等を提示、交付、備付けなどによって**一般人が閲覧、認識し得る状態に置くことによって既遂**となる（大判大5.7.14）。 　⇒郵送の場合、相手方に**到達**しなければ**未遂**となる（大判大5.7.14）。 ・行使の相手方が偽造文書等であることを**知っていた場合も未遂**となる（東京高判昭53.2.8）。
行使の目的	他人をして偽造文書等を**真正な文書等として誤信させようとする目的**をいう（大判大2.12.6）。

～私印偽造・同使用との違い～

　弁解録取書（供述録取書）の本文の末尾に、勝手に他人の氏名を記載・指印して警察官に提出した場合、私印偽造・同使用罪となる（刑法167条）。なお、有印私文書偽造・同行使罪とならないのは、弁解録取書や供述録取書は作成名義人は警察官等であり、作成名義人を偽ることにならないためである。

　よって、供述書の場合は他人の氏名を記載することで文書の作成名義人を偽っていることになるため有印私文書偽造・同行使罪となる。

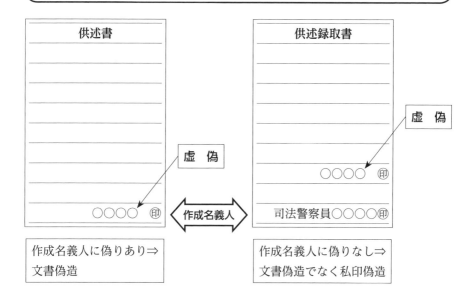

③ 各種条例違反

1 児童と性交類似行為に及んだ場合～条例違反と児童買春法違反

> ▶▶▷ **アプローチ**
> 　いわゆる出会い系サイトが広がるにつれ、援助交際の名の下に、児童と性交や性交類似行為をし、その対価として現金等を渡す事案が増えている。
> 　基本的に、見知らぬ児童と性交類似行為等をする場合、対価を渡すことがほとんどであり、いわゆる児童買春に該当するが、時に対価の提供がない場合又はその約束も含めて立証が難しい場合は、条例違反を検討することとなる。
> 　ここでは、両者の違いなどを整理しておきたい。

⑴ モデルケース

> 　Aは既婚者であるが、妻と別居していることをいいことに、出会い系サイトで知り合った女性と性交や性交類似行為をすることを繰り返していた。
> 　ある時、Aは、出会い系サイトを通じて、満17歳の甲と知り合い、学生証を見てその年齢を認識した。Aは、甲と待ち合わせ、甲を自宅に連れてきた。
> ①　Aは、甲から「口で3」と言われ、それに応じて口淫に及んだ。そこで、Aは、甲に対し、3万円を支払った。Aの罪責は何か。
> ②　Aは、甲から「家出中なので、ここにしばらく泊めてほしい、そうしてくれれば、口ならいいよ」と言われ、それに応じて口淫に及んだ。そこで、Aは、3日間、甲を自宅に泊めさせた。Aの罪責は何か。
> ③　Aは、甲と話しているうちに劣情を催し、甲に対し、口淫をするように頼むと、甲が応じたため、口淫に及んだ。Aの罪責は何か。

ア　結　論

　　①において、Aは児童買春罪の罪責を負う。

　　②において、Aは児童買春罪の罪責を負う。

　　③において、Aは条例違反（青少年に対する反倫理的な性交等の禁止など）の罪責を負う。

イ　境界のポイント

　　本件は、児童買春法における**児童買春罪**と各都道府県において制定されている**条例違反**（おおむねの内容は、18歳未満の者に対してみだらな性交や性交類

似行為をすることを禁止するもの）のいずれに該当するのかという問題である。

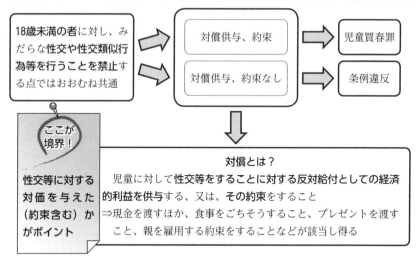

18歳未満の者に対し、みだらな性交や性交類似行為等を行うことを禁止する点ではおおむね共通

対償供与、約束 → 児童買春罪

対償供与、約束なし → 条例違反

ここが境界！

性交等に対する対価を与えた（約束含む）かがポイント

対償とは？
児童に対して**性交等をすること**に対する反対給付としての経済的利益を供与する、又は、**その約束をすること**
⇒現金を渡すほか、食事をごちそうすること、プレゼントを渡すこと、親を雇用する約束をすることなどが該当し得る

ウ　解　説

　各都道府県において、おおむね18歳未満の者とみだりに性交や性交類似行為を行うことを禁止する内容の条例が制定されているが、ここでは、参考として東京都の「東京都青少年の健全な育成に関する条例」を紹介する。

> ■　**東京都青少年の健全な育成に関する条例第18条の6**
> 　**（青少年に対する反倫理的な性交等の禁止）**
> 　何人も、青少年とみだらな性交又は性交類似行為を行つてはならない。
> 【罰則】　2年以下の懲役又は100万円以下の罰金（同条例24条の3）

　なお、「**みだらな**」と限定が付されているが、これは、①18歳未満の者を**誘惑し、威迫し、欺罔し又は困惑**させる等その心身の未成熟に乗じた不正な手段により行うもの、②18歳未満の者を**単に自己の性的欲望を満足させるための対象**として扱っているとしかみえないようなものをいう（最判昭60.10.23など）。
　したがって、交際中の場合、少なくとも知り合って相当期間は性交等がない状況が続いた上、性交等に至った場合は、交友関係等の検討が必要である（仙台地判平30.2.8）。
　他方、児童買春法の条文は、以下のとおりである。

> ■　**児童買春法第4条（児童買春）**
> 　児童買春をした者は、5年以下の懲役又は300万円以下の罰金に処する。

児童買春とは？

	行　為	対償の供与等が必要	
条文	児童に対し、性交等を行う。	・児童に対し ・児童に対する性交等の周旋をした者に対し ・児童の保護者又は児童を支配下に置いている者に対し	・対償を供与する。 ・対償の供与の約束をする。
解釈	◎児　童 　18歳に満たない者（児童買春法2条1項） ◎性交等 ・性交、性交類似行為、自己の性的好奇心を満たす目的で、児童の性器等を触る若しくは児童に自己の性器等を触らせる（児童買春法2条1項） ・性交類似行為 ⇒手淫、口淫など、キスや抱擁は該当しない ・性器等 ⇒性器、肛門、乳首（児童買春法2条1項）	◎児童の保護者 　親権を行う者、未成年後見人その他の者で、児童を現に監護するものをいう（児童買春法2条2項）。	◎対　償 ・前記解説参照 ・児童側が合意して行われた性交等の後になって、児童側から対償を請求した場合は、児童買春に該当しない。

エ　モデルケースの理由・解答

　①において、Aは、18歳未満の甲（＝児童）をその旨認識し、性交類似行為の対価として現金3万円を渡す約束の下、性交類似行為を行い、実際に対価を渡しており（＝児童買春）、よって、Aは、**児童買春罪**の罪責を負う。

　②において、Aは、18歳未満の甲（＝児童）をその旨認識し、性交類似行為の対価として自宅に宿泊させる約束の下、性交類似行為を行い、実際に宿泊させており（＝児童買春）、よって、Aは、**児童買春罪**の罪責を負う。

　③において、Aは、18歳未満の甲（＝青少年）をその旨認識し、出会い系サイトで知り合い、交際等も経ずに、性交類似行為を行っており（＝**みだらな性交類似行為**）、よって、Aは、**条例違反**の罪責を負う。

2　客引きの場合〜条例違反と風適法違反

> ▶▶▶ **アプローチ**
>
> 　繁華街の路上で、通行人に対し、飲食店や風俗店の客になるように誘ういわゆる客引きを見かけるが、客引きは、風俗営業等の規制及び業務の適正化等に関する法律違反になり得るほか、条例違反となる可能性がある。
>
> 　いずれを適用するかは客引きの勧誘の方法や風俗店との雇用関係などの実態、さらに、条例の要件によるが、通常は、適用範囲の広い条例違反で検挙することが多い。
>
> 　この機会に両者の関係を整理していただきたい。

■　**モデルケース**

> 　甲は、飲食店や風俗店が並ぶ繁華街の道路を歩いていたところ、見ず知らずの男性Aから、「キャバクラいかがですか。近くの乙です。今なら5,000円ポッキリ」などと、真横を沿って歩きながら声をかけられ続けた。Aは、近くのキャバクラ乙の経営者から、キャバクラ乙に客を勧誘して連れてくることを依頼され、1人当たり3,000円の手数料を払うことで客引きを引き受けた者であった。Aの罪責は何か。

ア　結　論

　　Aは風適法違反（客引き）と条例違反（客引き）の罪責を負う（東京高判昭54.9.13、名古屋高判昭53.3.29、両罪は観念的競合となる。）。

イ　境界のポイント

　　本件は、**風適法**における風俗営業者の禁止行為の一つである客引き行為の禁止（風適法22条1項1号）と、各都道府県において制定されている**条例違反**（おおむねの内容は、公共の場所において、不特定の者に対し、客引きを禁止するもの）のいずれに該当するのかという問題である。

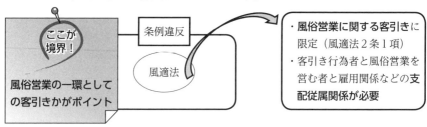

ウ 解 説

　各都道府県において、おおむね公共の場所において、不特定の者に対し、客引き行為を禁止する内容の条例が制定されているが、ここでは、参考として東京都の「公衆に著しく迷惑をかける暴力的不良行為等の防止に関する条例」を紹介する。

■　**公衆に著しく迷惑をかける暴力的不良行為等の防止に関する条例（東京都）第7条第1項第3号**

　何人も、公共の場所〔注道路、公園、広場、駅、空港、ふ頭、興行場など〕において、不特定の者に対し、次に掲げる行為をしてはならない。

(3)　異性による接待（風適法第2条第3項に規定する接待をいう。以下同じ。）をして酒類を伴う飲食をさせる行為又はこれを仮装したものの提供について、客引きをし、又は人に呼び掛け、若しくはビラその他の文書図画を配布し、若しくは提示して客を誘引すること〔以下略〕

　【罰則】　50万円以下の罰金又は拘留若しくは科料（同条例8条4項5号）

　なお、条例によっては、客引きが**「執拗な方法」**で行われることを要件とするものもあり（埼玉県迷惑行為防止条例など）、その場合、客引きのために並んで歩いた距離、時間、立ちふさがり、客引きからの働きかけの度合い（一方的）などを考慮することとなる（さいたま簡判平28.10.17参照）。

　他方、風適法の客引きを禁止する条文は、以下のとおりである。

■　**風適法第22条第1項第1号**

　風俗営業を営む者は、次に掲げる行為をしてはならない。

(1)　当該営業に関し客引きをすること。

　【罰則】　6月以下の懲役若しくは100万円以下の罰金、併科あり（同法52条1号）

　したがって、風適法違反と条例違反の客引きの共通する点と相違する点は、以下のとおりとなる。

	風適法違反の客引き	条例違反の客引き
共通する事項	◎客引き　　相手方を特定し、その営業所の客として遊興飲食をさせるため勧誘することをいう（東京高判昭49.3.4など）。	

	風適法違反の客引き	条例違反の客引き
	【○該当するもの】 ・宣伝用ビラを差し出しながら、「ワンセット○○○○円です。サービスの良い店だから寄ってください」とか「どうぞどうぞ。いらっしゃいませ」などと申し向けて誘う（東京高判昭54. 9. 13）。 ・身辺につきまとう、寄り添って歩く、立ちふさがる、腕をつかみ、引っ張る（改訂特別刑法4・37頁）。 【●該当しないもの】 ・一般通行人にチラシを配布する、看板を掲示する、サンドイッチマンが看板をもって宣伝するのみの行為（改訂特別刑法4・37頁）	
異なる事項	◎主体が風俗営業を営む者 　従業者も含む。	◎主体が制限されない。
	◎客引きが風俗営業に関し行われることが必要	◎客引きは営業の一環としてなされることまでは必要とされない。

エ　モデルケースの理由・解答

　Aは、乙から手数料をもらう約束の下、キャバクラ乙の営業に関し客引きをすることを了承し**（＝風俗営業者との共謀、風俗営業に関し）**、繁華街の道路上において**（＝公共の場所）**、通行人である甲に対し、「キャバクラいかがですか。近くの乙です。今なら5,000円ポッキリ」などと、真横を沿って歩きながら声をかけ続けて、キャバクラ乙の客になるように勧誘した**（＝客引き）**。よって、Aは、風適法の客引き及び条例違反の客引きの罪責を負い、両者は、観念的競合となる（捜査実務全書⑨風俗・性犯罪349～350頁）。

> **⚠要注意**
>
> 　客引きを摘発する際には、警察官に声をかけて勧誘してきた者を現行犯逮捕する場合が多いが、当初は、客引きと風俗営業者との関係が不明であることが多く、**条例違反にて現行犯逮捕**し、風俗営業者との共謀や支配従属関係（従業員か否か、従業員でなければ委託関係があるか否かなど）が認められるかを検討していくこととなろう。
>
> 　なお、風俗営業が**無許可営業**であっても、**風適法違反としての客引きは成立**する（改訂特別刑法4・36頁）。

第8章

外国人関係

□　出入国管理及び難民認定法違反

1　不法在留、不法残留

■　出管法第70条

1　次の各号のいずれかに該当する者は、３年以下の懲役若しくは禁錮若しくは300万円以下の罰金に処し、又はその懲役若しくは禁錮及び罰金を併科する。

(1)　第３条の規定に違反して本邦に入つた者

(2)　入国審査官から上陸の許可等を受けないで本邦に上陸した者

(5)　在留期間の更新又は変更を受けないで在留期間（第20条第６項（第21条第４項において準用する場合を含む。）の規定により本邦に在留することができる期間を含む。）を経過して本邦に残留する者〔注不法残留〕

(7)　寄港地上陸の許可、船舶観光上陸の許可、通過上陸の許可、乗員上陸の許可、緊急上陸の許可、遭難による上陸の許可又は一時庇護のための上陸の許

可を受けた者で、旅券又は当該許可書に記載された期間を経過して本邦に残留するもの〔注不法残留〕

2 前項第1号又は第2号に掲げる者が、本邦に上陸した後引き続き不法に在留するときも、同項と同様とする〔注不法在留〕。

未遂×、予備×、緊逮〇、テロ準×（正犯者は除く。）、裁判員×、親告罪×

■ **出管法第3条（外国人の入国）**

1 次の各号のいずれかに該当する外国人は、本邦に入つてはならない。

(1) 有効な旅券を所持しない者（有効な乗員手帳を所持する乗員を除く。）

(2) 入国審査官から上陸許可の証印若しくは第9条第4項の規定による記録〔注上陸許可の証印に代わる記録のために用いられるファイルに記録されたもの〕又は上陸の許可（以下「上陸の許可等」という。）を受けないで本邦に上陸する目的を有する者（前号に掲げる者を除く。）

前提となる用語の定義は、以下のとおりである。

外国人	日本の国籍を有しない者をいう（出管法2条2号）。
乗　員	船舶又は航空機の乗組員をいう（出管法2条3号）。
旅　券	次の文書をいう（出管法2条5号） ① 日本国政府、日本国政府の承認した外国政府、権限のある国際機関（国際連合や赤十字国際委員会など）の発行した旅券 ② 難民旅行証明書その他当該旅券に代わる証明書（日本国領事官等の発行した渡航証明書を含む。） ③ 政令で定める地域の権限のある機関の発行した①、②に掲げる文書に相当する文書（台湾の台湾護照等が該当する。）
乗員手帳	権限のある機関の発行した船員手帳その他乗員に係るこれに準ずる文書をいう（出管法2条6号）。
入　国	本邦の**領空、領海**に入ることをいう。
上　陸	本邦の**領土**に足を踏み入れることをいう。
在留資格	・外国人が本邦に入国・在留して特定の活動を行うことができる資格又は本邦に入国・在留することができる身分又は地位を有する者としての活動を行える資格をいう（在留資格と活動内容・身分又は地位の詳細は出管法の別表第1・2に記載）。 ・在留資格に応じて在留期間が定められている（出管法施行規則別表第2）。 **主な在留資格と在留期間** ① 教育〜5年、3年、1年、3月

② 介護～ 5 年、3 年、1 年、3 月
③ **興行**～ 3 年、1 年、6 月、3 月、30日
④ 技能～ 5 年、3 年、1 年、3 月
⑤ **短期滞在**～90日、30日、15日以内の日を単位とする期間
⑥ 留学～ 4 年 3 月を超えない範囲内で法務大臣が個々の外国人について指定する期間
⑦ 研修～ 2 年、1 年、6 月、3 月
⑧ 永住者～無期限
⑨ **日本人の配偶者等**～ 5 年、3 年、1 年、6 月

・平成31年 4 月 1 日施行（平成30年12月14日公布）の改正出管法により、新たに「**特定技能**」の在留資格が創設された。

特定技能	1号	特定産業分野（人材を確保することが困難な状況にあるため外国人により不足する人材の確保を図るべき産業上の分野、建設業や介護業などを想定）であって、法務省令で定める**相当程度の知識又は経験を必要とする技能**を要する業務に従事する活動
	2号	特定産業分野であって、法務省令で定める**熟練した技能**を要する業務に従事する活動

※　特定産業分野の種類、在留期間、家族の帯同の有無などは、基本方針や出管法施行規則などで規定されている。

	不法在留	不法残留
前提となる行為	◎**不法入国等** ⟵⟶	◎**正規入国等**
	・有効な旅券、乗員手帳を所持しないで本邦に入国するなど（出管法70条 1 項 1 号、3 条 1 項）。 ・入国審査官から上陸の許可等を受けないで本邦に上陸するなど（出管法70条 1 項 2 号） ・**偽変造旅券**（真正な他人名義の旅券に自己の写真を貼り付ける場合も含む。）は、**有効な旅券**ではなく、不法入国に該当する（福岡高判昭32.3.29）。	・不法入国等ではなく、正規の手続で本邦に入国、上陸することが必要 ・その態様は、出管法70条 1 項 5 号、7 号のほか、8 号から 8 号の 4 までのものを含む。
行　為	◎**在　留**	◎**残　留**
	・本邦にそのまま滞在を継続すること	・本邦にそのまま滞在を継続するこ

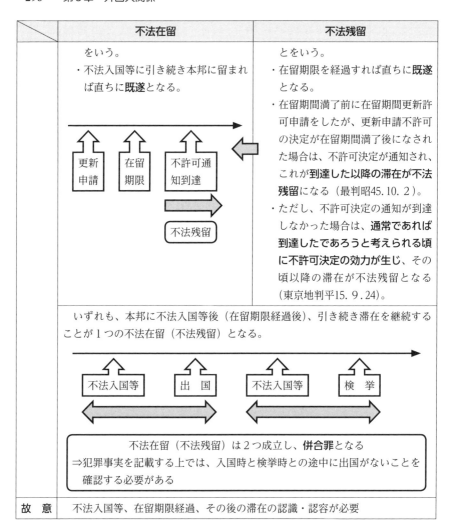

	不法在留	不法残留
	をいう。 ・不法入国等に引き続き本邦に留まれば直ちに**既遂**となる。	とをいう。 ・在留期限を経過すれば直ちに**既遂**となる。 ・在留期間満了前に在留期間更新許可申請をしたが、更新申請不許可の決定が在留期間満了後になされた場合は、不許可決定が通知され、これが**到達した以降の滞在が不法残留**になる（最判昭45.10.2）。 ・ただし、不許可決定の通知が到達しなかった場合は、**通常であれば到達したであろうと考えられる頃に不許可決定の効力が生じ**、その頃以降の滞在が不法残留となる（東京地判平15.9.24）。

いずれも、本邦に不法入国等後（在留期限経過後）、引き続き滞在を継続することが1つの不法在留（不法残留）となる。

不法在留（不法残留）は2つ成立し、**併合罪**となる
⇒犯罪事実を記載する上では、入国時と検挙時との途中に出国がないことを確認する必要がある

故　意	不法入国等、在留期限経過、その後の滞在の認識・認容が必要

⚠️**要注意**
出管法の旅券不携帯罪（出管法76条）にて現行犯逮捕した場合の手続

　外国人を職務質問し、旅券不携帯の事実が判明した場合、**旅券不携帯罪にて現行犯逮捕**することが多いが、さらに、当該外国人に**不法在留の事実が判明した場合**、旅券不携帯罪を送致せず、**不法在留罪のみで送致して勾留請求して勾留された場合、逮捕前置主義（刑事訴訟法205条）に反する違法手続**となる。

　この場合は、以下の手続を執ることとなる。

逮　捕	送　致	勾留請求
旅券不携帯罪	旅券不携帯罪＋不法在留罪	旅券不携帯罪＋不法在留罪
旅券不携帯罪を釈放、不法在留罪で現行犯逮捕	不法在留罪	不法在留罪

※　不法残留の場合、旅券の所在が明らかになり、旅券を確認できた場合は、下段の措置を執るのが望ましい。

参　考　領事館通報

　いわゆるウィーン条約締約国の国民については、身柄を拘束した場合、**本人からの要請**があれば、その旨を遅滞なく当該国の**領事機関に通報**しなければならない。

　ただし、以下の国は、**本人からの要請がなくても、通報義務がある**ので留意すべきである。

イギリス、ハンガリー、ポーランド、中華人民共和国、アゼルバイジャン、アルメニア、ウクライナ、ウズベキスタン、カザフスタン、キルギス、ジョージア、タジキスタン、トルクメニスタン、ベラルーシ、モルドバ、ロシア連邦

2　偽造在留カードの提示

　平成21年に出入国管理及び難民認定法が改正され、それまでの外国人登録制度が廃止され、**在留カード制度**が創設された。これに伴い、**在留カード偽造罪等が新設**されたため、ここでは、頻繁に発生する偽造在留カードの提示を中心に、在留カードに関する罰則を解説する。

(1)　**在留カードとは何か**

　在留カードには、写真のほか、氏名、生年月日、性別、国籍、住居地、在留資格、在留期間、在留期間満了日、許可の書類、許可の年月日、在留カード番号、交付年月日、有効期限、就労制限の有無、資格外活動許可を受けているときはその旨などが記載され、また、記載事項の全部又は一部を記録したＩＣチップが搭載されている（出管法19条の４、19条の５）。

(2)　**在留カードの交付対象者は**

　在留カードの交付対象者は、本邦に在留資格をもって在留する外国人のうち（＝そのため、不法滞在者は該当しない）、以下の４項目のいずれにも該当しない者である（出管法19条の３＝中長期在留者）。

（出典：法務省出入国在留管理庁ホームページ）

・3 月以下の在留期間が決定された者

・短期滞在の在留資格が決定された者

・外交又は公用の在留資格が決定された者

・これらに準ずる者として法務省令で定めるもの

なお、特別永住者は、特別永住者証明書の対象となる。

(3)　在留カードに関する罰則

偽造・変造 （出管法73条の 3 ・ 1 項）	行使の目的で、在留カードを偽造し、又は変造	1 年以上10年以下の懲役（未遂あり）
行　使 （出管法73条の 3 ・ 2 項）	偽造又は変造の在留カードを行使	
提供、収受 （出管法73条の 3 ・ 3 項）	行使の目的で、偽造又は変造の在留カードを提供し、又は収受	
所　持 （出管法73条の 4 ）	行使の目的で、偽造又は変造の在留カードを所持	5 年以下の懲役又は50万円以下の罰金
準　備 （出管法73条の 5 ）	偽造・変造の犯罪行為の用に供する目的で、器械又は原料を準備	3 年以下の懲役又は50万円以下の罰金
他人名義の在留カードの利用 （出管法73条の 6 ）	①　他人名義の在留カードを行使 ②　行使の目的で、他人名義の在留カードを提供し、収受し又は所持 ③　行使の目的で、自己名義の在留カードを提供 ※　真正な他人名義の在留カードを利用する点が異なる。	1 年以下の懲役又は20万円以下の罰金（所持を除いて未遂あり。）
他罪との関係	在留カードを偽造し、偽造在留カードを行使した場合、在留カードは本来的には公文書に該当するものの、本罪が新設されたことから、在留カード偽造罪・同行使罪が成立し、**有印公文書偽造罪・同行使罪は成立しない。**	

第9章

電磁的記録、インターネット、サイバー関係

1 電磁的記録に関わる罪

1 不正作出関係

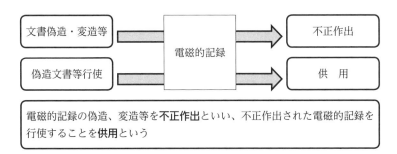

電磁的記録の偽造、変造等を**不正作出**といい、不正作出された電磁的記録を行使することを**供用**という

■ **法第161条の2（電磁的記録不正作出及び供用）**

1　人の事務処理を誤らせる目的で、その事務処理の用に供する権利、義務又は事実証明に関する電磁的記録を不正に作った者は、5年以下の懲役又は50万円以下の罰金に処する。

2　前項の罪が公務所又は公務員により作られるべき電磁的記録に係るときは、10年以下の懲役又は100万円以下の罰金に処する。

3　不正に作られた権利、義務又は事実証明に関する電磁的記録を、第1項の目的で、人の事務処理の用に供した者は、その電磁的記録を不正に作った者と同一の刑に処する。

　　　　　未遂○（共用のみ）、予備×、緊速○、テロ準○、裁判員×、親告罪×

（公、私）電磁的記録不正作出

犯行の主体	特に制限はなく、誰でも行える。
犯行の対象	◎人の事務処理の用に供する権利、義務又は事実証明に関する電磁的記録（私電磁的記録：1項） ◎公務所又は公務員により作られるべき電磁的記録（公電磁的記録：2項） ・「電磁的記録」とは、電子的方式、磁気的方式その他人の知覚によっては認識することができない方式で作られる記録であって、電子計算機による情報処理の用に供されるものをいう（法7条の2）。 【○該当するもの】 ・ハードディスク、CD、USBメモリ、DVD、DATディスクなど ・「人の事務処理の用に供する」とは、電子計算機を利用して、他人の事務処理に使用することをいう。 ・「権利、義務又は事実証明に関する」とは、私文書と同じ。 ☞文書偽造の項目を参照（284頁）
行　為	◎不正に作る ・事務処理を行おうとしている者の意思に反して、**権限もなく又はその権限を濫用して、電磁的記録を作出する**ことをいう（条解刑法（第3版）437頁）。 ・一から新たな記録を作り出すことのほか、既存の記録を部分的に改変や抹消をして内容虚偽の記録とすることも含まれる。 ・単なる**記録の破壊や消去は文書毀棄罪**となる（法258、259条）。 ・システムの設置者が、脱税目的で虚偽の仕入データを水増しするような場合、事務処理を行おうとしている者の意思に反していないため、「不正に作る」に該当しない。
目　的	◎人の事務処理を誤らせる目的 ・不正に作出された電磁的記録が用いられることによって、他人の事務処理を誤らせる目的をいう。 ・事務処理の種類は、財産上、身分上その他の人の生活関係に影響を及ぼし得ると認められるものをいう。 ・業務として行われるか、法律的な事務かを問わない。
故　意	人の事務処理の用に供する権利、義務又は事実証明に関する電磁的記録、又は、公務所又は公務員により作られるべき電磁的記録を不正に作出することの認識・認容が必要

 用いた場合

不正作出（公、私）電磁的記録供用

犯行の主体	特に制限はなく、誰でも行える。
犯行の対象	◎**不正に作られた権利、義務又は事実証明に関する電磁的記録** ・前項の解説を参照 ・公電磁的記録も私電磁的記録も含まれる。
行　為	◎**人の事務処理の用に供する** ・不正に作出された電磁的記録を、他人の事務所のために、これに使用される電子計算機において、**用い得る状態に置くこと**をいう（条解刑法（第3版）438頁）。 【○該当するもの】 　・外れ勝馬投票券の裏面の磁気ストライプ部分に的中馬券と同一の内容を印磁して作った不正勝馬投票券を、投票券自動払戻機に挿入する行為（甲府地判平元.3.31） ・不正に作出された電磁的記録を、これに使用される電子計算機に用い得る状態に置けば、**既遂**となる。 　⇒磁気ストライプのある預金通帳を現金自動預払機に差し込んだが、読取りが可能になる前に発覚した場合、未遂となる。
目　的	◎**人の事務処理を誤らせる目的** 　前項の解説を参照
故　意	不正に作られた権利、義務又は事実証明に関する電磁的記録を、人の事務処理に供することの認識・認容が必要
他罪との関係	◎**電磁的記録不正作出と同供用** 　人の事務処理を誤らせる目的で、電磁的記録を不正に作出し、これを供用した場合、電磁的記録不正作出罪と同供用罪は**牽連犯**となる（条解刑法（第3版）438頁）。

> ⚠**要注意**
>
> 　公務員に虚偽の申立てをし、登記簿、戸籍簿その他の権利若しくは義務に関する公正証書の原本として用いられる**電磁的記録に不実の記録**をさせ、さらに、**供用**した場合、公正証書原本不実記載・同行使と同様に処罰される（法157条1項、158条）。
> ☞文書偽造の項目を参照（279頁）

2 わいせつ関係

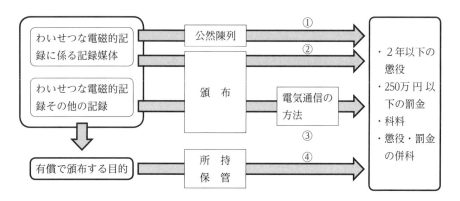

■ **法第175条（わいせつ物頒布等）**

1 わいせつな〔中略〕電磁的記録に係る記録媒体〔中略〕を頒布し、又は公然と陳列した者は、2年以下の懲役若しくは250万円以下の罰金若しくは科料に処し、又は懲役及び罰金を併科する。電気通信の送信によりわいせつな電磁的記録その他の記録を頒布した者も、同様とする。

2 有償で頒布する目的で、前項の物を所持し、又は同項の電磁的記録を保管した者も、同項と同様とする。

未遂×、予備×、緊逮×、テロ準×、裁判員×、親告罪×

【典型例】

・わいせつなDVDを、多数人の前で再生して観覧させる。

・わいせつなDVDを、多数人に販売して譲り渡す。

・わいせつな画像データを、メール等で多数人に販売して送信する。

・販売する目的で、わいせつなDVDなどを自宅に保管する。

第1項

犯行の主体	特に制限はなく、誰でも行える。
犯行の対象	◎わいせつな電磁的記録に係る記録媒体（前段） ◎わいせつな電磁的記録その他の記録（後段） ・「わいせつ」とは、いたずらに性欲を興奮又は刺激させ、かつ、普通人の正常な性的羞恥心を害し、善良な性的道義観念に反するものをいう（最大判昭32.3.13）。

	・わいせつ性の判断は、時代と社会によって変化し得る相対的、流動的な判断であり、**その時代と社会における善良な性的道義観念**によってなされることとなる（条解刑法（第３版）491頁）。 **【〇該当するもの】** 　・好色的興味に訴えて、殊更に**性器、性交などを直接的に撮影した**写真、映像（最判昭58.3.8）。 　・陰部に該当する部分が塗りつぶされている写真であっても、該当部分**の復元が通常人において容易に可能**である場合は該当する（東京高判昭56.12.17）。 　・**性的に未熟な女児**であっても、陰部が露骨かつ鮮明に撮影されたものは該当する（東京高判昭56.12.17）。 ・**不同意わいせつ罪における「わいせつ」とは内容が異なる。**例えば、**接吻**は、個人の性的自由を保護する不同意わいせつ罪においては該当するが、本罪においては社会の性的道義観念に反する（＝健全な社会の性風俗を侵害する。）とまではいえない。 ・**「電磁的記録」は、不正作出関係と同じ。** 　☞不正作出関係の項目を参照（300頁） ・**「電磁的記録に係る記録媒体」**とは、コンピュータにより情報処理されたディスク等の記録媒体をいう（条解刑法（第３版）494頁） ・**「電磁的記録その他の記録」**のうち、「その他の記録」として、ファックスでわいせつな図画を送信する場合に、その送信される図画の映像情報がある（条解刑法（第３版）497頁）。
行　為	**◎頒布（前段）** **◎電気通信の送信により頒布（後段）** ・前段の「**頒布**」は、不特定又は多数の人に対して、**交付・譲渡**することをいい（＝わいせつＤＶＤを交付するなど）、後段の「**頒布**」は、不特定又は多数の人の**記録媒体上に電磁的記録その他の記録を存在するに至らしめること**（＝わいせつ画像のデータをインターネット経由で相手方のパソコンに送信するなど）をいう（条解刑法（第３版）495頁）。 ・**「電気通信の送信により」**とは、有線、無線その他の電磁的方法により、符号、音響又は影像を送り、伝え、又は受けることをいう（条解刑法（第３版）497頁）。 ・**有償、無償を問わず、**賃貸も含まれる。 ・不特定又は多数であるため、特定かつ少数を除いたものが該当するが、たまたま１人に交付した場合でも、それが不特定又は多数の者に交付する意思でなされた場合は（＝営業を開始した初期の場合など。）、「頒布」に該当する（東京高判昭62.3.16）。 ・**既遂時期**は、前段の場合は、現実に交付・譲渡をした時（例えば、郵送の場合は相手方に到達して引き渡された時）（大判昭11.1.31）、

	後段の場合は、データを相手方に**受信させ、保存させた時**となる。
	◎公然陳列（前段） ・不特定又は多数の人が、その**内容を認識することができる状態に置くことをいう**（条解刑法（第3版）495頁）。 **【○該当するもの】** ・映画を映写する（最決昭32.5.22）。 ・録音テープを再生する（東京高判昭46.12.23）。 ・サーバコンピュータにホームページを開設し、同サーバコンピュータにわいせつな画像データを蔵置して、不特定多数の者が容易に閲覧できる状態にする（最決平13.7.16）。 ・**既遂時期**は、不特定又は多数の人が、わいせつな内容を見ることができる状態に置いた時となる。 ・いわゆる**ストリップショー**は、**公然わいせつ**（法174条）が成立し、本罪は成立しない（最判昭25.11.21）。
故　意	・わいせつな電磁的記録に係る記録媒体を頒布し、又は公然と陳列することの認識・認容（前段）、電気通信の方法によりわいせつな電磁的記録その他の記録を頒布することの認識・認容（後段） ・わいせつの認識・認容については、**記録媒体や電磁的記録の存在・内容の認識・認容で足りる**（名古屋高判昭26.4.26）。わいせつ性を具備していることの認識・認容は不要である（最大判昭32.3.13）。 ・「性交場面が映っている物だ」との認識等で足りる ・「規制にかかるかも」までの認識等は不要

第2項

犯行の主体	特に制限はなく、誰でも行える。
犯行の対象	**◎わいせつな電磁的記録に係る記録媒体** **◎わいせつな電磁的記録その他の記録** 　前項の解説を参照
行　為	**◎所持** ・自己の事実上の支配下に置くことをいう。 ・必ずしも握持や携帯を必要とせず、自宅や事務所など自己の排他的に支配、管理する場所に置くことでもよい。

	◎保　管 　　**自己の実力支配内に置いておくこと**をいう（条解刑法（第3版）498頁）。⇒電磁的記録に対応する概念 　**【〇該当するもの】** 　　・自己の所有する電磁的記録媒体（ＵＳＢなど）に保存する。 　　・遠隔地のレンタルサーバコンピュータにデータを蔵置する。
目　的	◎**有償で頒布する目的** 　・有償でわいせつな記録媒体等を頒布する目的をいう。 　・**販売**に限らず**レンタル目的**も含まれる。 　・**日本国内で有償頒布する目的**をいい、日本国外で有償頒布する目的を含まない（最判昭52.12.22）。 　・わいせつなダビング用データが破壊した場合に備えて、わいせつな**バックアップデータをＤＶＤに保存して所持**していた場合も、有償頒布目的に該当する（最決平18.5.16）。
故　意	わいせつな電磁的記録に係る記録媒体やわいせつな電磁的記録その他の記録を、所持、保管することの認識・認容が必要
他罪との関係	◎**有償頒布目的所持・保管とわいせつ物頒布等** 　　有償頒布目的でわいせつな画像が記録された記録媒体や電磁的記録を所持・保管し、実際に不特定の人に頒布した場合、有償頒布目的所持・保管罪とわいせつ物頒布等罪は**包括一罪**となる（最決昭40.12.23）。 ◎**児童ポルノ提供とわいせつ物頒布等** 　・わいせつ画像が児童ポルノにも該当する場合において、同画像が記録された記録媒体や電磁的記録を頒布した場合、児童ポルノ提供罪（児童ポルノ法7条4項）とわいせつ物頒布等罪は**観念的競合**となる（条解刑法（第3版）497頁）。 　・同様に、児童ポルノ提供目的所持罪と有償頒布目的所持・保管も**観念的競合**となるが、頒布と所持・保管が一連のものとしてなされれば、**全体として包括一罪**となる（最決平21.7.7。いわゆる「かすがい現象」）。 　　☞罪数論の基本の項目を参照（415頁）

3　業務妨害関係

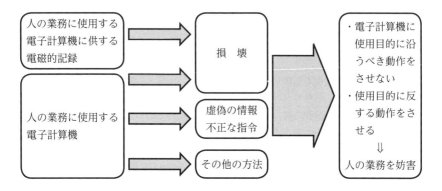

■　**法第234条の2（電子計算機損壊等業務妨害）**

1　人の業務に使用する電子計算機若しくはその用に供する電磁的記録を損壊し、若しくは人の業務に使用する電子計算機に虚偽の情報若しくは不正な指令を与え、又はその他の方法により、電子計算機に使用目的に沿うべき動作をさせず、又は使用目的に反する動作をさせて、人の業務を妨害した者は、5年以下の懲役又は100万円以下の罰金に処する。

未遂〇、予備×、緊逮〇、テロ準〇、裁判員×、親告罪×

【典型例】
・他人のパソコンに不正アクセスして、作成中のデータを消去（改ざん）し、業務を妨害する。
・コンピュータウィルスを感染させて、コンピュータ内のデータを消去（改ざん）し、業務を妨害する。
・使用中のパソコンの電源を切断し、パソコンの動作を停止させて業務を妨害する。

犯行の主体	特に制限はなく、誰でも行える。
犯行の対象	◎人の業務に使用する電子計算機 ◎その用に供する電磁的記録 　・「人」とは、犯人以外の者をいい、自然人、法人を問わない（大判昭7.10.10）。 　・「業務」とは、職業その他社会生活上の地位に基づいて継続して行う事務又は事業をいい、個人生活上の行為は当たらない（娯楽や趣味、家庭内の家事や学習も該当しない。）（条解刑法（第3版）694

頁）。
- ・「**電子計算機**」とは、自動的に計算やデータの処理を行う電子装置をいい、オフィスコンピュータやパーソナルコンピュータ、制御用コンピュータが該当する。
- ・「**電磁的記録**」とは、電子的方式、磁気的方式その他人の知覚によっては認識することができない方式で作られる記録であって、電子計算機による情報処理の用に供されるものをいう（法7条の2）。
  - ⇒人の業務に使用する電子計算機に供されることが必要であり、当面、業務において使用する予定のない単なるバックアップ用のものは含まれない（条解刑法（第3版）703頁）。

行　為	◎損　壊 　　物質的に変更、滅失させる場合のほか、電磁的記録の消去など、物の効用を喪失させる行為も含む（大阪地判平9.10.3など）。 　　⇒コンピュータウィルスを感染させて、コンピュータ内のデータを消去してしまうことも含まれる（条解刑法（第3版）703頁）。 ◎虚偽の情報を与える 　　システムにおいて予定されている事務処理の目的に照らし、その内容が真実に反する情報を電子計算機に入力することをいう（条解刑法（第3版）704頁）。 　【〇該当するもの】 　　・インターネットを利用して、放送会社内に設置されたサーバコンピュータのハードディスク内に蔵置されていたホームページ内の天気予報画像のデータファイルを消去し、性器を露骨に撮影したデータファイルを送信して、同ハードディスク内に蔵置させ、インターネット利用者にわいせつ画像を閲覧できるようにする場合（大阪地判平9.10.3） ◎不正な指令を与える 　　当該事務処理の場面において、与えられるべきでない指令を電子計算機に入力することをいう（条解刑法（第3版）704頁）。 ◎その他の方法 　　電子計算機の電源の切断、温度や湿度などの動作環境の破壊、通信回線の切断、入出力装置等の付属設備の損壊、処理不能のデータの入力などが該当する（条解刑法（第3版）704頁）。 ◎使用目的に沿うべき動作をさせない 　　電子計算機を設置して使用している主体が、具体的な業務遂行の場面において、当該電子計算機による情報処理によって実現しようとし

ている**目的に適合する動作をさせない**ことをいう（条解刑法（第3版）
704頁）。

⇒例えば、顧客ファイルに入力しようとしても、顧客ファイルが立ち
上がらないような設定を組み込むこと。

◎**使用目的に反する動作をさせる**

電子計算機を設置して使用している主体が、具体的な業務遂行の場
面において、当該電子計算機による情報処理によって実現しようとし
ている**目的に反する動作**をさせることをいう（条解刑法（第3版）704
頁）。

⇒例えば、顧客ファイルに数字を入力しようとしても、漢字のみしか
入力できないような設定を組み込むこと。

◎**人の業務を妨害する**

・人が反復継続する意図で行う経済的・社会的活動を妨害することを
いう（条解刑法（第3版）705頁）。

・妨害の結果が現実に発生することまでは必要ではなく、使用目的に
沿うべき動作をさせないなどの結果が生じ、これにより業務が妨害
されるおそれが生じればよい（条解刑法（第3版）705頁）。

◎**既遂時期**

電子計算機に使用目的に沿うべき動作をさせない、又は使用目的に
反する動作をさせた時である。

⇒電子計算機を作動不能にするコンピュータ・ウィルスを送信したが、
防御措置が機能して阻止された場合、電子計算機を物理的に損壊し
ようとしたが、中枢部分の損壊に至らなかったため、動作障害が生
じなかった場合に**未遂**となる（条解刑法（第3版）706頁）。

故　意	人の業務に使用する電子計算機やその用に供する電磁的記録に対し、損壊、虚偽の情報を与える、不正な指令を与える、その他の方法により、使用目的に沿うべき動作をさせない、又は使用目的に反する動作をさせて、人の業務を妨害する認識・認容が必要
他罪との関係	◎**不正アクセスと電子計算機損壊等業務妨害** 　不正アクセス行為をして、相手方のパソコンの顧客データファイルを消去して、業務を妨害した場合、不正アクセス罪と電子計算機損壊等業務妨害罪とは**牽連犯**となる（条解刑法（第3版）706頁）。

２　インターネット、サイバー犯罪

1　不正アクセス行為（不正アクセス禁止法違反）

> **【不正アクセス行為】**
>
> 　不正アクセス行為は、アクセスが制限されている情報（例えば、他人のメールデータの内容）を**その制限を解除して同情報を認識する行為**であり、その制限を解除する方法の違いにより、大きく２つに分かれる。
>
> 　１つ目は、他人のＩＤやパスワードを入力して、他人になりすまして他人のデータを認識する方法（**不正ログイン**）、２つ目は、アクセスを制限している機能を攻撃してその制限そのものを解除し、他人のデータを認識する方法（**セキュリティー・ホール攻撃**）であり、この方法は、さらに攻撃対象のサーバの種類によって、２つに分かれる。
>
> 　したがって、不正アクセス行為は合計３つあり、図示すると以下のとおりとなる。

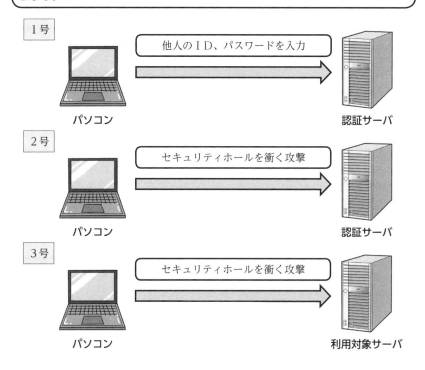

1号
他人のＩＤ、パスワードを入力
パソコン　　　　　　　　　　　　　　認証サーバ

2号
セキュリティホールを衝く攻撃
パソコン　　　　　　　　　　　　　　認証サーバ

3号
セキュリティホールを衝く攻撃
パソコン　　　　　　　　　　　　　　利用対象サーバ

認証サーバ

■ **不正アクセス禁止法第3条（不正アクセス行為の禁止）**
　何人も、不正アクセス行為をしてはならない。

■ **不正アクセス禁止法第11条（罰則）**
　第3条の規定に違反した者は、3年以下の懲役又は100万円以下の罰金に処する。

■ **不正アクセス禁止法第2条第4項**
　この法律において「不正アクセス行為」とは、次の各号のいずれかに該当する行為をいう。
⑴　アクセス制御機能を有する特定電子計算機に電気通信回線を通じて当該アクセス制御機能に係る他人の識別符号を入力して当該特定電子計算機を作動させ、当該アクセス制御機能により制限されている特定利用をし得る状態にさせる行為（当該アクセス制御機能を付加したアクセス管理者がするもの及び当該アクセス管理者又は当該識別符号に係る利用権者の承諾を得てするものを除く。）
⑵　アクセス制御機能を有する特定電子計算機に電気通信回線を通じて当該アクセス制御機能による特定利用の制限を免れることができる情報（識別符号であるものを除く。）又は指令を入力して当該特定電子計算機を作動させ、その制限されている特定利用をし得る状態にさせる行為（当該アクセス制御機能を付加したアクセス管理者がするもの及び当該アクセス管理者の承諾を得てするものを除く。次号において同じ。）
⑶　電気通信回線を介して接続された他の特定電子計算機が有するアクセス制御機能によりその特定利用を制限されている特定電子計算機に電気通信回線を通じてその制限を免れることができる情報又は指令を入力して当該特定電子計算機を作動させ、その制限されている特定利用をし得る状態にさせる行為

未遂×、予備×、緊逮〇、テロ準×、裁判員×、親告罪×

各号に共通して問題となる用語の意味は、以下のとおりである。

特定電子計算機	・**電気通信回線に接続している電子計算機**をいう（不正アクセス法2条1項）。 ・具体的には、インターネット回線と接続しているパーソナルコンピュータやサーバコンピュータなどをいう。
特定利用	・**特定電子計算機の利用で、当該電気通信回線を通じて行うもの**をいう（不正アクセス法2条1項）。 ・具体的には、インターネットへの接続、電子メールの受信、インターネットのウェブサイトの閲覧などをいう。
アクセス管理者	・特定電子計算機の利用につき**当該特定電子計算機の動作を管理する者**をいう（不正アクセス法2条1項）。 ・具体的には、インターネットへの接続や電子メールの受信については、インターネットサービスプロバイダ、ウェブサイトの閲覧については、ウェブサイトの開設者が該当する。
識別符号	・特定電子計算機の特定利用をすることについて当該特定利用に係るアクセス管理者の許諾を得た者（**「利用権者」**という。）及び当該アクセス管理者（利用権者と併せて**「利用権者等」**という。）に、当該アクセス管理者において当該利用権者等を他の利用権者等と区別して識別することができるように付される**符号**をいう（不正アクセス法2条2項）。 ・具体的には、IDやパスワードが該当する。 ・識別符号は、**特定利用を認める相手方ごとに違うものであること、その相手方以外に用いることができないようなものであることが必要で**ある。 　**【●該当しないもの】** 　・広く公開されているIDやパスワード（例えば、公開されている「guest」や「password」など。）は、利用権者等を区別して識別できるようにすることを目的としておらず、識別符号に該当しない。 ・識別符号は、**なりすましの排除**のため、**少なくとも次のいずれか1つ**を満たす必要がある。 ① 当該アクセス管理者によって、その内容をみだりに第三者に知らせてはならないものとされている符号 ② 当該利用権者等の身体の全部若しくは一部の影像又は音声を用いて当該アクセス管理者が定める方法により作成される符号（**指紋認証や音声認証など**） ③ 当該利用権者等の署名を用いて当該アクセス管理者が定める方法により作成される符号（**署名認証など**）
アクセス制御機能	・**特定電子計算機の特定利用を自動的に**制御するために当該特定利用に係るアクセス管理者によって当該特定電子計算機又は当該特定電子計

	算機に電気通信回線を介して接続された他の特定電子計算機に**付加されている機能**であって、当該特定利用をしようとする者により当該機能を有する特定電子計算機に**入力された符号が当該特定利用に係る識別符号であることを確認して、当該特定利用の制限の全部又は一部を解除するもの**をいう（不正アクセス法2条3項）。 ・具体的には、利用者にＩＤやパスワードの入力を求め、正しいものが入力された場合のみ利用の制限を解除し、正しいものでない場合は利用を拒否するコンピュータの機能をいう。

各号の不正アクセス行為の留意点は、以下のとおりである。

各号の典型例	◎**1号** 　他人のＩＤ・パスワードを入力して、他人のメールサーバーにアクセスし、他人のメールを見る行為などが該当する。 ◎**2号、3号** 　アクセス制御機能による特定利用の制限を免れることができる情報又は指令を入力する、いわゆるセキュリティ・ホールを攻撃する行為が該当するが、2号は、アクセス制御機能が付加された認証サーバを攻撃する場合、3号は、アクセス制御機能が付加された認証サーバとは別の利用対象サーバを攻撃する場合をいう。
禁止対象から除外される行為	以下の場合、不正アクセス行為から除外されている。 （アクセス管理者が行う場合）　（アクセス管理者の承諾を得て行う場合）　（利用権者の承諾を得て行う場合）
その他の留意点	・本違反には**両罰規定がない**。 　⇒法人の業務の一環として本違反がなされたしても、行為者本人が処罰されるにとどまる。 ・国外にいる者が国内のサーバに不正アクセスした場合、国内にいる者が国外のサーバに不正アクセスした場合、**いずれも国内犯として処罰**されることとなる。
他罪との関係	◎**電子計算機使用詐欺罪との関係** 　有料サービスの契約者の識別符号を無断で入力して、パソコン上で当該サービスの提供を受ける場合、「財産上不法の利益」を得ているものの、識別符号を入力することによって作成される「財産権の得喪若しくは変更に係る不実の記録」に基づく利益ではないことから、**不正アクセスの禁止には該当するものの、電子計算機使用詐欺は成立しない**（逐条不正アクセス行為の禁止等に関する法律（第2版）144〜147頁）。

2　出会い系サイトの利用者及び業者の規制
（出会い系サイト規制法違反）

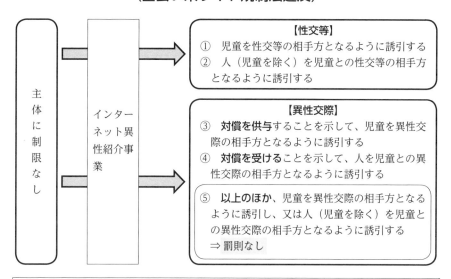

主体に制限なし

インターネット異性紹介事業

【性交等】
① 児童を性交等の相手方となるように誘引する
② 人（児童を除く）を児童との性交等の相手方となるように誘引する

【異性交際】
③ **対償を供与する**ことを示して、児童を異性交際の相手方となるように誘引する
④ **対償を受ける**ことを示して、人を児童との異性交際の相手方となるように誘引する

⑤ **以上のほか**、児童を異性交際の相手方となるように誘引し、又は人（児童を除く）を児童との異性交際の相手方となるように誘引する
⇒ 罰則なし

■　**出会い系サイト規制法第6条**
　　何人も、インターネット異性紹介事業を利用して、次に掲げる行為（以下「禁止誘引行為」という。）をしてはならない。
⑴　児童を性交等（性交若しくは性交類似行為をし、又は自己の性的好奇心を満たす目的で、他人の性器等（性器、肛門又は乳首をいう。以下同じ。）を触り、若しくは他人に自己の性器等を触らせることをいう。以下同じ。）の相手方となるように誘引すること。
⑵　人（児童を除く。第5号において同じ。）を児童との性交等の相手方となるように誘引すること。
⑶　対償を供与することを示して、児童を異性交際（性交等を除く。次号において同じ。）〔㊟面識のない異性との交際をいう。〕の相手方となるように誘引すること。
⑷　対償を受けることを示して、人を児童との異性交際の相手方となるように誘引すること。

未遂×、予備×、緊逮×、テロ準×、裁判員×、親告罪×

■　**出会い系サイト規制法第33条（罰則）**
　　第6条（第5号を除く。）の規定に違反した者は、100万円以下の罰金に処する。

```
【典型例】
・1対1の連絡が可能となる出会い系サイトを利用して、「JK（女子高校生）誰でもOK、
 3（万円）でH（性交など）しませんか」などと書き込む。
・同様のサイトを利用して、「JK誰でもOK、1（万円）でお茶しませんか（異性交際)」
 などと書き込む。
```

前提として、インターネット異性紹介事業の内容を解説する（出会い系サイト規制法2条2号）。

異性交際希望者の求めに応じ	◎異性交際 ・面識のない異性との**男女の性に着目した交際**をいい、性交等を目的とする交際に限られないが、男女の性以外の要素に着目した交際であれば該当しない。 ・**「面識のない」**とは、インターネット異性紹介事業をきっかけとして知り合うまで顔見知りでなかった**見ず知らずの関係**をいう。 【〇該当するもの】 ・単にメールの交換をしているだけで、相手方がどのような人物か分からない場合は、「面識のない」に該当する。 ・「交際」とは、対面のほか、電話、手紙、電子メールの交換、文通などが該当する。 ◎異性交際希望者の求めに応じ ・事業を行う者が、その**運営の方針**として、異性交際を希望する者を対象としてサービスを提供することをいう。 ・事業者が、利用規約に異性交際目的の利用を禁止する内容を記載していても、同目的の書込みがあることを知りながら放置して**黙認**していた場合は、該当する場合がある。
その異性交際に関する情報をインターネットを利用して公衆が閲覧することができる状態に置いて伝達し	◎異性交際に関する情報 　異性交際希望者が、不特定多数の異性の注目を集めるために記載する**自己に関する情報、交際を希望する相手の条件に関する情報、交際の方法**（出会うための日時・場所に関する情報など）に関する情報をいう。 ◎公衆が閲覧することができる状態に置く 　異性交際に関する情報を**サーバなどに記録**させる行為をいう。 ◎伝　達 　サーバに記録された情報を、これを閲覧しようとする者にインターネットを通じて**取得させる**行為をいう。

当該情報の伝達を受けた異性交際希望者が電子メールその他の電気通信を利用して当該情報に係る異性交際希望者と相互に連絡することができるようにする役務	◎相互に連絡することができるようにする役務 　閲覧者が書込者（いずれも異性交際希望者）に返信することをきっかけとして閲覧者と書込者が相互に連絡ができるようになる機能を利用することにより、**異性交際に関する情報を載せた異性交際希望者とこれを見た者との間で、1対1の連絡ができるようにする**ことをいう。 【〇該当するもの】 ・ツーショットチャット形式（2人しか入れない個室を設け、そこに入った2人の間だけでメールのやり取りが可能なもの。） 【●該当しないもの】 ・公開された場のチャット ・レス形式（書き込まれた情報に対する返答や意見が順次記載されていく形式）→1対1ではないため
を提供する事業	◎事　業 ・反復継続して行われるものをいい、**営利目的があるか否かは問わない。** ・利用者から料金を得ていないもの、広告収入を得ていないものも含まれる。

　続いて、罰則のある行為の概要は、以下のとおりである（出会い系サイト規制法6条）。

インターネット異性紹介事業を利用することが必要	事業者が提供する**サービスを用いて**、異性交際に関する情報を、インターネットを利用して、公衆が閲覧することができる状態に置いて、これに**伝達する**ことをいう。 ⇒したがって、閲覧者が書込者に対し、サービスを用いずに誘引を内容とする電子メールを個別に送信した場合は該当しない。
1号	・児童に対し、**性交等の相手方となるように誘引する行為が対象** 　⇒「女子中学生で、僕とHしてくれる人いませんか」（30歳・男） ・**「児童」とは、18歳に満たない者をいう**（出会い系サイト規制法2条1号） ・主体に児童も含まれる。 ・**「誘引」**とは、相手方に、自己の意思を間接的に表示して誘いかけ、相手方となる者の申込みを待つ行為をいう。

・「性交等」の内容

性交等

・**性　交**
・**性交類似行為**
　⇒手淫、口淫など

自己の性的好奇心を満たす目的
・児童の**性器等**（肛門、乳首を含む）**を触る**
・児童に自己の**性器等を触らせる**

2号	児童を除く者に対し、児童との性交等の相手方となるように誘引する行為が対象 ⇒「私とHしてくれる男の人いませんか」（14歳・女）
3号	・対償を供与することを示して、児童に対し、性交等を除く異性交際の相手方となるように誘引する行為が対象 　⇒「女子中学生で、僕と3で会ってくれる人いませんか」（30歳・男） ・「対償を示して」とは、現金だけでなく、衣類やバッグ、時計などの物品その他の財産上の利益を与えることを示すことをいう。
4号	対償の供与を受けることを示して、人を児童との異性交際の相手方となるように誘引する行為が対象 ⇒「お小遣いくれればお茶してもいいよ」（14歳・女）

┃参　考　インターネット異性紹介事業者に対する主な罰則

・**事業の停止、廃止命令に違反**した場合（出会い系サイト規制法31条）
　⇒1年以下の懲役若しくは100万円以下の罰金、又は併科あり
・事業の本拠となる事務所の所在地を管轄する都道府県公安委員会に**届出をしないで事業を行った**場合（出会い系サイト規制法32条1号）
　⇒6月以下の懲役又は100万円以下の罰金
　※　名義貸しや指示違反も同様
・届出に関して**虚偽の届出**をした場合（出会い系サイト規制法34条1号）
　⇒30万円以下の罰金

3　リベンジポルノの提供行為（リベンジポルノ防止法違反）

■　リベンジポルノ防止法第2条（定義）
1　この法律において「私事性的画像記録」とは、次の各号のいずれかに掲げる

人の姿態が撮影された画像（撮影の対象とされた者（以下「撮影対象者」とい
う。）において、撮影をした者、撮影対象者及び撮影対象者から提供を受けた
者以外の者（次条第1項において「第三者」という。）が閲覧することを認識
した上で、任意に撮影を承諾し又は撮影したものを除く。次項において同じ。）
に係る電磁的記録（電子的方式、磁気的方式その他人の知覚によっては認識す
ることができない方式で作られる記録であって、電子計算機による情報処理の
用に供されるものをいう。同項において同じ。）その他の記録をいう。

(1) 性交又は性交類似行為に係る人の姿態

(2) 他人が人の性器等（性器、肛門又は乳首をいう。以下この号及び次号にお
いて同じ。）を触る行為又は人が他人の性器等を触る行為に係る人の姿態で
あって性欲を興奮させ又は刺激するもの

(3) 衣服の全部又は一部を着けない人の姿態であって、殊更に人の性的な部位
（性器等若しくはその周辺部、臀部又は胸部をいう。）が露出され又は強調さ
れているものであり、かつ、性欲を興奮させ又は刺激するもの

2 この法律において「私事性的画像記録物」とは、写真、電磁的記録に係る記
録媒体その他の物であって、前項各号のいずれかに掲げる人の姿態が撮影され
た画像を記録したものをいう。

■ リベンジポルノ防止法第3条（私事性的画像記録提供等）

1 第三者が撮影対象者を特定することができる方法で、電気通信回線を通じて
私事性的画像記録を不特定又は多数の者に提供した者は、3年以下の懲役又は
50万円以下の罰金に処する。

2 前項の方法で、私事性的画像記録物を不特定若しくは多数の者に提供し、又
は公然と陳列した者も、同項と同様とする。

未遂×、予備×、緊逮〇、テロ準×、裁判員×、親告罪〇

【典型例】
・元交際相手との性交時の画像をインターネットの掲示板に投稿して、閲覧可能な状態に
する。

条文の内容は複雑であるが、整理すると以下のとおりとなる。

画像の内容

| **◎性交類似行為** |
| 手淫、口淫などをいう。 |

① 性交又は性交類似行為に係る人の姿態 ①~③のいずれか	**◎人の姿態** ・女性に限らず、**男性**の姿態も含まれる。 ・性器等が直接撮影されていないものや、ぼかしが施されているものも含まれる。
② 他人が人の性器等を触る行為又は人が他人の性器等を触る行為に係る人の姿態 ✚ 性欲を興奮させ又は刺激させるもの	**◎他人が撮影対象者の性器等を触る行為、撮影対象者が他人の性器等を触る行為が該当する。** **◎性器等** 　性器、肛門、乳首をいう（リベンジポルノ防止法2条1項2号）。 **◎性欲を興奮させ又は刺激するもの** 　わいせつ物頒布等の「わいせつ」と異なり、「いたずらに」性欲を興奮又は刺激させることや、「性的羞恥心を害すること」、「性的道義観念に反すること」までは不要である。これは、本罪が、個人の性的名誉や性的プライバシーを保護するために設けられたことから、わいせつ物頒布等よりも「わいせつ」該当性の対象範囲が広がるためである。
③ 衣服の全部又は一部を着けない人の姿態 ✚ 殊更に人の性的な部位が露出され又は強調されている ✚ 性欲を興奮させ又は刺激するもの	**◎衣服の全部又は一部を着けない人の姿態** 　全裸や半裸の状態をいう。 **◎人の性的な部位** 　性器等のほか、その周辺部、臀部、胸部も含む。 **◎殊更に……露出され又は強調され** 　人の性的な部位の露出の程度、性的な部位を覆う着衣の素材・形状（透けて見えるなど）、性的な部位が画像全体に占める割合、ポーズなどを考慮することとなる。
撮影をした者、撮影対象者及び撮影対象者から提供を受けた者以外の者（＝第三者）が閲覧することを認識した上で、任意に撮影を承諾し又は撮影をしたものに該当しないこと	**◎いわゆる「私事性」の要件である。** 【○該当するもの】 ・撮影対象者が撮影を承諾していても、**他人に見せない約束で撮影した**性的画像 ・自画撮りした性的画像 ・撮影対象者の**承諾を得ないで**交際相手に隠し撮りされた性的画像

	・第三者に**盗撮**された性的画像 【●該当しないもの】 ・いわゆる**アダルトビデオ**や**グラビア写真**は、公開されることを前提として画像が撮影されているので、該当しない。	

いわゆる**コラージュ写真**の該当性（＝ある人の顔と別の人の裸体画像等を合成して作成したもの）	**顔**	元交際相手	他人
	裸体	他人	元交際相手
	該当性	元交際相手が撮影されたのは顔のみであり、該当しない。	元交際相手が撮影されたのは裸体であり、私事性を満たせば該当し得るが、行為との関係で、元交際相手の裸体であることが特定できるような方法でなければ、本罪での処罰は困難

※　ただし、本罪での処罰が困難でも、**わいせつ物頒布等**、**名誉毀損**などが成立する余地がある。

電磁的記録その他の記録 ☞**不正作出関係と同じ**（300頁）	写真、電磁的記録に係る**記録媒体**その他の物 ☞**わいせつ関係と同じ**（302頁）

私事性的画像記録	私事性的画像記録物

不特定又は多数の者に公然陳列

第三者が撮影対象者を特定できる方法で、不特定又は多数の者に**提供**
※　**記録**の場合は、**電気通信回線**を通じて行う

行 為

私事性的画像記録 私事性的画像記録物	提　供	◎第三者が撮影対象者を特定することができる方法 ・撮影対象者の容貌や身体的特徴、背景として映っている部屋の状況などの**公表された画像自体から撮影対象者を特定できる方法**や、**撮影対象者を特定する文言を画像公表の際に添えるような方法**をいう。 ・広く公衆にとって撮影対象者が誰かを特定することができることを求める趣旨ではなく、**一定の範囲の第三者（撮影対象者の配偶者や親、知人など撮影対象者に近い者）だけが撮影対象者を特定することができる場合を含む。** ◎**不特定又は多数** 　特定かつ少数は除かれる。 ◎**提　供** 　私事性的画像記録等を**相手方において利用することができる状態にする一切の行為**をいう。 【○該当するもの】 ・画像データがメールボックスに保存され、送信の相手方がいつでも**ダウンロードできる状態にした場合**（＝実際に閲覧することやダウンロードしたことまでは不要） 【●該当しないもの】 ・受信拒否等により**送信先のサーバに配信できなかった場合は該当しない。** ◎**電気通信回線を通じて**（私事性的画像記録のみ） 　有線ケーブルや無線ＬＡＮを通じて行う場合などをいう。
	公然陳列 （私事性的画像記録物のみ）	◎**公然と陳列** 　**不特定又は多数の者が観覧することができる状態に置く**ことをいう。 【○該当するもの】 ・写真やポスターなどを公共の場所などに貼り出す。 ・サーバコンピュータのハードディスク上に記憶・蔵置させ、不特定又は多数の者がアクセスして認識できる状態にする。 ・画像のＵＲＬをウェブページに公開する（最決平24.7.9）。
他罪との関係		◎**名誉毀損と私事性的画像記録等提供** 　撮影対象者の性交状況を同人の氏名を書き込んでホームページに公開した場合、名誉毀損罪と私事性的画像記録提供等は**観念的競合**となる（よくわかるリベンジポルノ防止法91～92頁）。

4　インターネットオークションの規制（古物営業法違反）

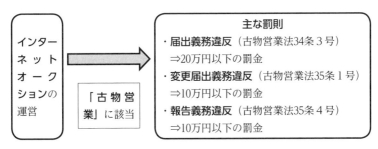

本項では、届出義務違反について解説する。

■　**古物営業法第34条**

　　次の各号のいずれかに該当する者は、20万円以下の罰金に処する

⑶　第10条の２第１項の規定に違反して届出書若しくは添付書類を提出せず、又は同項の届出書若しくは添付書類に虚偽の記載をして提出した者

未遂×、予備×、緊逮×、テロ準×、裁判員×、親告罪×

■　**古物営業法第10条の２（届出）**

1　古物競りあつせん業者は、営業開始の日から２週間以内に、営業の本拠となる事務所（当該事務所のない者にあつては、住所又は居所をいう、以下同じ。）の所在地を管轄する公安委員会に、次に掲げる事項を記載した届出書を提出しなければならない。この場合において、届出書には、国家公安委員会規則で定める書類を添付しなければならない。

⑴　氏名又は名称及び住所又は居所並びに法人にあつては、その代表者の氏名

⑵　営業の本拠となる事務所その他の事務所の名称及び所在地

⑶　法人にあつては、その役員の氏名及び住所

⑷　第２条第２項第３号の競りの方法その他業務の実施の方法に関する事項で国家公安委員会規則で定めるもの

■　**古物営業法第２条（定義）**

1　この法律において「古物」とは、一度使用された物品（鑑賞的美術品及び商品券、乗車券、郵便切手その他政令で定めるこれらに類する証票その他の物を含み、大型機械類（船舶、航空機、工作機械その他これらに類する物をいう。）で政令で定めるものを除く。以下同じ。）若しくは使用されない物品で使用のために取引されたもの又はこれらの物品に幾分の手入れをしたものをいう。

2　この法律において「古物営業」とは、次に掲げる営業をいう。

(3)　古物の売買をしようとする者のあつせんの競りの方法（政令で定める電子情報処理組織を使用する競りの方法その他の政令で定めるものに限る。）により行う営業（前号に掲げるものを除く。以下「古物競りあつせん業」という。）

5　この法律において「古物競りあつせん業者」とは、古物競りあつせん業を営む者をいう。

古物競りあっせん業者

古物競りあっせん業	◎古　物
	① 一度使用された物品　③ ①、②の物品に幾分の手入れをしたもの ② 使用されない物品で使用のため取引されたもの ※　いずれか1つに該当すれば古物である。 ◎一度使用された物品 ・その物の**性質**によって定まっている用法に従って**一度使用**した物をいう（例えば、カメラの場合は撮影、テレビの場合は視聴など。）。 ・したがって、用法に従わない場合、例えば損壊する場合、本来の性質を変えるような場合は「使用」に該当しない。 ・一度使用された物品であっても、**その物本来の目的に使用できないものは該当しない**。 　【●該当しないもの】 　・使用済みの空き缶、空き瓶、空袋など。 ・一度使用された物品の中に含まれる鑑賞的美術品とは、鑑賞に用いられる彫刻、書画、工芸品、骨董品などをいう。 ◎**使用されない物品で使用のため取引されたもの** ・新品を製造又は販売して利益を得ることを業としている者がその業のため取引をして所持している場合を除き（通常の商店などを除く。）、一般人が買ったりもらったりした**新品**を、**使用しないで、そのまま売買などの取引の対象にしたもの**をいう（一般人が新品を使用しないまま売買に出すことなどをいう。）。 ・万引き犯人から買い取った新品も該当する。

	◎これらの物品に幾分の手入れをしたもの 　「幾分の手入れ」とは、部分的な修理や加工をすることをいう。
	◎あっせんの競りの方法 ・古物営業法施行令に基づく**電子情報処理組織の方法**で行わなければ　ならない。 ・古物の売買をしようとする者の使用に係る電子計算機（入出力装置　を含む。以下同じ。）と、その者から送信された古物に関する事項　及びその買受けの申出に係る金額を電気通信回線に接続して行う自　動公衆送信により公衆の閲覧に供して競りを行う機能を有する電子　計算機とを電気通信回線で接続した**電子情報処理組織**により行う　（古物営業法施行令3条）。
	◎営　業 ・営利の目的で古物のあっせん競りを行う行為を**反復継続**して営む意　思をもって行うことをいう（最判昭31.3.29）。 ・たまたま1回のあっせん競りであっても、反復継続の意思をもって　行えば、営業に該当する。
これを営む者	◎**古物競りあっせん業者** 　古物競りあっせん業を営むものをいう。

規　制

┌───┐
【罰則】
　前記以外に公安委員会の認定と誤認される表示の禁止違反（古物営業法34条4号）がある。
【義務】罰則はない。
・あっせんの申込みを受けようとする時の相手方の真偽を確認するための措置の努力義務（同法21条の2）
・**盗品の疑いがあると認めた時の警察官への申告義務**（同法21条の3）
・あっせんを行ったときの記録の作成及び保存に関する努力義務（同法21条の4）
└───┘

軽犯罪法

軽犯罪法と刑法等との関係

　軽犯罪法の中で、刑法との関係が問題となるのは、以下のものであり、その適用関係に留意されたい。

　☞警察官に虚偽の犯罪通報をした場合の項目も参照（260頁）。

軽犯罪法	刑　法	留意点
人が住んでおらず、且つ、看守していない邸宅、建物又は船舶の内に正当な理由がなくて**ひそんでいた者**（1条1号）	住居侵入建造物侵入邸宅侵入（法130条前段）	・住居侵入等が成立する場合には、本違反は**吸収**される。 ・人が住んでいる、又は人が看守していれば、住居侵入等が成立する。
正当な理由がなくて刃物、鉄棒その他人の**生命を害し**、又は人の**身体に重大な害**を加えるのに使用されるような**器具を隠して携帯していた者**（1条2号）	殺人予備（法201条）強盗予備（法237条）凶器準備集合・結集（法208条の2）	・殺人予備等が成立する場合、本違反は**吸収**される。 ・殺人や強盗目的がない場合、多数が集合する場面ではない場合に本違反が成立する余地がある。
正当な理由がなくて合かぎ、のみ、ガラス切りその他他人の邸宅又は建物に**侵入**するのに使用されるような**器具を隠して携帯していた者**（1条3号）	強盗予備（法237条）住居侵入（法130条前段）	・強盗予備が成立する場合、本違反は**吸収**される。 ・実際に住居に侵入した場合、住居侵入と本違反は**併合罪**となる（大阪高判昭61.9.5）
公共の会堂、劇場、飲食店、ダンスホールその他公共の娯楽場において、入場者に対して、又は汽車、電車、乗合自動車、船舶、飛行機その他公共の乗物の中で乗客に対して**著しく粗野又**	暴行（法208条）脅迫（法222条）いわゆる迷惑防止条例違反	・著しく粗野又は乱暴な言動が暴行や脅迫の程度に達すれば、暴行や脅迫が成立し、本違反は**吸収**される。 ・いわゆる迷惑防止条例違反と本違反とは**観念的競合**となる。 ・本違反が成立するのは、公共の場所

軽犯罪法	刑　法	留意点
は乱暴な言動で迷惑をかけた者（1条5号）		において、人に対して**怒号**するような場合である。
相当の注意をしないで、建物、森林その他燃えるような物の附近で**火をたき**、又はガソリンその他引火し易い物の附近で**火気を用いた者**（1条9号）	放火（法108条～法110条）	・建物に延焼することを認容しながら、その附近で火をたき、実際に延焼させて焼損した場合、放火罪が成立し、本違反は**吸収**される。 ・本違反が成立するのは、建物の近くで火をたくなどしたが、延焼の危険がなかった場合や、自己の物や無主物を燃やしたが、公共の危険が発生しなかった場合などである。
官公職、位階勲等、学位その他法令により定められた**称号**若しくは外国におけるこれらに準ずるものを**詐称**し、又は資格がないのにかかわらず、法令により定められた**制服**若しくは勲章、記章その他の標章若しくはこれらに似せて作つた物を**用いた者**（1条15号）	詐欺（法246条）恐喝（法249条）不同意わいせつ（法176条）	・詐欺や恐喝の手段として本違反を行った場合、詐欺や恐喝と本違反とは**観念的競合**となる。 ・不同意わいせつの手段として本違反を行った場合、不同意わいせつと本違反は**併合罪**となる。
自己の占有する場所内に、老幼、不具若しくは傷病のため**扶助を必要とする者**又は人の死体若しくは死胎のあることを知りながら、**速やかにこれを公務員に申し出なかつた者**（1条18号）	保護責任者遺棄（法218条）死体遺棄（法190条）	・必要な保護をせず、また、死体を隠匿しつつ、本違反を行った場合、保護責任者遺棄や死体遺棄が成立し、本違反は**吸収**される。
公衆の目に触れるような場所で公衆にけん悪の情を催させるような仕方でしり、**ももその他身体の一部をみだりに露出した者**（1条20号）	公然わいせつ（法174条）	・わいせつの程度に至れば、公然わいせつが成立し、本違反は**吸収**される。 ・本違反が成立するのは、市街地で、しりやももを露出して、これを殊更強調してポーズをとる場合などである。
正当な理由がなくて人の住居、浴場、更衣場、便所その他人が通常衣服をつけないでいるような場所を**ひそかにのぞき見た者**	住居侵入（法130条前段）	・他人の住居の敷地内に立入って、窓越しに浴場をのぞき見た場合、住居侵入と本違反は**牽連犯**となる（最判昭32.4.4）。

軽犯罪法	刑　法	留意点
（1条23号）		
他人の進路に立ちふさがつて、若しくはその身辺に群がつて立ち退こうとせず、又は不安若しくは迷惑を覚えさせるような仕方で**他人につきまとつた者**（1条28号）	逮捕・監禁 （法220条）	・身体の拘束、さらに、相当の時間、脱出を困難にさせる程度に至れば、逮捕・監禁が成立し、本違反は**吸収**される。 ・つきまといが反復継続して行われ、恋愛感情等を充足する目的でなされれば、ストーカー規制法違反が成立し、本違反は**吸収**される。
他人の**業務**に対して**悪戯などでこれを妨害した者**（1条31号）	威力業務妨害 （法234条）	・「悪戯」は、一時的な戯れをいい、威力に至らない程度のものをいう。例えば、講演者の前で胡椒をふりかけてくしゃみをさせる行為などをいう。 ・威力業務妨害が成立する場合は、**本違反は成立しない。**
みだりに他人の家屋その他の工作物に**はり札**をし、若しくは他人の看板、禁札その他の標示物を**取り除き**、又はこれらの**工作物若しくは標示物を汚した者**（1条33号）	住居侵入 （法130条前段） 器物損壊 （法261条）	・他人の住居などに侵入して本違反を行った場合、住居侵入と本違反は**牽連犯**となる。 ・標示物を容易に発見できないような場所に放置し、破壊するなどした場合は、器物損壊が成立し、本違反は**吸収**される。
公衆に対して物を販売し、若しくは頒布し、又は役務を提供するにあたり、**人を欺き、又は誤解させるような事実を挙げて広告をした者**（1条34号）	詐欺 （法246条）	・本違反をして詐欺に及んだ場合は、詐欺と本違反とは**牽連犯**となる。

※　軽犯罪法については、『イラスト・チャートでわかりやすい　擬律判断・軽犯罪法』にて詳しく構成要件等の内容が解説されているので、参照されたい。

第2編　所持禁制品とその根拠

はじめに

　捜査の端緒は、①捜査機関が、外部からの情報を得るものと、②捜査機関が、捜査その他の行政警察活動などの自らの活動の一環として得るものとに分けられ、①外部からの情報としては、告訴・告発（刑訴法230～244条）、被害届の提出（犯罪捜査規範61条）、自首（刑訴法245条）、119番からの転送、マスコミによる報道、投書、内部告発（犯罪捜査規範59条）などが、②捜査機関自らの活動の一環として得るものとしては、職務質問（警察官職務執行法2条1項）、所持品検査、交通検問、検視（刑訴法229条）、余罪捜査などがある。

　このうち、捜査機関が捜査その他の行政活動などの自らの活動の一環として捜査の端緒を得るものとして重要なのは、**職務質問**とこれに続いて行う**所持品検査**、職務質問の一環としてなされる**交通検問**であり、それは、所持禁制品の発見につながるものだからである。さらに、所持禁制品を発見することは、重大な犯罪の予防に役立つほか、その入手経緯（譲渡、製造、輸入など）、使用状況、他の所持者の解明などにつながり、捜査の端緒を得にくい犯罪の検挙につながり得るものである。

　したがって、所持禁制品の規制とこれに関連する規制を理解しておくことはとても重要であり、本編では、代表的な所持禁制品とこれに関連する規制を解説していく。

1　侵入具（特殊開錠用具禁止法違反、軽犯罪法違反）

1　侵入具の規制の概要

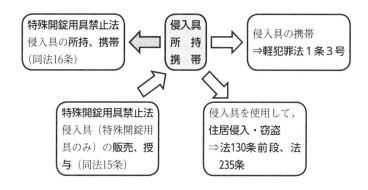

2　侵入具の所持、携帯

住居侵入については、住居侵入等の項目（☞236頁）、窃盗については、窃盗の項目（☞3頁）を参照。

	特殊開錠用具禁止法違反	軽犯罪法違反
犯行の主体	特に制限はなく、誰でも行える。	
犯行の対象	特殊開錠用具　指定侵入工具　これら侵入具のうち限定されたものが指定侵入工具となる。 ◎特殊開錠用具 　ピッキング用具その他の専ら特殊開錠を行うための器具で建物錠を開くことに用いられるものであって、特殊開錠用具禁止法施行令第1条で定めるものをいう。	合かぎ　のみ　ガラス切り　その他人の邸宅又は建物に侵入するのに使用されるような器具

	特殊開錠用具禁止法違反	軽犯罪法違反
	【具体的には】 ・ピッキング用具 ・破壊用シリンダー回し ・ホールソー ・サムターン回し ◎指定侵入工具 　ドライバー、バールその他の工具であって、特殊開錠用具の所持の禁止等に関する施行令第2条で定めるものをいう。	◎その他他人の邸宅又は建物に侵入するのに使用されるような器具 【〇該当するもの】 ・やすり ・指定侵入工具以外のドライバー、バール、ドリル ・タイヤレンチ、ラチェットレンチ ・ハンマー、ペンチ、金切りばさみ ・縄、はしご、懐中電灯

ドライバー	① 先端部が平らで、その幅が0.5cm以上 ② 長さが15cm以上(注)
バール	① 作用する部分のいずれかの幅が2cm以上 ② 長さが24cm以上
ドリル	直径1cm以上の刃が附属するもの

（注）　専用の柄を取り付けることができるものについては、柄を取り付けたときの長さをいう。

行　為	◎隠して携帯（指定侵入工具の場合） 　「隠して携帯」とは、**日常生活を営む自宅ないし居室以外の場所**において、**いつでも使用できるような状態で**、かつ、**他人が観察した場合、その視野に入ってこないような状態で（＝人目に触れにくい状態で）**、身体に帯びるとか自己の身辺近くに置くことによって、**事実上その支配下に置いている状態**をいう（東京地判平16.5.25など）。「所持」よりも狭い概念である。 【〇該当するもの】 ・ポケット内に入れる、上着の中に入れる、手のひらで握る。 ・バッグやカバンの中に入れる、黒色ビニール袋内に入れる。 ・運転席シートの右横の床の上（東京地判平16.5.25） ・自動車のダッシュボード内、助手席ドアポケット、コンソールボックス内に在中させていた場合（東京高判平17.6.16）

	特殊開錠用具禁止法違反	軽犯罪法違反
	◎**所持（特殊開錠用具）** 　特殊開錠用具を**事実上管理、支配すること**をいう。	
除外事由	◎**業務その他正当な理由による場合でない** 　**職務上（自動車整備士など）**、あるいは、**日常生活上**の必要性から、社会通念上、正当と認められる場合をいう（東京高判平16. 4. 27）。 【○**正当な理由がないもの**】 ・単なる護身用（東京高判平18. 10. 5） ・路上生活者が、深夜徘徊の際に携帯する場合（東京地判平16. 4. 27） ・特に使用目的がない場合	◎**正当な理由がない** 　業務その他正当な理由がないのと同じ意味であり、単に護身用としての目的は、正当な理由とはいえない。
法定刑	1年以下の懲役又は50万円以下の罰金 **未遂×、予備×、緊逮×、テロ準×、** 　　　　**裁判員裁判×、親告罪×**	拘留又は科料
他罪との関係	◎**住居侵入・窃盗と特殊開錠用具禁止法（軽犯罪法違反）** 　バールを携帯して、他人の住居に侵入して窃盗をした場合、牽連犯となる住居侵入・窃盗と特殊開錠用具禁止法（軽犯罪法違反）とは、**併合罪となる**（最決昭62. 2. 23）。 ◎**特殊開錠用具禁止法と軽犯罪法違反** 　指定侵入工具に該当するドライバーをバッグに隠して携帯していた場合、軽犯罪法違反は、特殊開錠用具禁止法違反に**吸収**される。	

参考① 政令で定める特殊開錠用具

特殊開錠用具禁止法施行令１条

1 ピッキング用具

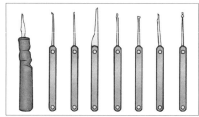

一般的なピッキング用具

ピックガンの例

2 破壊用シリンダー回し

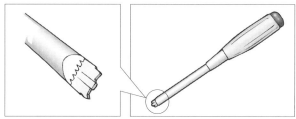

先端の作用する部分　　　　破壊用シリンダー回しの例

3 ホールソーのシリンダー用軸

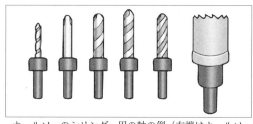

ホールソーのシリンダー用の軸の例（右端はホールソー）

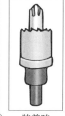

装着時

4 サムターン回し

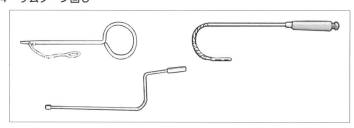

参考②　政令で定める指定侵入工具

特殊開錠用具禁止法施行令2条

1　ドライバー

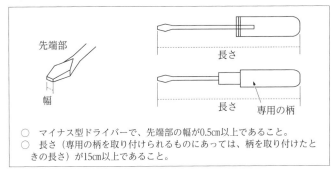

○　マイナス型ドライバーで、先端部の幅が0.5cm以上であること。
○　長さ（専用の柄を取り付けられるものにあっては、柄を取り付けたときの長さ）が15cm以上であること。

2　バール

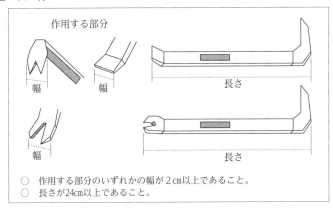

○　作用する部分のいずれかの幅が2cm以上であること。
○　長さが24cm以上であること。

3　ドリル

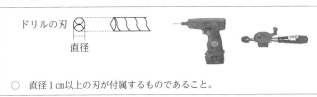

○　直径1cm以上の刃が付属するものであること。

2 規制薬物（覚醒剤、大麻、麻薬、シンナー、危険ドラッグ、各取締法違反）

1 規制薬物の規制の概要

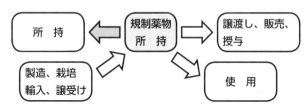

各規制において、共通する用語の意味は、以下のとおりである。

所　持	・**人が物を保管する実力的支配関係を内容とする行為**をいう（最判昭24. 5.18）。事実上管理、支配する行為。
	・拳銃等の「所持」と同じ。
	☞拳銃等の項目を参照（352頁）
	・**所有の意思や所有権の有無は問わない**（他人から窃取した薬物でも所持が認められる。最判昭24.3.5）。
	・**動機や目的の内容を問わない**（捜査実務全書⑧薬物犯罪85頁）。
	【○該当するもの】
	・腹痛や歯痛を治す目的
	・債権の担保として預かった場合
	・薬物を**運搬する場合も所持**に該当する（捜査実務全書⑧薬物犯罪85頁）。
	・自己のために保管する場合だけでなく、他人のために預かる場合も所持に該当し、積極的に預かる意思がなくとも廃棄するなどせずに置いていれば所持に該当する（東京高判昭30.10.11）。
	・実力的支配関係が確立されれば所持となるが、**一時的な握持行為があるだけで、いまだ自己の支配内に置いたとはいえない場合は所持に該当しない。**
	【○該当するもの】
	・入手して1時間程度所持していたところ、警察官の職務質問を受け、投棄した場合（東京地判昭50.2.24）
	・知人に依頼されて麻薬を取りに行って知人に手渡した場合（約2、3分で約30mの範囲）（福岡高判昭39.1.11）。
	・一度実力支配関係が確立されれば、その後、**薬物を所持していることを忘れていても所持に該当する**（最判昭28.12.15）。
	・薬物を隠匿後に逮捕されたとしても、**直ちに所持を失うことはない**（大阪高判昭29.10.25）。

	・**微量所持**の場合（特に覚醒剤の場合） ⇒薬理効果が認められれば微量所持でも所持を認めるのが判例の傾向である（一定の純度があることを前提に0.001ｇの覚醒剤所持を認めたもの。大阪地判平元.6.26）。ただし、微量所持の場合は**故意**に乏しい場合が多く、同種の薬物を追加して一緒に使用するつもりでいたなどの一定の認識・認容が必要となろう。
製　造	・覚醒剤を**精製**すること、覚醒剤に化学的変化を加え、又は加えないで他の覚醒剤にすること、覚醒剤を分割して容器に収めることをいう（ただし、調剤を除く。覚醒剤取締法2条2項）。 ・麻薬を精製すること、麻薬に化学的変化を加えて他の麻薬にすること（麻薬及び向精神薬取締法2条12号）。
栽　培	・**播種から収穫に至るまでの育成行為**をいう（捜査実務全書⑧薬物犯罪148頁）。 ・実行の**着手時期**は、播種を行おうとする行為や移植しようとする行為を開始した時点であり、**既遂時期**は、播種や移植がなされた時点である。その後、生育終了した時点で栽培が終了する（継続犯）。

輸　入	国外から国内に搬入することをいう。

実行の着手時期、既遂時期

	着手時期	既遂時期
貨物便、 国際郵便	（貨物便） 積込手続の開始時点 （国際郵便） 郵便物の投函や発送手続の開始時点	（航空機） **地上に持ち出された時点（地上に降りた時点）**（最判昭58.9.29） （船舶） **陸揚げ行為の時点** （最判昭58.9.29など）
携　行	（航空機） 搭乗あるいは離陸した時点 （船舶） 陸揚げ行為に接着した行為を開始した時点（大阪高判昭58.12.7など） ※　国外を出てから国内に入るまでの時間の長さを考慮しているといわれる。	

販　売	反復継続する意思に基づいて行う**有償の交付や譲渡**をいう。
授　与	**販売以外の交付や譲渡**をいい、反復継続する意思は不要である。
使　用	・薬物を**用法に従って用いる一切の行為**をいう（捜査実務全書⑧薬物犯罪116頁）。 ・人体に用いる場合が通常であるが、薬品製造に用いる場合や動物に用いる場合も含む。

	・自己が使用しても**他人に使用させても該当**する。 ・人体に使用する方法は問わず、注射、経口投与、塗布、吸入などがある（膣内に注入した場合につき、東京地判昭55. 10. 21）。 ・**使用の動機は問わない**（中毒症状緩和のために使用した場合につき、東京高判昭36. 8. 15）。
譲渡し	相手方に対し、法律上又は事実上の処分権限を与えて、**物の所持を移転する**ことをいう（捜査実務全書⑧薬物犯罪59頁）。
譲受け	相手方から、法律上又は事実上の処分権限を与えられて、**その所持の移転を受ける**ことをいう（捜査実務全書⑧薬物犯罪59頁）。
営利の目的	・**財産上の利益を得る目的**をいい（最決昭35. 12. 12）、「財産上の利益」は、財物を含めた一切の利益をいい、**財産的価値を有していれば、その性質は問わない。** 　【〇該当するもの】 　　・寝泊りをさせてもらい、寝食の世話を受けること。 　　・覚醒剤の分与を受けること（東京地判昭54. 9. 4）。 　　・債権の取得、債務の免除、債務履行の延期も含む（最決昭34. 3. 12など）。 　　・役務の提供を受けること。 ・営利の目的は、自ら財産上の利益を得る目的のほか、**第三者に得させることを動機・目的とする場合を含む**（最決昭57. 6. 28）。

2　規制薬物の所持

犯行の主体		特に制限はなく、誰でも行える（法定の除外事由が一部ある。）。
犯行の対象	覚醒剤	・①　フェニルアミノプロパン、フェニルメチルアミノプロパン及びその塩類、②　①と同様の覚醒作用を有する物であって政令で指定するもの（現時点で指定なし。）、③　①②のいずれかを含有するものをいう（覚醒剤取締法2条1項）。 ・**薬理効果**として、頭がはっきりしすぎる超覚醒状態となり、何にでも関心を持つ、運動が促進し、動かないでいられなくなる、注意力が散漫になるなどするが、効果が消失すると、過度の疲労感、倦怠感が起こり、これを免れるために再度使用することが繰り返され、やがて、幻覚や妄想が形成される中毒症状を呈することとなる（新版覚せい剤犯罪の捜査実務101問12～13頁）。

大　麻	・**大麻草及びその製品、大麻樹脂をいい**、大麻草の成熟した茎及びその製品、大麻草の種子及びその製品は除かれる（大麻取締法1条）。 ・**薬理効果**としては、中枢神経に作用し、多幸感をもたらす反面、衝動的で興奮状態となり、感情の不安定から暴力的な行動をとることがある。慢性中毒では、呼吸器の障害、頭痛、睡眠障害などがみられる（捜査実務全書⑧薬物犯罪14頁）。
麻薬、向精神薬	・麻薬については麻薬及び向精神薬取締法の別表第1に掲げるものをいい（同法2条1号）、向精神薬については麻薬及び向精神薬取締法の別表第3に掲げるものをいう（同法2条6号）。 ・麻薬は、大きくあへんアルカロイド系麻薬（**モルヒネ**など）、コカアルカロイド系麻薬（**コカイン**など）、合成麻薬（ＬＳＤなど）に分けられる。 ・**薬理効果**としては、麻酔効果や鎮静効果があるが、大量使用により昏睡状態に陥るほか、強い精神・身体依存性から精神不安や幻覚、さらに重篤な精神障害に陥る場合がある（捜査実務全書⑧薬物犯罪10～12頁）。
シンナー	・毒物については毒物及び劇物取締法の別表第1に掲げるものをいい（医薬品及び医薬部外品を除く。同法2条1項）、劇物については同法の別表第2に掲げるものをいう（医薬品及び医薬部外品を除く。同法2条2項）。 ・**薬理効果**としては、シンナーに含まれる有機溶剤に中枢神経麻痺作用があり、蒸気吸引により、酔いの状態となるが、後に、頭痛、おう吐、倦怠感が起こり、依存症になると、意識障害、幻覚、妄想、脳神経が冒されての中毒性精神病になり得る。
指定薬物	・**中枢神経系の興奮若しくは抑制又は幻覚の作用**（当該作用の維持又は強化の作用を含む。）を有する蓋然性が高く、かつ、人の身体に使用された場合に**保健衛生上の危害が発生するおそれ**がある物として、厚生労働大臣が薬事・食品衛生審議会の意見を聴いて**指定**するものをいう（大麻、覚醒剤、麻薬、向精神薬、あへん及びけしがらを除く。医薬品等に関する法律2条15項）。 ・「医薬品、医療機器等の品質、有効性及び安全性の確

	保等に関する法律第 2 条第15項に規定する指定薬物及び同法第76条の 4 に規定する医療等の用途を定める省令」により新たに指定薬物に指定された物質が増加しているほか（直近では令和 5 年11月 5 日施行）、包括指定もなされている（詳しくは厚生労働省のホームページを参照されたい。）。
行為＝所持	所持の意味は、前表を参照（☞334頁）

覚醒剤	覚醒剤取締法41条の 2 第 1 項 ※　営利目的による加重規定あり。
大　麻	大麻取締法24条の 2 第 1 項 ※　営利目的による加重規定あり。
麻薬、向精神薬	・**ジアセチルモルヒネ等の麻薬**～麻薬及び向精神薬取締法64条の 2 第 1 項 ・**前記以外の麻薬**～麻薬及び向精神薬取締法66条 1 項 　　**向精神薬**～麻薬及び向精神薬取締法66条の 4 第 1 項 ※　いずれも営利目的による加重規定あり。
シンナー	毒物及び劇物取締法24条の 3 ⚠️**要注意　摂取又は吸入目的を有することが必要**
指定薬物	業として行う場合～医薬品等に関する法律83条の 9 ⚠️**要注意　販売、授与の目的を有することが必要** 前記以外の場合～医薬品等に関する法律84条26号

故　意	・例えば、覚醒剤の所持につき、**覚醒剤を含む身体に有害で違法な薬物類であるとの認識・認容があれば足りる**（覚醒剤かもしれないし、その他の身体に有害で違法な薬物かもしれないとの認識で足りる。最決平 2 . 2 . 9 ）。 ・錯誤の場合 ⇒**重なり合う限度で処罰**可能となる。 ・覚醒剤を覚醒剤原料と誤信した場合 →**覚醒剤原料の限度**で処罰（東京地判昭50. 5 . 1 ） ・覚醒剤を麻薬と誤信した場合 ⇒**麻薬の限度**で処罰（最決昭54. 3 .27） ⚠️**要注意**　覚醒剤に関する故意の内容は、覚醒剤その他の身体に有害で違法な薬物かもしれないとの認識で足りることから、所持していた物が覚醒剤であれば、特段の事情（入手価格が覚醒剤の末端価格と著しく相違するなど）がない限り、覚醒剤に関する故意を認定できよう。

		・指定薬物の認識については、その対象物が指定薬物であることを確定的なものとして認識するまでの必要はなく、**指定薬物を含む人の精神に作用を有する蓋然性が高く、身体に有害であるおそれのある違法な薬物類であることの認識・認容で足りる**（名古屋地判平28.9.29）。
法定の除外事由	覚醒剤	覚醒剤製造業者、覚醒剤施用機関の管理者等、覚醒剤施用機関において診察に従事する医師、覚醒剤研究者などによる所持、法令に基づいて所持する場合などが除外される（覚醒剤取締法14条1項、2項）。
	大　麻	大麻栽培者や大麻研究者（いずれも都道府県知事の免許が必要）で採取目的や研究目的に基づく所持が除外される（大麻取締法4条）。
	麻　薬	麻薬研究者が厚生労働大臣の許可を受けて研究のため所持するなどの場合が除外される（麻薬及び向精神薬取締法12条1項、28条1項など）。
	シンナー	研究者などが除外される（毒劇及び劇物取締法3条の2など）。
	指定薬物	医療等の用途の場合などが除外される（医薬品等に関する法律76条の4など）。
法定刑	覚醒剤	10年以下の懲役 　　　　　　　　**未遂×、予備×、緊逮○、テロ準○** 　　　　　　　　**裁判員裁判×、親告罪×**
	大　麻	5年以下の懲役 　　　　　　　　**未遂×、予備×、緊逮○、テロ準○** 　　　　　　　　**裁判員裁判×、親告罪×**
	麻　薬	・**ジアセチルモルヒネ等の麻薬**〜10年以下の懲役 ・**前記以外の麻薬**〜7年以下の懲役 　　　　　　　　**未遂×、予備×、緊逮○、テロ準○** 　　　　　　　　**裁判員裁判×、親告罪×** ・**向精神薬**〜3年以下の懲役 　　　　　　　　**未遂×、予備×、緊逮○、テロ準×** 　　　　　　　　**裁判員裁判×、親告罪×**
	シンナー	1年以下の懲役又は50万円以下の罰金、任意的併科あり 　　　　　　　　**未遂×、予備×、緊逮×、テロ準×** 　　　　　　　　**裁判員裁判×、親告罪×**
	指定薬物	・**業として行う場合**〜5年以下の懲役又は500万円以下の罰金、又は併科あり。

		未遂×、予備×、緊逮〇、テロ準〇 **裁判員裁判×、親告罪×** ・**前記以外の場合**〜 3 年以下の懲役又は300万円以下の 罰金、又は併科あり。 未遂×、予備×、緊逮〇、テロ準× **裁判員裁判×、親告罪×**
他罪との関係		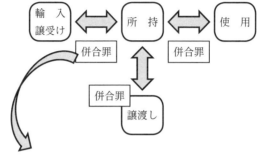

ただし、輸入直後や譲受け直後の所持のように**独立した所持と認められ**
ない場合は、**輸入等のみが成立**する（例えば、譲り受けて自宅に持ち帰る
途中の場合など。大阪地判昭56.11.10、最判昭28.12.18参照）。
⇒なお、譲受けを立件せずに、所持のみを立件することは可能である（両
方を立件することができない趣旨である。）。

⚠要注意

　大麻取締法は、令和5年法律第84号により題名改正を含む大幅な改正が公布
され、令和6年中に施行予定である。改題後は「大麻草の栽培の規制に関する
法律」となり、大麻等の不正な**施用**が、麻薬及び向精神薬取締法における**「麻**
薬」として処罰対象となるため、注意されたい。

③　刀剣類と刃物（銃刀法違反、軽犯罪法違反）

1　刀剣類と刃物の規制の概要

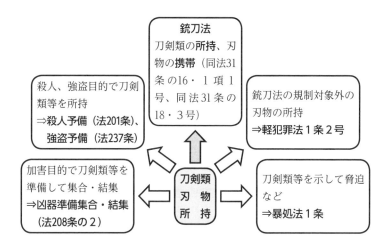

※　使用行為は、殺人、強盗、傷害など多岐にわたる。

2　刀剣類の所持、刃物の携帯

　加害目的で凶器を準備して集合・結集の場合及び凶器を示して脅迫などの場合については、多数人による共同暴行の項目（☞144頁）、軽犯罪法については、さらに凶器の項目（☞347頁）を参照。

	刀剣類	刃　物	軽犯罪法違反
犯行の主体	特に制限はなく、誰でも行える。		
犯行の対象	◎刀剣類 【刃渡り15cm以上】 刀、やり、なぎなた 【刃渡り5.5cm以上】 剣 あいくち （ただし、判例は具体的	◎刃　物 ・銃刀法において、規制の対象となる刃物 【刃体の長さが6cmをこえる】 刃　物	◎刃物、鉄棒その他人の生命を害し、又は人の身体に重大な害を加えるのに使用されるような器具

	刀剣類	刃　物	軽犯罪法違反
	な形状などを考慮して該当性を判断）	※　除外されるもの（＝参考①を参照）	除外されるものも、軽犯罪法の「刃物」に該当し得る。
	飛出しナイフ（45度以上に自動的に開刃する装置を有する。） ※　刃渡り5.5㎝以下の物に一部除外規定あり。		
	※　刃渡りの測定方法は、参考②を参照	※　刃体の測定方法は、参考②を参照	
	鋼質性 鋼質性の材料をもって製作される（炭素含有量0.03ないし1.7%の鉄）（東京高判昭54.5.15など）	**鋼質性** 鋼と同程度の硬さ、曲げの強度を有する材質 セラミック製の包丁や、はさみも対象となる	鋼質性等を有しないものも、軽犯罪法の「他人の生命を害する」などの器具に該当し得る。
	※　「鉄」なので、磁石を近づけ付着すれば肯定	※　「鉄」なので、磁石を近づけ付着すれば肯定	
	刃物性 縁が鋭く鋭利で物を切断する機能を備えているもの	**刃物性** 片刃、両刃の器物で、縁が鋭く鋭利で物を切断する機能を備えているもの	刃物性を有しないものも、軽犯罪法の「他人の生命を害する」などの器具に該当し得る。
	・刺突のみによって殺傷し得るものは該当しない（アイスピックなど）。 ・現に刃が付いていない状態でも、**ある程度の加工によって刃を付けることができるものは該当**する。	・刺突のみによって殺傷し得るものは該当しない（アイスピックなど）。 ・携帯時点において**刃を備えていることが必要**	

	刀剣類	刃　物	軽犯罪法違反
	・腐食していても、ある程度の加工によって、刃物性を回復できる場合には該当する。	・何らかの修理、加工をしないと刃物として使用できない物は該当しない。	
行　為	◎所　持 ・人が物を保管する実力的支配関係を内容とする行為＝事実上、管理、支配する行為をいう（規制薬物の「所持」と同じ☞規制薬物の項目を参照（334頁））。 ・所持の方が携帯よりも広い概念である（☞353頁参照）。	◎携　帯 　①日常生活を営む自宅ないし居室以外の場所において、②身体に帯びるか直ちに使用し得る状態で自己の身辺に置き、③その状態をある程度の時間継続することをいう。 【①に該当するもの】 ・公園で寝泊まりしていたホームレスが、公園の東屋にてくだものナイフなどを所持していた場合（公園は、自宅ないし居室に該当しない。） ・車上生活者における車内も自宅ないし居室に該当しない（東京高判昭63.10.13）。 【②に該当するもの】 ・自動車を運転中、刃物を後部トランクに置いていて、自動車を停止させれば直ちに使用できる場合 【③に該当するもの】 ・瞬間的又は数秒の握持を除外する趣旨であり、これ以外の継続性があれば足りる。	◎隠して携帯 　「隠して」携帯することが必要であり、普通では人目に触れにくいような状態、例えば、ポケット、着衣、カバン、バッグに入れるなどして携帯することが必要
除外事由	◎除外事由あり（銃刀法3条） ・法令に基づき職務として携帯	◎業務その他正当な理由による場合でない（銃刀法22条） 　業務による場合等、そ	◎正当な理由がない 　業務その他正当な理由による

（行為欄の「刀剣類」と「刃物」の間、および「刃物」と「軽犯罪法違反」の間に両向き矢印）

	刀剣類	刃　物	軽犯罪法違反
	・美術的価値のある刀剣類の登録を受けたものを所持 ・承認を受けた刀剣類製作者が、製作目的に従って所持	の携帯が社会通念に照らして正当と認められない場合をいう。 **【○正当でないもの】** ・犯罪に使用する目的で携帯 ・護身用として携帯 ・特段の理由や目的もなく携帯 **【●正当であるもの】** ・調理師が調理のために包丁を携帯	場合でないのと同じ意味であり、単に護身用の目的は正当な理由とはいえない。
法定刑	3年以下の懲役又は50万円以下の罰金（銃刀法31条の16・1項1号） **未遂×、予備×、緊逮○、** **テロ準×、裁判員裁判×、** **　　　　　親告罪×**	2年以下の懲役又は30万円以下の罰金（銃刀法31条の18・3号） **未遂×、予備×、緊逮×、** **テロ準×、裁判員裁判×、** **　　　　　親告罪×**	拘留又は科料
他罪との関係	**◎殺人、強盗、傷害、凶器準備集合・結集、暴処法律違反と銃刀法違反** 　殺人等の各罪と銃刀法違反とは**併合罪**となる。 **◎殺人予備と銃刀法違反** 　殺人目的で包丁を携帯していた場合、殺人予備と銃刀法違反とは**観念的競合**となる。		
	◎銃刀法違反と軽犯罪法違反 　刃体の長さが8㎝の刃物をバッグに隠して携帯していた場合、軽犯罪法違反は銃刀法違反に**吸収**される。		

参考①　**刃体の長さが6cmを超えるものであっても、銃刀法の規制から除外されるもの**
（銃刀法22条ただし書き、同法施行令37条）

はさみ	①　刃体の長さが8cm以下 ②　刃体の先端が著しく鋭くない。 ③　刃が鋭利でない。
折りたたみ式のナイフ	①　刃体の長さが8cm以下 ②　刃体の幅が1.5cm以下 ③　刃体の厚みが0.25cm以下 ④　開刃した刃物をさやに固定させる装置を有しない（＝さやの部分にあるボタンや爪などの特別の装置を操作しなければ、刃体をさやに納めることができないようにする装置）。
くだものナイフ	①　刃体の長さが8cm以下 ②　刃体の厚みが0.15cm以下 ③　刃体の先端部が丸みを帯びている。
切出し	①　刃体の長さが7cm以下 ②　刃体の幅が2cm以下 ③　刃体の厚みが0.2cm以下

346

参考② 刃渡り、刃体の長さの測定方法 （銃刀法施行規則101条）

A≧Bの場合はAを、A＜Bの場合はBを刃体の長さとする。

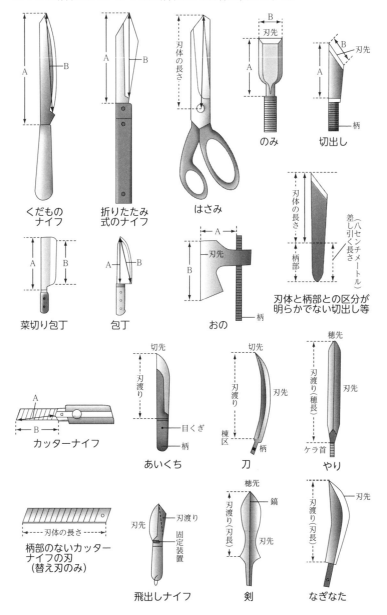

④ 凶器（銃刀法違反、凶器準備集合・結集、暴処法違反、軽犯罪法違反）

1 凶器の規制の概要

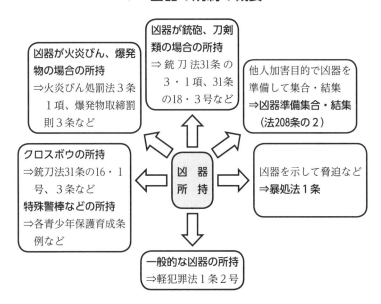

2 凶器の所持

　凶器が銃砲、刀剣類の場合については、刀剣類と刃物、拳銃等の項目（☞341頁、350頁）、凶器が火炎びん、爆発物の場合については、火炎びん、爆発物の項目（☞361頁、363頁）、凶器が特殊警棒などの場合については、有害がん具の項目（☞355頁）、加害目的で凶器を準備して集合・結集の場合及び凶器を示して脅迫などの場合については、多数人による共同暴行の項目（☞144頁）をそれぞれ参照。

　本項では、軽犯罪法違反について解説する。

軽犯罪法第1条第2号（凶器携帯の罪）

犯行の主体	特に制限はなく、誰でも行える。			
犯行の対象	刃　物	鉄　棒	人の生命を害するのに使用されるような器具	人の身体に重大な害を加えるのに使用されるような器具

◎刃　物

・銃刀法上の刀剣類や刃物のほか、銃刀法上の制限のない刃物（刃体の長さが6㎝を超えないものなど）も含まれる。

・ただし、**人の身体に重大な傷害を加えるのに至らないような刃物は該当しない。**

　【●該当しないもの】

　　・爪切り、刃体の長さが1㎝程度しかないナイフやはさみなど（擬律判断・軽犯罪法26頁）。

◎鉄　棒

・その大きさや形状から見て、社会通念に照らし、人の視覚上、**直ちに危険を生じさせる程度の物**であることが必要である（大判大14.5.26）。

・**鉄パイプも鉄棒に該当する。**なお、鉄パイプの1つ1つは短くても、ねじ込むなどの方法で容易に適宜の長さに達し得る場合には該当する（東京高判昭51.2.9）。

◎人の生命を害し、又は人の身体に重大な害を加えるのに使用されるような器具

　【〇該当するもの】

　　・木刀、こん棒

　　・竹やり（先端部を斜めに尖らせ、長さ約1.5mのもの。高松高判昭28.3.9）。

　　・特殊警棒、メリケンサック

　　・相当程度の太さや長さのある角材（長さ約1mの角材。最決昭45.12.3）

凶器準備集合・結集や暴処法の凶器と同じである	

行　為	◎隠して携帯 　普通では**人目に触れにくいような状態**にて、**直ちに使用し得る状態**に置くことをいう。 　【〇該当するもの】 　　・ポケット、着衣、靴下、カバン、バッグの中に入れて持ち歩く場合 　　・自動車のダッシュボード、ドアポケット、コンソールボックスなどに置く場合 　　・同行者に持たせている場合
正当な理由がない	◎正当な理由がない ・違法にという意味である。 ・けんかに備えて**護身用に携帯する場合は該当しない。**

> **⚠要注意**
> 多額の現金等を輸送する職務を有する者が、護身用に催涙スプ

	レーを携帯していたところ、健康増進のため、通勤途中の延長上のランニングやサイクリングの際に催涙スプレーを携帯したのは**「正当な理由がある」**（本件事案について正当な理由が認められたものであり、一般的な護身用の目的を正当な理由があると判断したものではない。最決平21.3.26)
法定刑	拘留又は科料 **未遂×、予備×、緊逮×、テロ準×、裁判員裁判×、親告罪×**
他罪との関係	◎銃刀法、火炎びん処罰法、爆発物取締罰則、凶器準備集合・結集、暴処法と軽犯罪法 　軽犯罪法違反は上記各違反・罪に**吸収**される。

クロスボウの所持の禁止（令和4年3月15日施行）

○クロスボウとは？

　引いた弦を固定し、これを解放することによって矢を発射する機構を有する弓のうち、内閣府令で定めるところによって測定した矢の運動エネルギーの値が、人の生命に危険を及ぼし得るものとして内閣府令で定める値以上となるもの（一定の洋弓銃）をいう（銃刀法3条）。

※　銃刀法施行規則3条の3により、該当する矢の運動エネルギーの値は、6.0（ジュール）以上とされている。

○法定の除外事由は？

　所持しようとするクロスボウごとに、その所持について、住所地を管轄する都道府県公安委員会の許可を受けた場合など（銃刀法4条1項1号など）。

○法定刑

　3年以下の懲役又は50万円以下の罰金（銃刀法31条の16・1号）

○クロスボウに関する他罪

　銃砲や刀剣類のほかクロスボウを用いて人の身体を傷害した者についても、加重傷害罪が成立する（暴力行為等処罰ニ関スル法律1条の2・1項）。

5　拳銃等（銃刀法違反）

1　拳銃等の規制の概要

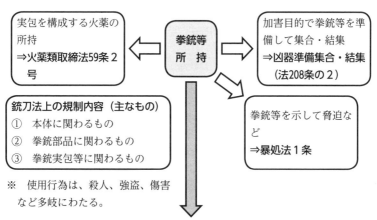

※　使用行為は、殺人、強盗、傷害
　など多岐にわたる。

拳銃等本体	拳銃等の**所持**（銃刀法31条の3・1項）	1年以上10年以下の懲役
	適合実包等と**共に携帯**（同法31条の3・2項）～拳銃等加重所持	3年以上の有期懲役
	拳銃等の**輸入**（同法31条の2・1項） **営利目的**ある場合（同法31条の2・2項） ※　予備罪あり	3年以上の有期懲役 **（営利）**無期懲役、5年以上の有期懲役、同有期懲役と3,000万円以下の罰金併科（**＝裁判員裁判**）
	拳銃等を**譲り渡し、貸し付け**（同法31条の4・1項） **営利目的**ある場合（同法31条の4・2項）	1年以上10年以下の懲役 （営利）3年以上の有期懲役、同有期懲役と1,000万円以下の罰金併科
	拳銃等を**譲り受け、借り受け**（同法31条の4・1項） **営利目的**ある場合（同法31条の4・2項）	
	拳銃等の譲り渡しと譲り受け、貸し付けと借り受けの**周旋**（同法31条の15）	3年以下の懲役、同懲役と100万円以下の罰金併科
	拳銃等の**発射**（同法31条1項）	無期懲役、3年以上の有期懲役 **（＝裁判員裁判）**

拳銃部品 ⇩ ① 銃身 ② 機関部体 ③ 回転弾倉 ④ スライド （銃刀法3条の2）	拳銃部品の**所持**（同法31条の16・1項2号）	3年以下の懲役、50万円以下の罰金、任意的併科
	拳銃部品の**輸入**（同法31条の11・1項2号）	5年以下の懲役、100万円以下の罰金、任意的併科
	拳銃部品を**譲り渡し、貸し付け**（同法31条の16・1項3号）	3年以下の懲役、50万円以下の罰金、任意的併科
	拳銃等を**譲り受け、借り受け**（同法31条の16・1項3号）	
	拳銃部品の譲り渡しと譲り受け、貸し付けと借り受けの**周旋**（同法32条1号）	1年以下の懲役、30万円以下の罰金、任意的併科
拳銃実包 ⇩ 実包のうち内閣府令で定めるもの ⇩ 薬きょうの長さが41mm以下＋薬きょうに係るきょう体の最大径が15mm以下の実包 ☞火薬類の項目を参照（359頁）	拳銃実包の**所持**（同法31条の8）	5年以下の懲役、200万円以下の罰金、任意的併科
	拳銃実包の**輸入**（同法31条の7・1項2号） **営利目的**の場合（同法31条の7・2項）	7年以下の懲役、300万円以下の罰金 （営利）10年以下の懲役、同懲役と500万円以下の罰金併科
	拳銃実包を**譲り渡し、貸し付け**（同法31条の9・1項） **営利目的**ある場合（同法31条の9・2項）	5年以下の懲役、200万円以下の罰金 （営利）7年以下の懲役、同懲役と300万円以下の罰金併科
	拳銃実包を**譲り受け、借り受け**（同法31条の9・1項） **営利目的**ある場合（同法31条の9・2項）	
	拳銃実包の譲り渡しと譲り受け、貸し付けと借り受けの**周旋**（同法31条の18・1号）	2年以下の懲役、30万円以下の罰金、任意的併科

拳銃等の所持以外のもので留意すべき点は、以下のとおりである。

適合実包	・拳銃等に**装填して発射することができ**、かつ、発射した場合に、発射された金属性弾丸が**人畜を殺傷するのに足りる威力**を有する実包をいう。 ・粗悪実包であっても、新たな製造に至らない程度の修理・加工等により装填して発射することができれば適合実包に該当する（研修597号13頁）。
共に携帯する	適合実包を拳銃等に速やかに装填することが可能であるような**場所的近接性**が必要である。

	【〇該当するもの】 ・同一家屋内において、拳銃と適合実包を保管している場合 ・別々の建物に保管していても、両建物が近接していて、速やかに適合実包を拳銃に装填することが可能である場合
営利の目的	犯人が自ら財産上の利益を得ることを動機、目的とする場合のほか、**第三者**に財産上の利益を得させることを動機、目的とする場合を含む。
発　射	・**拳銃等から金属性弾丸を射出する**ことをいい、空砲を撃つことは含まれない。 ・発射罪が成立するためには、不特定又は多数の者が利用する**場所や乗物において**、又は、そのような**場所や乗物に向かって**発射することが必要である。 **【〇該当するもの】** ・道路、公園、駅、劇場、百貨店、電車、乗合自動車（銃刀法3条の13） ・コンビニエンスストア、映画館、飲食店、パチンコ店、ホテルのロビー **【●該当しないもの】** ・特定少数の者しかいないホテルの客室、ホテルの宴会場、貸切の飲食店やバスなど ・射撃場（同法3条の13）

2　拳銃等の所持

　加害目的で拳銃等を準備して集合・結集の場合及び拳銃等を示して脅迫などの場合については、多数人による共同暴行の項目（☞144頁）、実包を構成する火薬の所持については、火薬類の項目（☞359頁）を参照。

犯行の主体	特に制限はなく、誰でも行える。
犯行の対象	**◎拳銃等** ・拳銃、小銃、機関銃、砲をいう（銃刀法3条の4）。 銃砲 **拳銃等**　　・**猟　銃** 拳　銃　　　・その他金属性弾丸を発 小　銃　　　　射する機能を有する装 機関銃　　　　薬銃砲（捕鯨砲など） 砲　　　　　・空気銃

	・いずれも、**金属性弾丸を発射する機能**を有し、**人畜に傷害を加え得る程度の威力**を有することが必要である（同法2条1項。東京地判昭49.10.15など）。 【●該当しないもの】 ・近距離で発射しても打撲傷程度（全治1週間程度）の傷害しか与えられないモデルガン（東京地判昭51.8.23）
行　為	◎**所　持** ・拳銃等を**事実上管理、支配すること**をいう。 【○該当するもの】   ・「**携帯**」とは、目的物をいつでも使用できる状態で自己の身辺に置くことをいい、「所持」よりも狭い概念である。
法定の除外事由	法令に基づき職務のため所持する場合など（同法3条）
法定刑	1年以上10年以下の懲役 **未遂×、予備×、緊逮○、テロ準×（組織として行われる場合は○）** 　　　　　　　　　　　　　　　**裁判員裁判×、親告罪×** 【拳銃等加重の場合】 3年以上の有期懲役 **未遂×、予備×、緊逮○、テロ準×（組織として行われる場合は○）** 　　　　　　　　　　　　　　　**裁判員裁判×、親告罪×**
提出自首	◎**拳銃等を所持する者が当該拳銃等を提出して自首した場合** ⇒**刑を必要的に減軽又は免除する**（同法31条の5）。 ・「**提出**」とは、犯人が任意に拳銃等の**支配関係を捜査機関に移転する**ことをいう。 【○該当するもの】 ・拳銃を隠匿したコインロッカーの場所を伝えるとともに、その鍵を送付し、支配権を移転させる場合 【●該当しないもの】 ・拳銃の隠匿場所を単に教えるのみの場合 ・捜査機関に**犯罪事実が発覚した後**であっても**適用**がある。 ・一部の申告は自首の対象とならない。

354

	⇒拳銃を適合実包と共に携帯していたにもかかわらず、拳銃のみを提出し、実包の存在を申告しなかった場合は、自首に該当しない。
他罪との関係	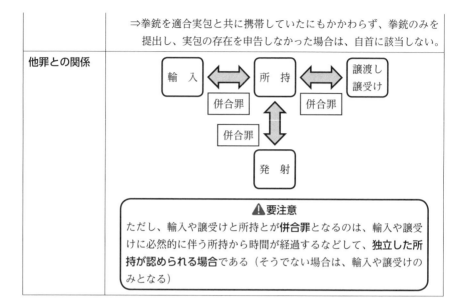

ただし、輸入や譲受けと所持とが**併合罪**となるのは、輸入や譲受けに必然的に伴う所持から時間が経過するなどして、**独立した所持が認められる場合**である（そうでない場合は、輸入や譲受けのみとなる）

⑥　有害がん具（エアソフトガン、特殊警棒、メリケンサックなど、各条例違反、軽犯罪法違反）

1　有害がん具の規制の概要

青少年保護育成条例などの各条例
有害がん具の販売など
→
有害がん具
携　帯
→
凶器の携帯
⇒軽犯罪法1条2号

↓

一定の威力を有するなどして規制の対象となり得るもの

エアソフトガン	・外観は銃砲に似ているが、**プラスチック製の弾丸を低圧の圧縮空気、難燃性の低圧ガスの圧力で発射する機能**をもつ遊戯銃をいう。

空気銃や準空気銃に該当すれば、銃刀法により規制される（銃刀法31条の16・1項1号、32条4号）

・圧縮空気、圧縮ガス等の気体の膨張力を利用し、**金属性弾丸を発射させる機能**を有するもので、以下の運動エネルギーを有するもの

空気銃	弾丸を発射する方向に垂直な当該弾丸の面積のうち最大のものに20を乗じた値以上（同法施行規則3条）
準空気銃	弾丸を発射する方向に垂直な当該弾丸の断面であって、当該弾丸の前端からの距離が0.3cm以内のものに係る面積のうち最大のものに3.5を乗じた値以上（同法施行規則99条）

※　さらに、空気銃や準空気銃に該当しなくとも、**「模造拳銃」**や**「模擬銃器」**に該当すれば、同法の規制対象となる（同法35条2号・5号）。ただし、いずれも金属製であることが要件とされており、プラスチック製のエアソフトガンは除外されることとなる。

クロスボウ		各都道府県の条例により定義が異なるが、銃同様に引き金を引くことで、矢を発射させるようになっている**洋弓**で、発射された矢の有する単位面積当たりのエネルギー値が一定以上であるものを指定している例が多い。
特殊警棒		**伸縮式の警棒**であり、金属製、強化プラスチック製などの材質のものもある。収縮時の長さは20㎝を下回るものもあり、携帯に適している。
メリケンサック		**拳に装着する金属製の器具**で、拳による打撃を強化するために使用されるものである。
その他		各条例の規制対象に広狭の差があるが、その他、規制の対象となり得るものとして、手錠、スリング・ショット（パチンコ型の弾丸発射機）、水中銃などがある。

2　有害がん具の携帯

　有害がん具を規制する法令としては、携帯自体に関しては軽犯罪法、主にその入手に関しては各条例がある。

　なお、軽犯罪法については、さらに凶器の項目（☞347頁）を参照。また、各条例の具体的な内容については、各都道府県のホームページなどで確認していただきたい。

	各条例	軽犯罪法
規制の特徴	・各条例によって差があるが、禁止行為として多いのは、**青少年（18歳未満の者）に対する販売など**である（主体を販売業者に限るものもある。）。 ・規制する条例の名称にも差があるが、「東京都青少年の健全な育成に関する条例」、「大阪府青少年健全育成条例」、「愛知県青少年保護育成条例」、「神奈川県青少年保護育成条例」など青少年保護育成条例などの名称を用いる条例による規制の例が多い。	主体に制限はなく、「**隠して携帯**」する行為を対象とする。
犯行の主体	・各条例によって差があるが、**主体を制限しないもの**もあれば、**販売業者に限定するもの**もある。	特に制限はなく、誰でも行える。

	各条例	軽犯罪法
	・なお、主体を制限しないものでは、罰則を科さず、努力義務にとどめているものもある。	
犯行の対象	・各条例によって、「不健全指定がん具類」、「有害がん具」などの名称の違いはあるが、**各知事の指定**による（個別指定のほか包括指定もある。）。 ・指定内容は、各条例によって広狭の差があるが、**人の生命、身体又は財産に危害を及ぼすおそれがある器具**であることを中核として指定されている。	・**刃物、鉄棒その他人の生命を害し、又は人の身体に重大な害を加えるのに使用されるような器具**が対象となる。 ・前記器具もその殺傷の威力の程度により該当し得る。
行　為	各条例によって差があるが、**販売、譲渡、贈与**などを対象とする例が多い。	・**隠して携帯する行為が対象** ・**「隠して」携帯することが必要であり、普通では人目に触れにくいような状態**、例えば、ポケット、着衣、カバン、バッグに入れるなどして携帯することが必要
除外事由	各条例を参照	・**正当な理由がないことが必要** ・業務その他正当な理由による場合でないのと同じ意味である。したがって、人畜を殺傷する目的などは正当な理由がない。
法定刑	各条例によって差があるが、**罰金又は科料**を中心とするものが多い。 　　　　**未遂×、予備×、緊逮×、テロ準×、 　　　　裁判員裁判×、親告罪×**	拘留又は科料

参　考　　埼玉県青少年健全育成条例の該当部分

（定義）

第3条　この条例において次の各号に掲げる用語の意義は、それぞれ当該各号に定めるところによる。

(5)　がん具等　がん具、刃物その他の器具類をいう。

（有害がん具等の指定及び売買等の禁止）

第12条　知事は、がん具等の構造等が次の各号のいずれかに該当するときは、当該がん具等を青少年に有害ながん具等として指定することができる。

(2)　青少年又はその他の者の生命又は身体に対して危険を伴い、又は害を及ぼし、青少年の健全な成長を阻害するおそれのあるもの

3　何人も、青少年に対し、第1項の規定により指定されたがん具等（前項の規定により指定されたものとみなされるがん具等を含む。以下「有害がん具等」という。）を売買し、交換し、贈与し、若しくは貸し付け、又は所持させてはならない。

（罰則）

第29条　次の各号のいずれかに該当する者は、30万円以下の罰金に処する。

(1)　〔前略〕第12条第3項〔中略〕の規定に違反した者

■　埼玉県青少年健全育成条例に基づく有害がん具等の指定（埼玉県告示第1009号）

指定番号	種　類	名　称	構　造　等	指定理由
12	がん具	クロスボウ（銃砲型近代洋弓）	銃同様に引き金を引くことで、矢を発射させるようになっている洋弓で、発射された矢の有する単位面積当たりのエネルギーが、装填時の矢の先端から50センチメートルの距離で0.07重量キログラムメートル毎平方センチメートル以上のもの	青少年又はその他の者の生命又は身体に対して危険を伴い、又は害を及ぼし、青少年の健全な成長を阻害するおそれがある。

☐ 火薬類（火薬類取締法違反、銃刀法違反、爆発物取締罰則違反、軽犯罪法違反）

1 火薬類の規制の概要

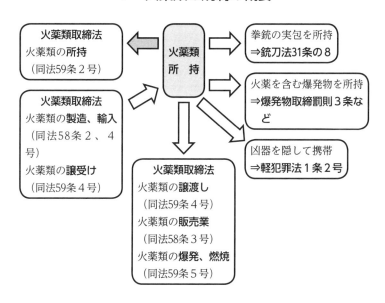

2 火薬類の所持

　爆発物取締罰則については、爆発物の項目（☞363頁）、軽犯罪法については、凶器の項目（☞347頁）を参照。

	火薬類取締法	銃刀法違反（拳銃実包）
犯行の主体	特に制限はなく、誰でも行える。	
犯行の対象	◎火薬類 〔火薬〕〔爆薬〕〔火工品〕 ・**火薬**⇒黒色火薬その他硝酸塩を主とする火薬など（火薬類取締法2条1項1号）。 ・**爆薬**⇒雷こう、アジ化鉛その他の起爆薬など（同法2条1項2号）	◎拳銃実包 ・**実包**のうち、拳銃に使用することができるものとして内閣府令で定めるもの（銃刀法3条の3・1項）。 ⇓ ・薬きょうの**長さ**が41mm以下であり、かつ、薬きょうにかかるきょう体の**最大外径**

	火薬類取締法	銃刀法違反（拳銃実包）
	・火工品⇒工業雷管、電気信管、実包、空砲、導火線など（同法2条1項3号） ◎実　包 　薬きょうに銃用雷管、発射薬及び弾丸（散弾を含む。）を装填して弾丸を発射させる機能を備えていることを要し、それで足りる（東京高判昭59.8.9）。	が15mm以下である実包（同法施行規則7条）
行　為	<td colspan="2">◎所　持</td>	
除外事由	◎除外事由あり（同法21条） ・製造業者が製造した火薬類を所持 ・販売業者が火薬類を所持 ・許可輸入者が火薬類を所持 ・運送、貯蔵受託者が、受託に係る火薬類を所持など	◎除外事由あり（同法3条の3） ・法令に基づき職務のため銃砲を所持する者が適合実包を職務のため所持 ・銃砲の所持の許可を受けた者が適合実包を所持 ・火薬類取締法にて所持が禁止されていない拳銃実包の所持
法定刑	1年以下の懲役又は50万円以下の罰金、併科あり（同法59条）。 **未遂×、予備×、緊逮×、テロ準×、裁判員裁判×、親告罪×**	5年以下の懲役又は200万円以下の罰金（銃刀法31条の8） **未遂×、予備×、緊逮○、テロ準○、裁判員裁判×、親告罪×**
両罪の関係	<td colspan="2">拳銃実包を自宅に隠し持っていた場合、銃刀法違反（拳銃実包所持）と火薬類取締法違反（火薬類所持）は、**観念的競合**となる（京都地判平8.11.12など）。</td>	

拳銃とこれに適合する拳銃実包を**共に**携帯、保管などした場合（**拳銃加重所持・銃刀法31条の3第2項**）
⇒3年以上の有期懲役
　　　　　　未遂×、予備×、緊逮○、テロ準×、裁判員裁判×、親告罪×
※　火薬類取締法違反とは**観念的競合**となる

8 火炎びん（火炎びん処罰法違反、軽犯罪法違反）

1 火炎びんの規制の概要

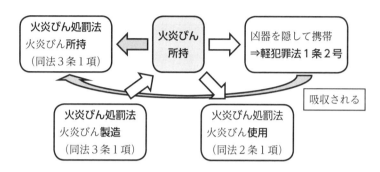

2 火炎びんの所持

軽犯罪法については、さらに凶器の項目（☞347頁）を参照。

	火炎びん処罰法違反	軽犯罪法違反
犯行の主体	特に制限はなく、誰でも行える。	
犯行の対象	◎火炎びん 　ガラスびんその他の容器にガソリン、灯油その他引火しやすい物質を入れ、その物質が流出し、又は飛散した場合にこれを燃焼させるための**発火装置又は点火装置を施した物**で、人の生命、身体又は財産に害を加えるのに使用されるものをいう（火炎びん処罰法1条）。	◎刃物、鉄棒その他人の生命を害し、又は人の身体に重大な害を加えるのに使用されるような器具 　火炎びんや硫酸瓶なども該当する。

	火炎びん処罰法違反	軽犯罪法違反
行　為	◎所　持	◎隠して携帯 　ポケット、着衣、カバン、バッグに入れる場合や、自動車に置く、同行者に持たせる場合など。所持よりも狭い。
除外事由	なし	◎正当な理由がない 　業務その他正当な理由がないのと同じ意味であり、単に護身用の目的は正当な理由とはいえない。
法定刑	3年以下の懲役又は10万円以下の罰金 **未遂×、予備×、緊逮○、テロ準×、** **　　裁判員裁判×、親告罪×**	拘留又は科料

> **火炎びんの使用は、テロ準○**

⑨　爆発物（爆発物取締罰則違反、火薬類取締法違反、軽犯罪法違反）

1　爆発物の規制の概要

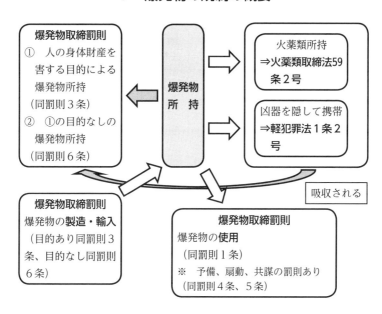

2　爆発物の所持

　火薬類取締法については、さらに火薬類の項目（☞359頁）、軽犯罪法については、さらに凶器の項目（☞347頁）を参照。

	爆発物取締罰則違反	火薬類取締法違反	軽犯罪法違反
犯行の主体	特に制限はなく、誰でも行える。		
犯行の対象	◎**爆発物** 　理化学上のいわゆる**爆発現象を惹起**するような不安定な平衡状態において、薬品その他の資料が結合する物体で、その爆発作用そのものによって、公共の安全を乱し、又は人の身体財産を傷害損壊する	◎**火薬類** 　火薬、爆薬、火工品をいう（火薬類取締法2条1項）。	◎**刃物、鉄棒その他人の生命を害し、又は人の身体に重大な害を加えるのに使用されるような器具** 　火炎びんや硫酸瓶なども該当する。

	爆発物取締罰則違反	火薬類取締法違反	軽犯罪法違反
	に足る**破壊力を有するもの**をいう（最判昭28.11.13）。 **【○該当するもの】** ・ダイナマイト（東京地判昭53.2.28） ・手りゅう弾（福岡地判平28.2.3） **【●該当しないもの】** ・火薬類と爆竹を共にガラス瓶に詰め、起爆装置とともに封筒に入れてポストに投函したもの（爆発現象を生じ得るものであるが、爆発作用自体による破壊力が、人の身体財産を害するに足りる威力を有していない）（福岡地判平22.6.29）		
行　為	◎**所　持**		◎**隠して携帯** 　ポケット、着衣、カバン、バッグに入れる場合や、自動車に置く、同行者に持たせる場合など。所持よりも狭い。
目　的	◎**治安を妨げる目的又は人の身体財産を害する目的** 　（爆発物取締罰則3条） ◎**同罰則第6条は、なし**	なし	なし
除外事由	なし 　前記目的を欠く所持は、同罰則第6条の対象（法定刑が軽くなる。）	◎**除外事由あり** 　製造業者や販売業者などが所持する場合（同法21条）	◎**正当な理由がない** 　業務その他正当な理由がないのと同じ意味であり、単に護身用の目的は正当な理由とはいえない。

	爆発物取締罰則違反	火薬類取締法違反	軽犯罪法違反
法定刑	【爆発物取締罰則3条・**目的○**】 　3年以上10年以下の懲役又は禁錮 【同罰則6条・**目的×**】 　6月以上5年以下の懲役 **未遂×、予備×、緊逮○、テロ準○、裁判員裁判×、親告罪×**	1年以下の懲役又は50万円以下の罰金、併科あり	拘留又は科料

> 爆発物の使用は、未遂○、予備○、裁判員裁判○

10 武器（武器等製造法違反）

1 武器の規制の概要

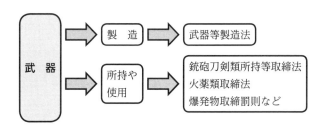

2 武器の製造

犯行の主体	特に制限はなく、誰でも行える。
犯行の対象	次に掲げる武器である（武器等製造法2条1項）。 ① **銃砲**（産業、娯楽、スポーツ、救命用を除く。） 　**【○該当するもの】** 　・ポリ乳酸樹脂等を材料にし、パソコン、3Dプリンター、ボール盤などを使用して、拳銃の部品である銃身、薬室、引き金、撃鉄を作成した上、これらを組み立てて製造した手製拳銃（**3Dプリンター銃**）は、金属性弾丸の発射が可能なものであれば、「銃砲」に該当する（東京高判平27.3.19）。 ② **銃砲弾**（銃砲用のもの。発光又は発煙のために使用されるものを含むが、クラスター弾等を除く。） ③ **爆発物**（信管により作用する物） ④ **爆発物を投下し、又は発射する機械器具**（ロケット弾発射機などをいう。） ⑤ ①〜④に**類する機械器具**（銃剣、火えん発射機などをいう。） ⑥ ①〜⑤に使用される**部品**（銃身、弾丸、ロケット弾の弾体などをいう。）
行　為	・製造すること。 ・経済産業大臣の許可を受けた武器製造事業者が製造する場合は対象外となる（同法4条）。
法定刑	◎銃砲の製造 　⇒**3年以上の有期懲役**（同法31条1項）

	未遂○、予備×、緊逮○、テロ準○、裁判員裁判×、親告罪×
	◎銃砲弾の製造 ⇒7年以下の懲役又は300万円以下の罰金（同法31条の2・1項） 　　　未遂○、予備×、緊逮○、テロ準○、裁判員裁判×、親告罪× ◎銃砲、銃砲弾以外の武器の製造 ⇒3年以下の懲役又は30万円以下の罰金、併科あり（同法31条の3・ 　1号） 　　　未遂×、予備×、緊逮○、テロ準×、裁判員裁判×、親告罪×
他罪との関係	◎武器等製造法違反と銃砲刀剣類所持等取締法違反 　銃砲を製造した上、これを所持していた場合、武器等製造法違反と 銃刀法違反は、**併合罪**となる（東京高判平27.3.19）。

※　**猟銃**は、武器「等」に該当し、製造の禁止対象となる（武器等製造法31条の3第4号）。

11 違法コピー商品（商標法違反、不正競争防止法違反）

1 違法コピー商品の主な規制の概要

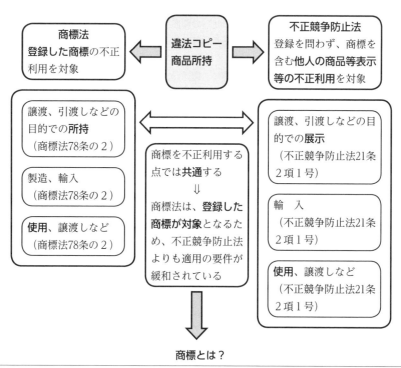

商標とは？

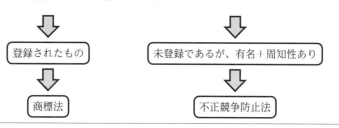

・具体的な商品について使用される標章（人の知覚によって認識することができるもののうち、文字、図形、記号、立体的形状若しくは色彩又はこれらの結合、音など）（商標法2条1項）
・商品だけでなく、役務についても認められる。

2　違法コピー商品の所持など

商標法の所持規制

犯行の主体	特に制限はなく、誰でも行える。
犯行の対象	 ・「指定商品」、「指定役務」とは、商標出願に当たり、その商標を使用している又は使用を予定している商品や役務を指定する必要があるが、この指定された商品や役務をいう。 ・「商標」は、前表を参照（☞368頁）。 ・「登録商標」とは、商標登録を受けている商標をいう（商標法2条5項）。 ・**類似性の判断** 　⇒類似する商標に該当するかは、商標の**見た目**（外観）、**読み方**（呼称）、**一般的な印象**（観念）の類似性や、取引の実情を踏まえ、**総合的に出所混同のおそれ**があるのかを取引者や一般人を基準に判断することとなる。 判例上の例 <table><tr><td></td><td>真正な商標</td><td>類似する商標とされた例</td></tr><tr><td>見た目</td><td>ルイ・ヴィトンの商標</td><td>LとVの組み合わせ位置を多少変えたもの</td></tr><tr><td>読み方</td><td>SCIENCE DIET</td><td>SUNACE DIET</td></tr><tr><td>一般的な印象</td><td>竹久夢二</td><td>夢二</td></tr></table> ・商標権は、存続期間が10年であるが、申請により更新することができる（同法19条）。
行　為	◎所　持 　**人が物を保管する実力的支配関係を内容とする行為**をいう（最判昭24.5.18参照）。 　☞規制薬物や拳銃等の項目を参照（334頁、350頁）
目　的	◎**譲渡、引渡し、輸出のために所持する目的が必要**
法定刑	5年以下の懲役又は500万円以下の罰金、又は併科あり。 　　　　　**未遂×、予備×、緊逮○、テロ準○、裁判員裁判×、親告罪×**

他罪との関係	◎譲渡と譲渡目的での所持
	類似する登録商標を付した商品を販売し、かつ、販売目的で所持していた場合、譲渡と譲渡目的での所持は**包括一罪**となる（松山地判平23. 9. 13）。

未登録の商標、登録の更新をしなかった商標～不正競争防止法の各規制

犯行の主体	特に制限はなく、誰でも行える。
犯行の対象	①　**他人の商品等表示として需要者の間に広く認識されているもの（不正競争防止法2条1項1号）** ・「他人の商品等表示」とは、商品等の出所を識別することができる機能を有している表示であり、商標などが例示されている（同法2条1項）。 ・「需要者の間に広く認識されている」とは、全ての人を対象とするものではなく、一定の地域や需要層で知られていれば足りる（東京地判昭51. 3. 31）。また、周知の程度は、混同が生じ得る程度に知られていれば足りる。 　⇒例えば、札幌地域のみで営業している「Aラーメン」が沖縄地域では知られていない場合、札幌地域で「2代目Aラーメン」を使用すると該当するが、沖縄地域で「2代目Aラーメン」を使用しても該当しない（ただし、商標登録していれば沖縄地域でも商標法違反となる。）。 ②　**他人の著名な商品等表示（同法2条1項2号）** 　「他人の著名な」とは、1号の需要者の間に広く認識されているよりも強く、全国的に知られている必要がある。 ③　**他人の商品の形態を模倣したもの（同法2条1項3号）** ・「商品の形態」とは、需要者が通常の用法に従った使用に際して知覚によって認識することができる商品の外部及び内部の形状並びにその形状に結合した模様、色彩、光沢及び質感をいう（同法2条4項）。 ・「模倣」とは、他人の商品の形態に依拠して、これと実質的に同一の形態の商品を作り出すことをいう。 ・①の周知性や②の著名性は必要でない。

行　為		使用	譲渡し	引渡し	展示	輸出	輸入	提供	貸渡し
	①	○	○	○	○	○	○	○	×
	②	○	○	○	○	○	○	○	×
	③	×	○	×	○	○	○	×	○

・①の場合、これらの行為によって、他人の商品又は営業と**混同のおそれを生じさせることが必要**である（同法2条1項1号）。
⇒混同のおそれが生じればよく、実際に混同が生じることは不要である。
⇒例えば、ラーメン店「東京タワー」は、テレビ塔である東京タワーと混同するおそれは認められず対象外となる（ただし、2号は混同のおそれが要件とされておらず、2号の対象となる可能性はある。）。
・②、③の場合、**混同のおそれを生じさせることは必要でない。**

目　的	◎「展示」の場合、譲渡し、引渡し（3号では貸渡し）のために行うことが必要

◎**さらに、以下の目的が必要**（同法21条2項1～3号）

①	不正の目的
②	・他人の著名な商品等表示に係る信用若しくは名声を利用して不正の利益を得る目的 ・当該信用若しくは名声を害する目的
③	不正の利益を得る目的

法定の除外事由

◎**①の場合**
・商品や営業の普通名称を普通の方法で使用（同法19条1項1号）
・自己の氏名の不正目的でなく使用（同法19条1項2号）
・他人の商品等表示が周知される前からの商品等表示の先使用（同法19条1項3号）

◎**②の場合**
・商品や営業の普通名称を普通の方法で使用（同法19条1項1号）
・自己の氏名の不正目的でなく使用（同法19条1項2号）
・他人の商品等表示が著名になる前からの商品等表示の先使用（同法19条1項4号）

◎**③の場合**
・日本国内で最初に販売された日から3年を経過した場合（同法19条

	1項5号イ） ・他人の商品の形態を模倣した商品を譲り受けた者が、譲り受けた時に、模倣商品であることにつき善意かつ無重過失の場合（同法19条1項5号ロ）
法定刑	5年以下の懲役又は500万円以下の罰金、又は併科あり。 **未遂×、予備×、緊逮○、テロ準○、裁判員裁判×、親告罪×**

⑫ 児童ポルノ（児童ポルノ法違反、有償頒布目的わいせつ物所持、リベンジポルノ防止法違反

1 児童ポルノの規制の概要

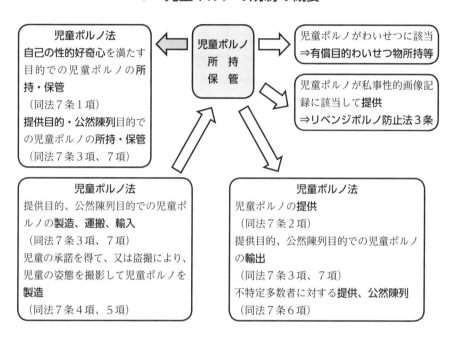

児童ポルノ法
自己の性的好奇心を満たす目的での児童ポルノの**所持・保管**
（同法7条1項）
提供目的・公然陳列目的での児童ポルノの**所持・保管**
（同法7条3項、7項）

児童ポルノ
所 持
保 管

児童ポルノがわいせつに該当
⇒**有償目的わいせつ物所持等**

児童ポルノが私事性的画像記録に該当して**提供**
⇒リベンジポルノ防止法3条

児童ポルノ法
提供目的、公然陳列目的での児童ポルノの**製造、運搬、輸入**
（同法7条3項、7項）
児童の承諾を得て、又は盗撮により、児童の姿態を撮影して児童ポルノを**製造**
（同法7条4項、5項）

児童ポルノ法
児童ポルノの**提供**
（同法7条2項）
提供目的、公然陳列目的での児童ポルノの**輸出**
（同法7条3項、7項）
不特定多数者に対する**提供、公然陳列**
（同法7条6項）

2 児童ポルノの所持

　有償目的わいせつ物所持・保管については、わいせつ関係の項目（☞302頁）、リベンジポルノ法については、リベンジポルノの提供行為の項目（☞316頁）を参照。

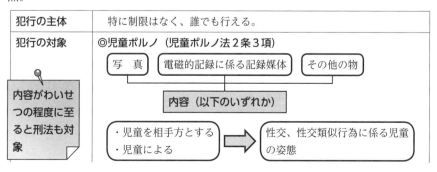

犯行の主体	特に制限はなく、誰でも行える。
犯行の対象	◎児童ポルノ（児童ポルノ法2条3項）

写 真　電磁的記録に係る記録媒体　その他の物

内容（以下のいずれか）

・児童を相手方とする
・児童による
⇒ 性交、性交類似行為に係る児童の姿態

内容がわいせつの程度に至ると刑法も対象

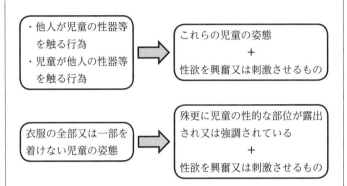

- ・「児童」とは、18歳に満たない者をいう（同法 2 条 1 項）。
- **・児童の氏名や年齢を特定することまでは不要**であり、18歳未満であれば足りる（例えば、思春期遅発症な小人症の可能性など18歳未満であるか否か疑いがある場合は医師の鑑定などが必要であろう。）。
- ・他の用語の意味は、リベンジポルノ防止法と同じである。
  ☞リベンジポルノの提供行為の項目を参照（316頁）

  【〇該当するもの】
  - ・全裸や下着姿の児童の写真（画像）、児童の性器が見える写真（画像）、児童が胸部を強調する写真（画像）など。
  - ・コンピュータグラフィックス（ＣＧ）の素材となった写真の被写体である児童と全く同一の姿態やポーズをとらなくとも、同児童を描写したといえる程度に、被写体とＣＧ画像が同一であると認められれば、「児童の姿態」に該当する（東京高判平29. 1 .24）。

  【●該当しないもの】
  - ・親が子の成長記録として、児童が自宅などで水浴びをしている自然な状況を撮影したもの（＝殊更に児童の性的な部位が露出され又は強調されているとはいえない。）。

行　為	◎**所　持**
目　的	◎**自己の性的好奇心を満たす目的**（同法 7 条 1 項） 　学術研究のために所持する場合は該当しない。 ◎**児童ポルノを提供する目的**（同法 7 条 3 項） ◎**児童ポルノを不特定又は多数の者に提供する目的、公然陳列の目的**（同法 7 条 7 項） 　「提供」や「公然陳列」の意味は、リベンジポルノ防止法と同じである。 　☞リベンジポルノの提供行為の項目を参照（316頁）

除外事由	◎児童ポルノ法7条1項（自己の性的好奇心を満たす目的の場合）の処罰対象は、自己の意思に基づいて所持するに至った者であり、かつ、当該者であることが明らかに認められる者に限られる。 　自己の意思に基づいて所持するに至った者であると明らかに認められるものでなければならない。 ⇒知らない間に児童ポルノを送り付けられた場合は該当しない。 > ただし、当初は知らない間に送り付けられた児童ポルノであっても、**その存在を認識した上で**、自己の性的好奇心を満たす目的で、これを**積極的に利用する意思に基づいて自己のパソコンの個人用フォルダに保存し直す**などした場合は、該当する場合がある
法定刑	**【自己の性的好奇心を満たす目的での所持】** 　1年以下の懲役又は100万円以下の罰金（児童ポルノ法7条1項） 　　　**未遂×、予備×、緊逮×、テロ準×、裁判員裁判×、親告罪×** **【児童ポルノの提供・公然陳列目的での所持】** 　3年以下の懲役又は300万円以下の罰金（児童ポルノ法7条3項、7項） **未遂×、予備×、緊逮○、テロ準○（不特定又は多数の者に対する提供等のみ）、裁判員裁判×、親告罪×**
他罪との関係	◎有償頒布目的わいせつ物所持・保管と児童ポルノ法 　販売目的で、児童の性器を撮影した写真を自宅に保管していた場合、有償頒布目的わいせつ物所持罪と児童ポルノの所持罪とは**観念的競合**となる（最決平21.7.7）。 ◎児童ポルノの提供と児童ポルノの所持 　不特定多数の者に児童ポルノを販売する目的で児童ポルノの画像を自宅のパソコンに蔵置し、実際に、同画像を不特定多数の者に販売した場合、児童ポルノの提供と所持とは**併合罪**となる（最決平21.7.7）。 **わいせつ性を有する児童ポルノの有償頒布目的での 所持・保管と有償頒布の場合** 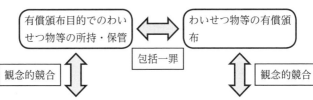

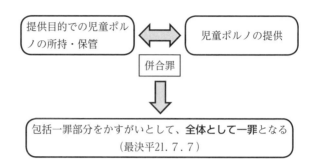

◎リベンジポルノ防止法と児童ポルノ法

　　かつて交際していた児童との性交写真の画像をインターネットの掲示板サイトに投稿して、不特定多数の者の閲覧に供した場合、リベンジポルノ防止法違反（公然陳列）と児童ポルノ法違反（公然陳列）とは**観念的競合**となる。

┃参　考　　児童ポルノ製造罪に関する判例

・「児童ポルノ」
　　→**実在しない児童の姿態を描写したものは含まない**（最決令2.1.27）。
・児童ポルノ製造罪が成立するためには、**描写されている人物がその製造時点において18歳未満であることを要しない**（最決令2.1.27）。
　　→昭和57年から昭和59年に当時18歳未満の者が衣服を全く身に着けていない状態で寝転ぶなどしている姿態を撮影した写真集が出版されたが、その後、同写真データを素材として、コンピュータグラフィックスである画像データを作成し、これをハードディスクに記憶・蔵置させた事案で、記憶・蔵置させた時点では描写されている人物は18歳以上であっても児童ポルノ製造罪が成立する。
・法所定の児童の姿態を電磁的記録に係る記録媒体に記録した者が、**当該電磁的記録を別の記録媒体に記録させて児童ポルノを製造する行為は、児童ポルノ製造罪に該当する**（最決令1.11.12）。

⑬　不正電磁的記録カード（不正電磁的記録カード所持）

1　不正電磁的記録カードの規制の概要

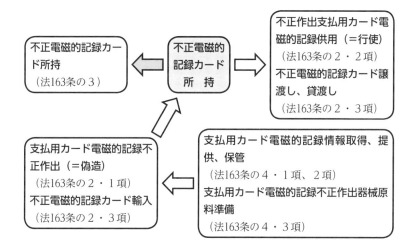

2　不正電磁的記録カードの所持

> **【典型例】**
> ・窃取したクレジットカード（キャッシュカード）の複製を作成した上（作出）、使用するつもりで持ち歩く。

犯行の主体	特に制限はなく、誰でも行える。
犯行の対象	◎不正に作出された電磁的記録を構成部分とする支払用又は預貯金引出用のカード ・「不正に作出された」とは、権限なく又は権限を濫用してカードを構成する電磁的記録をその記録媒体上に存在させるに至らせることをいう（条解刑法（第3版）453頁）。 ・「電磁的記録」とは、人の財産上の事務処理の用に供される電磁的記録をいう（条解刑法（第3版）452頁）。 ・「構成部分とする」とは、カード板と電磁的記録とが一体となった状態のことをいう（条解刑法（第3版）452頁）。

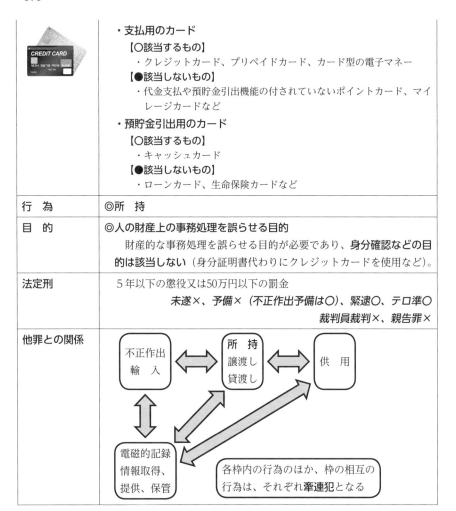	・支払用のカード 　【○該当するもの】 　　・クレジットカード、プリペイドカード、カード型の電子マネー 　【●該当しないもの】 　　・代金支払や預貯金引出機能の付されていないポイントカード、マイレージカードなど ・預貯金引出用のカード 　【○該当するもの】 　　・キャッシュカード 　【●該当しないもの】 　　・ローンカード、生命保険カードなど
行　為	◎所　持
目　的	◎人の財産上の事務処理を誤らせる目的 　　財産的な事務処理を誤らせる目的が必要であり、**身分確認などの目的は該当しない**（身分証明書代わりにクレジットカードを使用など）。
法定刑	５年以下の懲役又は50万円以下の罰金 　　　　　　**未遂×、予備×（不正作出予備は○）、緊速○、テロ準○** 　　　　　　　　　　　　　　　　　　**裁判員裁判×、親告罪×**
他罪との関係	不正作出 輸　入　　　　所　持 　　　　　　譲渡し　　　　供　用 　　　　　　貸渡し 電磁的記録 情報取得、 提供、保管　　各枠内の行為のほか、枠の相互の行為は、それぞれ**牽連犯**となる

14 コンピュータウィルス（不正指令電磁的記録取得等）

1 コンピュータウィルスの規制の概要

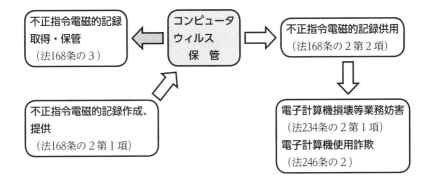

2 コンピュータウィルスの保管

【典型例】
・他人のパソコンに感染させる目的で、データを消去させる作用を有するコンピュータウィルスを、自己のパソコンのハードディスクに保存する。

犯行の主体	特に制限はなく、誰でも行える。
犯行の対象	◎人が電子計算機を使用するに際して、その意図に沿うべき動作をさせず、又はその意図に反する動作をさせるべき不正な指令を与える電磁的記録（法168条の2第1項1号） ・「**人**」とは、犯人以外の者をいい、不正指令電磁的記録であることを**知らないこと**が必要である。 ・「**電子計算機**」とは、典型的にはパーソナルコンピュータであるが、スマートフォンも含まれる。 ・ハードディスク内のファイルを全て消去するプログラムを、内容を公開して第三者に供する場合は、「**意図に反する**」とはいえないが、内容を秘して第三者に送信し、ダウンロードさせる場合は、「意図に反する」といえる。 ・いわゆる**バグ**は、プログラミングの過程で作成者も知らない間に発生するプログラムの誤りや不具合をいい、コンピュータの使用者に

	は不可避なものとして許容されていると考えられるため、その限度で該当しない。 ◎以上のほか、不正な指令を記述した電磁的記録その他の記録（法168条の２第１項２号） 　不正な指令を与えるプログラムのソースコードを記録した電磁的記録やこれを紙媒体に印刷したものが該当する。
行　為	◎保　管 　不正指令電磁的記録等を**自己の実力支配下に置くこと**をいう（条解刑法（第３版）472頁）。 【〇該当するもの】 ・不正指令電磁的記録を自己の使用するパソコンのハードディスクなどに保存しておく場合 ・不正指令電磁的記録が記録されているＵＳＢメモリなどの記録媒体を所持する場合 ・ウィルスプログラムのソースコードが印刷された紙媒体を所持する場合
目　的	◎人の電子計算機における実行の用に供する目的 　**犯人以外の者の電子計算機**で不正指令電磁的記録が**実行（動作）されることとなる状態に置く目的**をいう。 【〇該当するもの】 ・不正指令電磁的記録の実行ファイルを、ウエブサイトにおいてダウンロード可能な状態に置き（第三者にメールで送信し）、その旨知らない第三者に同ファイルをダウンロードさせるなどして、その第三者のパソコン上でいつでも実行され得る状態にする目的 ・不正指令電磁的記録が記録されているＵＳＢメモリを第三者のパソコンに設置させる目的
正当な理由がないのに	・違法にという意味である。 ・ウィルス対策ソフトの開発や試験などは除外される。
法定刑	２年以下の懲役又は30万円以下の罰金 **未遂×、予備×、緊逮×、テロ準×、裁判員裁判×、親告罪×**
他罪との関係	作成提供 ⇔ 取得保管 ⇔ 供用 各枠内の行為のほか、枠の相互の行為は、それぞれ**牽連犯**となる ◎電子計算機損壊等業務妨害と不正指令電磁的記録供用 　コンピュータウィルスに感染したデータを相手方にメールで送信し、

これをダウンロードした相手方のパソコンが正常な動作をしなくなり、業務が妨害された場合、電子計算機損壊等業務妨害と不正指令電磁的記録供用とは**観念的競合**となる（条解刑法（第3版）472頁）。

第３編　刑事法全般に関わる事項

1 はじめに〜犯罪の成立

　殺人、窃盗、詐欺、覚醒剤の使用、わいせつな画像の流出、交通事故など、社会的に許されず、非難されるべき行為は多数に上る。この社会的に許されず（＝**違法性**）、社会的に非難される（＝**責任**）行為を、法律の条文に示したもの（＝**構成要件**）が犯罪である。すなわち、社会的に許されず、社会的に非難されるべき行為は無数にあるところ、このうち制裁として刑罰を加えることとした場合には、これを法律の条文という形で国民に提示することにより、国民に対し、このような行為をしないように求めることができるのである。したがって、刑罰を科される行為は、法律条文という形で明確に表示されることが必要となる（＝**罪刑法定主義**。憲法31条）。

　このようなことから、**犯罪**とは、法律の条文に該当し（＝構成要件該当性）、社会的に許されず（＝違法性）、社会的に非難される（＝責任（有責））行為、つまり、**構成要件に該当し、違法かつ有責な行為と定義**される。

　そして、構成要件は、違法性のある行為及び責任のある行為を条文という形で示したものであるから、基本的に構成要件に該当する行為は、違法性及び責任を一応有しているものと考えられる（＝**違法性及び責任の推定**）。

　そこで、犯罪が成立するか否かを検討するに当たっては、まず、**構成要件に該当するか否かを検討**し、構成要件に該当する場合には、違法性及び責任を一応有していることになるため、**特に違法性や責任を否定する特別の事情があるか否かを検討する**こととなる。この違法性を否定する事情を**違法性阻却事由**、責任を否定する事情を**責任阻却事由**という。

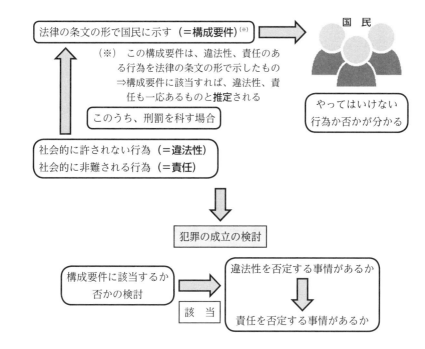

1　構成要件該当性

　刑罰が定められている法律の条文の大半は、**故意の単独犯**である。その基本的な枠組みは、条文に規定された**実行行為**（例えば、人を刃物で刺す行為）があり、その行為により**結果**（例えば、死亡）が発生する（結果の発生を必要としないものもある。）。この実行行為と結果との間には**因果関係**が必要である。そして、行為は、行動と内心が統合したものであるから（例えば、人の行為は、「のどが渇いたので水を飲もう」という内心に基づき水を飲むという行動に出るように、内心と行動が一体となったものである。）、実行行為にはその行為を認識、認容して行動に出るという内心、つまり、**犯意**（例えば、殺意）が必要である。

　この故意の単独犯が原則であるが、特殊な場合として、故意がなく**過失**の場合がある（例えば、ぬいぐるみだと思い、刃物で刺したところ、ぬいぐるみではなく人であった場合、実行行為、結果、因果関係はあるが、殺意がなく、ただ、刺す前に確認していれば人であることが分かった場合＝過失致死の構成要件に該当することとなる。）。

　さらに、単独犯ではなく、複数の者が実行行為や結果に関与した場合には、**共犯**となる。共犯には、一緒に実行行為などを行って結果を発生させるなどの**共同正犯**

（例えば、一緒に人を刃物で刺す行為）、実行行為者をそそのかして犯罪の実行を決意させる**教唆犯**、実行行為者を手助けして結果を発生させる**幫助犯（＝従犯）**（例えば、殺意を持っている人に対して刃物を貸す行為）の形態があり、いずれも構成要件該当性の問題である。

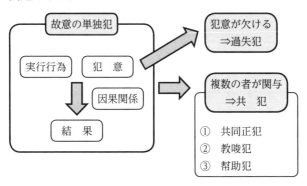

構成要件該当性において問題となるもの

実行行為	不作為犯の要件	実行行為は作為だけでなく、作為義務があるのに求められる行為をしないという不作為も含むのかという問題 ☞殺人と保護責任者遺棄致死の項目を参照（126頁）
結　果	結果が発生しなかった場合は、未遂犯となる。	☞実行の着手と未遂の項目を参照（390頁）
因果関係	実行行為と結果との間の因果関係の判断基準	判例は基本的に条件説を採り、行為がなければ結果が発生しなかったといえる場合には因果関係を認め、これを否定するのは極めて例外的な場合に限っている（警察官のための刑法講義（第二版補訂二版）21〜25頁）。
故　意 （法38条）	錯　誤	・構成要件に該当する事実の認識を欠いた場合（前記の人をぬいぐるみと誤信して刺した場合など）、犯意はない**（事実の錯誤）**。 ・構成要件に該当する事実を認識しているが、法的に許される旨違法性の認識を欠いた場合（人を誹謗する事実をインターネットで公表する旨の認識はあるが、真実なので名誉毀損罪には該当しないものと認識した場合など）、故意は認められる**（法律の錯誤）**。

2　違法性

　構成要件に該当する行為が認められると、違法性を有することも推定されるが、具体的な事情を検討すると、違法性を欠く場合がある。そこで、違法性が阻却される事由があるか否かを検討することとなる。

違法性阻却事由として問題となるもの

正当防衛	・急迫不正の侵害に対して、自己又は他人の権利を防衛するため、やむを得ずにした行為（法36条1項） 　☞けんか闘争の擬律の項目において詳しく（395頁）。 ・その行為が防衛の程度を超えた場合は、違法性は阻却されず、情状により、その刑が減軽、又は、免除され得る（過剰防衛。法36条2項）。
緊急避難	自己又は他人の生命、身体、自由又は財産に対する現在の危難を避けるため、やむを得ずにした行為は、これによって生じた害が避けようとした害の程度を超えなかった場合に限り、違法性が阻却される（法37条1項）。 ┌──────────**〜正当防衛との違い〜**──────────┐ ・正当防衛は、相手方の**不正**行為への対応であるが、緊急避難は、相手方の**正当**行為への対応である。 ・緊急避難においては、避難行為を行う以外には**他の方法がなかった**ことが必要である**（補充の原則）**。 ・緊急避難においては、価値の小さい法益を救うために価値の大きな法益を害することは許されないという**法益権衡の原則**が厳格に要求される。 └────────────────────────────────────┘
法令行為 （法35条）	・**職務行為** 　【○該当するもの】 　　・警察官などによる逮捕行為など（刑事訴訟法199条など） ・**権利行為** 　【○該当するもの】 　　・私人による現行犯人の逮捕（刑事訴訟法213条） 　　・母体保護法による人工妊娠中絶（同法14条） 　　☞恐喝と権利行使の項目において詳しく（95頁）。
正当業務行為 （法35条）	・**弁護士**の業務行為 ・**医師**の業務行為（治療行為） ・**新聞・雑誌記者等**の業務行為など（取材活動など） ・**スポーツ**行為

| その他 | ・**被害者の承諾による行為**
  ☞傷害の項目において詳しく（138頁）。
・**自救行為**
  例えば、バッグを盗まれた者がそのバッグを盗んだ者から取り返す行為をいうが、判例は、保護を求めるとまがなく、かつ、即時にこれをしないと請求権の実現を不可能若しくは著しく困難にする場合に違法性を欠くという要件を判示し、極めて厳格な要件を示している（最判昭30.11.11）。
・**安楽死、尊厳死**
  判例は、厳格な要件を示している（名古屋高判昭37.12.22など）。 |

違法性の本質とは？

　刑法の教科書を読むと、よく結果無価値論や行為無価値論という用語が出てくる。これは、違法性の本質に関わる議論である。違法性とは、社会的に許されないことをいうが、何が社会的に許されないのかについては、学派の対立があり、法的に守られるべき利益（＝法益という。）を侵害することが社会的に許されないものとする立場（＝**結果無価値**という。）と社会の秩序や規範に違反することが社会的に許されないものとする立場（＝**行為無価値**という。）があるが、現在は、結果無価値を基本とする立場が有力である。

3　責　任

　構成要件に該当する行為が認められると、責任を有することも推定されるが、具体的な事情を検討すると、責任を欠く場合がある。そこで、責任が阻却される事由があるか否かを検討することとなる。

責任阻却事由として問題となるもの

| 責任能力 | ・**心神喪失者（法39条 1 項）**
  精神の障害のため、事物の是非弁別を弁識する能力がなく、その弁識に従って行動する能力を欠く者をいう（強度の精神病者など）。
⇒責任能力がない。
・**刑事未成年者（法41条）**
  14歳未満の者
⇒責任能力がない。
・**限定責任能力者（法39条 2 項）**
  心神耗弱者ともいわれ、精神障害の程度が心神喪失の程度には至らないが、事物の是非弁別又はこれに従って行動することが著しく困難な者をいう（精神衰弱者など）。
⇒刑が減軽される。 |

・責任能力は、**実行行為時に存在**しなければならない（是非善悪の判断ができ、かつ、行動を制御することもできるにもかかわらず、あえて行動に出たことが社会的に非難されることに責任能力の根拠がある以上、それは実行行為時に存在することが必要である。）。

・**原因において自由な行為**

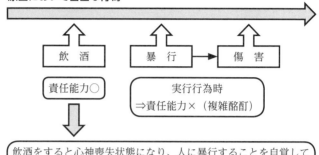

飲酒をすると心神喪失状態になり、人に暴行することを自覚している習癖を有する者が、心神喪失状態になることを利用して、人に暴行する目的で、多量の飲酒をした場合は（原因行為たる飲酒時は自由な判断が可能）、**責任能力なしとはされない**

期待可能性	行為者が違法行為ではなく、他の適法行為を行い得るであろうと期待し得る可能性をいう（条解刑法（第3版）91頁）。

4　その他

　以上のとおり、犯罪が成立する場合でも、特殊な事情から**刑が免除**される場合（窃盗などにおける親族間の犯罪に関する特例（親族相盗例）：法244条など。☞窃盗の項目にて詳しく（6頁））や、そもそも日本の**裁判権**が及ばない場合（いわゆる日米地位協定など）がある。

2 実行の着手と未遂（障害未遂と中止未遂）

　突発的に犯行を決意した場合を除き、犯罪は、犯行のための準備を行い（例えば、人を殺害するための包丁を購入する。）、実際に実行行為を行い（例えば、購入した包丁で人を刺す。）、結果が発生する（例えば、刺したことにより人が死亡する。）という経過をたどることが多い。このうち、犯行のための準備行為のうち、法律に予備罪の処罰規定がある場合には、**予備罪**として処罰され得る（陰謀も同様である。）。そして、実行行為を行った段階で、法律に未遂罪の処罰規定がある場合には、**未遂罪**として処罰され得る。さらに、実行行為に基づき結果が発生した場合には、**既遂罪**として処罰され得る。

　なお、結果が発生したが、実行行為との間に因果関係がない場合は、未遂罪として処罰され得る（恐喝行為をして現金を得たが、それは被害者が畏怖した結果ではなく、犯人に対する憐みのために現金を渡した場合など）。

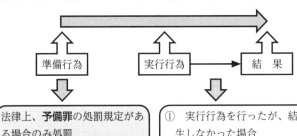

実行行為を行ったか否か、すなわち、**実行の着手時期**が問題となる
☞窃盗の実行の着手の項目で詳しく（5頁）

未遂犯が成立する場合、未遂犯には障害未遂と中止未遂の２つの種類がある。

中止未遂は、実行行為に着手したが、自己の意思によりやめた場合をいい、**障害未遂**は、それ以外の理由により未遂に終わった場合をいう。

中止未遂が成立すると、**必要的に刑が減軽、免除**されるが（法43条ただし書き）、障害未遂は、**任意的に刑が減軽**できるにとどまることから（法43条本文）、具体的な刑を決める上では大きな違いがある。

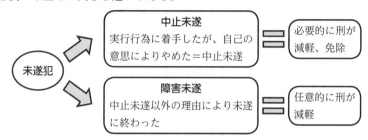

~刑の減軽とは？（法68条）~

・死刑を減軽⇒無期懲役又は10年以下の懲役・禁錮

※　例えば、殺人で死刑を選択した上で減軽をする場合、最高刑は無期懲役となる

・無期懲役・禁錮を減軽⇒７年以上の有期懲役・禁錮となる

・有期懲役・禁錮を減軽⇒その長期及び短期を２分の１とする

・罰金を減軽⇒その多額及び寡額（下限額）を２分の１とする

・拘留を減軽⇒その長期を２分の１とする

・科料を減軽⇒その多額を２分の１とする

1　中止未遂の成立要件

中止未遂が成立するためには、①犯罪の**実行に着手**したこと、②**自己の意思**によって、③犯罪を**中止**したことが必要である。典型的な例は、不同意性交の目的で被害者に暴行を加えたが、被害者から懇願されかわいそうになり、犯行を継続しようと思えば可能であったのに、犯行を中止し、不同意性交に及ばなかったような場合である。要件の中では、②の自己の意思によって、③犯罪を中止したか否かが障害未遂との区別との関係で問題となる。

まず、②の「自己の意思」によって中止したか否かは、⑦実行行為者の意思とは関係のない事実によって、結果が発生しなかった場合（例えば、刃物で相手方を刺そうとする瞬間、警察官によって制止された場合）には、「自己の意思」によって中止したとはいえず、他方、④実行行為の途中で、何ら外部的な要因がないのに、悔悟の気持ちなどから、実行行為をやめた場合は、「自己の意思」によって中止し

たといえる。

　問題は、一定の外部的な要因があり、これを動機として実行行為を中止した場合であるが、「自己の意思」によって中止した場合に刑が必要的に減軽、免除される大きな効果が生じることを前提にすれば、ある程度の客観的な判断基準、つまり、**国民の規範意識に則り、通常、結果の妨害となる性質となるものにより中止したか否か**（一般人を基準に、その事情があれば犯行をやめるか否か。やめるのであれば障害未遂、やめないのに本件ではやめたのであれば中止未遂）により判断することとなる（最判昭24.7.9）。

　具体的に検討すると、以下のようになる。

【○自己の意思により中止したと認められないもの】
・無理心中目的で、母をバットで殴打したが、頭から血を流して苦しんでいる母の姿を見て**怖くなるとともに驚き**、その後の殴打行為に至らなかった場合（最決昭32.9.10）
　⇒母が苦しむ姿を見れば、一般的には犯行を中止する可能性が高い。
・不同意性交の目的で、被害者の陰部に指を挿入したところ、**指が血に染まったのに驚き**、その後の不同意性交行為に及ばなかった場合（最判昭24.7.9）
　⇒一般的にはその精神的ショックなどから犯行を中止する可能性が高い。

【●自己の意思により中止したと認められたもの】
・強盗の目的で、被害者を脅迫したが、被害者から、「これしか金がない」と言われ、涙を流されたことから**哀れに思い**、その後の強取行為に至らなかった場合（福岡高判昭35.7.20）
・殺害する目的で被害者に睡眠薬を飲ませた後、**大変なことをした**と思い、さらに睡眠薬を飲ませなかった場合（東京地判昭37.3.17）
・放火目的で、船舶内で衣類などにガソリンを撒いたが、火勢を見て**悔悟の念**にかられ、自ら消火活動を行い、結果発生に至らなかった場合（和歌山地判昭38.7.22）
・強い殺意を抱いて、被害者を刺そうとしたがかわされ、被害者から**助命の嘆願**を受け、その後の殺人の行為に及ばなかった場合（東京高判昭62.7.16）
　⇒強い殺意を有していれば、助命嘆願を受けても犯行を継続するのが一般的であるのに、あえて中止していることを考慮したもの

次に、③の「中止」したか否かは、次の２つの場合に分けて考える必要がある。

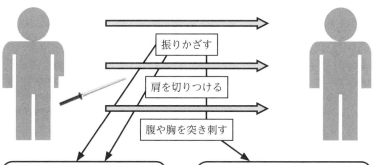

振りかざす

肩を切りつける

腹や胸を突き刺す

着手未遂

実行行為に着手したが、実行行為が終了する前に、中止する場合

【例】　殺意をもって、相手方に向かって日本刀を振りかざしたが、あえて切りつけなかった場合

【例】　殺意をもって、相手方の肩を日本刀で切りつけたが、それ自体は切り傷ができた程度で、生命に影響を与えるものではなかった場合

実行未遂

実行行為に着手し、実行行為が終了したが、結果が発生しなかった場合

【例】　殺意をもって、相手方の腹部や胸部を数回突き刺したが（＝生命に影響を与える行為＝実行行為が終了している）、死亡するに至らなかった場合

その後の実行行為を継続しないことが「中止」したこととなる

実行行為は終了しており、実行行為を継続しないことはあり得ない
結果発生防止のための真摯な努力がないと「中止」したとはいえない

【〇中止したと認められないもの】
・殺意をもって、妻の首を絞めたところ、妻がぐったりしたので、それ以上は特にしなかった場合（福岡高判平11.9.7）
・殺意をもって、相手方に青酸カリを飲ませたが、被害者が苦悶をしていたことから、翻意し、旅館の女中に医者を呼ぶように依頼したにとどまった場合（東京高判昭25.11.9。少なくとも、医者の到着まで看護等が必要とされる。）
・放火したが、火が燃え上がるのを見て怖くなり、所有者に火災を知らせたのみで、自ら消火活動はしなかった場合（大阪地判昭42.11.9）

・殺意をもって、相手方の首を刺したところ、「他人に襲われたことにする」と言われて攻撃をやめ、水を飲ませたが、そのまま立ち去った場合（東京地判平14.1.22）

【●中止したと認められたもの】

・殺意をもって、大きな石を3回にわたって頭部に投げ落とし、さらに、手拭いを首に巻いて締め上げたまま、水中に顔を入れるなどしたが、悔悟の気持ちから、傷口を縛るためのタオルを与え、濡れた衣服を着替えさせ、医院に被害者とともに行き、縫合等の医療処置を受けさせ、さらに、病院に入院させた結果、一命をとりとめた場合（東京地判昭40.4.28）

・殺意をもって、包丁で頸部を刺したが、翻意し、119番に電話したもののつながらなかったため、110番通報して救急車の手配を依頼するとともに、出血場所からの止血のためのおしぼりを渡し、救急車が到着すると、被害者に付き添って付近の病院に収容させ、治療を受けさせた結果、一命をとりとめた場合（宮崎地裁都城支判昭59.1.25）

2　その他

　結果が発生した場合は、未遂犯ではなく既遂犯なので、中止未遂の適用の余地はない（条解刑法（第3版）182頁）。

　殺意をもって、青酸カリを入手したが（＝殺人予備罪）、反省悔悟して実際に投与まで至らなかった場合、予備罪に中止未遂の規定が適用されるかが問題となるが、予備罪は既に終了しており、中止未遂は適用されない（最大判昭29.1.20）。

③　けんか闘争の擬律（正当防衛など）

　犯罪は、構成要件に該当する違法かつ有責な行為であり、構成要件に該当する場合は、その違法性及び責任は推定されるが、具体的な事情により、違法性が阻却される場合がある。その違法性が阻却される典型例が正当防衛である（法36条1項）。

　例えば、相手方を殴ってけがをさせた場合、傷害罪の構成要件に該当するが、相手方を殴った理由が、相手方が包丁を突き付けて刺してこようとしたため、これを避けるために行った場合には、**正当防衛が成立**して違法性がなく、**犯罪は成立しない**。

　日常的にこの正当防衛が問題となるのはけんか闘争の場面であり、まず、正当防衛の要件を概観した後、けんか闘争の場面における具体的な適用を検討していくこととする。

1　正当防衛の要件

| 急迫不正の侵害に対して | ◎急　迫
・法益の侵害が現に存在しているか、又は、間近に押し迫っていること（最判昭46.11.16）。
・侵害が反撃行為の時点で**終了**している場合は、急迫性が認められない。
　【○急迫性が認められないもの】
　　・相手から足を殴打され、攻撃が終わった後に、相手の頭を強打した場合（大判昭7.6.16）
・ただし、攻撃が終了したように見えても、なおも、**攻撃を続ける気勢**を示している場合には、急迫性は失われていない。
　【●急迫性が認められたもの】
　　・男が生木をもって打ち掛かってきたので、その生木を奪ったところ、なおも男が素手で組み付いてくる様子を見せたことから、奪った生木で殴打した場合（最判昭26.3.9）
・将来の攻撃を見越してあらかじめ反撃行為を行う、いわゆる**先制攻撃は、急迫性が認められない**。
　⇒ただし、自宅に**忍び返し**を設置するように、あらかじめ忍び返しを設置しても、その効果が現実に侵入行為があったときには発揮する場合は、急迫性が認められる。
・将来の攻撃を予想していたところ、実際に攻撃が加えられた場合は、原則として、急迫性が認められる（最決昭52.7.21など）。
　⇒ただし、将来の攻撃を予想し、実際に攻撃された場合に、その攻 |

撃を避けるにとどまらず、これを利用して、積極的に相手方に対して加害行為をする意思（＝**積極的加害意思**）で反撃に出た場合は、急迫性を欠く（最決昭52.7.21）。

⇒さらに、例えば、積極的加害意思を有して、抗争相手に対して包丁などを準備して待ち構えていたところ、相手方が複数で拳銃を持って襲ってきたため反撃したように、**予期した攻撃よりも過大な攻撃**が行われた場合は、急迫性は否定されない（条解刑法（第3版）108頁）。

◎不　正
・違法なこと。
・例えば他人の飼い犬が襲ってきたので棒で反撃してけがをさせた場合、飼い犬が襲ってきたのが、**所有者の故意又は過失に基づく場合には、人による攻撃として同視して**（＝違法）、正当防衛が可能である（所有者の故意又は過失がない場合には、緊急避難の問題となる。）。
・違法行為で足りるから、**責任無能力者からの攻撃**に対する反撃も正当防衛の対象となる（条解刑法（第3版）109頁）。

◎侵　害
・法益に対する実害又はその危険を生じさせる行為（条解刑法（第3版）109頁）
・故意行為、過失行為を問わないし、作為、不作為を問わない。
・自招侵害の場合

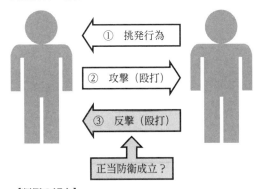

【判例の傾向】
・**積極的加害意思**をもって、相手方を挑発し、相手方の攻撃を招いた場合は、急迫性の要件を欠き、攻撃に対する反撃行為は正当防衛とはならない（最決昭52.7.21参照）。

	・積極的加害意思はなくとも、相手に対する暴行などの**意図的な挑発**をした結果、相手方が同様の手段である暴行にて攻撃し（予想を超える反撃の場合を除く。）、これに対して暴行で反撃する場合は、最初の相手方に対する暴行が不正な行為で、相手方の暴行はその反撃として正当防衛となるから、正当な行為に対する反撃として正当防衛の対象とならない（東京高判平8.2.7）。 ・**過失**により相手方を挑発した結果（たまたま相手方にぶつかってしまったなど）、相手方の攻撃を招いた場合は、正当防衛の成立する余地がある（条解刑法（第3版）110頁参照）。
自己又は他人の権利を防衛するため	◎**自己又は他人の権利** ・権利に限定されず、法律上保護に値する利益をいう（条解刑法（第3版）111頁）。 　【●該当するもの】 　・肖像権（東京高判昭45.10.2） 　・住居の平穏（東京高判昭62.1.20） 　・団地自治会の常任委員会の平穏な運営の利益（東京高判昭50.1.30） ・個人的法益だけでなく社会的法益や国家的法益も含まれる。 　⇒公然わいせつ行為を制止させる行為など ◎**防衛の意思** ・自己又は他人の権利を防衛する意思が必要である（最決昭33.2.24参照）。 ・相手方の攻撃に対し、**憤激・逆上**したとしても、防衛の意思は否定されない（最判昭60.9.12など）。 ・積極的加害意思が認められる場合は、防衛の意思も否定されるが、**攻撃意思と防衛の意思が併存**する場合は、攻撃意思があることをもって、防衛の意思は否定されない（最判昭50.11.28など）。
やむを得ずにした行為	◎**やむを得ずにした行為（防衛行為の相当性）** ・侵害行為に対する防衛手段として、**相当性を有する行為**をいう（最判昭44.12.4）。 ・相当性を欠く場合は、他の要件を満たす限り、**過剰防衛**となり、刑が**任意的に減軽、免除**となり得る（法36条2項）。 ・他にとるべき方法がないことを要件とするものではないが（大判昭2.12.20）、容易に逃避し得るにもかかわらず殺傷する場合は、相当性を満たさない。

相当性の判断基準

防御防衛
攻撃自体を排除するのではなく、単に被害の発生を防止するもの

【例】　相手方が、拳を突き出しつつ、足で蹴る動作をして近づいてきたので、近くの包丁を構えて、「切られたいのか」と脅迫する場合

他に採り得る良い方法があり、これを選択する十分な余裕があるような**特段の事情がある場合を除いて、相当性の範囲内である**

攻撃防衛
攻撃をやめさせるため、攻撃と同等の反撃を加えるもの

①　他に採り得る手段がなかった場合
⇒**相当性の範囲内である**

②　他に採り得る手段があった場合

⑦　反撃行為が、他の手段よりも危険性が小さいか同等の場合
⇒**相当性の範囲内である**

④　反撃行為が、他の手段よりも危険性が大きい場合

他の手段を採ることの困難さ、侵害の性質や程度、急迫性の程度に照らし、社会通念上、他の手段を採らなかったことが不当といえない場合、**相当性の範囲内となる**（最判昭44.12.4）

攻撃が、複数人による場合や、相手の体力、力量が上回っているなど、相手の攻撃が危険、強度でなければ、相当性の範囲内とは言い難い場合が多い

【相当性が認められた例】
・若者6名に不同意性交目的で襲われたため、ナイフで3名を刺した場合（福岡地判昭45.4.30）
・頑丈な壮年男性に拳で殴打されたことに対し、65歳の老人が下駄で反撃した場合（仙台高裁秋田支判昭35.7.27）

2　けんか闘争の場合

　正当防衛が実際に問題となる場面として、けんか闘争がある。けんか闘争に正当防衛が成立するか否かは、そのけんか闘争の状況に応じて変化していく。

⑴　けんかの初期段階（**矢印は暴行を指す。**）

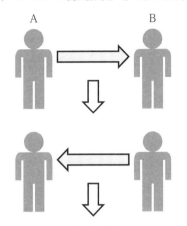

　AはBに対する暴行罪が成立

　Aがさらに暴行を加える気勢を示した場合
　⇒Bは正当防衛成立

⑵　けんかの発展段階

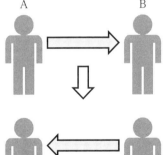

　　　　Aの自招行為が原因
　⇒正当防衛は成立せず、AのBに対する暴
　　行罪が成立

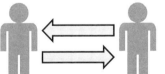

　　　　相互に殴り合い
　⇒相互に攻撃行為があり、一方のみの防衛
　　を認めることはできず、**双方とも正当防
　　衛は成立しない**（最判昭29.2.2など）

　このように、**双方が攻撃や防御を繰り返す連続的行為**となった場合は、「けんか両成敗」として正当防衛は成立しない。

しかし、**攻撃や防御を繰り返す連続的行為が崩れた場合**

・当初は素手でけんかをしていたが、突然、相手方が刃物を持ち出して攻撃したことに
反撃した場合

・けんかがいったん収まったにもかかわらず、相手方がなおも攻撃を続けてきたことに
反撃した場合（最判昭32.1.22）

（『警察官のための刑法講義』（第二版補訂二版）53頁）

正当防衛が成立する余地がある

⁴ 責任能力（病的窃盗癖など）

　責任は、社会的に非難されることである。そして、犯罪行為が社会的に非難されるのは、**事物の是非弁別を弁識する能力**があり（＝自分が行おうとしている行動の是非を判断する能力）、かつ、**その弁識に従って行動する能力**（＝是非の判断に従って行動をコントロールする能力）があれば、犯罪行為をしないようにする気持ちが生じるにもかかわらず、その気持ちに打ち勝って、あえて犯罪行為をしたためである。

　したがって、**精神障害により、事物の是非弁別を弁識する能力が欠け、又は、その弁識に従って行動する能力を欠く場合**には、社会的な非難はできず、**心神喪失者**として責任を欠くこととなり、犯罪が成立せず（法39条1項）、これらの能力が著しく減退した場合には、心神耗弱者として責任の程度が低くなり、必要的に刑が減軽される（法39条2項）。

　これが**責任能力**の問題であるが、完全な責任能力を有しているか、心神耗弱者か心神喪失者に該当するかは、精神障害の影響に関わる問題であるため、まず、精神障害の内容及び程度を特定することが重要となるが（**生物学的要件**）、最終的には是非弁別を弁識する能力や弁識に従って行動する能力の有無や程度を特定するという問題でもあるため、この点の検討も重要である（**心理学的要件**）。

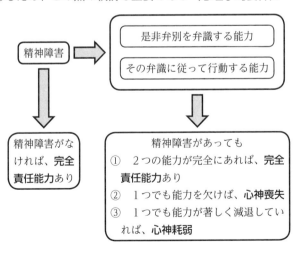

1　責任能力の判断手順

(1)　精神障害の有無

　精神障害とは、永続的又は一時的な精神状態の異常の総称であり、いわゆる**精神病**に限らず、生来的な性格や知能の異常である**精神病質**や**知的障害**、さらに、一時的な精神の異常状態である**酩酊**も含むものである。

　この精神障害に該当するか否かについては、**DSM**（米国精神医学会「精神疾患の診断・統計マニュアル」の平成25年に刊行された最新の第5版＝**DSM−5**）や**ICD**（WHOの定めた国際疾病分類）に記載されている症状があれば、精神障害に当たるとされる傾向があるものの、古典的な司法精神医学における精神疾患に含まれない症状については、責任能力を検討する前提としての「精神障害」に該当するか否かは慎重に検討されるべきである（「刑事責任能力に関する精神鑑定書作成の手引き」、『捜査実例中心　刑法総論解説（第3版）』393頁）。

　古典的な司法精神医学における主な症状は、以下のものがある。

精神病 （器質的な変化を伴う＝脳や身体の外的な変化がある場合）	内因性精神病 （器質的変化が目に見えない場合）	統合失調症	幻覚、幻聴、妄想、思考障害（自分の思考が他から操られているように思うこと）が特徴
		躁うつ病（双極性障害）	正常な精神状態である中間期を間にはさんで、気分の抑うつを主な症状とするうつ状態と気分の高揚を主な症状とする躁状態が、周期的に出現するもの
		真性てんかん	脳器質の病変がなく、先天性の素質に基づいて発生するてんかん。反復的にけいれんして意識を喪失するなどの発作が出る。
	外因性精神病 （器質的変化が目に見える場合）	器質性精神病	進行マヒ、脳梅毒、脳動脈硬化、**アルツハイマー型認知症**、脳腫瘍等による精神障害など
		中毒精神病	慢性アルコール中毒⇒手足の震え、幻視、アルコール幻覚症、アルコールパラノイアなど
精神病でない精神障害 （器質的変化を伴わない）	知的障害		①　**重度**（IQ20〜25以下） 　⇒言語能力がほとんどなく自立生活は困難 ②　**中度**（IQ25〜50程度） 　⇒自分の身辺の処理は可能だが、判断力

		は幼稚・浅薄で衝動的傾向が強い。
		③　**軽度（ＩＱ50～70程度）**
		⇒自分の身辺のことは不自由なく処理できるが、抽象的認識推理などは不十分である。
		⇒完全責任能力に問題がない場合が多い。
精神病質 （異常人格、性格異常など）		意思不安定で抑制心に乏しく、攻撃的、衝動的。感情面での障害が特徴
酩　酊		①　**普通酩酊**
		⇒一般通常人が一時に多量のアルコールを摂取したときに生じる。酩酊の程度が高まっても、普段の人格との連続性が認められる。
		⇒完全責任能力に問題がない場合が多い。
		②　**複雑酩酊**
		⇒普通酩酊が進行する過程において、刺激に反応して怒りやすくなるなど興奮や気分が著しく強まり持続する状況
		⇒完全責任能力に問題がない場合が多い。
		③　**病的酩酊**
		⇒本人の素質に病的傾向があり、これにアルコールが作用して、幻覚妄想、情動的爆発などの複雑な異常反応を示すもの。飲酒量とは無関係であり、量的に少なくとも突然に人格変化を起こすなどする。
神経症（ノイローゼ）		精神的原因（心因）によって発生する不安、ヒステリー、抑うつ状態などの精神的、身体的症状をもつもの
心因反応		心理的原因ないし環境的原因により起こる精神障害をいい、急激に生じた強い感情の動きによって、理性などの高級な精神機能がまひし、衝動的、欲動的な行動に出るなど（住み込み家政婦が激しいホームシックにかかったため、勤務している家に放火するなど）
		⇒完全責任能力に問題がない場合が多い。

※　各精神病や精神疾患の具体的な症状や責任能力への影響の分析は、『捜査実例中心　刑法総論解説（第3版）』391頁以下に詳しく解説されている。

(2)　精神障害による是非弁別を弁識する能力や弁識に従って行動する能力の有無や程度

　精神障害の有無は、主に医師の診断により明らかになることが多いが、さらに、精神障害が認められる場合、その精神障害により是非弁別を弁識する能力や弁識に従って行動する能力の有無や程度を検討することとなる。

　検討に当たっては、精神障害の程度や犯行に至った事情は多種多様であることから、以下の着目点を**総合的に判断する手法**がとられるのが一般的である。

> ### 総合的に判断する手法における着眼点
>
> ①　**動機**が了解可能か否か
> ⇒動機が了解可能であれば責任能力を肯定する方向に、動機が支離滅裂であれば責任能力を否定する方向に働く。
>
> ②　**計画性**があるか否か
> ⇒計画性があれば、計画を立案しこれに従うことができ、責任能力を肯定する方向に働く。
>
> ③　行為の反道徳性、**違法性の認識**があるか否か
> ⇒違法性の認識などがあれば、是非弁別が可能で責任能力を肯定する方向に働く。違法性の認識などの判断に当たっては同種前歴の存在などが参考になる。
>
> ④　自らの**精神状態を理解**していたか否か、精神障害による免責可能性を認識していたか否か（＝精神障害により処罰を受けなくなることを知っていたか否か）
> ⇒病識がある場合や免責可能性を認識していれば、精神障害を前提としても自己の行為の意味を認識していることとなり、責任能力を肯定する方向に働く。
>
> ⑤　犯行が本人の**人格から考えて異質**なものか否か
> ⇒人格に変化がなければ、自己の継続した認識にコントロールされた行為として責任能力を肯定する方向に働く。
>
> ⑥　犯行の**一貫性、合目的性**があるか否か
> ⇒犯行に一貫性などがあれば責任能力を肯定する方向に、犯行が支離滅裂であれば責任能力を否定する方向に働く。
>
> ⑦　犯行後に**証拠隠滅**などの自己防御的行為や、**被害者の救助**等の危険回避行

　為をしていたか否か
　⇒証拠隠滅などは合理的な行動であり、責任能力を肯定する方向に働く。

　※　「刑事責任能力に関する精神鑑定書作成の手引き」、『捜査実例中心　刑法総論解説
　　（第3版）』398頁参照。

2　病的窃盗癖（クレプトマニア）と責任能力の判断

　主に万引きの事案において、万引きを繰り返す者の弁解として、「万引きが悪い
ことは分かっているが、万引きしたいと思うとその万引きをしたいという気持ちを
どうしても抑えることができず、万引きをしてしまった」というものがある。一見
すると、物の是非弁別を弁識する能力はあるが、その弁識に従って行動する能力を
欠いているため、責任能力を欠く旨の弁解につながることが多く、最近の捜査・公
判実務においても、いわゆる**病的窃盗癖（クレプトマニア）**の弁解として、裁判例
も出ているものである。
　この病的窃盗癖（クレプトマニア）が責任能力に及ぼす影響についても、前記の
責任能力の判断手順が当てはまるので検討していくが、一般的に万引き行為は、経
済的な価値のある商品を無償で入手できるという点で一応の合理性を有することか
ら、**責任能力に影響を与える事案は、万引き行為の状況が異常であるなどの特別の
事情がある場合**となろう。

精神障害の有無

DSM-5（窃盗症の診断基準A）
ICD-1063.2（病的窃盗（窃盗癖））
個人用に用いるためでもなく、または
その金銭的価値のためでもなく、物を
盗もうとする衝動に抵抗できなくなる
ことが繰り返される

⇒

料理の食材をそろえる犯行動機に基づ
き、万引きをした事案において、この
病的窃盗などに該当しないとして完全
責任能力を認めたものがある（東京地
判平27.5.12）
⇒例えば、**個人的に使うため、飲食す
るためや、金目の物を選んで万引き
するような場合は、左記の症状に該
当しないことが多い**

精神障害による是非弁別を弁識する能力や弁識に従って行動する能力の有無や程度

前記病的窃盗（窃盗癖）に該当しないとの判断が可能であっても、経済的な理由によらずに万引きを短期間に繰り返す場合、摂食障害など他の要因も重なっている場合、万引きの状況が異常であるなど、何らかの精神障害を疑わせる事情がある場合は、**精神障害による是非弁別を弁識する能力や弁識に従って行動する能力の有無や程度も検討**すべきである

【●責任能力が否定されたもの】
・人通りの多い売り場に長時間滞在し、他の客が不審に思って見ているのにもかかわらず（＝通報の可能性もある）、被害品の入ったクリアケースを執拗にこじ開けようとしていた状況から、**弁識に従って行動する能力を否定**したもの（東京地裁立川支判平27.4.14）

【○責任能力が肯定されたもの】
・コンビニエンスストアで発泡酒3本を万引きした事案において、病的窃盗と診断されたが、**飲酒の動機に基づき、前科を有して違法性の認識もあるにもかかわらず、商品を隠して持ち出そうとした状況**から、**完全責任能力**を認めたもの（京都地判平25.9.19）
・大型のカーペットを店舗から盗み出すなどの状況もあるが、**周囲を見渡し、店員の様子をうかがった上で、すきを見て品物を持ち出し、店舗を出て駐車場に向かってからは小走りで車に向かい、保安員に声を掛けられるや、すぐに謝罪した状況**から、犯行の前後を通じて責任能力に影響するほどの異常性はないとして、**完全責任能力**を認めたもの（大阪高判平26.10.21）

⚠要注意

　万引きの事案において、病的窃盗癖（クレプトマニア）として責任能力が否定される事案は、その商品を必要とする理由もないのに、商品を手に取ると、何も隠すことなく店を出て、保安員などに声を掛けられても、何ら反応を示さないなど、通常の万引きの態様に照らして異常な状況が認められる場合であり、極限的な場合であろう。

　しかし、その程度が減退していたとして、実刑相当事案が執行猶予に付されるなどの**量刑への影響**は幅広く認められ、実務においては、**防犯カメラの解析による犯行状況の特定、過去の万引き事案における手口、動機、本件の動機、家族などから聴取して生活状況などを明らかにすることが肝要**である。

5　共同正犯（実行共同正犯と共謀共同正犯）

　2人以上の行為者が、意思の連絡に基づき、共同して犯罪を実現する場合を**共犯**という。共犯は、法律上、2人以上の者が、共同して犯罪を実現することを予定しているものと（例えば、凶器準備集合罪、騒乱罪など。**必要的共犯**）、法律上は単独犯であるが、これを2人以上の者が共同して実現するものがある（**任意的共犯**）。

　さらに、この任意的共犯は、2人以上の者が、共同して犯罪を実行する**共同正犯**、他人をそそのかして犯罪実行の決意を生じさせ、その決意に基づいて犯罪を実行させる**教唆犯**、実行行為以外の行為で実行行為者の実行行為を容易にさせて犯罪を実現する**幇助犯**の3種類がある。

　このうち、共同正犯は、2人以上の者が、共同して犯罪を実行するものをいい、全ての者が正犯として処罰される（法60条）。これは、例えば、Aが包丁で被害者を刺し、Bが紐で被害者の頸部を絞めつけた場合、被害者の死因が刺したことによる出血であれば、Bは被害者の死亡結果を直接もたらしたものではないが、AとBが、被害者を殺害するために協力することを確認した上で、一緒に殺害行為を実行した場合、たまたま死因が刺したことによる出血であるがため、Aが殺人既遂、Bが殺人未遂として差が生じるのは不均衡である。

　そこで、法60条では、AとBが、被害者を殺害するために協力することを確認した上で（＝**共同実行の意思**）、一緒に殺人の実行行為を実行した場合（＝**共同実行の事実**）、実行行為を分担した全ての者を**正犯**（例でいえば殺人既遂）としたのである。

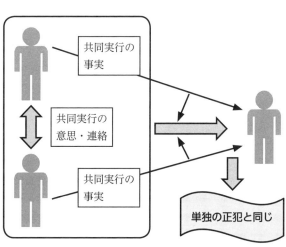

　このように、共同正犯が成立するためには、①共同実行の意思に基づき、②共同実行の事実が必要となるが、各要件の内容は、次のとおりである。

| 共同実行の意思 | ・**2人以上の者が、共同してある特定の犯罪を行おうとする意思をいい、この意思の連絡が必要である。**
・共同実行の意思の連絡を**共謀**という。
・共同実行の意思は、必ずしも**犯行の細部にわたって認識していたことまでは必要とされない。**
　【〇該当するもの】
　　・詐欺において、具体的な欺く文言までは知らなかった場合（最判昭26.9.28。何らかの文言で欺く認識で足りる。）
　　・窃盗において、具体的な実行担当者を知らなかった場合（最判昭27.4.18）

◎**共謀の種類**
　① **現場共謀**
　　実行行為の現場で共同実行の意思の連絡をする（最決昭32.10.18など）。
　　【例】　Aと被害者がけんかをし、Aの知人のBも加勢し、AとBが被害者を殴打していることを認識しながらそれぞれ被害者を殴打したような場合、殴打の現場で共同実行の意思の連絡をしている。
　② **事前共謀**
　　実行行為をするより前に共同実行の意思の連絡をする。
　③ **順次共謀**
　　数人の間で、そのうちのある者を介して順次これを行って成立させるもの（最大判昭33.5.28）

　④ **黙示的共謀**
　　明示的になされる必要はなく、暗黙のうちになされる場合でもよい（最判昭24.11.10など）。

◎**片面的共同正犯**
　　共同実行の意思を欠くため**共同正犯の罪責を負わない。**
　　【例】　例えば、Aが窃盗をしているとき、Aと何ら意思の連絡をしていないBが近くの警備員を殴打してAの窃盗に寄与した場合、窃盗罪の共同正犯は成立せず、Aは窃盗罪、Bは窃盗幇助罪が成立する。 |

	◎承継的共同正犯
	先行行為について**自己の犯罪として関与する意思**で後行行為に及んだ場合、**全体として共同正犯の罪責を負う。**
	【例】　例えば、Aが強盗の目的で被害者を殴打し反抗抑圧状態にさせ、これを見ていたBが反抗抑圧になったのを利用して強盗に加わることにし、Aと意思を連絡して財物を奪った場合、AとBは強盗罪の共同正犯が成立する（東京地判平7.10.9）。
共同実行の事実	・共同実行の意思の連絡（共謀）に基づき、共謀者の全部又は一部が犯罪の実行行為を行ったことをいう（最大判昭33.5.28）。
	・ただし、分担した行為は、犯罪の実行行為だけでなく、法益侵害（犯罪の結果）の現実的危険性のある行為でもよい（警察官のための刑法講義（第二版補訂二版）75頁。例えば、Aが包丁で被害者を刺して刺殺する際、Aと意思を通じたBが、被害者を羽交い締めにして協力した場合など）。

　さらに、共同実行の意思の連絡（共謀）はあるが、共同実行の事実が欠ける場合、例えば、暴力団組長Aが、組員Bに対し、被害者を射殺するように命じ、拳銃などを与えたうえ、組員Bが、被害者を射殺した場合、Bは、殺人罪などが成立するが、Aは、組員Bに指示したのみで実行行為や殺害に至る現実的危険性を有する行為をしていないことから、殺人罪の共同正犯は成立せず、教唆犯しか成立しないこととなる。しかし、被害者の射殺を計画し、指示して実行したのはAであり、Aを共同正犯としないことは実態にそぐわない。

　そこで、共同実行の事実を欠いた場合でも、共同実行の事実がある場合と実態的に共同実行したのと変わらない関与をした場合、具体的には、**①犯行実現への強い動機、関心、利害があり、②これに基づき、犯行を実現するのに重要な役割を果たしたときには、共同実行の事実と変わらない関与をしたものとして、共同正犯とされる**（いわゆる**共謀共同正犯**。最大判昭33.5.28、最決昭57.7.16など）。

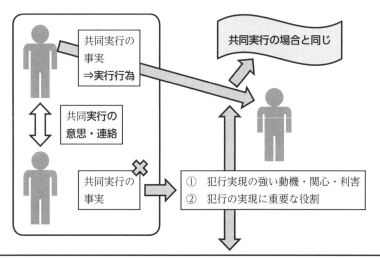

① 犯行実現の強い動機・関心・利害とは？
・利益の分配があること（いわゆる**分け前**）
⇒分け前があるからこそ、自らも犯行の実現に重要な役割を果たして、犯罪を完成
させたいという動機付けとなる
・**犯罪の実現によって利益を得る関係にあること**
⇒例えば、Aが被害者を憎んでいて、Bに指示して被害者を殴打させた場合、被害
者の殴打によってAが直接利益を得ることから、犯罪を完成させたいという動機
付け、関心、利害を有することとなる
・**暴力団、過激派、会社犯罪のような組織犯罪**であること
⇒組織の利益が各共謀者の間で共通の利益となるため
② 犯行の実現に重要な役割を果たしたとは？
・時間的・場所的に実行行為に近接し、**実行行為を直接援助**する行為
⇒例えば、実行の直前に凶器を実行者に手渡しする行為、他の共犯者とともに現場
に赴き、他の共犯者を指揮する行為など
・実行行為を直接援助する行為とはいえないが、**犯行遂行上、重要かつ不可欠な行為**
⇒自動車事故を仮装して保険金を詐取するに当たり、交通事故を故意に発生させた
者は、保険会社への保険金請求という実行行為を直接援助するものではないが、
その前提として必要不可欠な行為を行っている

1 共謀共同正犯と幇助犯の区別

☞共同正犯と幇助犯の項目で詳しく（413頁）。

2 共謀からの離脱

例えば、A、B、Cが被害者宅に強盗に入ることを共謀し、Aが運転手役、Bが実行役、Cが見張り役と分担を決めた上、分け前は3等分とすることとした。

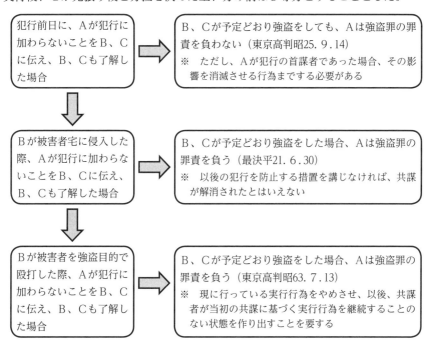

犯行前日に、Aが犯行に加わらないことをB、Cに伝え、B、Cも了解した場合	B、Cが予定どおり強盗をしても、Aは強盗罪の罪責を負わない（東京高判昭25.9.14） ※ ただし、Aが犯行の首謀者であった場合、その影響を消滅させる行為までする必要がある
Bが被害者宅に侵入した際、Aが犯行に加わらないことをB、Cに伝え、B、Cも了解した場合	B、Cが予定どおり強盗をした場合、Aは強盗罪の罪責を負う（最決平21.6.30） ※ 以後の犯行を防止する措置を講じなければ、共謀が解消されたとはいえない
Bが被害者を強盗目的で殴打した際、Aが犯行に加わらないことをB、Cに伝え、B、Cも了解した場合	B、Cが予定どおり強盗をした場合、Aは強盗罪の罪責を負う（東京高判昭63.7.13） ※ 現に行っている実行行為をやめさせ、以後、共謀者が当初の共謀に基づく実行行為を継続することのない状態を作り出すことを要する

3 共犯と錯誤

例えば、Aは、他人の居宅に侵入して窃盗のつもりで、Bは、他人の居宅に侵入して、場合によっては強盗をするつもりで共謀をし、その後、2人で被害者宅に侵入したところ、Bが被害者を殴打して強盗をした場合、Aは、強盗罪の共同正犯となるのか否かという問題である。

この場合、AとBの共謀の内容は、窃盗罪と強盗罪とで異なる構成要件にわたっているが、窃盗罪と強盗罪は、他人の意思に反して財物の占有を奪う、つまり、窃盗の点では**共通**している（＝重なり合っている）ことから、Aは窃盗罪の共同正犯、Bは強盗罪が成立する（暴行・傷害の共謀をした者のうち1人が殺意をもって被害

者を殺害した場合、重なり合う限度で、殺意を有していなかった者につき、傷害致
死罪の共同正犯が認められる。最決昭54.4.13)。

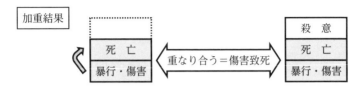

　同様に、強盗を共謀した共犯者のうち、1人が強盗の機会に被害者にけがをさせ
た場合、共犯者全員に強盗致傷罪の共同正犯が成立する（最判昭22.11.5）。

6 共同正犯と幇助犯（見張り行為）

共同正犯のうち、共謀共同正犯は、⑤で見たように、①共同実行の意思の連絡（＝共謀）、②犯行実現への強い動機、関心、利害があり、これに基づき、犯行を実現するのに重要な役割を果たすこと（講学上、**「正犯意思」**といわれる）、③共謀者のうち少なくとも１人による実行が要件となる。

他方、幇助犯は、①正犯者を幇助すること（幇助行為と幇助の犯意）、②正犯が犯罪を実行するが要件となり（法62条１項）、幇助犯は、正犯の刑が減軽される（法63条）。なお、幇助犯が成立するためには、幇助されていることを正犯が自ら認識している必要はない。

そこで、例えば、正犯者と幇助者が特定の犯罪実現に協力することの意思を通じ、幇助者が正犯者に実行行為以外の方法で協力し、正犯者が実行行為を行った場合、**共謀共同正犯が成立するのか幇助犯が成立するのか、その区別が問題**となる。

正犯者を幇助すること	・**幇助行為** ⇒その手段や方法に制限はない。 【○該当するもの】 　・有形的な方法（道具や場所の提供など） 　・**無形的な方法**（犯行場所の情報提供、精神的に決意を維持させる。） ・**正犯が実行行為を終了した場合は、幇助犯は成立しない。** ⇒横領行為が終了した後、帳簿改ざんに協力するなど
正犯が犯罪を実行すること	幇助行為の対象となる正犯は、不作為犯でもよいが、過失犯は含まれない（条解刑法（第３版）236頁）。

共謀共同正犯	幇助犯	事　例
①　共同実行の意思の連絡	①　正犯者が幇助されていることを認識してもしなくとも成立する。	ＡとＢが犯罪実現に協力することを意思連絡
②　正犯意思	②　正犯者を幇助すること。	Ａが実行行為以外の行為をしてＢの実行行為に協力
③　共謀者のうち少なくとも１人による実行	③　正犯が犯罪を実行すること。	Ｂが実行行為を行う。

共謀共同正犯と幇助犯の要件を対比すると、**両者の違いは、正犯意思があるか否か**、つまり、犯行実現への強い動機、関心、利害があり、これに基づき、犯行を実現するのに重要な役割を果たしているか否かであり、これが認められれば共謀共同

正犯が成立し、正犯と同様に処罰され得るのに対し、これが認められなければ幇助犯が成立し、正犯の刑が減軽された上で処罰され得ることとなる。

そこで、共謀共同正犯と幇助犯の区別が最も問題となる**見張り行為**をとおして、両者の区別を検討する。

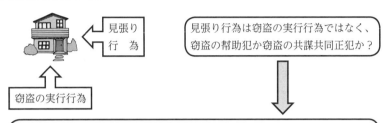

見張り行為が、正犯意思に基づく行為か否か
⇒正犯意思に基づく場合は窃盗の共謀共同正犯、正犯意思に基づかない場合は窃盗の幇助犯

① **犯行実現の強い動機・関心・利害がある場合**
・事前の分け前の約束に基づいて見張りをしている場合
・組織的な窃盗団の一員で、組織の指示に基づいて見張りをしている場合
② **犯行の実現に重要な役割を果たしたとは？**
・見張り行為は、実行行為を直接援助する行為とはいえないが、短時間で多くの財物や高価な財物を探して持ち去るためには、周囲を警戒する必要があり、その警戒役である見張り役は、一般的に犯行の実現に重要かつ不可欠な行為といえる

見張り行為は、一般的に共謀共同正犯に位置付けられる（大判大11.10.27、最判昭25.2.16など）

⑦　罪数論の基本（手続と交錯する場面）

　「罪数」という言葉からも分かるように、「罪数」とは罪が複数、つまり、実態として複数の犯罪行為が行われた場合に、どのような犯罪を成立させ、どのような刑罰を科すのかという問題である。

　例えば、相手方に暴行を加えて畏怖させ現金を脅し取ったとき、その暴行により相手方がけがをした場合は、恐喝罪と傷害罪という複数の犯罪行為が行われているが、この場合、成立する犯罪は２つなのか、刑罰の範囲はどうなるのか（傷害罪の懲役刑の上限は15年、恐喝罪の懲役刑の上限は10年、他方、傷害罪には罰金刑があるが、恐喝罪には罰金刑がないというように恐喝罪と傷害罪の法定刑は一致していないことから問題となる。）という問題が罪数である。

　罪数の処理の全体像は、以下のとおりである。

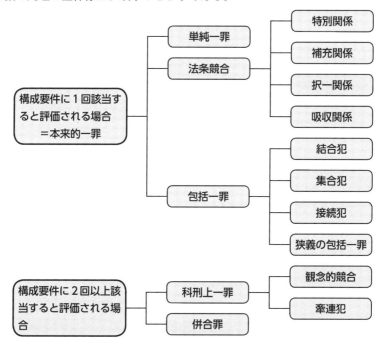

（『警察官のための刑法講義』（第二版補訂二版）93頁から引用）

　このような罪数の処理に当たっては、一定の決まりがある。まず、構成要件に１回該当すると評価された場合（＝本来的一罪）と構成要件に２回以上該当すると評価される場合に分かれる。構成要件に１回該当すると評価された場合、成立する犯

罪は１つで、刑罰の範囲も１つの構成要件の範囲内となる。他方、構成要件に２回以上該当すると評価された場合、成立する犯罪は２つで、刑罰の範囲については、１つとする場合（＝科刑上一罪）と２つ以上の構成要件の刑罰の範囲を調整する場合（＝併合罪）がある。

　さらに、本来的一罪、科刑上一罪には様々なバリエーションがあり、全体像は以上のとおりであるが、それぞれの意味などをまとめると、以下のとおりとなる。

構成要件に１回該当すると評価される場合 ＝本来的一罪	単純一罪		犯意も行為も結果も１つで、それ以上の分割が不可能なもの	【例】 １つの放火行為で複数の家を焼損した（公共危険の結果は１つ）。
	法条競合	特別関係	複数の構成要件が一般法と特別法の関係にあり、**特別法が優先**するもの	【例】 単純横領罪に対する業務上横領罪、窃盗罪に対する常習累犯窃盗罪など
		補充関係	複数の構成要件が基本法と補充法の関係にあり、**基本法が優先**されるもの	【例】 暴行罪と傷害罪（傷害罪が成立すれば、その手段である暴行罪は成立しない。傷害罪が成立しない場合に、補充的に暴行罪が成立する。）
		択一関係	一方が成立すれば、他方が**論理的に成立しない**ものなど	【例】 窃盗罪と占有離脱物横領罪（窃盗罪が成立すれば、他人の占有する財物を取得したこととなり、他人の占有を離れた財物を取得することはあり得ない。）
		吸収関係	①　A構成要件を満たすとB構成要件を満たすことが一般的であるため、**A構成要件のみで評価する場合**	【例】 ①　殺人罪と器物損壊罪（人を刺殺すると、その着衣も損壊することが一般的であり、器物損壊罪は殺人罪に吸収される。）
			②　**不可罰的事後行為**（包括一罪とする見解	②　窃盗罪と器物損壊罪（窃盗の後に盗品を損

			もある。）	壊した場合、盗品損壊による所有権侵害は、窃盗において評価済みであるため、器物損壊罪は成立しない。）
			③　全部規定は部分規定を吸収する場合	③　殺人罪と殺人未遂罪（人を刺してしばらく生存した後、死亡した場合、殺人未遂罪は殺人罪に吸収される。）
	包括一罪	結合犯	数個の構成要件が結合して新たな構成要件となっている場合、**結合した構成要件のみ成立**する。	【例】強盗・不同意性交等⇒強盗罪＋不同意性交等罪の結合したもの
		集合犯接続犯	同一機会における一連の動作であるが、一つひとつの行為に時間的・場所的離隔などがあるため、独立性が認められるものの、**同一の故意に基づく同種の行為**であるため、一罪とされる。	【例】同一の倉庫から、約2時間の間に3回にわたり、玄米3俵ずつ合計9個を窃取した場合（最判昭24.7.23）
		狭義の包括一罪	1個の構成要件の中に、同一の法益侵害に向けられた数個の行為態様が規定され、それらが、**同一の犯意に基づき、相互に手段・結果として行った場合**	【例】同一人を蔵匿し、引き続いて隠避した場合⇒1個の犯人蔵匿罪（法103条）が成立（最判昭35.3.17）同一人に対して賄賂を要求、約束、収受した場合⇒1個の収賄罪（法197条1項）が成立（大判昭10.10.23）同一人を逮捕し、引き続いて監禁した場合⇒1個の逮捕監禁罪（法220条）が成立（大判大6.10.25）

| 構成要件に2回該当すると評価される場合 | 科刑上一罪 | 観念的競合 | **1個の行為により、数個の犯罪が成立する**場合
⇒その最も重い刑により処断する（法54条1項）。

それぞれの法定刑の上限、下限とも最も重い刑により処断する。
【例】
恐喝罪（10年以下の懲役）と傷害罪（15年以下の懲役、50万円以下の罰金）
⇓
上限は最も重い傷害罪の懲役15年（下図A）
下限は最も重い恐喝罪の懲役刑の下限（下図B）
※ 罰金刑は選択できない。
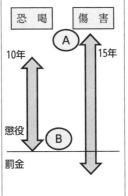 | 【例】
職務質問をした警察官を殴打し、けがを負わせた場合
⇒公務執行妨害罪と傷害罪（最判昭32.2.14）
⚠️要注意
・**無免許運転罪と酒酔い運転罪は観念的競合**（最大判昭49.5.29）
・**酒酔い運転罪と自動車運転過失致傷罪は観念的競合ではなく併合罪**（最大判昭49.5.29）
⇒酒酔い運転の開始時と事故時は異なり、異なる行為とされているため。他方、酒酔い運転と無免許運転は、行為の開始時が同じで1つの行為とされる。

◎**無免許運転罪と酒酔い運転罪**
　両者は線と線で共通＝1つの行為＝観念的競合
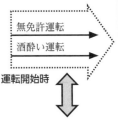
◎**酒酔い運転罪（無免許運転罪）と自動車運転過失致傷罪** |

両者は線と点で別個＝
２つの行為＝併合罪

酒酔い運転
（無免許運転）

運転開始時　　　　　事故

	牽連犯	複数の行為により複数の構成要件に該当するが、**いずれも手段・目的又は原因・結果の関係（牽連性）がある場合**⇒その最も重い刑により処断する（法54条１項）。	【例】住居侵入罪と放火罪、不同意性交等罪、殺人罪、傷害罪、逮捕監禁罪、窃盗罪、強盗罪など文書偽造罪と偽造文書行使罪と詐欺罪偽証罪と詐欺罪わいせつ目的誘拐罪と不同意わいせつ罪⚠要注意逮捕監禁罪と恐喝罪は併合罪（最判平17.4.14）殺人罪と死体遺棄罪、保険金詐欺に関する放火罪と詐欺罪も併合罪である。
併合罪【例えば】包丁を持ち出して人を刺殺した殺人罪と銃砲刀剣類所持等取締法違反（有期懲役を選択する場合）⇓殺人罪⇒５年以上の有期懲役（上限は20年）銃砲刀剣類所持等取締法違反⇒２年以下の懲役⇓最も重い殺人罪の長		複数の行為により複数の構成要件に該当するもので、**同時訴追・審判が可能（いまだに全て確定裁判を経ていないもの）又は可能であったもの（確定裁判の確定前に犯したもの）**をいう（法45条）。⬇・１個の犯罪について**死刑・無期懲役**に処すときは、他の刑を科さない（法46条）。・有期の懲役、禁錮に処すときは、その最も重	

期20年×1.5＝30年が長期となるところ、両者の長期を合算すると20年＋2年＝22年のため、有期の懲役刑の上限は22年となる。	い罪について定めた刑の長期にその2分の1を加えたものとするが、それぞれの罪について定めた長期の合計を超えることはできない（法47条）。 ・**罰金**に処すときは、それぞれの罪について定めた罰金の多額の合計以下で処断する（法48条2項）。

新判例

～2つ以上の罪の法定刑に懲役刑と罰金刑がある場合～

観念的競合や牽連犯に該当する2つ以上の罪の法定刑に懲役刑と罰金刑がある場合、例えば、A罪とB罪の法定刑を比較すると、A罪の懲役刑の長期が長ければA罪が重い罪となり、かつ、A罪の罰金刑の上限も高いときは、罰金刑も重い罪であるA罪の法定刑に基づくことに問題はない。

ところが、**A罪とB罪の法定刑を比較すると、懲役刑の長期はA罪の方が長いが、罰金刑の上限はB罪の方が高く、その上で罰金刑を科す場合**、A罪が重い罪となることから、B罪よりも罰金刑の法定刑の上限は低くなるがA罪の罰金刑の法定刑に基づくのか、罰金刑の法定刑はB罪の方が重いことから、B罪の法定刑に基づくのかが問題となる。

この点、下級審は見解が分かれていたが、最判令2.10.1は、**罰金刑を科す場合は、罰金刑の法定刑の上限の高い罪によるべきことを明らかにした**（したがって、罰金刑を科す場合は、B罪の罰金刑の法定刑に基づくこととなる。）。

【**問題となった事案**】

盗撮用の小型カメラを店舗の女性トイレ内に設置する目的で店舗女性トイレに侵入し、女性の用便中の姿態を小型カメラで撮影した建造物侵入罪とA県迷惑行為防止条例違反の事案（両罪は牽連犯）。

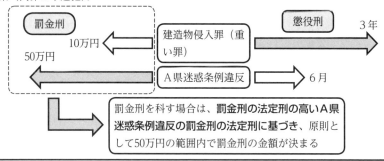

| 参　考　　かすがい現象

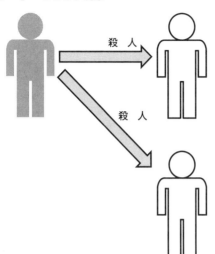

屋外で2人を別々に殺害した場合
⇒2つの殺人罪が成立し、併合罪となる
⇒有期懲役を選択した場合、**上限は懲役30年**となる（20年×1.5＝30年）

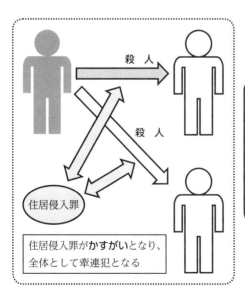

住居侵入罪が**かすがい**となり、全体として牽連犯となる

他人の居宅に侵入して2人を別々に殺害した場合
2つの殺人罪が成立するが、いずれも住居侵入罪と手段・結果となるため、住居侵入罪と2つの殺人罪の牽連犯となる
⇒有期懲役を選択すると、**上限は殺人罪の懲役20年**となる

2人を殺害して屋外だと懲役30年が上限となるのに対し、住居だと懲役20年が上限となるのは、屋外か屋内の犯行という偶然の事情にすぎず、不均衡との批判があるが、**解釈としては仕方なく、実際の量刑において調整**することとなる（最決昭29.5.27など）

422

> **【具体例】**
> 　閉店後の店に侵入し、持っていたバールで店長及び店員を多数回殴り、店の売上金を強奪するとともに、店長及び店員にけがを負わせた場合、本来的には、店長に対する建造物侵入・強盗致傷（牽連犯）、店員に対する建造物侵入・強盗致傷（牽連犯）が成立し、これらは併合罪となるところ、建造物侵入は共通することから、建造物侵入が、いわばかすがいとなり、建造物侵入・強盗致傷の科刑上一罪となる（牽連犯）。

　以上のとおり、罪数は、成立する犯罪や処すべき刑罰の範囲を示しているが、刑事手続においても問題となる場面がある。

● *Case 1*　一罪一逮捕一勾留の原則 ●

　警察官甲は、被疑者Ａを住居侵入罪で現行犯逮捕した。その後、Ａが、その侵入の際に財物を窃取していたことが判明したため、窃盗罪で通常逮捕することができるか。

【結論】　この場合、窃盗罪で通常逮捕することはできない。

【理由】　被疑者の逮捕・勾留については、同一の犯罪事実についての逮捕・勾留は原則として１回だけ許されるという**「一罪一逮捕一勾留の原則」**が及ぶ。これは、同一の犯罪事実について、逮捕、勾留の繰り返しや重複を無条件に認めれば、刑事訴訟法で逮捕や勾留の期間を厳格に定めた意味がなくなるためである（刑訴法199条以下）。

　　　　そして、逮捕・勾留が原則として１回だけに制限される犯罪事実の範囲は、**同一の事実はもちろん、一罪の範囲**となる。つまり、本来的一罪及び科刑上一罪の範囲である。これは、逮捕等の段階で、一罪の範囲内であれば、逮捕の犯罪事実の中に含めることが可能、つまり、同時処理が可能であることが多いためである（例えば、住居侵入の場合、何らかの侵入目的があるはずであり、その目的の一つとして窃盗は同時処理が可能な範囲内である。）。

　　　　したがって、本件の住居侵入罪と窃盗罪は、牽連犯として科刑上一罪であるから、一罪一逮捕一勾留の原則により、さらに窃盗罪にて通常逮捕することはできず、住居侵入罪の逮捕、勾留の間に窃盗罪を追送致することとなる（勾留請求時に住居侵入罪に窃盗罪を加えて請求することは可能である。）。

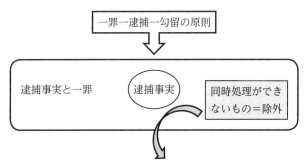

なお、逆にいうと、一罪の範囲内であっても、逮捕等の段階で同時に処理することができない場合は、例外として再逮捕等が許容されることとなる。例えば、常習累犯窃盗罪において、当初判明していなかった常習累犯窃盗罪を構成する別の窃盗罪が判明したような場合などである。

● *Case 2*　公訴時効期間及びその起算点 ●

　被疑者Ａは、平成26年４月１日、警察官甲を殴打し、その公務を妨害するとともに傷害を負わせた。その後、警察官甲は、平成31年４月１日、被疑者Ａを発見した。この時、被疑者Ａにつき、公訴時効は完成しているのだろうか。

【結論】　この場合、公務執行妨害罪、傷害罪とも公訴時効は完成していない。

【理由】　公務執行妨害罪の公訴時効期間は３年であるのに対し、傷害罪の公訴時効期間は10年である（刑訴法250条２項）。これを個別に見れば、公務執行妨害罪は既に公訴時効が完成していることになるが、傷害罪は公訴時効が完成していないこととなる。

　この点、本件のような観念的競合の場合、その１個の行為で複数の罪名が成立するという犯罪全体の一体性から、これを**一体として観察**し、**一体としての犯罪行為が終了した時点を公訴時効の起算点**とし、**公訴時効の期間はその最も重い罪の刑を定めたもの**による（最判昭41.4.21、一体説）。

　よって、本件では、平成26年４月１日から公訴時効が開始し、その公訴時効期間は傷害罪の10年となり、公務執行妨害罪も含めて公訴時効は完成していないこととなる。

　なお、**牽連犯**の場合は、原則として公訴時効期間とその起算点は各犯罪ごとに**個別に検討**していくが、例えば、住居侵入罪と窃盗罪の場合、**目的行為（窃盗罪）**がその**手段行為（住居侵入罪）**についての時効期間の満了前になされた場合は、その公訴時効は一体として、最も重い刑を標準とし

て、最終行為の時から起算する（大判大12.12.5、時効的連鎖説）。

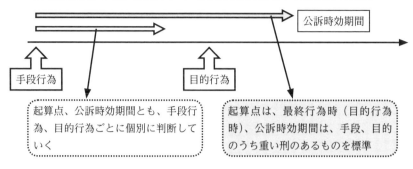

● *Case 3*　　二重起訴の禁止 ●

　被疑者Ａは、常習累犯窃盗罪で公訴提起された。被疑者Ａは、常習累犯窃盗罪の一部をなす他の窃盗も自白したため、この窃盗をさらに公訴提起することができるか。

【結論】　　この場合、さらに公訴を提起することはできず、先に公訴提起した常習累犯窃盗罪の**訴因変更請求手続**をすることとなる（刑訴法312条１項。訴因の追加）。

【理由】　　刑訴法338条３号は、公訴の提起があった事件につき、さらに同一の裁判所に公訴が提起された場合は、公訴棄却とし、裁判を打ち切ることとしている。この公訴の提起があった事件の範囲も、既に公訴の提起された事実そのものに限らず、一罪の範囲も含まれる。

　　　　　よって、本件のように既に公訴提起された常習累犯窃盗罪の一部となる窃盗行為をもってさらに公訴を提起することはできず、訴因変更請求手続によることとなる。

● *Case 4*　　一事不再理効 ●

　被疑者Ａは、常習累犯窃盗罪で公訴提起され、有罪が確定した。その後、出所したＡが、窃盗に及び逮捕・勾留されたが、その際、有罪が確定する前の窃盗事件も自白した。

　この窃盗事件についても捜査をして、公訴提起することはできるか。

【結論】　　有罪が確定する前に、同時に処理することができない事情がなければ、公訴提起することはできない。

【理由】　憲法39条1項は、同一の犯罪について、重ねて刑事上の責任を問われないとし、刑訴法337条1号は、既に確定判決を経た事件について公訴が提起された場合は免訴として裁判を打ち切ることとしている（いわゆる**一事不再理効**）。

　この場合の「犯罪」や「事件」の範囲も、同じ事実そのものだけでなく、一罪の範囲も含まれることとなる。これは、有罪確定前の段階で、一罪の範囲内であれば、捜査の上、公訴を提起することが可能、つまり、**同時処理が可能**であることが多いためである。したがって、逆にいうと、一罪の範囲内であっても、確定前の段階で同時に処理することができない場合は、例外として公訴の提起が許容されることとなる。例えば、常習累犯窃盗罪において、当初判明していなかった常習累犯窃盗罪を構成する別の窃盗行為が判明したような場合などである。

　よって、同時に処理することが困難な事情があれば、有罪確定前の一罪をなす事実についても捜査の上、公訴提起することが可能である（大阪高判昭61. 9. 5参照）。

| 参　考　　罪数の検討の手順

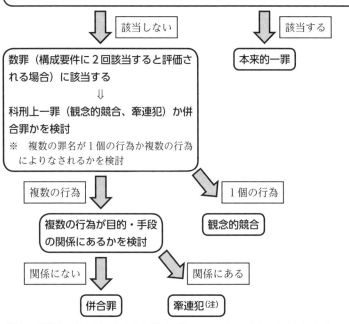

```
        具体的な事実（複数の行為あり）
                    ⇩
┌─────────────────────────────────────────────┐
│ 本来的一罪（構成要件に１回該当すると評価される場合）か否かを検討 │
│ ※　複数の行為が同じ罪名であれば、単純一罪、集合犯に該当するか否か、違う │
│    罪名であれば、法条競合、結合犯、狭義の包括一罪に該当するか否かを検討 │
└─────────────────────────────────────────────┘
        ⇩ 該当しない              ⇩ 該当する
┌─────────────────────────────┐    ┌─────────┐
│ 数罪（構成要件に２回該当すると評価さ │    │ 本来的一罪 │
│ れる場合）に該当する         │    └─────────┘
│          ⇓                 │
│ 科刑上一罪（観念的競合、牽連犯）か併 │
│ 合罪かを検討               │
│ ※　複数の罪名が１個の行為か複数の行為 │
│    によりなされるかを検討      │
└─────────────────────────────┘
   複数の行為 ⇩              ⇘ １個の行為
┌─────────────────────┐    ┌─────────┐
│ 複数の行為が目的・手段     │    │ 観念的競合 │
│ の関係にあるかを検討      │    └─────────┘
└─────────────────────┘
  関係にない ⇩      ⇘ 関係にある
  ┌───────┐    ┌─────────┐
  │ 併合罪 │    │ 牽連犯(注) │
  └───────┘    └─────────┘
```

(注)　判例上、牽連犯が成立する範囲は限られており、本書の第１編で紹介した牽連犯となる罪名を把握し、それ以外の複数の行為が問題となる場合は併合罪となる旨理解した方が効率的である。

┌───┐
│ 　　　　　　　　　　⚠要注意 │
│ 　住居や建造物内等で複数の犯罪が行われた場合などには、かすがい現象に │
│ も留意されたい。 │
└───┘

参 考 文 献
（掲載順）

【第1編】

- ○　前田雅英ほか『条解刑法』（第3版）弘文堂（2013年）
- ○　団藤重光ほか『注釈刑法』（第6巻）有斐閣（1966年）
- ○　大谷實『刑法講義各論』（新版第3版）成文堂（2009年）
- ○　藤永幸治ほか『シリーズ捜査実務全書②　財産犯罪』（3訂版）東京法令出版（2008年）
- ○　川端博ほか『裁判例コンメンタール刑法』（第3巻）立花書房（2006年）
- ○　津田隆好『警察官のための刑法講義』（第二版補訂二版）東京法令出版（2022年）
- ○　「月刊警察」（2017年11月号）東京法令出版
- ○　藤永幸治ほか『シリーズ捜査実務全書④　会社犯罪』東京法令出版（1994年）
- ○　神山敏雄ほか『新経済刑法入門』成文堂（2008年）
- ○　川端博ほか『裁判例コンメンタール刑法』（第2巻）立花書房（2006年）
- ○　司法研修所『難解な法律概念と裁判員裁判』法曹会（2009年）
- ○　小林充ほか『刑事事実認定（上）―裁判例の総合的研究―』判例タイムズ社（1994年）
- ○　安西溫『特別刑法7　準刑法・通信・司法・その他』警察時報社（1988年）
- ○　八沢健三郎ほか『Q＆A組織的犯罪対策三法』立花書房（2001年）
- ○　藤永幸治ほか『シリーズ捜査実務全書⑬　少年・福祉犯罪』東京法令出版（2008年）
- ○　西田典之ほか『判例刑法各論』（第5版）有斐閣（2009年）
- ○　森山真弓ほか『よくわかる改正児童買春・児童ポルノ禁止法』ぎょうせい（2005年）
- ○　藤永幸治ほか『シリーズ捜査実務全書⑨　風俗・性犯罪』東京法令出版（2007年）
- ○　平野龍一ほか『注解特別刑法7　風俗・軽犯罪編』（第二版）青林書院（1988年）
- ○　不正アクセス対策法制研究会『逐条　不正アクセス行為の禁止等に関する法律』（第2版）立花書房（2012年）
- ○　平沢勝栄ほか『よくわかるリベンジポルノ防止法』立花書房（2016年）
- ○　梶美紗「「刑法及び刑事訴訟法の一部を改正する法律」及び「性的な姿態を撮影する行為等の処罰及び押収物に記録された性的な姿態の影像に係る電磁的記録の消去等に関する法律」の概要(1)・(2)」（捜査研究№877・878）
- ○　法務省Webサイト「性犯罪関係の法改正等Q＆A」
- ○　法務委員会議事録
- ○　浅沼雄介ほか「刑法及び刑事訴訟法の一部を改正する法律について」（法曹時報76巻1号）

【第2編】

- ○　誌友会事務局研修編集部「研修」（597号）（1998年）
- ○　須賀正行『イラスト・チャートでわかりやすい　擬律判断・軽犯罪法』東京法令出版

（2014年）
- ○　松田昇ほか『新版　覚せい剤犯罪の捜査実務101問』（改訂）立花書房（2007年）
- ○　藤永幸治ほか『シリーズ捜査実務全書⑧　薬物犯罪』（第2版）東京法令出版（2006年）
- ○　前田雅英ほか『条解刑法』（第3版）弘文堂（2013年）

【第3編】

- ○　津田隆好『警察官のための刑法講義』（第二版補訂二版）東京法令出版（2022年）
- ○　前田雅英ほか『条解刑法』（第3版）弘文堂（2013年）
- ○　岡田幸之「刑事責任能力に関する精神鑑定書作成の手引き」（平成18〜20年度総括版）（ver.4.0）国立研究開発法人国立精神・神経医療研究センター精神保健研究所司法精神医学研究部（2009年）
- ○　幕田英雄『捜査実例中心　刑法総論解説』（第3版）東京法令出版（2022年）
- ○　「判例タイムズ」（№1430）（2017.1）判例タイムズ社
- ○　川端博ほか『裁判例コンメンタール刑法』（第1巻）立花書房（2006年）
- ○　ニューウェーブ昇任試験対策委員会『ニューウェーブ昇任試験対策シリーズ　イラストでわかりやすい　擬律判断・刑法』東京法令出版（2009年）
- ○　津田隆好『警察官のための刑事訴訟法講義』（第四版）東京法令出版（2019年）
- ○　安冨潔『刑事訴訟法』三省堂（2009年）

著者紹介　岡本　貴幸（おかもと　たかゆき）

　平成9年検事任官。東京・横浜・さいたま・広島・山形地検検事、青森地検八戸支部長検事、学習院大学法務研究科教授・中央大学法務研究科講師（派遣検察官）、福井地検次席検事、内閣府・再就職等監察官（東京地検検事）、横浜地検公判部副部長、東京地検公判部副部長、甲府地検次席検事、東京高検検事などを経て、現在は福岡地方検察庁小倉支部長。

　著作として、『10訂版　刑法 特別法　犯罪事実記載例集』（東京法令出版、2023年、改訂増補）、『実務家に必要な刑事訴訟法（入門編）』（弘文堂、2018年、分担執筆）、「重要論点に学ぶ　ケーススタディ・刑法」第3回・窃盗罪と占有離脱物横領罪（「月刊警察」2011年10月号）、第7回・放火罪と共謀共同正犯の成立（同2012年5月号）、『法教育のフロンティア』（日本文教出版、2016年、分担執筆）などがある。

図表で明快！
擬律判断 ここが境界　——実務刑法・特別法——【第2版】

令和元年7月1日	初 版 発 行
令和4年11月1日	補 訂 版 発 行
令和6年4月15日	第 2 版 発 行
令和6年7月15日	第2版2刷発行

　　　　著　　者　岡　本　貴　幸

　　　　発行者　星　沢　卓　也

　　　　発行所　東京法令出版株式会社

112-0002	東京都文京区小石川5丁目17番3号	03(5803)3304
534-0024	大阪市都島区東野田町1丁目17番12号	06(6355)5226
062-0902	札幌市豊平区豊平2条5丁目1番27号	011(822)8811
980-0012	仙台市青葉区錦町1丁目1番10号	022(216)5871
460-0003	名古屋市中区錦1丁目6番34号	052(218)5552
730-0005	広島市中区西白島町11番9号	082(212)0888
810-0011	福岡市中央区高砂2丁目13番22号	092(533)1588
380-8688	長野市南千歳町1005番地	

〔営業〕TEL 026(224)5411　FAX 026(224)5419
〔編集〕TEL 026(224)5412　FAX 026(224)5439
https://www.tokyo-horei.co.jp/

ISBN978-4-8090-1469-7